Geiselnahme und erpresserischer Menschenraub (§§ 239a, 239b StGB) im Zwei-Personen-Verhältnis

Schriften zum Strafrecht und Strafprozeßrecht

Herausgegeben von Manfred Maiwald

Band 56

PETER LANG
Frankfurt am Main · Berlin · Bern · Bruxelles · New York · Oxford · Wien

Frank Zschieschack

Geiselnahme und erpresserischer Menschenraub (§§ 239a, 239b StGB) im Zwei-Personen-Verhältnis

PETER LANG
Europäischer Verlag der Wissenschaften

Die Deutsche Bibliothek - CIP-Einheitsaufnahme

Zschieschack, Frank:

Geiselnahme und erpresserischer Menschenraub (§§ 239a, 239b StGB) im Zwei-Personen-Verhältnis / Frank Zschieschack. - Frankfurt am Main ; Berlin ; Bern ; Bruxelles ; New York ; Oxford ; Wien : Lang, 2001
(Schriften zum Strafrecht und Strafprozeßrecht ; Bd. 56)
Zugl.: Göttingen, Univ., Diss., 2000
ISBN 3-631-38006-2

D 7
ISSN 0938-6181
ISBN 3-631-38006-2

www.peterlang.de

Meinen Eltern

VORWORT

Die vorliegende Untersuchung wurde im Wintersemester 2000/2001 von der Juristischen Fakultät der Georg-August-Universität zu Göttingen als Dissertation angenommen.

Mein Dank gilt zunächst Herrn Prof. Dr. Manfred Maiwald für die Begleitung der Arbeit, die hilfreichen Diskussionen und die freundliche Aufnahme in die von ihm herausgegebene Schriftenreihe. Herrn Prof. Dr. Fritz Loos danke ich für die Zweitbegutachtung.

Ich widme diese Arbeit meinen Eltern, ohne deren Unterstützung und Förderung sie nicht hätte entstehen können.
Einen besonderen Dank schulde ich meiner Mutter für die Korrektur des Manuskripts.

INHALTSVERZEICHNIS

A. EINLEITUNG

Die vorliegende Arbeit widmet sich dem Problemkreis der Geiselnahme (§ 239 b StGB) und des erpresserischen Menschenraubes (§ 239 a StGB[1]) in Zwei-Personen-Verhältnissen.

Dieses Problem ist durch die Erweiterung der §§ 239 a, 239 b im Jahre 1989 entstanden. Bis dahin hatten diese Vorschriften auszugsweise folgenden Wortlaut:

> *§ 239a.*
> *(1) Wer einen anderen entführt oder sich eines anderen bemächtigt, um die Sorge eines Dritten um das Wohl des Opfers zu einer Erpressung (§ 253) auszunutzen, oder wer die von ihm durch eine solche Handlung geschaffene Lage eines anderen zu einer solchen Erpressung ausnützt, wird mit Freiheitsstrafe nicht unter drei Jahren bestraft.*
>
> *§ 239b.*
> *(1) Wer einen anderen entführt oder sich eines anderen bemächtigt, um einen Dritten durch die Drohung mit dem Tode oder einer schweren Körperverletzung (§ 224) des Opfers zu einer Handlung, Duldung oder Unterlassung zu nötigen, oder wer die von ihm durch eine solche Handlung geschaffene Lage eines anderen zu einer solchen Nötigung ausnützt, wird mit Freiheitsstrafe nicht unter drei Jahren bestraft.*

Durch das sogenannte *Artikelgesetz* vom 09.06.1989 bekamen die Vorschriften nun wesentliche Änderungen und lauteten in dem relevanten Absatz folgendermaßen:

> *§ 239a*
> *(1) Wer einen anderen entführt oder sich eines anderen bemächtigt,* ***um die Sorge des Opfers um sein Wohl oder*** *die Sorge eines Dritten um das Wohl des Opfers zu einer Erpressung (§ 253) auszunutzen, oder wer die von ihm durch eine solche Handlung geschaffene Lage eines anderen zu einer solchen Erpressung ausnützt, wird mit Freiheitsstrafe nicht unter* ***fünf Jahren*** *bestraft.*
>
> *§ 239b*
> *(1) Wer einen anderen entführt oder sich eines anderen bemächtigt,* ***um ihn*** *oder einen Dritten durch die Drohung mit dem Tode oder einer schweren*

---

1 §§ ohne Gesetzesangabe sind solche des StGB.

Körperverletzung (§ 224) des Opfers ***oder mit dessen Freiheitsentziehung von über einer Woche Dauer*** *zu einer Handlung, Duldung oder Unterlassung zu nötigen, oder wer die von ihm durch eine solche Handlung geschaffene Lage eines anderen zu einer solchen Nötigung ausnützt, wird mit Freiheitsstrafe nicht unter* ***fünf Jahren*** *bestraft.*

Durch diese Neufassung wurde es möglich, auch jene Fälle unter die §§ 239a, 239b zu fassen, in denen nicht eine dritte Person, sondern die Geisel selbst Adressat der Nötigung sein sollte. Da bei diesen Fällen notwendigerweise nur zwei Personen (Geisel und Täter) beteiligt sein müssen, hat sich für diese Konstellation der Begriff ***Zwei-Personen-Verhältnis*** eingebürgert.

Das Problem bei dieser Konstellation liegt in einer sachgerechten Lösung von Fällen der Vergewaltigung, sexuellen Nötigung und räuberischen Erpressung. Wenngleich für diese Verbrechen seit langem Sondervorschriften existieren, stellen jetzt bei wortgetreuer Auslegung diese Delikte, wegen der mit der Nötigung verbundenen Bemächtigungssituation, auch eine Geiselnahme oder einen erpresserischen Menschenraub dar. Die Folge ist eine Anhebung der Mindeststrafe für die Tat auf 5 Jahre und eine Vorverlagerung der Strafbarkeit, die insbesondere zu einer kriminalpolitisch höchst bedenklichen Einschränkung der Rücktrittsmöglichkeiten führt. Denn braucht der Täter, um der Strafbarkeit nach §§ 177 ff., 253 f. zu entgehen, nur das sich in seiner Gewalt befindliche Opfer vor der Ausführung der weiteren tatbestandlichen Handlungen wieder freizulassen, ist zu diesem Zeitpunkt die Tat nach §§ 239a, 239b bereits vollendet. Der Täter kann allenfalls noch auf eine Anwendung der Reuevorschrift des § 239a, Abs. 4 hoffen.

Zu diesem Themenkreis gibt es inzwischen eine Vielzahl von Stellungnahmen in Literatur und Rechtsprechung sowie eine Entscheidung des Großen Senates des Bundesgerichtshofes in Strafsachen. Wenngleich sich nach dieser Entscheidung die Wogen der Diskussion etwas geglättet haben, kann die Problematik keinesfalls als gelöst gelten. Nach wie vor ist die Diskussion zu diesem Themenkreis nicht zur Ruhe gekommen. Insbesondere neuere Urteile der Senate des BGH geben Anlass zu der Befürchtung, dass auch innerhalb des Bundesgerichtshofes der Streit um das Verständnis der Zwei-Personen-Verhältnisse noch nicht beigelegt ist. Um dieses Meinungsbild zu ordnen und Anregungen für den weiteren Diskussionsverlauf zu liefern, erscheint eine eingehende Analyse des Problems nötig.

Da die Problemkonstellation bei einigen Kernvorschriften des Strafrechts auftritt, hat die Problematik auch eine enorme praktische Relevanz. Diese zeigt sich nicht zuletzt in der Anzahl der zu diesem Themenkreis ergangenen höchstrichterlichen Entscheidungen.

Die Arbeit versucht für den Problemkreis der Anwendung der §§ 239a, 239b auf Zwei-Personen-Verhältnisse eine adäquate Lösung zu zeigen.
Hierbei soll jedoch nicht bei der Analyse dieser Zwei-Personen-Verhältnisse stehen geblieben werden. Eine Lösung für diesen Bereich ist nur dann konsistent, wenn sie für den gesamten Anwendungsbereich der §§ 239a, 239b verwertbare Ergebnisse liefert.
Insofern soll der Versuch unternommen werden, eine Lösung des Problemkreises zu finden, welche sich aus der Interpretation der §§ 239a, 239b ergibt. Die Arbeit versucht dabei, vom Rechtsgüterschutz ausgehend, sich dem Problem zu nähern.
Hierzu wird zunächst die Entwicklung, die zur heutigen Fassung §§ 239a, 239b führte, nachgezeichnet. Hieran schließt sich eine eingehende Analyse des vorhandenen Meinungsbildes zu dem Problemkreis der §§ 239a, 239b im Zwei-Personen-Verhältnis an, wobei auch den dogmatischen Lösungswegen Beachtung geschenkt wird.
Im Mittelpunkt der weiteren Erörterungen steht eine teleologische Analyse der §§ 239a, 239b. Hierbei soll zunächst der Frage nachgegangen werden, welche Rechtsgüter von den §§ 239a, 239b geschützt werden und sodann, welches dieser Rechtsgüter dabei im Rahmen einer teleologischen Auslegung im Mittelpunkt zu stehen hat.
Hieran anknüpfend wird dann eine Lösung der Problematik zu entwickeln sein, die bemüht sein wird, zu einer konsistenten Problemlösung zu gelangen, die neben den Zwei-Personen-Verhältnissen auch bei anderen Konstellationen zu schlüssigen Ergebnissen führt.

I. Geiselnahme und erpresserischer Menschenraub

Zunächst erfolgt eine kurze Analyse der zu untersuchenden Vorschriften und der dahinter stehenden Verbrechen.
Gesetzliche Normierungen, die das von §§ 239a, 239b erfasste Verhalten ausdrücklich enthalten, sind bis in die jüngere Vergangenheit hinein im deutschen Rechtskreis nicht ersichtlich.

1. Die Entwicklung der Geiselnahme von einem Institut des Privatrechts zu einem Verbrechen

Die relativ späte Aufnahme der Geiselnahme und des erpresserischen Menschenraubes in den Katalog der Straftaten bedeutet indes nicht, dass es in früheren Zeiten diese Verbrechen nicht gegeben hat, oder dass sie nicht entsprechend geahndet wurden. Die Gefangennahme eines Menschen zum Zwecke der Erlangung eines Lösegeldes, oder um von ihm oder einem Dritten ein bestimmtes Verhalten zu verlangen, ist seit alters her bekannt. Die *Vergeiselung* zählt zweifelsohne zu den Archetypen des Rechts und reicht bis in die Frühgeschichte zurück.

In der frühen Privatrechtsgeschichte waren Geiseln Personen, die als Pfand mit Leib und Leben für Verbindlichkeiten hafteten. Verbreitet war eine vertragliche und freiwillige Vergeiselung. Hierbei war es in den meisten Rechtsordnungen irrelevant, ob die Haftung für eine eigene oder eine fremde Verbindlichkeit geschah, entscheidend war, dass die Geisel sich körperlich in die Gewalt des Gläubigers begab und bei Nichterfüllung der Verbindlichkeit diesem verfiel[2].
Indes spielte eine Garantie mit Leib und Leben für eine Forderung spätestens seit dem frühen Mittelalter keine Rolle mehr. Ob sich aus dieser freiwilligen Vergeiselung das Institut der Bürgschaft entwickelt hat, ist umstritten, soll hier aber nicht Gegenstand weiterer Erörterungen sein[3].
Im Kriegs- und Völkerrecht hatten Geiselverträge hingegen eine tragende Rolle und behielten diese auch noch lange Zeit bei. Namentlich nach Kriegszügen wurden immer wieder Geiseln gestellt, die mit ihrer Freiheit oder ihrem Leben für etwas, meist die Einhaltung politischer Vereinbarungen, bürgten. Unter europäischen Nationen sind wohl 1748 im *Friedensvertrag von Aachen* zwischen Großbritannien und Frankreich letztmals Geiseln gestellt worden. Frankreich ließ sich aber noch 1861 anlässlich eines Vertrages mit einem Senegambierstamm vier Geiseln stellen[4].

---

2 Vgl. Bauer, Geiselnahme, S.1; Lutteroth, Geisel, S. 19 ff. u.pass.
3 Vgl. dazu Ogris, Persönliche Sicherheiten, S. 1ff.; Lutteroth, Geisel, S. 19ff.
4 Vgl. Ogris, Persönliche Sicherheiten, S. 144, Fn. 24; Lutteroth, Geisel, S. 238 f.

Neben diesen vertraglichen Vergeiselungen gab es aber in erster Linie im Krieg auch einseitige Geiselnahmen, sei es, um die Gegenseite zu einem Verhalten zu nötigen oder um ein Lösegeld zu erlangen.
So bestand schon *Hannibal* darauf, dass die Römer gefangene Soldaten auslösten, was diese indes ablehnten[5]. Der Freikauf von Soldaten und vor allem Heerführern war dann bald allgemeiner Brauch. Einer der berühmtesten Fälle des Loskaufes eines Heerführers ist wohl der des Königs Richard Löwenherz 1194. Daneben wurden ebenso andere Könige und Heerführer – aber auch einfache Soldaten – immer wieder freigekauft[6]. Welchen Umfang die Geiselnahmen annehmen konnten, zeigen die Kriege der Reconquista in Spanien, die auf moslemischer Seite teilweise in einem einzigen Raubzug zum Zwecke der Vergeiselung der Bevölkerung bestanden.

Seit dem 18. Jahrhundert verdrängten die einseitigen Geiselnahmen im Kriegsrecht die vertraglichen zunehmend. Besonders exzessiv wurden Geiselnahmen als Mittel der Kriegsführung von den deutschen Besatzungstruppen im 2. Weltkrieg in Frankreich und auf dem Balkan angewandt. Über die völkerrechtliche Zulässigkeit und die nötigen Voraussetzungen einseitiger Geiselnahmen im Krieg wurde gestritten, die herrschende Meinung im Völkerrecht und die nationalen Heeresinstruktionen erlaubten sie jedoch grundsätzlich[7].
In der Genfer Konvention vom 12.08.1949[8] und den Zusatzprotokollen vom Juni 1977 wurde die Geiselnahme durch organisierte Streitkräfte dann jedoch völkerrechtlich geächtet.

Festzustellen bleibt hier zunächst, dass sich die einseitige Vergeiselung eines Menschen zum Zwecke der Lösegelderlangung oder später auch zu anderen Zwecken zunächst im Kriegsrecht findet. Allem Anschein nach haben wir hier ein Beispiel, welches zeigt, wie sich kriminelles Geschehen an Begebenheiten und Taktiken der Kriegsführung orientiert. Der Deliktstypus der Geiselnahme und des erpresserischen Menschenraubes hat sich offensichtlich aus dem Kriegsrecht entwickelt[9], und dies wird für die weitere Entwicklung des Deliktes von Bedeutung sein.

2. Geiselnahmen als typische Erscheinungsformen des Terrorismus

In heutiger Zeit spielen Geiselnahmen vor allem im internationalen Terrorismus eine bedeutende Rolle. Hier zeigt sich, wie in gewisser Weise der kriegerische

5 Semerak, Fanggulden, S. 274.
6 Vgl. Erler, Loskauf, S. 28, 42 ff.
7 Vgl. dazu ausführlich Lutteroth, Geisel, S. 243 ff.
8 BGBl. II, 1954,783 ff. (jeweils Art. 3, 1b); dazu umfassend Stauffer, Verbot der Geiselnahme.
9 Dazu Bauer, Geiselnahme, S.1; ihm folgend Egli, Freiheitsberaubung, S. 149.

Charakter den Delikten immer noch anhaftet. In diesen Gewalttaten findet sich das typische Geschehen einer Geiselnahme wieder. Es sind derartige Verbrechen, die mit dem Begriff Geiselnahme im Allgemeinen verbunden werden.

Zu den bekannteren neueren Fälle gehören die Gefangennahme der Botschaftsangestellten der Vereinigten Staaten im Libanon durch iranische Revolutionäre im Jahr 1979, die Geiselnahme westlicher Bürger im Libanon in den achtziger Jahren und die im Irak von Saddam Hussein während des Golfkrieges als menschliche Schutzschilde genommenen Geiseln. In Deutschland sei vor allem auf die Entführung und Ermordung von Hans Martin Schleyer und die anschließende Entführung einer Lufthansamaschine im Herbst 1977 hingewiesen.

3. Das vorhandene Gesetzesmaterial

a) Internationales Übereinkommen gegen Geiselnahmen

Im Zuge der internationalen Bekämpfung des Terrorismus wurde im Jahre 1979 ein *Internationales Übereinkommen gegen Geiselnahmen*[10] abgeschlossen, in dem sich die Unterzeichner verpflichten, in ihren Ländern sicherzustellen, dass Geiselnahmen, in denen die Geisel mit dem Tode, einer Körperverletzung oder der Fortdauer der Freiheitsentziehung bedroht werden, um einen Dritten zu einem Tun oder Unterlassen zu nötigen, angemessen bestraft werden. Gemäß Art. 13 gilt dieses Übereinkommen indes nicht für Fälle ohne Auslandsbezug, so dass ihm für die weiteren Betrachtungen keine Bedeutung zukommt.

b) Kodifikationen des Anglo-Amerikanischen Rechtskreises

Eine erste explizite gesetzliche Regelung eines Falles der Geiselnahme enthielt das amerikanische Strafrecht mit dem sogenannten *Lindbergh Kidnap Act* von 1932.

Zwar spielte das *Kidnapping*, welches etymologisch auf das Stehlen von Kindern zurückgeht[11], schon seit geraumer Zeit im angelsächsischen Recht eine Rolle, hatte aber zunächst eine etwas andere Bedeutung.

Nach *common law* verstand man darunter das Entführen einer Person, um sie außer Landes zu bringen[12]. Ein englisches Gesetz aus dem Jahre 1700 stellt diesem Fall das Zurücklassen von Mannschaften auf fremden Inseln gleich, auch

---

10 Für Deutschland umgesetzt am 15. 10. 1980; BGBl. II, 1980, 1361; 1981, 461; dazu Jescheck, Entwicklung, GA 1981, S. 64.

11 Oxford Dictionary, Stichwort kidnap.

12 Blackstone, Commentaries IV, S. 218; Rosenfeld, Verbrechen, S. 428.

die sogenannten *kidnapping-acts* von 1772/75 bezogen sich ausschließlich auf die Eingeborenen der Südseeinseln[13].
Erst ein Gesetz von 1861 behandelt diesen Begriff in einem engeren Zusammenhang zum vorliegenden Thema und stellt das Delikt als besonderen Diebstahl dar, welches dadurch gekennzeichnet ist, dass ein Kind oder aber etwas von oder an demselben gestohlen wird[14]. Diese Gleichstellung des Sachraubes mit einem Fall des Menschenraubes wurde allgemein als unbillig empfunden[15].

In den USA, aus denen der erste Fall einer Entführung und anschließenden Tötung eines Kindes zur Erpressung eines Lösegeldes in moderner Zeit aus dem Jahre 1871 überliefert ist, wurden in einigen Staaten um die Jahrhundertwende Vorschriften gegen den Kinderdiebstahl eingeführt, die teilweise auch die Fälle einer Entführung in erpresserischer Absicht explizit aufführten[16].
In der Folgezeit kam es immer wieder zu vereinzelten erpresserischen Kindesrauben, bis dieses Delikt in den dreißiger Jahren eine ungeahnte Verbreitung erlebte und neben Kindern vor allem wohlhabende Erwachsene betraf. Die in der Prohibitionszeit entstandenen Banden sahen in der Lösegelderpressung eine willkommene Einnahmequelle[17].

Zu einer gesetzgeberischen Initiative der Zentralregierung kam es indes erst, nachdem am 1. März 1932 das Kind des Ozeanfliegers und Nationalhelden *Charles Lindbergh* entführt und wenig später tot aufgefunden wurde[18]. Nach dem sogenannten *Lindbergh Kidnap Act*[19] wurde die Gefangennahme einer Person zur Lösegelderpressung mit Freiheitsstrafe geahndet, aus verfassungsrechtlichen Gründen musste die Tat mindestens zwei Bundesstaaten berühren. Hauptgrund für das Gesetz war indes weniger die Möglichkeit, diese Delikte besser zu ahnden, als vielmehr dem FBI die Möglichkeit zu geben, sich in die Ermittlungen einzuschalten. 1934 wurde die Strafdrohung auf Todesstrafe erhöht und die gesetzliche Vermutung hinzugefügt, dass nach dem siebten Tag der Entführung von einer Verschleppung in einen anderen Bundesstaat auszugehen ist[20].
In dieser Vorschrift liegt die Grundform der heutigen §§ 239a, 239b.

---

13 Rosenfeld, Verbrechen, S. 428.

14 Act. 24 & 25 Vic. C. 100 S. 56. , nach Rosenfeld, Verbrechen, S. 430.

15 Vgl. Stephan, History, S. 257, Blackstone, Commentaries IV, S. 218 Anm. 4.

16 So in Ohio S. 6824, New York S. 211 Z. 2 (der Erpressung die Alt. etwas am Kinde zu stehlen gleichgestellt), vgl. Rosenfeld, Verbrechen, S. 431 f.

17 Stockmayer, Das Verbrechen, S. 19 f.

18 Vgl. dazu Vogt, Rache, S. 322 ff.; Waller, Der Fall Lindbergh.

19 Der Täter der Lindbergh-Entführung wurde nach einem Gesetz des Bundesstaates Ohio wegen Einbruchs mit Todesfolge mit der Todesstrafe bestraft und hingerichtet, vgl. Vogt, Rache, S. 327 ff.

20 Stockmayer, Das Verbrechen, S. 18 f.

c) *Die Gesetzgebung in Deutschland*

Ausdrückliche Vorschriften gegen Geiselnahmen gab es im deutschen Rechtskreis nicht. Die Praxis behalf sich, wenn nötig, mit einer Erweiterung anderer Vorschriften, um diese Verbrechen angemessen ahnden zu können.
Auch das RStGB enthielt zunächst keine Vorschrift, die ausdrücklich eine Strafe für Geiselnahmen vorsah.

Das Strafgesetzbuch erhielt dann aber durch das Gesetz vom 22. Juni 1936 mit § 239a RStGB[21] eine Vorschrift gegen den erpresserischen Kindesraub, welche die Grundlage für die heutige Gesetzesfassung darstellt.
Seitdem kann man die Geschichte der Vorschriften als äußerst turbulent und geprägt durch außergewöhnlich harte gesetzgeberische Reaktionen auf spektakuläre Einzelfälle bezeichnen. Bereits die Einführung des § 239a RStGB im Jahre 1936 erfolgte aufgrund eines einzelnen aufsehenerregenden Geschehens. Ebenso wurde die Vorschrift im Jahre 1971 mit Blick auf das Münchener Geiseldrama auf Erwachsene ausgeweitet und der § 239b eingefügt. Zwar lag der Erweiterung der Vorschriften im Jahre 1989 kein konkreter Einzelfall zu Grunde, Hintergrund war indes auch hier eine vermeintliche oder tatsächliche gesteigerte Bedrohung des Rechtsfriedens durch Terrorismus, der es energisch vorzubeugen galt.
Diese Entstehungsgeschichte lässt die Frage zu, ob es sich bei §§ 239a, 239b um ausgewogene Vorschriften handelt, oder ob der Wunsch des Gesetzgebers, auf vermeintliche oder tatsächlich bestehende Gefährdungssituationen zu reagieren, hier unter Umständen zu nicht ausgereiften Gesetzen geführt hat.

d) *Die Kodifikationen in den Nachbarländern*

Mit der Einbeziehung der Geisel selbst in den Kreis der denkbaren Nötigungsadressaten verfolgt der deutsche Gesetzgeber, jedenfalls soweit vergleichbare Vorschriften vorliegen, einen Sonderweg. Sowohl im ähnlich konzipierten § 102 des Strafgesetzbuches von Österreich als auch in dem vergleichbaren Art. 185 des Schweizer Strafgesetzbuches ist die Nötigung eines Dritten erforderlich. Jedoch straft Art 184 SchwStGB als qualifizierte Entführung oder Freiheitsberaubung, wenn diese Taten mit der Forderung nach einem Lösegeld verbunden sind[22].
Andere Rechtskreise behandeln Geiselnahmen allgemein unter dem Gesichtspunkt der qualifizierten Freiheitsberaubung und differenzieren daher nicht nach dem Nötigungsopfer (so etwa Art. 224 Code Pénal).

---

21 Zum Wortlaut unten B.I, S. 25.

22 Wobei sich diese Forderung dann auch gegen das Opfer selbst richten kann, vgl. ausführlich Egli, Freiheitsberaubung, S. 135 ff.

II. Kriminologie

Fälle von Geiselnahmen und erpresserischen Menschenraubes erregen, zumal wenn es sich bei den Opfern um Kinder oder Personen des öffentlichen Lebens handelt, immer wieder die Gemüter und werden von der Presse eingehend erörtert, so dass aus diesem Blickwinkel die harten gesetzgeberischen Reaktionen verständlich erscheinen.

Die Zahl der Fälle ist indes verschwindend gering. Bis 1988 gab es beispielsweise lediglich 39 Fälle erpresserischen Kindesraubes, wobei jedoch 15 Fälle einen tödlichen Ausgang für die Geisel hatten[23]. Der erste bekanntgewordene Fall in der Bundesrepublik ereignete sich im Jahre 1958, als ein siebenjähriger Junge entführt und getötet wurde[24].

Entsprechend niedrig ist die Zahl der Gesamtverurteilungen nach §§ 239a, 239b[25]. Sie zeigt seit 1971 eine leicht ansteigende Tendenz, wobei die Zahl der Verurteilungen nach § 239b relativ konstant zwischen 10 und 20 Verurteilungen pro Jahr schwankt. Die Steigerung beruhte daher alleine auf dem Anstieg der Verurteilungen nach § 239a, ausgehend von ca. 40 Fällen in den Jahren 1978/79, pendelte sich die Zahl der Verurteilungen bei ca. 60 in den Jahren 1990 - 1992 ein.

Seit 1993 ist ein deutlicher Anstieg der Verurteilungen auf zunächst 69 zu verzeichnen. Im Jahre 1994 wurden 87 Strafen nach § 239a und 15 nach § 239b ausgesprochen, im Jahre 1995 waren es schon 101 beziehungsweise 39.

Inwieweit das Urteil des Großen Senates zu diesem letzten Anstieg führte, sei dahingestellt, jedenfalls schien die eingehende Beschäftigung des BGH mit diesen Problemen die Gerichte für diese Vorschriften zu sensibilisieren.

Das Strafmaß für die Hauptzahl der Verurteilungen nach § 239a lag vor 1989 zwischen 5 und 10 Jahren, nur etwas geringer war die Anzahl der Strafaussprüche im Bereich zwischen 3 und 5 Jahren. In diesem Bereich lag für § 239b die durchschnittliche Höhe des Strafmaßes. Nur ausnahmsweise wurde auf Strafen über 10 Jahren erkannt. An diesem Befund hat sich auch nach der Gesetzesnovelle nichts geändert, prozentual gesehen hat die Zahl der Verurteilungen unterhalb der jetzigen Mindeststrafe von 5 Jahren sogar zugenommen[26].

---

23 With, Zahl, DRiZ 1981, S. 111; Spiegel 1988, 48, S. 107.

24 Spiegel 1988, 48, S. 107.

25 Statistisches Bundesamt, Verurteilungsstatistiken; With, Zahl, DRiZ 1981, S. 111.

26 Während sie früher bei ungefähr bei einem Drittel lag, erreicht sie nun ungefähr die Hälfte.

B. ENTWICKLUNG DER GESETZGEBUNG

Im Folgenden soll nun die Entwicklung der Gesetzgebung, die zur vorhandenen Fassung der §§ 239a, 239b geführt hat, dargestellt werden. Entsprechend dem Ziel der Arbeit, eine auf Rechtsgüter gestützte Argumentation zu verfolgen, wird hierbei besonderes Augenmerk auf die Charakterisierung des Deliktes gelegt, da sich hieraus Rückschlüsse auf das geschützte Rechtsgut ergeben.

I. Gesetz gegen erpresserischen Kindesraub (§ 239a RStGB)

Zu einer ersten gesetzlichen Normierung eines Falles des erpresserischen Menschenraubes kam es in Deutschland durch das Gesetz gegen erpresserischen Kindesraub vom 22. Juni 1936[1].
Die Vorschrift hatte folgenden Wortlaut:

> § 239a. *Wer in Erpressungsabsicht ein fremdes Kind durch List, Drohung oder Gewalt entführt oder sonst der Freiheit beraubt, wird mit dem Tode bestraft.*
> *Kind im Sinne dieser Vorschrift ist der Minderjährige unter 18 Jahren.*

Problematisch an dieser Vorschrift waren indes die Umstände ihrer Entstehung. Anlass für die Einführung des Gesetzes war eine der *Lindbergh-Entführung* nachempfundene spektakuläre Entführung eines Bonner Kaufmannssohnes am 16. Juni 1936. Mit der Entführung wollte der Täter 1.800 RM erpressen, widrigenfalls er das Kind in einer Badewanne zu ertränken drohte. Das Kind wurde befreit, der Täter gefasst[2].
Der Gesetzgeber nahm nun diesen Fall zum Anlass, um „*mit energischen gesetzgeberischen Maßnahmen vorzugehen und das Übel an der Wurzel auszurotten*“[3]. Entsprechend der nationalsozialistischen Ansicht, die eine rückwirkende Strafschärfung in Ausnahme zu § 2a RStGB zuließ[4], wurde diese Vorschrift rückwirkend eingeführt. Der Täter wurde dann bereits aufgrund dieses Gesetzes zum Tode verurteilt und hingerichtet[5].

Neben der Kürze des Gesetzgebungsverfahrens und der absoluten Strafdrohung stellte vor allem der rückwirkende Erlass der Vorschrift ein Manko dar, welches

---

1 RGBl. I, 493.
2 Vgl. dazu Stockmayer, Das Verbrechen, S. 1.
3 Amtl. Begründung, zit. nach : Pfundtner-Neubert, Reichsrecht, II,C, 6.
4 Zur Rückwirkung von Strafgesetzen in der NS-Zeit vgl. Lüken, Nationalsozialismus, S. 83 ff.
5 Stockmayer, Das Verbrechen, S. 1.

ihr noch lange Zeit anhaftete[6]. Nach allgemeiner Auffassung der zeitgenössischen Literatur war die Vorschrift aber auch inhaltlich fragwürdig und verlangte eine einschränkende Auslegung. So forderte man, dass der Täter bei Nichterfüllung seiner Forderung mit einer erhebliche Schädigung des Kindes droht und verlangte als Innentendenz eine Erpressungsabsicht im Sinne von § 253 RStGB[7]. Über diesen Einzelfall hinaus scheint dieses Gesetz nicht angewandt worden zu sein[8]. *Maurach* bezeichnete die Vorschrift gar als eine *Terrorvorschrift* und als ein Muster *dilettantischer Gesetzesmacherei*[9].

II. Die Geschichte der Vorschrift bis zum 12. StrafRÄndG

Durch das Gesetz der Militärregierung Nr. 1, Art. IV Ziff. 8 S. 2 wurde die Anwendung der Todesstrafe auf Delikte beschränkt, die bereits vor dem 30. 01. 1933 mit der Todesstrafe bedroht waren. Dieses warf die Frage auf, ob § 239a RStGB nun keine Anwendung mehr finden durfte, oder ob die Strafe lediglich nach § 44 II RStGB zu mildern sei[10]. Eine praktische Relevanz des Streits ist nicht ersichtlich und er wurde durch das 3. StrafRÄndG vom 04. August 1953[11] obsolet.

Die Vorschrift wurde nun wie folgt gefasst:

> *§239a. Wer ein fremdes Kind entführt oder der Freiheit beraubt, um für dessen Herausgabe ein Lösegeld zu verlangen, wird mit Zuchthaus nicht unter drei Jahren bestraft.*
> *Kind im Sinne dieser Vorschrift ist der Minderjährige unter 18 Jahren.*

Die Folgezeit ist geprägt von Versuchen, das Strafrecht zu reformieren und umzugestalten. Von diesen Vorschlägen war auch § 239a StGB betroffen.

1. Vorschläge der Großen Strafrechtskommission

So wurde in der *Großen Strafrechtskommission*[12] bereits die Auffassung geäußert, man möge den Tatbestand auch auf die Entführung von Erwachsenen erweitern[13]. Dieses fand indes mit Blick auf die mangelnde praktische Relevanz

---

6 Vgl. Maurach, Rechtsnatur, JZ 1962, S. 559.

7 Vgl. u.a. Kohlrausch, 38. Aufl., § 239a, I, II; Maurach, Rechtsnatur, JZ 1962, S. 559 m.w.N.

8 Olshausen, § 239a, Anm. 1a; Maurach, Rechtsnatur, JZ 1962, S. 559.

9 Maurach, Deutsches Strafrecht, 1. Aufl., S. 232.

10 Vgl. Conrad, Fassung JR 47,65,67; Mühlmann/Bommel § 239a, Anm. 1 einerseits und SJZ 46,121; Schönke, 5. Aufl., § 239a, Vorbem. andererseits.

11 BGBl. I, 735, 742.

12 Zum Folgenden Niederschriften S. 271 f.

13 So MinRat Simon, Niederschriften S. 271.

einer solchen Änderung nicht die Zustimmung der Mehrheit der Kommissionsmitglieder. Aus dem gleichen Grunde wurde auch eine Erweiterung auf Fälle abgelehnt, in denen der Täter mit der Nötigung einen anderen Erfolg als die Erlangung von Lösegeld anstrebt.

2. Der Alternativentwurf des Strafgesetzbuches

Auch die Verfasser des *Alternativentwurfes*[14] hielten, wegen der besonderen Verwerflichkeit der Tat, an einer Beschränkung auf Kinder fest. Im Gegensatz zu allen bisherigen Entwürfen sollte die Entführung nur noch bei Minderjährigen bis zu 16 Jahren als taugliche Tathandlung anzusehen sein, während bei älteren Jugendlichen auf eine Freiheitsberaubung abzustellen sei. Darüber hinaus wurde der Kreis der Nötigungsopfer – wegen der besonderen Nötigungssituation – auf Angehörige beschränkt[15].
Dieser Vorschlag wurde indes nicht umgesetzt.

3. Das 12. StrafRÄG

Zu einer gesetzlichen Änderung kam es jedoch im Jahre 1971 durch das 12. StrafRÄG vom 16. 12. 1971.
Aus Anlass des *Münchener Geiseldramas*, bei dem erstmals in der Geschichte der Bundesrepublik Bankkunden als Geisel genommen wurden, von denen bei der Befreiungsaktion eine zu Tode kam[16], wurde der § 239 a auf Erwachsene erweitert und wegen der Befürchtung vor allem terroristisch orientierter Kriminalität § 239 b eingeführt. Diese Änderung ging auf Anregungen des bayerischen und nordrhein-westfälischen Justizministeriums zurück[17]. Hierbei sah der bayerische Entwurf eine Erweiterung des § 239 a auf Erwachsene und die Einführung eines § 239 b für bestimmte Fälle der Nötigung von Staats- und Verfassungsorganen vor.
Hingegen ging der Entwurf aus Nordrhein-Westfalen von einem einheitlichen Tatbestand aus, der im Wesentlichen der Fassung des § 239 b vor der Reform im Jahre 1989 entsprach und die Fälle der Lösegelderpressung mit den Fällen einer sonstigen Nötigung in einem Tatbestand zusammen führte. Als entscheidendes Unrecht wurde die Benutzung einer Freiheitsbeschränkung als Mittel zum Zweck der Einwirkung auf die Willensbildung eines freien Menschen angesehen[18].

14 § 120 AE, Begründung S. 71.
15 Kritisch dazu Hansen, Tatbild, GA 1974, S. 360.
16 Vgl. dazu Schroeder, Polizei und Geisel.
17 Vgl. die Texte bei Schroeder, Polizei und Geisel, S. 156 ff.
18 Vgl. Schroeder, Polizei und Geisel, S. 161.

Der Sonderausschuss Strafrechtsreform, dem die Gesetzesberatung oblag, hielt dann aber eine Einteilung in zwei Tatbestände für sachdienlicher[19]. Er lehnte es insbesondere ab, den Kreis der Nötigungsadressaten bei § 239b zu begrenzen, da die politische Auseinandersetzung bis hin zu einer Nötigung Privater abgleiten könne[20], auch der Kreis der Geisel wurde über den Opferkreis der über 18jährigen hinaus erweitert, denn jetzt fiel sogar eine Geiselnahme des eigenen Kindes unter den Tatbestand. Im Mittelpunkt des Schutzes sollte dabei die Freiheit, das Leben und die Gesundheit des Einzelnen stehen[21].

Im Ergebnis hatten die Vorschriften nun folgenden Wortlaut:

> *§ 239a.*
> *(1) Wer einen anderen entführt oder sich eines anderen bemächtigt, um die Sorge eines Dritten um das Wohl des Opfers zu einer Erpressung (§ 253) auszunutzen, oder wer die von ihm durch eine solche Handlung geschaffene Lage eines anderen zu einer solchen Erpressung ausnützt, wird mit Freiheitsstrafe nicht unter drei Jahren bestraft.*
> *(2) Verursacht der Täter durch die Tat leichtfertig den Tod des Opfers, so ist die Strafe lebenslange Freiheitsstrafe oder Freiheitsstrafe nicht unter zehn Jahren.*
> *(3) Das Gericht kann die Strafe nach den Vorschriften über die Bestrafung des Versuchs mildern, wenn der Täter das Opfer unter Verzicht auf die erstrebte Leistung in dessen Lebenskreis zurückgelangen läßt. Tritt dieser Erfolg ohne Zutun des Täters ein, so genügt sein ernsthaftes Bemühen, den Erfolg zu erreichen.*
>
> *§ 239b.*
> *(1) Wer einen anderen entführt oder sich eines anderen bemächtigt, um einen Dritten durch die Drohung mit dem Tode oder einer schweren Körperverletzung (§ 224) des Opfers zu einer Handlung, Duldung oder Unterlassung zu nötigen, oder wer die von ihm durch eine solche Handlung geschaffene Lage eines anderen zu einer solchen Nötigung ausnützt, wird mit Freiheitsstrafe nicht unter drei Jahren bestraft.*
> *(2) § 239 a Abs. 2, 3 gilt entsprechend.*

In der Literatur wurde jedenfalls die Erweiterung des von diesen Vorschriften geschützten Opferkreises, über den der Kinder hinaus, weitestgehend begrüßt[22].

---

19 Sonderausschuss, Protokolle VI, S. 1552 ff.
20 Sonderausschuss, Protokolle VI, S. 1560.
21 Bericht des Ausschusses BT-DS VI/ 2722.
22 Vgl. Schmidhäuser, Einfluß, MschrKrim, 1973, S. 345 ff.; Hansen, Tatbild, GA 1974, S. 360 ff.

III. Reformbestrebungen bis 1989

In der folgenden Zeit wurden wiederholt Versuche unternommen, die Tatbestände auf Zwei-Personen-Verhältnisse auszuweiten und die Nötigungsmittel bei § 239b zu erweitern.

Stützen konnten sich diese Reformvorhaben in der Literatur vor allem auf die Kommentierungen von *Dreher/Tröndle*[23]. Seit der 33. Auflage von 1972 bis zur 44. Auflage wird von ihnen die Auffassung vertreten, der Schutz des § 239 b sei unvollständig. Es sei nicht ersichtlich, warum die Nötigung des Entführten selbst nicht unter diese Vorschrift fallen solle. Ebenso wird die Beschränkung der Nötigungsmittel kritisiert und eine Erweiterung auf Fälle der Drohung mit weiterer Gefangenhaltung vorgeschlagen. Um die Notwendigkeit solcher Änderungen zu unterstreichen, wurden Szenarien entworfen, in denen etwa Unternehmer oder Minister, unter Todesdrohungen oder unter der Androhung, diese oder einen Dritten in einem Volksgefängnis zu halten, zu Einstellungen oder anderen politischen Aktionen genötigt werden sollten. Dass derartige Handlungen nicht unter § 239 b a.F. fielen, wird als *nicht hinnehmbar* kritisiert.

Diese Ansicht fand in der Literatur zum Teil Zustimmung.
So hielt auch *Blei* die Beschränkung der Nötigungsmittel für nicht gerechtfertigt[24].
Hansen[25] forderte hingegen nur eine Ausweitung des § 239a auf Zwei-Personen-Verhältnisse, da es nach seiner Ansicht keinen unrechtsrelevanten Unterschied darstelle, ob der Zahlungsakt von dem Nötigungsopfer oder einem Dritten vorgenommen werde.

Bereits 1976 wurde mit einer Bundesratsinitiative[26] und einer Initiative der CDU/CSU Fraktion[27] versucht, den § 239 b entsprechend auszuweiten. Neben der Erweiterung auf Zwei-Personen-Verhältnisse wurde eine Ausdehnung des Nötigungsmittels auf die Drohung einer weiteren Gefangenhaltung vorgeschlagen. Hier sollte als angedrohte Dauer der Gefangenhaltung ein Tag bereits genügen.
Hintergrund für diese Bestrebungen waren die sich ausweitenden terroristischen Aktivitäten in der Bundesrepublik, denen durch die genannten Strafschärfungen

23 Dreher/Tröndle, § 239 b, 4.
24 Blei, Aufsätze, JA 1977, S. 179 f.
25 Hansen, Tatbild, GA 1974, S. 356.
26 BT-DS 7/4004.
27 BT-DS 7/3661, insbesondere S. 6.

entgegengetreten werden sollte[28]. Mit der Ausbreitung des Terrorismus gelangte von nun an der politische Aspekt des Deliktes wieder in den Vordergrund.

Diese Ausweitung der Tatbestände wurde von der Bundesregierung abgelehnt, da sich hierdurch der Charakter des Tatbestandes ändere, der darauf abstelle, die Sorge des Dritten für das Wohl des Opfers auszunutzen. Darüber hinaus würde eine Erstreckung auf die Fälle der Drohung mit Freiheitsentziehung auch minder schwere Fälle erfassen, die bereits nach geltendem Recht angemessen geahndet werden könnten[29].
Auch im Rechtsausschuss wurde der Vorschlag mehrheitlich abgelehnt, da für Nötigungen der Geisel selbst §§ 239, 240 ausreichten und auch bei der bloßen Drohung mit Freiheitsentziehung der § 239 angemessene Sanktionsmöglichkeiten böte[30]. Der Vorschlag wurde somit nicht Gesetz.

Diese Auffassung des Gesetzgebers wurde in der Literatur namentlich von *Blei*[31] begrüßt, der eine Ausweitung auf Zwei-Personen-Verhältnisse als systemwidrig ablehnte und darauf hinwies, dass Fälle des § 239 b ohne Einbeziehung Dritter kaum denkbar wären.

Mit Blick auf die Zunahme der Geiselnahmen mit erheblichen Folgen für die Opfer unternahm die CDU/CSU Fraktion im Jahre 1977 einen erneuten – allerdings ebenfalls erfolglosen – Vorstoß, die §§ 239a, 239b zu reformieren[32]. So sollte die Mindeststrafe auf 5 Jahre angehoben werden und Qualifikationen, mit einem Strafrahmen von 10 bis 20 Jahren, für die Gefährdung der Geisel mit dem Tode oder einer Körperverletzung im Sinne von § 224, eingeführt werden.

In der gleichen Legislaturperiode unternahm die CDU/CSU Fraktion noch einen Versuch, bereits die Vorbereitung eines erpresserischen Menschenraubes, in Angleichung an § 234, mit Freiheitsstrafe von bis zu 5 Jahren oder Geldstrafe zu belegen, der aber ebenfalls scheiterte[33].

Eine erneute Bemühung zur Ausweitung des Tatbestandes wurde 1986 mit einer Bundesratsinitiative Bayerns unternommen[34]. Neben der Ausweitung auf Zwei-Personen-Verhältnisse wurde auch hier eine Erweiterung des § 239 b auf das

---

28 BT-DS 7/4004.

29 Stellungnahme Bundesregierung, BT-DS 7/4005, Anl. 2.

30 Sonderausschuss, Protokolle VII, S. 2465 f., Bericht des Rechtsausschusses BT-DS 7/ 5401 S. 6.

31 Blei, Aufsätze, JA 1977, S. 92; zustimmend auch Sturm, Bekämpfung, MDR 1977, S. 9.

32 BT-DS 8/ 322.

33 BT-DS 8/ 996.

34 BR-DS 563/ 86.

Nötigungsmittel der Drohung mit Freiheitsentzug von mindestens 3 Tagen Dauer vorgeschlagen, ebenfalls sollte die Mindeststrafe auf 5 Jahre angehoben werden. Indes scheiterte die Initiative bereits im Bundesrat.

IV. Das Artikelgesetz

Eine wirkliche Änderung erfuhren die §§ 239a, 239b dann durch das sogenannte *Artikelgesetz* vom 09.06.1989[35]. Sie erhielten nun folgende Fassung:

§ 239a
(1) Wer einen anderen entführt oder sich eines anderen bemächtigt, um die Sorge des Opfers um sein Wohl oder die Sorge eines Dritten um das Wohl des Opfers zu einer Erpressung (§ 253) auszunutzen, oder wer die von ihm durch eine solche Handlung geschaffene Lage eines anderen zu einer solchen Erpressung ausnützt, wird mit Freiheitsstrafe nicht unter fünf Jahren bestraft.
(2) In minder schweren Fällen ist die Strafe Freiheitsstrafe nicht unter einem Jahr.
(3) Verursacht der Täter durch die Tat leichtfertig den Tod des Opfers, so ist die Strafe lebenslange Freiheitsstrafe oder Freiheitsstrafe nicht unter zehn Jahren.
(4) Das Gericht kann die Strafe nach § 49 Abs. 1 mildern, wenn der Täter das Opfer unter Verzicht auf die erstrebte Leistung in dessen Lebenskreis zurückgelangen läßt. Tritt dieser Erfolg ohne Zutun des Täters ein, so genügt sein ernsthaftes Bemühen, den Erfolg zu erreichen.

§ 239b
(1) Wer einen anderen entführt oder sich eines anderen bemächtigt, um ihn oder einen Dritten durch die Drohung mit dem Tode oder einer schweren Körperverletzung (§ 224) des Opfers oder mit dessen Freiheitsentziehung von über einer Woche Dauer zu einer Handlung, Duldung oder Unterlassung zu nötigen, oder wer die von ihm durch eine solche Handlung geschaffene Lage eines anderen zu einer solchen Nötigung ausnützt, wird mit Freiheitsstrafe nicht unter fünf Jahren bestraft.
(2) § 239 a Abs. 2 bis 4 gilt entsprechend.

Neben der Anhebung der Mindeststrafe, der Einführung minder schwerer Fälle, fällt vor allem die Erweiterung auf Zwei-Personen-Verhältnisse auf.

35 BGBl. I, 1059.

1. Gesetzesinitiative

Der Änderung lag ein Gesetzentwurf der *Bundesregierung*[36] zu Grunde. Er enthielt für § 239a eine Strafrahmenerhöhung von 3 auf 5 Jahre sowie die Einführung einer Strafmilderungsmöglichkeit für minder schwere Fälle. Daneben sollte für § 239 b als Nötigungsmittel bereits die Drohung mit Freiheitsentziehung von über einer Woche Dauer genügen, darüber hinaus nun auch der Entführte als Nötigungsopfer in Betracht kommen[37].
Zur Rechtfertigung der Reform wurde angeführt, es handele sich bei diesen Delikten um typische Erscheinungsformen terroristischer Gewaltkriminalität, welche nach wie vor eine besondere Gefahr für die innere Sicherheit der Bundesrepublik darstelle. Zudem zeige die Erfahrungen der letzten Jahre eine zunehmende Gewaltbereitschaft solcher radikalen Gruppen[38]. Von der Strafrahmenerhöhung versprach sich die Regierung eine positive präventive Wirkung. Zur Begründung der Ausweitung des Tatbestandes von § 239 b wurde auf die oben angeführte Kritik in der Literatur[39] Bezug genommen.

Auffällig ist zunächst, dass die Änderung der §§ 239a, 239b im Gesetzgebungsverfahren eine eher untergeordnete Rolle gespielt hat. Dies darf indes nicht verwundern, wurden durch das gleiche Gesetz doch so kontroverse Punkte wie die Kronzeugenregelung und das Vermummungsverbot eingeführt, die im Mittelpunkt einer breiten Diskussion standen[40].

2. Reaktionen des Bundesrates

Im Bundesrat stießen die Änderungen des § 239 b mehrheitlich nicht auf Widerstand. Lediglich die SPD-geführten Bundesländer *Nordrhein-Westfalen, das Saarland, Schleswig-Holstein, Berlin und Hamburg* begehrten in verschiedenen Anträgen[41] die Streichung der geplanten Änderungen.
Sie kritisierten vor allem die Strafrahmenerhöhung, da so die Verhandlungsposition der Polizei eingeschränkt werde und auch eine präventive Wirkung nicht zu erwarten sei. Daneben wurde das Nötigungsmittel der Freiheitsentziehung angegriffen und insoweit auf frühere Reformvorschläge verwiesen, in denen diese Ausweitung mangels eines praktischen Bedürfnisses abgelehnt wurde.

36 BT-DS 11/2834.

37 A.a.O. S. 2.

38 BT-DS 11/2834, S. 7, 9.

39 Namentlich auf Backmann, Geiselnahme, JuS 77, 444 ff, Dreher/Tröndle, 43. Aufl., § 239b, 4; BT-DS 11/2834, S. 9.

40 Vgl. zur Diskussion in den Tageszeitungen Kunert/Bernsmann, Neue Sicherheitsgesetze, S. 449, Fn. 7.

41 Zum Folgenden: BR-DS 238/4/88, 238/12/88.

Hieran habe sich nichts geändert, auch sei die Vergleichbarkeit mit den Übrigen in § 239 b erwähnten Nötigungsmitteln nicht gegeben.
Letztlich wurde auch die Einbeziehung des Entführungsopfers selbst in den Kreis der möglichen Nötigungsopfer angegriffen. Hierdurch nähme man dem Delikt seinen eigenständigen Charakter und es würde zu einem qualifizierten Fall der §§ 239, 240 werden. Darüber hinaus wurde auch kein praktisches Bedürfnis nach einer solchen Änderung gesehen. Zur Begründung verwies man darauf, dass sich etwa die Beispiele von *Dreher/ Tröndle* auch nach dem geltenden Recht unter § 239 b subsumieren ließen, da das Entführungsopfer in aller Regel nicht der einzige Betroffene sei[42].

3. Beratung im Rechtsausschuss

Auch die Anhörung des *Rechtsausschusses des Deutschen Bundestages*[43] am 30. 11. 1988 befasste sich fast ausschließlich mit den umstritten Änderungen im Versammlungsrecht und der Einführung einer Kronzeugenregelung. Lediglich in zwei mündlichen Stellungnahmen befassten sich die Sachverständigen *Hassemer* und *Stocker* mit den geplanten Änderungen von §§ 239 a, b. Soweit in den schriftlichen Stellungnahmen auf diesen Punkt Bezug genommen wurde, waren die Äußerungen zu den geplanten Änderungen jedoch vorwiegend negativ.

So lehnte der *Deutsche Anwaltsverein*[44] die geplanten Änderungen mit mangelnden kriminalpolitischen Bedürfnissen ab, da die Fallgestaltungen bereits durch andere Strafbestimmungen mit schweren und schwersten Strafen bedroht seien und die abgenötigten Willenserklärungen nichtig oder anfechtbar seien. Ebenfalls ließen die Strafrahmenerhöhungen keine positiven spezial- oder generalpräventiven Wirkungen erwarten[45]. Es wurde auch auf ein mangelndes praktisches Bedürfnis nach einer solchen Änderung Bezug genommen[46]. Auch die *Gewerkschaft der Polizei*[47] und die *Strafverteidigervereinigung*[48] kritisierten mit Blick auf die nun eingeschränkten Verhandlungsmöglichkeiten mit Geiselnehmern die Erhöhung der Mindeststrafe.

42 Unter Bezugnahme auf Blei, Aufsätze, JA 77, 92.
43 Zum Folgenden: Stenographisches Protokoll der 38. Sitzung des Rechtsausschusses des Deutschen Bundestages vom 30.11.1988.
44 Schr. Stellungnahme S. 10, 12, Protokoll S. 309, 311.
45 Insoweit ebenso Greven, schr. Stellungnahme S. 13, Protokoll S. 464, Hassemer, schr. Stellungnahme S. 5, Protokoll S. 471.
46 Die Strafverteidigervereinigung spricht unter Bezugnahme auf Dreher/Tröndle § 239b,4 von *„akademischen Perfektionsphantasien eines Strafrechts- Kommentators"*, schr. Stellungnahme S. 30, Protokoll S. 393; anders aber Lenhard, schr. Stellungnahme S. 6, Protokoll S. 501.
47 Schr. Stellungnahme S. 5, Protokoll S. 350.
48 Schr. Stellungnahme S. 29 f., Protokoll S. 392 f.

Hassemer[49] befürchtete, dass sich durch die Ausdehnung auf Zwei-Personen-Verhältnisse die bisherige Struktur des Tatbestandes verändere und § 239b nun eine andere Struktur erhalte als § 239a, in dem nach dem damaligen Entwurf die Trennung von unmittelbarem Opfer und Entführtem beibehalten werden sollte. Insbesondere rügte er, dass für § 239b nun nicht mehr die Verletzung eines weiteren Rechtsgutes verlangt werde, sondern bereits die Drohung mit der Fortdauer der Entführung genüge[50]. In allem sah er eine erhebliche Abschleifung bisheriger Strafbarkeitsgrenzen. Daneben sei die erhöhte Mindeststrafe präventiv wirkungslos, und die Einführung unbenannter Strafmilderungsgründe führe zu einer Unbestimmtheit der Strafzumessung.

Positiv sah die Änderungen hingegen der *Deutsche Richterbund*[51], der in seiner Stellungnahme darauf hinwies, dass somit eine Ungereimtheit des geltenden Strafrechts beseitigt werde. Auch diene die Erhöhung des Strafrahmens dem Ziel einer Strafrahmenharmonisierung, insbesondere mit Blick auf § 250 I[52]. Diesem Vergleich wird andererseits wieder entgegengehalten, es gäbe in der ursprünglich geplanten Fassung von §§ 239a, 239b keine minder schweren Fälle[53].

Die Beschlussempfehlung des Rechtsausschusses folgte bezüglich § 239b den Änderungsvorschlägen und der Begründung der Bundesregierung, empfahl darüber hinausgehend aber auch den § 239a auf Zwei-Personen-Verhältnisse auszudehnen[54].

Dieser Beschlussempfehlung folgte der Bundestag in seiner 138. Sitzung am 21.04.1989[55]. Der Bundesrat stimmte dem Gesetz am 12.05.1989 zu[56]. Das Gesetz trat am 16. Juni 1989 in Kraft.

4. Kritik

Jedenfalls bezüglich ihres Anwendungsbereiches änderten die §§ 239a, 239b durch diese Gesetzesänderung ihren Charakter.

---

49 Schr. Stellungnahme S. 6, Protokoll S. 472; ebenfalls abgedruckt in StV 1989, S. 78.

50 Darauf weist er auch in seiner mündlichen Stellungnahme ausdrücklich hin. Protokoll S. 92.

51 Schr. Stellungnahme, S. 2, Protokoll S. 331.

52 Ebenso Stocker in seiner mündlichen Stellungnahme, Protokoll S. 130.

53 So Strafverteidigervereinigung, schr. Stellungnahme S. 30, Protokoll S. 393, ebenso Stellungnahme des Generalbundesanwaltes, schr. Stellungnahme S. 5, Protokoll S. 518, Stocker, schr. Stellungnahme S. 2, Protokoll S. 544.

54 BT-DS 11/4359, vor allem S. 17.

55 Plenarprotokoll 138/11 S.

56 Vgl. BR-DS 222/1/89.

Während § 239a RStGB noch eine fragwürdige Ausnahmevorschrift darstellte, dienten die Vorschriften spätestens seit dem 12. StRÄndG der Bekämpfung organisierter, vor allem terroristisch intendierter Schwerstkriminalität. Diese politische Ausrichtung der Verbrechen entsprach, wie gesehen, durchaus der Tradition dieser Delikte, und hier liegt auch ein Grund für den hohen Strafrahmen. Durch die Erweiterung der Tatbestände im Jahre 1989 verschob sich nun aber der Anwendungsbereich der Normen, die jetzt auch Verhaltensweisen der *Alltagskriminalität* erfassten, welche bisher mit wesentlich geringeren Strafen bedroht waren.

Die damit verbundenen Probleme wurden indes vom Gesetzgeber nicht gesehen. Auch in der Literatur schenkte man der Änderung anfangs nicht die ihr gebührende Aufmerksamkeit. Die Reaktionen auf die Novelle fielen daher zunächst äußerst verhalten aus.

Begrüßt wurde die Gesetzesänderung von *Dreher/Tröndle*. Auch *Keller*[57] stimmte der Erhöhung des Mindeststrafrahmens zu, da dieses am ehesten generalpräventiv wirke und angesichts der Zunahme der Gewalt innere Sicherheit schaffe. Nur durch eine Anhebung der Mindeststrafe würden die Gerichte zu höheren Strafen gezwungen.

Bald meldeten sich aber auch Kritiker der Novelle zu Wort. Kritik kam zunächst von *Kunert/Bernsmann*[58], für die nach der Änderung der Tatbestandstopos verlassen wurde, welcher gerade in der perfiden Ausnutzung der Sorge eines unbeteiligten Dritten lag. Das erhöhte Unrecht würde gerade durch die Verletzung von zwei Opfern begründet. Diese tragenden Elemente der §§ 239a, 239b a.F. würden nun aufgegeben. Sie empfahlen dem Gesetzgeber zur angemessenen Ahndung der von ihm unter der alten Gesetzesfassung als problematisch empfundenen Fälle die Einführung von entsprechenden Qualifikationen bei der Nötigung, Erpressung oder Freiheitsberaubung.

Kritisch äußerte sich ebenfalls *Krey*[59], für den durch die Novellierung die für das Delikt charakteristische und sachgerechte Dreiecksstruktur aufgegeben wurde. Diese systemwidrige und nicht durchdachte Extension müsse durch den Gesetzgeber wieder beseitigt werden[60].

Auf erhebliche Kritik stieß vor allem die Änderung des Strafrahmens.

---

57 Keller, Anmerkungen, JR 1994, 429.

58 Kunert/Bernsmann, Neue Sicherheitsgesetze, NStZ 1989, S. 449 ff.

59 Schon Krey, 8. Aufl., S. Rdn. 322.

60 Krey, 11. Aufl., Rdn. 353g.

Jung[61] bemängelte, dass für die minder schweren Fälle keine Höchststrafe vorgesehen seien. Dieses gestalte sich besonders dann problematisch, wenn man die Strafdrohungen mit denen der §§ 213, 250 II vergleiche. Auch für *Kunert/Bernsmann*[62] zeigt sich nach einem Vergleich *mit den objektiv wesentlich gefährlicheren §§ 316a, 250 I, 316 c I Nr. 1*, dass der Mindeststrafrahmen viel zu hoch sei. *Eser* hielt gleichermaßen die Strafrahmenänderung für wenig ausgewogen[63].

Festzustellen bleibt jedoch, dass die Novellierungen zunächst kein größeres Echo in Literatur und Rechtsprechung bewirkten. Die Probleme der Ausweitung auf Zwei-Personen-Verhältnisse wurden weitgehend nicht gesehen.

61 Jung, Gesetzgebungsübersicht, JuS 1989, S. 1025.

62 Kunert/Bernsmann, Neue Sicherheitsgesetze, NStZ 1989, S. 449 ff.

63 Schönke/Schröder/Eser § 239a, 1.

C. DER MEINUNGSSTAND

In der folgenden Zeit führte die Gesetzesänderung dann jedoch zu heftigen Reaktionen in Literatur und Rechtsprechung, die mit der Entscheidung des Großen Senates ihren vorläufigen Abschluss erreichten und innerhalb von zwei Jahren zu vier Entscheidungen führte, die in der amtlichen Entscheidungssammlung veröffentlicht wurden. Anstöße zur Lösung der durch die Ausweitung der Tatbestände entstandenen Problemen kamen zunächst fast ausschließlich von der Rechtsprechung, die sich als erste mit den praktischen Problemen der Ausweitung konfrontiert sah und nach Lösungsmöglichkeiten suchte.
Anhand der Rechtsprechung der verschiedenen Senate des Bundesgerichtshofes und der darauf reagierenden Literatur soll nun eine Auseinandersetzung mit der Entwicklung des Meinungsstandes erfolgen.

I. Einschränkungsbestrebungen der Rechtsprechung

Kritik an der Gesetzesänderung kam in der Rechtsprechung zunächst vor allem vom LG Stuttgart. In einer Entscheidung vom 13.12.1991[1] schränkte es den Tatbestand des § 239a für die Fälle des völligen zeitlichen Zusammentreffens der Bemächtigung mit der Nötigung ein, um die Eigenständigkeit des § 255 zu wahren. Dem lag ein Fall (nach Renzikowski „*Auto-Fall*") zugrunde, in dem der Täter in den PKW des Opfers (einer Frau) einstieg und dieses mit vorgehaltener (ungeladenen) Gaspistole zwang, ihm ihr Bargeld zu geben. Sodann fuhr er mit dem Opfer in dessen Pkw an eine andere Stelle, wo er sich vor Passanten sicher fühlte. Dort fesselte er die Frau und übte mit ihr gegen ihren Willen den Geschlechtsverkehr aus.
Dieser Entscheidung trat der 1. Strafsenat des BGH in einer Entscheidung vom 14.07.1992[2] entgegen. Er weist auf die unterschiedlichen Schutzzwecke, Vollendungsstadien und Drohungsintensitäten von § 239a einerseits und § 255 andererseits hin, und nimmt im Ergebnis Tateinheit zwischen den Delikten an.
Darüber hinaus sieht der Senat auch den Tatbestand des § 239b als verwirklicht an. Er verweist darauf, dass der Täter das Opfer *nicht nur zur Herausgabe von Bargeld*, sondern darüber hinaus *auch zur Duldung des Geschlechtsverkehrs gegen ihren Willen* zwingen wollte. Somit sei den Voraussetzungen des § 239b ebenfalls Genüge getan. Unter Berufung auf die einschlägige Literatur nimmt er in einer solchen Konstellation Tateinheit zwischen § 239a und § 239b an.

Diese Entscheidung wurde in der Literatur von *Eser*[3] begrüßt.

---

1 LG Stuttgart 1991-12-13 1 Ks 19/91 - 115 Js 4082/91.

2 BGH NStZ 1993, 39 f. = BGHR StGB § 52 Abs 1 Klammerwirkung 7; BGHR StGB § 239a Abs 1 Konkurrenzen 1.

3 Schönke/Schröder/Eser, 24 und 25 Aufl., § 239a, 13a.

1. Außenwirkung als Einschränkungskriterium

a) Die Rechtsprechung des 1. Strafsenates

In den Mittelpunkt des Interesses rückte die Novellierung der §§ 239a, 239b nachdem der 1. Strafsenat des BGH in einer Entscheidung vom 17.11.1992[4], die Vorinstanz war wiederum das LG Stuttgart, eine einschränkende Gesetzesauslegung für notwendig erachtete und seine Rechtsprechung vom 14.07.1992 *nach nochmaliger Prüfung* aufgab.
Der Entscheidung lagen zwei Fälle zu Grunde (nach Graul „*Schulhof- und Tiefgaragen-Fälle*"). In beiden Fällen lockte der Täter eine Prostituierte an einen einsamen Ort – zum einen in einen dunklen Schulhof, zum anderen in eine Tiefgarage –, bedrohte das Opfer mit einer Waffe, zwang es, ihm Geld zu geben und nutzte diese Situation dann, um das Opfer sexuell zu missbrauchen.

Der Senat führt zunächst aus, dass dem Wortlaut nach die §§ 239a, 239b zwar zur Anwendung gelangen müssten, hält aber eine einschränkende Auslegung der Vorschriften für möglich und notwendig.
Er weist auf die Diskrepanz dieser Fälle mit den im Gesetzgebungsverfahren erörterten Fällen terroristischer Gewalt hin und schließt sich nun ausdrücklich der zuvor noch abgelehnten Auffassung an, dass ohne einschränkende Auslegung *Straftatbestände, die seit jeher zum Kernbestand des materiellen Strafrechts zählen, gleichsam in die „zweite Reihe" gerückt* würden. Es käme somit zu einer nicht hinnehmbaren Vorverlagerung der Strafbarkeit und eine Vorschrift, die für die Ausnahmefälle terroristischer Gewalt geschaffen wurde, *würde zum Grundtatbestand speziellerer Delikte*. Auch würden Strafbarkeitsgrenzen, wie beispielsweise die Straffreiheit der Vergewaltigung in der Ehe, beseitigt.

Wegen der unterschiedlichen Schutzzwecke der §§ 234, 237 einerseits und der §§ 239a, 239b andererseits wollte der Senat zur Lösung des Problems nicht auf die Rechtsprechung zum Konkurrenzverhältnis der §§ 234, 237 zu §§ 177,178 zurückgreifen. Da nach Ansicht des Senates ebenfalls die Auslegung der Tatbestandsmerkmale der Entführung und des Sichbemächtigens gesichert sei, blieb ihm als Ansatzpunkt für eine einschränkende Auslegung lediglich die Zielrichtung des Tatbestandes. Um die Parallelität im Unrecht zur früheren Fassung zu bewahren, empfiehlt der Senat, auf eine ***Außenwirkung*** des abgenötigten Verhaltens abzustellen.

4 BGHSt 39, 36 ff. = NJ 1993, 144; ZAP EN-Nr 329/93; StV 1993, 193 ff.; MDR 1993, 366 ff.; NJW 1993, 1145 ff.; NStZ 1993, 237 ff.; BGHR StGB § 239a Abs 1 Sichbemächtigen 2; BGHR StGB § 239b Sichbemächtigen 2; JuS 1993, 778; NStZ 1993, 439 f.; JR 1993, 421 ff.

Alle im Gesetzgebungsverfahren und in der Literatur erörterten Fälle hätten gezeigt, dass das dem Entführten abgepresste Verhalten eine Wirkung außerhalb des unmittelbar tatbezogenen Gewaltverhältnisses haben muss. In dieser Außenwirkung liege der Unterschied zu Fällen der dem Gericht vorliegenden Art, und nur mit einer solchen Einschränkung würde das Ziel des Gesetzgebers erreicht, das Tatbestandsbild des § 239b a.F., bis auf die Erweiterung der Nötigungsopfer, zu erhalten.

Die §§ 239a, 239b sind nach Ansicht des 1. Senates demnach auf solche Fälle nicht anwendbar, in *denen das bloße Sich-Bemächtigen unmittelbares Nötigungsmittel einer Vergewaltigung, sexuellen Nötigung oder räuberischen Erpressung ist und in denen eine über das hierdurch begründete unmittelbare Gewaltverhältnis zwischen Täter und Opfer hinaus reichende Außenwirkung des abgenötigten Verhaltens nach der Vorstellung des Täters nicht eintreten soll*[5].

b) Die Entwicklung der Rechtsprechung des 1. Senates

Bei dieser Auslegung trennt der Senat zunächst nicht zwischen den Alternativen des Sich-Bemächtigens und der Entführung. Er hält aber in einer weiteren Entscheidung aufgrund eines *gesteigerten, auch vom äußeren Erscheinungsbild her deutlich abgrenzbaren Handlungs- und Erfolgsunrechts*, eine unterschiedliche Bewertung der beiden Handlungsalternativen für möglich[6].
In diesem – nach Renzikowski sogenannten – *„Bank-Fall"* ging es um eine Entführung in Thailand. Die Täter überfielen das Opfer, verschleppten es in einen Bungalow und injizierten diesem eine Salzwasserlösung mit der Erklärung, bei dieser Spritze handle es sich um ein giftiges Serum, das zum Tode führe, sofern nicht ein Gegenmittel, das nur ihnen bekannt sei, verabreicht werde. Unter der weiteren Drohung, ihm jede Stunde einen Finger abzuhacken, wurde das Opfer gezwungen, telefonisch mit seiner Hausbank Kontakt aufzunehmen und diese zu einer Überweisung zu veranlassen. Zu einer Überweisung kam es dann jedoch nicht mehr, das Opfer wurde später freigelassen.

Auf die vom Senat erwogene unterschiedliche Behandlung der beiden Begehungsvarianten des § 239a kam es für die Entscheidung jedoch nicht an, so dass es hierzu noch keiner Entscheidung bedurfte. Der Senat sah bereits in der Kontaktaufnahme mit der Bank eine hinreichende Außenwirkung, die somit die Anwendung des Tatbestandes rechtfertigte.

5 A.a.O. Leitsatz 1.
6 Strafverteidiger 1993, 522 f. = MDR 1993, 1039 f.; NStZ 1993, 539; BGHR StGB § 239a Abs 1 Entführen 1.

Relevant wurde eine Entscheidung zu diesem Problem jedoch im – von *Renzikowski* sogenannten – „*Wald-Fall*"[7]. Das Opfer, wiederum eine Frau, wurde vom Täter in seinem Auto mitgenommen. Gegen den Willen des Opfers fuhr er mit der Frau in einen Wald, wo er nach massiver Gewalteinwirkung und unter Todesdrohungen *schließlich neben einer Reihe gravierender sonstiger sexueller Handlungen mehrfach den Geschlechtsverkehr* erzwang.

Der Senat weitet in dieser Entscheidung seine einschränkende Auslegung der §§ 239a, 239b auch auf die Entführungsvariante der Tatbestände aus und verneint somit im Ergebnis, mangels einer hinreichenden Außenwirkung des Geschehensablaufes, eine Strafbarkeit des Täters nach § 239b.
Ziel der Entführung ist nach Ansicht des Senates immer eine Bemächtigung des Opfers, so dass kein Anlass für eine unterschiedliche Behandlung der Alternativen gesehen wird. Zwar weist der Senat auf eine eventuell höhere Gefahr für das Opfer durch die Ortsveränderung hin und schließt eine dadurch erfolgte Unrechtssteigerung nicht aus, die nicht typischerweise mit den Sexualdelikten verbunden ist, sieht dieses Unrecht aber durch § 237 StGB als ausreichend erfasst an und erkennt hierin allenfalls für das Strafmaß eine Bedeutung.
Im Anschluss daran zitiert der Senat noch einmal seine Argumente für einen grundsätzlichen Restriktionsbedarf der §§ 239a, 239b. Zur Untermauerung seiner Ansicht wird abschließend auf die einschlägigen Lexika verwiesen, in denen unter Geiselnahmen Verhaltensweisen beschrieben werden, bei denen der Senat ebenfalls eine Außenwirkung findet.

c) Die Rechtsprechung des 2. Senates bis zu seinem Vorlagebeschluss

Bis zu seinem Vorlagebeschluss hatte sich der 2. Senat in zwei Fällen mit Verurteilungen nach §§ 239a, 239b zu befassen. In einer Entscheidung, dem ein Fall zugrunde lag, in dem das Opfer mit einem Kraftfahrzeug entführt und sodann zu einer Abhebung von Geld an einem Bankautomaten genötigt wurde (nach Graul „*Scheckkarten-Fall*"[8]), folgte der Senat der Linie des 1. Senates, ohne sich indes in der Sache mit ihm auseinanderzusetzen und bestätigte die Verurteilung nach § 239a[9]. Eine hinreichende Außenwirkung sah der Senat hier bereits im Abheben des Geldes mittels einer Scheckkarte.

In einer weiteren Entscheidung[10] hob der 2. Senat einen Freispruch mit dem Argument auf, dass sich in diesem Fall *die Drohung mit der Tötung gegen zwei*

7 BGHSt 39, 330 ff. = EBE/BGH 1993, 379 f.; NJW 1994, 332 f.; MDR 1994, 184 f.; ZAP EN-Nr 206/94; NStZ 1994, 127 f.; BGHR StGB § 239b Entführen 1; JR 1994, 426 ff.
8 Graul, Zustand, S. 350.
9 BGHR StGB § 239a Abs 1 Entführen 2 = BGHR StPO § 349 Abs 2 Antrag 1.
10 NStE Nr. 4 zu § 239b StGB.

Personen richte, die damit jeweils in Angst um das Wohlergehen des anderen versetzt wurden, so dass ein *Zwei-Personen-Verhältnis nicht vorläge*. Auf das Kriterium der Außenwirkung stellt der Senat dabei nicht ab.

d) Kritik

aa) Außenwirkung als untaugliches Kriterium

Der Sache nach versucht der 1. Senat also durch die *Außenwirkung* die Dreiecksstruktur des alten Tatbestandes – soweit als möglich – beizubehalten. Fraglich ist jedoch, ob dies zulässig ist, da durch die Gesetzesänderung gerade auf ein weiteres Opfer und somit wohl auch auf die Dreiecksstruktur verzichtet wurde.

Folgerichtig entzündete sich hieran auch die Kritik der Literatur. Beanstandet wurde vor allem die mangelnde Unrechtssteigerung des Geschehens durch Einbeziehung einer weiteren Bezugsperson, besonders in den Fällen, in denen die Außenwirkung lediglich in der Kontaktaufnahme mit der Bank besteht[11]. Durch diese extensive Auslegung des Begriffes vor allem im Rahmen von § 239a, so wurde fast einhellig bemängelt, verliere das Merkmal seine Bestimmtheit und führe sich im Ergebnis selbst ad absurdum[12].

Auch *Bohlander*[13] kritisiert die Entscheidung im *Tiefgaragen-Fall* und wirft dem Senat vor, mit seiner Auslegung und vor allem seiner Begründung bestärke er die Ansicht der Strafkammer, die dem sexuellen Selbstbestimmungsrecht der Frau ein niedrigeres Gewicht einräume als der Freiheit von Unternehmern, Einstellungen oder Entlassungen vorzunehmen, beziehungsweise von Politikern, keine Erklärungen vorlesen zu müssen. Auch liege der Entscheidung ein Vorstellungsbild des Tatgeschehens zugrunde, das nur auf ganz wenige Fälle zutreffe. Indem der Senat daraus nun allgemeine Auslegungskriterien entwickele, schaffe er zwangsläufig solche, die für andere Fälle schwer oder gar nicht zu handhaben seien.

In der Tat bleibt festzustellen, dass der 1. Senat über das Kriterium der Außenwirkungin seinen Entscheidungen fast ausschließlich den Tatbestand des § 239b

11 Renzikowski, Erpresserischer Menschenraub, JZ 1994, S. 498 nannte dies die *verblüffende These von der unrechtssteigernden Wirkung des bargeldlosen Zahlungsverkehrs*; ihm zustimmend Graul, Zustand, S. 350 ff; im Ergebnis ebenso Geppert, JK 1994, StGB § 239a/ 4; Otto, JK 1994, StGB § 239a/ 5.

12 Vgl. u.a. Tenckhoff/Baumann, Reduktion, JuS 1994, S. 840; Fahl, Problematik, Jura 1996, S. 460; Renzikowski, Anmerkungen, JR 1995, S. 349; LK-Laufhütte, 11. Aufl., § 177, 22.

13 Bohlander, Anmerkungen, NStZ 1993, S. 439 f.

für die Fälle der Vergewaltigung und sexuellen Nötigung einschränkte. In Fällen des erpresserischen Menschenraubes hingegen nahm er eine Außenwirkung in allen von ihm entschiedenen Fällen bereits wegen der notwendigen Kontaktaufnahme mit der Bank an, so dass er hier stets zur Verurteilung nach § 239a kam.

bb) Methodenkritik

Neben dieser grundsätzlichen Kritik sind auch aus methodischer Sicht die Entscheidungen des 1. Senates kritisiert worden.
So hält der 1. Senat im *Tiefgaragen-Fall,* trotz Überschreitung des Wortlautes, eine einschränkende Auslegung noch für zulässig. In späteren Entscheidungen, besonders im *Wald-Fall,* ist das Bemühen des Senates erkennbar, seine im *Tiefgaragen-Fall* noch primär durch Anwendung einer subjektiven Auslegungsmethode gewonnenen Resultate, objektiv abzustützen und zu zeigen, dass seine Auslegung der Tatbestände zumindest dem allgemeinen Verständnis der Geiselnahme entspricht – der Wortlaut der Vorschrift also noch nicht verlassen sei.

An dieser Methodenwahl entzündet sich die Kritik von *Tenckhoff/Baumann*[14]. Bei grundsätzlicher Zustimmung zur Kriterienwahl des 1. Senates[15] weisen sie darauf hin, es handele sich bei der Einschränkung des Senates nicht mehr um Auslegung, sondern um eine prinzipiell zulässige teleologische Reduktion.
Weiter geht die Kritik von *Fahl*[16], der die nicht dem Gesetz entnommene Kriterienwahl des Senates als Überschreitung der grundgesetzlichen Kompetenzverteilung von Richter und Gesetzgeber kritisiert.

cc) Zustimmung

Vereinzelt erntete die Sicht des 1. Senates aber auch Zustimmung.
So stimmt *Geppert*[17] der Methodenwahl zu und bescheinigt dem Senat im Tiefgaragen-Fall eine *fast schulmäßige Subsumtion.* Kritisiert wird von ihm aber die Gleichstellung der Bemächtigungs- und Entführungsalternative. Er sieht in der Entführung eine erhöhte Gefahr für das Opfer und somit ein gesteigertes Unrecht und neigt dazu, bereits *in der Entführung an sich* eine *hinreichende Außenwirkung* zu sehen[18].
Amelung/Cirener/Grüner[19] verteidigen die Einschränkung des Tatbestandes durch den 1. Senat. Sie verweisen darauf, dass die Umkehrung des Begriffes der

14 Tenckhoff/Baumann, Reduktion, JuS 1994, S. 838 f.
15 *„Ebenso bestechend, wie einfach"* a.a.O. S. 839.
16 Fahl, Problematik, Jura 1996, S. 460.
17 Geppert, JK 1993, StGB § 239a/ 2.
18 Geppert, JK 1994, StGB § 239a/ 4.
19 Amelung/Cirener/Grüner, Schutzgeldkassierer, JuS 1995, S. 49.

Außenwirkung dieses Merkmal zutreffend eingrenzt, somit könne diesem Kriterium der Vorwurf der Unbestimmtheit nicht gemacht werden. Aus dem Tatbestand der §§ 239a, 239b schieden nun all jene Fälle aus, in denen der Taterfolg lediglich in dem vom Täter begründeten Gewaltverhältnis eintreten soll.
Begrüßt wurde die Entscheidung auch von *Geerds*[20], der dem Senat sowohl in der Sache als auch bei der Methodenwahl zustimmt[21], die Aufmerksamkeit dann jedoch auf die von ihm favorisierte Konkurrenzlösung lenkt.

2. Einschränkung durch das Kriterium der Opfersicht

a) Der Anfragebeschluss des 5. Strafsenates an den 1. und 2. Senat

Nicht nur in der Literatur begegnete das Kriterium der Außenwirkung Bedenken, Kritik wurde auch vom BGH selbst geäußert.
In einem Anfragebeschluss an den 1. und 2. Senat zog der 5. Senat[22] das Kriterium der Außenwirkung in Zweifel.
Der Entscheidung lag ein Fall zugrunde, in dem das Opfer über einen Brückenrand gehalten wurde und so zur Preisgabe von Informationen gezwungen werden sollte (nach Graul „*Brücken-Fall*“[23]).
Zwar geht auch der 5. Senat davon aus, dass eine einschränkende Auslegung der §§ 239a, 239b geboten sei, will aber jedenfalls für die Fälle, in denen die Nötigung ansonsten lediglich nach § 240 strafbar wäre, § 239b anwenden. Für die Fälle einer Konkurrenz mit der Vergewaltigung, sexueller Nötigung und räuberischer Erpressung schließt er sich hingegen im Ergebnis ausdrücklich dem 1. und 2. Senat an, ohne aber das Kriterium der Außenwirkung anwenden zu wollen. Wie der Senat dann aber zu diesem Ergebnis kommen will, lässt er offen, verweist nur vage auf die systematische Auslegung und die Aufgabe des Gesetzgebers, solche Systembrüche zu vermeiden.

Als Begründung für die Notwendigkeit der Anwendung des § 239b neben der Nötigung führt der Senat zunächst den zu geringen Strafrahmen des § 240 an, der, in Fällen mit unmittelbarer Todesdrohung und ähnlichen *folterähnlichen Mitteln*, im Gegensatz zu den §§ 177, 255, keinen angemessenen Sanktionsrahmen biete. Darüber hinaus verweist er auf die Unbestimmtheit des Begriffes der Außenwirkung, der kein geeignetes Einschränkungskriterium sei.
Seine einschränkende Auslegung knüpft der Senat dann nicht an dem *abgenötigten Verhalten* der Geisel, sondern an der Opferlage, die durch die Entführung

---

20 Geerds, Anmerkungen, JR 1993, S. 424 f.

21 Ebenso Jung, Anmerkung, JuS 1993, S. 778 f.; offenbar auch Wessels, BT 1, 18. Aufl., Rdnr. 453; Lackner 21. Aufl., §239a, 4a.

22 BGH NStZ 1994, S. 128 ff.

23 Graul, Zustand, S. 358.

oder Bemächtigung entstanden ist, an. Seiner Ansicht nach wird die Parallelität zum Dreiecksverhältnis nur dadurch gewahrt, dass man auf die Konkretheit der Drohungsrealisierung aus Opfersicht abstellt. Im Unterschied zum Zwei-Personen-Verhältnis wüsste im Dreiecksverhältnis der Genötigte in aller Regel nicht, wie konkret die Drohung sei. *Die Drohung mit dem Tod oder einer schweren Körperverletzung oder einer lang dauernden Freiheitsentziehung müsse* hier daher *so konkret sein, dass diese Folgen in den Vorgang der Entführung oder Bemächtigung eingebettet seien und aus der Sicht des Opfers als unmittelbar bevorstehend empfunden würden*[24]. Nur in diesen Fällen will der Senat im Zwei-Personen-Verhältnis § 239b anwenden.

b) Die Antworten des 1. und des 2. Senates

Mangels Entscheidungen zum Verhältnis des § 239b zu § 240 sehen sowohl der 1. als auch der 2. Senate diese Entscheidung im Ergebnis als mit ihrer Rechtsprechung vereinbar an, ohne indes dem 5. Senat in der Begründung zu folgen und das Kriterium der Opfersicht als taugliches Abgrenzungskriterium zu akzeptieren[25]. Es könne nicht darauf ankommen, *ob das Opfer bei gleicher Sachlage die Drohung mehr oder weniger ernst nehme,* auch *eine Differenzierung nach der Verwirklichungsnähe sei dem § 239b fremd.*
Interessanterweise beruft sich der 1. Senat in seiner Begründung auf *Geerds* und schließt sich dessen Ausführungen zum Konkurrenzverhältnis von § 239b zu §§ 177, 178 an, hält aber gleichzeitig an der Einordnung seiner Restriktionsbemühungen als einschränkende Auslegung fest. Ob hier eine Umkehr, weg von einer Tatbestandslösung, hin zur Konkurrenzlösung, zu erkennen ist, lässt sich dem Beschluss indes nicht entnehmen. Insofern fügt der Senat dem *methodischen Kuddelmuddel*[26] eine weitere Facette hinzu.

c) Die Entscheidung des 5. Senates

Der 5. Senat hielt an seiner - in der Anfrage geäußerten - Sichtweise auch in der endgültigen Entscheidung fest und bestätigt die Verurteilung des Angeklagten durch das Bezirksgericht[27].

---

24 BGH a.a.O.

25 Für den 2. Senat: Mitteilung des Vorsitzenden vom 10. Februar 1994 - 2 ARs 383/93 - über die Beschlussfassung dieses Senates vom 19. Januar 1994 zit. nach BGHSt 40, 90 ff.; für den 1. Senat BGH NStZ 1994, S. 284.

26 Graul, Zustand, S. 360.

27 BGHSt 40, 90 ff. = JZ 1994, 531 ff.; NStZ 1994, 340; MDR 1994, 709 f.; StV 1994, 374 f.; ZAP EN-Nr 619/94; NJW 1994, 2162 f.; BGHR StGB § 239b Konkurrenzen 2.

d) Kritik

Soweit sich die Literatur mit der Entscheidung befasst, wird der darin geäußerte Lösungsvorschlag größtenteils als unpraktikabel abgelehnt[28].

Zustimmung kommt hingegen von *Keller*[29]. Er schließt sich ausdrücklich dem 5. Senat an und verweist darauf, dass so ein Weg offen bleibe, um Fälle mit einem großen Unrechtsgehalt angemessen zu ahnden, ohne dabei durch das Kriterium der Außenwirkung beschränkt zu sein. Die Anknüpfung an die Schwere des Handlungsunrechts wird auch von *Otto*[30] verhalten positiv beurteilt.

3. Die Kritik des 2. Senates an den bisherigen Einschränkungsbemühungen

a) Der Vorlagebeschluss des 2. Senates

Die Entscheidung des Großen Senates für Strafsachen wurde durch eine Vorlage des 2. Senates[31] initiiert[32]. Der Senat fragte an, *ob § 239b in Fällen anwendbar sei, in denen der Täter sein Opfer zum Zwecke einer Vergewaltigung oder sexuellen Nötigung entführt*. Dem lag folgender Sachverhalt zugrunde: Der Angeklagte und seine beiden Landsleute trugen, unter dem Vorwand, dem Opfer helfen zu wollen, dieses an einen schlecht einsehbaren Ort in einem Getreidefeld, wo sie es unter Androhung der Tötung, wie von Anfang an geplant, mehrfach vergewaltigten und weitere sexuelle Handlungen an ihm vornahmen (sogenannter *„Getreidefeld-Fall"*).

Der Senat stellt fest, vom Wortlaut her sei die Vorschrift des § 239b einschlägig, einer Bestätigung der erstinstanzlichen Verurteilung stehe aber die Entscheidung des 1. Senates im *Wald-Fall* entgegen, an welcher der 1. Senat auf Anfrage festhielt[33]. Er führt aus, dass er der Rechtsprechung des 1. Senates zur einschränkenden Auslegung des § 239b, soweit dieser seine Kriterienwahl in dem *Wald-Fall* auch auf die Fälle der Entführung ausgedehnt habe, nicht folgen wolle. Jedenfalls für Fälle der Entführung hält der 2. Senat das Merkmal der Außenwirkung nicht für ein taugliches Abgrenzungskriterium.

28 U.a. von Hauf, Anmerkungen, NStZ 1995, S. 185; Müller-Dietz, Tatbestand, JuS 1996, S. 116; Renzikowski, Anmerkungen, JR 1995, S. 349.

29 Keller, Anmerkungen, JR 1994, S. 429.

30 Otto, Grundkurs, 4. Aufl., S. 104.

31 BGH NStZ 1994, S. 430 ff.

32 Bis auf die letzten Abschnitte wortgleich zur Anfrage an den 1. Senat vgl. NStZ 1994, S. 283 f.

33 Beschl. v. 22. März 1994 - 1 ARs3/94.

Zu seiner Begründung verweist der Senat auf die Struktur des Deliktes, die eine *besondere Verknüpfung von (objektiven) Tathandlungs- und (subjektiven) Absichtsmerkmalen* enthalte. In den Fällen der Identität des Drohmittels lässt der Senat offen, ob der Täter auch wegen Geiselnahme zu bestrafen ist, scheint aber eine Bestrafung nur wegen des Nötigungsdeliktes für angemessen zu erachten. Es gebe keine erhebliche Unrechtssteigerung zu dem Nötigungsdelikt, insbesondere dann nicht, wenn dieses – wie etwa bei einer Vergewaltigung – typischerweise mit einer Bemächtigung verbunden sei. Im Gegensatz zum 1. Senat ist der 2. Senat jedoch der Ansicht, die Merkmale der Bemächtigung und der Entführung seien unterschiedlich zu interpretieren. Durch die mit der Entführung verbundene Ortsveränderung komme dem Geschehen ein eigener Unrechtsgehalt zu. Das Geschehen stelle sich hier als zweiaktiges Geschehen dar, wobei sich beide Akte deutlich unterscheiden ließen und einen eigenen Unrechtsgehalt hätten.

Im Anschluss daran nimmt der 2. Senat zu Konkurrenzerwägungen Stellung. Er verweist hier darauf, dass zu § 177 neben § 237 erst recht § 239b in Idealkonkurrenz treten müsse, da das darin enthaltene Unrecht, wegen der vorgefassten Absicht und der qualifizierten Drohung, ungleich schwerer wiege. *§ 239b stelle sich daher als qualifizierter Entführungstatbestand dar und sei mithin im Verhältnis zu § 237 lex specialis.* Eine Konkurrenzlösung, die den §§ 237, 177 den Vorrang einräume, komme daher ersichtlich nicht in Betracht. Im Übrigen würde sich durch eine solche Lösung der Strafrahmen nicht zugunsten des Angeklagten ändern.

Die Kritik des 2. Senates scheint sich aber generell gegen das Kriterium der Außenwirkung und im Ergebnis überhaupt gegen eine Einschränkung zu richten, denn der Senat verweist ausdrücklich auf die Unbestimmtheit des Begriffes der Außenwirkung, dem jeglicher *substantiell-materieller Gehalt* und somit auch ein gesteigerter Unrechtsgehalt fehle. Insoweit würden äußerliche Zufälligkeiten über die Strafbarkeit entscheiden.

Im Ergebnis erkennt der Senat keine Gründe an, die ihn zu einer Einschränkung des vom Wortlaut her eindeutigen Straftatbestandes zwingen.

b) Kritik

Der 2. Senat wendet sich somit gegen die Einschränkungsbemühungen der anderen Senate. Da er auch das Kriterium der Opfersicht des 5. Senates nicht erwähnt, ist wohl davon auszugehen, dass er dieses ebenfalls nicht für ein taugliches Abgrenzungskriterium hält.

Methodisch wird dem Senat vorgeworfen[34], er greife den 1. Senat vor allem mit Argumenten an, die sich gegen eine Konkurrenzlösung richten, während er gegen die Tatbestandslösung kaum argumentiere.
Indes ist zumindest dem Beschluss des 1. Senates im *Brücken-Fall* eine vorsichtige Annäherung an die Konkurrenzlösung zu entnehmen und auch die Entscheidung zum Tiefgaragen-Fall enthält Ausführungen in diese Richtung, so dass diese Argumentation durchaus Sinn macht. Darüber hinausgehend scheint der Senat eine teleologische Reduktion bereits wegen deseindeutigen und klaren Wortlautes der Vorschriften abzulehnen, insofern für ihn eine Tatbestandslösung daher per se ausscheiden muss, da diese sich über das Gesetz hinwegsetzen würde. Lediglich für die Fälle der Identität des Drohmittels scheint der Senat zur Konkurrenzlösung zu neigen[35], ohne freilich anzudeuten, wie die Probleme dieser Lösung zu umgehen wären.

Laufhütte[36] bemüht sich um einen Lösungsansatz für den Großen Senat. Er verweist hierfür auf die typische Kennzeichnung des Deliktes, die darin liege, dass eine durch die Bemächtigung oder Entführung *verfestigte Lage* zu einer Drohung oder Nötigung benutzt werde. Inwieweit hieraus ein Einschränkungskriterium entwickelt werden kann, lässt er offen, hält dieses aber offenbar für nicht sehr wahrscheinlich, da er auf §§ 239a II, 239b II zur Lösung problematischer Fälle verweist.

4. Die Rechtsprechung des 3. Senates

a) Der Hochhaus-Fall

Der 3. Senat des BGH hat sich zu dem strittigen Problem der Ausweitung auf Zwei-Personen-Verhältnisse bis zur Entscheidung des Großen Senates lediglich einmal geäußert[37]. In dem der Entscheidung zugrunde liegenden Sachverhalt ging es um eine Vergewaltigung eines Kindes mit Todesfolge. Der Täter zwang das Opfer unter Gewaltanwendung und Drohung mit Gewalt, ihm in den Keller eines Hochhauses zu folgen. Unterwegs klammerte sich das Kind hilfesuchend an eine Passantin. Nach den Feststellungen des Tatgerichtes *schaute* der Täter *daraufhin die Zeugin provozierend böse an, worauf diese sich, ohne etwas zu sagen, von dem Opfer befreite und weiterging*[38]. Später tötete der Täter das Kind.

---

34 Graul, Zustand, S. 360 f. *„völlig neben der Sache"*.
35 So versteht den Beschluss auch Graul, Zustand, S. 360 ff.
36 LK-Laufhütte, 11. Aufl., § 177, 22.
37 BGH NStZ 1994, S. 481 f. = BGHR StGB § 239b Sichbemächtigen 3; im Folgenden „Hochhaus-Fall".
38 BGH a.a.O.

Der 3. Senat bestätigte die Verurteilung des Täters nach § 239b durch das Landgericht. Obwohl der Senat dem Kriterium der Außenwirkung skeptisch gegenübersteht, sieht er es vorliegend als erfüllt an. Eine hinreichende Außenwirkung erblickt der Senat bereits in dem Verhalten einer dritten Person, die *durch das aggressive Auftreten des Angeklagten veranlasst wurde, das sich hilfesuchend an* seine *Kleidung klammernde Kind wegzustoßen und weiterzugehen*.

Der Sache nach schließt sich der Senat der im Vorlagebeschluss geäußerten Auffassung des 2. Senates an, dass wegen des gesteigerten Handlungsunrechtes eine tateinheitliche Verurteilung von §§ 239b, 177 zu erfolgen habe und insoweit jedenfalls eine Konkurrenzlösung nicht in Betracht zu ziehen sei. Dieses schon deshalb nicht, weil im Verhältnis des § 239b zum allgemeinen Nötigungstatbestand nichts anderes gelten kann als gegenüber § 237, in dem der Senat ebenso wie der 2. Senat einen allgemeinen Entführungstatbestand sieht. Wenn der 1. Senat aber im ersten Falle zutreffend eine Spezialität des § 239b annehme, müsse dieses auch im zweiten Fall gelten. Hinzu komme, dass das Tatunrecht der Entführung bei einer Tötung des entführten Kindes ansonsten nicht in jedem Falle angemessen geahndet werden könne, da es nach dem Tode des Antragsberechtigten an der Möglichkeit eines wirksamen Strafantrages fehle, namentlich die nach den §§ 238, 77 III bestehende Vertretungsbefugnis des Personensorge-Berechtigten erlösche[39].

b) Kritik

Die Kritik, die dem 2. Senat bezüglich seiner Argumentationsstruktur entgegengehalten wurde, trifft intensiver noch den 3. Senat. Da er sich zu den Grenzen einer teleologischen Reduktion nicht äußert, verbleibt in der Tat der Eindruck, er würde die Ausführungen des 1. Senates lediglich mit Erwägungen zur Konkurrenzlösung angreifen. Diese Argumentation betrifft den Kern der Ausführungen des 1. Senates zumindest im *Tiefgaragen-Fall* indes nicht. Gegen dessen Argumentation im *Wald-Fall* richtet sich allenfalls die These von der Unrechtssteigerung des Geschehens durch eine Entführung.

5. Die chronologische Zweiaktigkeit als Einschränkungskriterium

a) Die Entscheidung des Großen Senates

Den vorläufigen Höhepunkt, der sich wandelnden Rechtsprechung und das vorläufige Ende der *unendlichen Geschichte der einschränkenden Auslegung der*

39 Hierzu jüngst BGH MDR 1994, 434 = BGHR StGB § 77 Abs 3 Antragsrecht 1.

§§ 239a, 239b[40], stellt die Entscheidung des Großen Senates vom 22. 11. 1994 dar[41].

Der Große Senat stellt im Tenor fest, *dass die Anwendung des § 239 b in Fällen, in denen der Täter sein Opfer zum Zwecke einer Vergewaltigung oder sexuellen Nötigung entführt oder sich seiner bemächtigt, nicht von vornherein ausgeschlossen ist. Die Vorschrift setze vielmehr voraus, dass der Täter beabsichtigt, die durch die Entführung oder das Sichbemächtigen für das Opfer geschaffene Lage zu einer qualifizierten Drohung auszunutzen und durch sie zu nötigen.*

In den Urteilsgründen verweist der Große Senat zunächst auf die unterschiedlichen Anknüpfungspunkte der Streitfrage, nämlich im Tatbestand durch den 1. Senat und bei den Konkurrenzen durch den 2. Senat. Er führt dann aus, es handele sich bei § 239b um ein *unvollkommen zweiaktiges Delikt*, welches *einen funktionalen Zusammenhang zwischen dem ersten Akt* (der Entführung oder der Bemächtigung) *und dem zweiten*, ins Subjektive verlagerten, *Akt der weitergehenden Nötigung voraussetze.*
Dieses folge aus Wortlaut, Aufbau und systematischer Stellung der Vorschrift. Ein Vergleich zur Fassung des § 239a und § 239b I HS 2 bestärkt den Großen Senat in seiner Auffassung, es komme für das Tatbild entscheidend auf eine Ausnutzung der durch den ersten Akt geschaffenen Lage an. Entscheidend sei also eine Unterscheidung der Bemächtigung und des Nötigungsaktes, die beim Dreiecksverhältnis immer vorliege und an welcher der Gesetzgeber auch festhalten wollte.
Der Große Senat führt dann unter Bezugnahme auf einschlägige Lexika und Gesetzgebungsmaterial aus, dass diese Auffassung auch dem überlieferten Bild der Geiselnahme und den Vorstellungen des Gesetzgebers entspräche.

Abschließend widmet sich der Große Senat noch einmal den bisherigen Restriktionsbemühungen der BGH-Senate und verwirft sie.
Gegen das Kriterium der Außenwirkung führt er neben der mangelnden Bestimmtheit das Ziel des Gesetzgebers, die Dreiecksstruktur durch die Neufassung aufzugeben, ins Feld. Auch fänden sich im Wortlaut der Vorschrift keine Anhaltspunkte für eine derartige Einschränkung. Als Gegenbeispiel wird die Nötigung zur Preisgabe von Staatsgeheimnissen angeführt, die zweifelsohne unter den Tatbestand fallen soll, aber ebenfalls keine hinreichende Außenwirkung habe.

---

40 So Otto, JK 1994, StGB § 239a/ 5.

41 BGHSt 40, 350 ff. = EBE/BGH 1994, 414 ff.; NJW 1995, 471 f.; StV 1995, 82 ff.; NStZ 1995, 129 ff.; NJ 1995, 167; MDR 1995, 298 ff.; BGHR StGB § 239b Entführen 2; BGHR StGB § 239b Konkurrenzen 3; NStZ 1995, 184; JuS 1995, 556; JA 1995, 449, JR 1995, 346 ff.

Bezüglich des Merkmals der Opfersicht schließt sich der Große Senat den ablehnenden Ausführungen des 1. Senates an und weist darüber hinaus auf die mangelnde Überprüfbarkeit der konkreten Todesgefahr im Nachhinein hin.

Die Lösung des Großen Senates führt demnach bei einem Zusammentreffen von Geiselnahmen in Form der Entführungsalternative und einer Vergewaltigung oder sexueller Nötigung zu einer Anwendung des § 239b. Der Senat weist aber auch darauf hin, dass es in den Fällen einer bloßen Bemächtigung häufig an einer Stabilisierung der Situation fehle, so dass jedenfalls dann, wenn die qualifizierte Drohung mit der Bemächtigung einhergehe, der Tatbestand der §§ 239a, 239b mangels einer eigenen Bedeutung der Bemächtigungssituation nicht anzuwenden sei.

Abschließend stellt der Große Senat noch fest, die Konkurrenzfrage sei zwischen den Senaten nicht streitig, da der 1. Senat nicht entschieden habe, *die Vorschriften der §§ 177, 178 schlössen unter dem Gesichtspunkt der Spezialität die Anwendung des § 239 b* aus. Er stellt hierzu jedoch fest, dass jedenfalls ein Fall echter Spezialität nicht vorläge.

Entsprechend dieser Entscheidung hat der 2. Senat dann die Revision des Angeklagten im *Getreidefeld-Fall* verworfen[42].

b) Kritik

Der Große Senat folgt in weiten Teilen dem Vorlagebeschluss des 2. Senates. Er verwirft explizit die bisherigen Restriktionsbemühungen der Senate und zwar nicht nur für die ausdrücklich entschiedenen Fälle einer Konkurrenz von §§ 177, 178 zu § 239b, sondern darüber hinausgehend für den gesamten Anwendungsbereich des § 239b.
Die Entscheidung hat erwartungsgemäß zu einer Vielzahl von Stellungnahmen in der Literatur geführt.

aa) Zustimmung

Begrüßt wurde von zahlreichen Stimmen in der Literatur zunächst die Aufgabe des schwer fassbaren Begriffes der Außenwirkung und des unpraktikablen Weges des 5. Senates[43].

---

42 BGHR StGB § 239b Entführen 3.

43 So von Hauf, Anmerkungen, NStZ 1995, S. 185; Müller-Dietz, Tatbestand, JuS 1996, S. 116; Renzikowski, Anmerkungen, JR 1995, S. 349; Tröndle/Fischer, § 239a, 6b.

Ebenfalls wurden den Ausführungen zur Konkurrenzproblematik wiederholt zugestimmt[44]. Indes kritisiert *Jung*[45] gerade die Ausführungen des Großen Senates zu diesem Punkt als zu dünn, da sich der Senat hier einer eingehenden Argumentation in der Sache zu Unrecht verweigert habe.

Zum Teil wird die Rückführung des Deliktes auf ein zeitlich zweiaktiges Delikt begrüßt, da eine gedankliche Zäsur zwischen der Begründung des Gewaltverhältnisses und der Nötigung der Charakteristik des Delikts entspreche[46]. Hierdurch würde auch dem Schutzzweck des Deliktes, die Geisel zu schützen, Rechnung getragen, denn durch die Stabilisierung der Zwangslage erhöhe sich die Gefahr für das Opfer. *Rengier*[47] räumt der Lösung des Großen Senates gegenüber allen anderen diskutierten Lösungen den Vorzug ein und hält die nun entstandenen Abgrenzungsschwierigkeiten für lösbar.

bb) Ablehnung

Neben dieser Zustimmung ist zahlreiche Kritik an der Entscheidung zu verzeichnen.

Kritisiert wurde zunächst das methodische Vorgehen des Großen Senates, der seine Argumentation, nach *Renzikowskis* Ansicht[48], nicht ausreichend auf Rechtsgutserwägungen stützte.
Die Kritik von *Renzikowski*[49] richtet sich aber auch gegen die These des Großen Senates von der zeitlichen Zweiaktigkeit des Geschehens. Sie wendet sich damit gegen die geforderte Eigenständigkeit der Bemächtigung. Diese These widerspreche jedenfalls für Dreiecksbeziehungen gefestigter Rechtsprechung, nach der es für § 239b nicht auf eine *chronologische Zweiaktigkeit* ankomme. Eine Beschränkung dieses Kriteriums auf Zwei-Personen-Verhältnisse laufe aber jedenfalls dem klaren Anliegen des Gesetzgebers zuwider, beide Alternativen gleich zu behandeln[50].
Darüber hinaus stellt sich für *Jung*[51] nun die Frage nach dem Verhältnis der beiden Alternativen neu, denn während in der Entführungsalternative die Bestrafung nach § 239b nun zur Regel werde, scheine eine Verurteilung bei der Be-

44 So von Müller-Dietz, Tatbestand, JuS 1996, S. 116; Renzikowski, Anmerkungen, JR 1995, S. 350.
45 Jung, Anmerkungen, JuS 1995, S. 556 f.
46 So Lesch, Anmerkungen, JA 1995, S. 450; Heinrich, Notwendigkeit, NStZ 1997, S. 370.
47 Rengier, BT 2, S. 139.
48 Renzikowski, Anmerkungen, JR 1995, S. 349.
49 Renzikowski, Anmerkungen, JR 1995, S. 349 f.
50 Ebenso Müller-Dietz, Tatbestand, JuS 1996, S. 116.
51 Jung, Anmerkungen, JuS 1995, S. 556 f.

mächtigungssituation nun die Ausnahme zu sein. *Jung* wirft die Frage auf, ob aber alleine eine Ortsveränderung dem Geschehen einen so anderen Charakter gäbe, dass hierin das entscheidende Kriterium zu sehen sei, welches eine so erhebliche Strafanhebung bewirke.

Auf erheblichen Widerspruch ist die Auswirkung der Identitätsthese gestoßen, den brutalen Täter, der sogleich mit absoluter Gewalt gegen das Opfer vorgeht und bei dem es folglich an einer Abgrenzbarkeit der Bemächtigung von der Nötigung fehlt, gegenüber dem Täter, der lediglich vis compulsiva anwendet oder seine Drohmittel allmählich steigert, zu privilegieren[52].
Teils wird auch insgesamt die Tendenz der Entscheidung kritisiert, den Tatbestand trotz der bekannten Probleme nicht wirksam einzuschränken[53].
Hauf[54] beanstandet, dass mit dem Kriterium der Stabilisierung der Opferlage ein neues Auslegungsproblem entstehe, denn wann eine solche Stabilisierung vorliege, lasse der Senat offen. *Eser* hält die Reduktion durch diese Entscheidung gleichfalls für wenig praktikabel[55].

Insgesamt bleibt festzuhalten, dass sich durch den Beschluss des Großen Senates eine Vielzahl von Problemen neu stellen und längst nicht alle Fragen zu diesem Themenkomplex befriedigend beantwortet worden sind.

II. Lösungsansätze in der Literatur

Obwohl die Literatur die Entwicklung der Rechtsprechung kritisch begleitete, war sie mit eigenen Lösungsvorschläge äußert zurückhaltend. Soweit die Restriktionsbemühungen des BGH abgelehnt wurden, beschränkte man sich zumeist auf den Ruf nach dem Gesetzgeber.
Dieser hat aber die Chance, die das 6. Strafrechtsreformgesetz bot, nicht genutzt und sich lediglich auf sprachliche Korrekturen beschränkt[56].

1. Ablehnung einer Einschränkung aus dogmatischen Gründen

In der Literatur finden sich zunächst Stimmen, die jeglichen Einschränkungsbemühungen durch Literatur und Rechtsprechung eine Absage erteilen und Korrekturen an den Vorschriften als alleinige Aufgabe des Gesetzgebers ansehen.

---

52 So u.a. Otto, Grundkurs, S. 107; Tröndle/Fischer, § 239a, 6b; Schönke/Schröder/Eser, § 239a, 13.

53 So Jung, Anmerkungen, JuS 1995, S. 556 f.

54 Hauf, Anmerkungen, NStZ 1995, S. 185; zust. Fahl, Problematik, Jura 1996, S. 460; ebenso Geppert, JK 1995, StGB § 239a/ 6b.

55 Schönke/Schröder/Eser , § 239a, 13a.

56 Kritisch dazu Freund, Entwurf, ZStW 1997, S. 455, 481; Renzikowski, Zweiaktigkeit, JR1998, S. 127, Fn. 15; Mitsch, Vermögendelikte, ZStW 1999, S. 66.

Diese Ansicht wird namentlich von *Graul*[57] mit methodischen Erwägungen abgestützt. Sie führt an, der Gesetzgeber habe keine andere verfassungsmäßige Einbeziehung der Zwei-Personen-Verhältnisse in diese Delikte finden können. Jede Lösung, welche die Nötigungsziele auf Zwecke außerhalb des Anwendungsbereiches der §§ 177 ff., 255 beschränkt hätte, sei offensichtlich fehlerhaft und damit verfassungswidrig. Hierdurch würden nämlich besonders schwere Fälle des Nötigungsunrechtes aus dem Tatbestand ausgeschlossen, eine Wertung, die dem positiven Gleichheitssatz widerspräche. Eine verdeckte Lücke bestünde daher nicht, die Voraussetzung für eine teleologische Reduktion liege folglich nicht vor, und somit sei kein Raum für richterrechtliche Korrekturen.

Resignierend wird auch von *Müller-Dietz*[58] festgestellt, dass sich auf Grundlage der geltenden gesetzlichen Regelung wohl keine sinnvollen und konsistenten Einschränkungsmöglichkeiten finden lassen, welche die Grenzen zulässiger richterlicher Rechtsfortbildung nicht übersteigen.

2. Eigenständige Ansätze der Literatur zur Problemlösung

Dennoch wurden in der Literatur, teils in Anknüpfung an die Rechtsprechung, teils vollständig eigene, Lösungsvorschläge entwickelt.

a) Notwendige Mitwirkung des Opfers

Heinrich[59] hat im Anschluss an die Entscheidung des Großen Senates für § 239b die *These von der Notwendigkeit einer Mitwirkung des Opfers* entwickelt. Im Gegensatz zu § 240 enthalte § 239b als Nötigungsmittel nur die qualifizierte Drohung – nicht jedoch die Gewalt. Hieraus zieht *Heinrich* nun den Schluss, das Ziel der Nötigung bei § 239b müsse ein (*aktives)* Verhalten des Opfers sein, welches der Täter *ohne die Begründung des Gewaltverhältnisses und die anschließende Drohung nicht erreichen könne*. Nötig für die Tatbestandserfüllung sei daher ein gewisser Entscheidungsspielraum des Opfers, ob er es sich dem Druck des Täters beuge oder die Drohungsrealisierung riskiere.

b) Betonung der chronologischen Zweiaktigkeit

Geppert[60] hatte sich bereits in einer Anmerkung zum *Auto-Fall* für eine stärkere Betonung der chronologischen Zweiaktigkeit ausgesprochen. Der Tatbestand

---

57 Graul, Zustand, S. 363 ff., im Ergebnis ebenso Bohlander, Anmerkungen, NStZ 1993, S. 439 f.

58 Müller-Dietz, Tatbestand, JuS 1996, S. 116.

59 Heinrich, Notwendigkeit, NStZ 1997, S. 369 ff.

60 Geppert, JK 1993, StGB § 239a/ 3b.

des § 239a sei dann nicht anzuwenden, wenn die Bemächtigungsgewalt zugleich unmittelbares Nötigungsmittel sei. Entscheidend komme es auf die Hintereinanderschaltung verschiedener Nötigungsmittel an.
In einer späteren Anmerkung meldete *Geppert*[61] aber selbstkritisch Zweifel an, ob dies *der Weisheit letzter Schluss* sei, denn eine Abschwächung der Nötigungsmittel könne wohl kaum eine Strafbarkeit nach § 239a begründen. Auch müsse diese Einschränkung, wofür er keine Notwendigkeit sieht, konsequenterweise auch im Dreiecksverhältnis gelten[62]. Somit distanzierte er sich dann wieder von seiner Lösung und hofft auf ein *Erbarmen des Gesetzgebers*[63].

c) *Konkurrenzlösungen*

Ein von den Vorschlägen der Rechtsprechung vollständig abweichender Lösungsansatz ist die von *Geerds*[64] vorgeschlagene Konkurrenzlösung. *Geerds* möchte das Problem des Zusammentreffens der §§ 239a, 239b mit anderen Delikten durch die Anwendung der *Gesetzeskonkurrenz* in Form der *Spezialität* lösen. Er zieht aus dem Kerntatbestandsargument des 1. Senates den Schluss, dass die §§ 177, 255 das Tatunrecht genauer und sachgerechter als die §§ 239a, 239b erfassen und diesen daher als Spezialgesetze vorgehen. Dem stehe auch die erhöhte Mindeststrafe der §§ 239a, 239b nicht entgegen. Daneben weist er darauf hin, bei der Gesetzeskonkurrenz ergebe sich der Vorrang des Gesetzes aus dem Sinn der Vorschrift, mithin sei der gleiche Aspekt entscheidend, auf den auch die teleologische Reduktion rekurriere.

Für eine Konkurrenzlösung spricht sich auch *Fahl*[65] aus. Weder die unterschiedlichen Schutzgüter noch die Strafhöhe der §§ 239a, 239b hinderten, seiner Meinung nach, eine *Konsumtion* dieser Delikte durch die §§177 ff., 255. Im Gegensatz zur herrschenden Meinung ist er der Ansicht, die Sperrwirkung des verdrängenden Deliktes trete nicht nur für den Fall von Privilegierungen ein, sondern sei absolut. Somit komme der Strafrahmen der §§ 239a, 239b in diesen Fällen nicht zur Anwendung und diese Lösung hätte nicht nur die von den Kritikern bemängelte *kosmetische Funktion*.
Den Vorteil dieser Lösung sieht *Fahl* darin, dass die Gesetzeskonkurrenz gerade die Funktion habe, *die Fälle des Zusammentreffens von Delikten zu regeln, die der Gesetzgeber nicht richtig bedacht oder übersehen hat*. Genau dies sei aber beim Zusammentreffen von §§ 239a, 239b und §§ 177 ff., 255 der Fall.

---

61 Geppert, JK 1994, StGB § 239a/ 4.
62 Geppert, JK 1995, StGB § 239a/ 6b.
63 A.a.O.
64 Geerds, Anmerkungen, JR 1993, S. 424 ff.
65 Fahl, Problematik, Jura 1996, S. 460 f.; ders. Konkurrenz, NJ 1996, S. 71.

Das Problem lasse sich somit adäquat lösen, einer Gesetzeskorrektur bedürfe es nicht.

d) *Kritik an der Konkurrenzlösung*

Die Konkurrenzlösung ist neben der schon angeführten Kritik der BGH-Senate auch in der Literatur starker Kritik ausgesetzt.
Kritisiert wird zunächst, ihr komme allenfalls eine kosmetische Funktion zu, da auch bei einer Gesetzeskonkurrenz auf den Strafrahmen des verdrängten Delikts zurückgegriffen werde. Darüber hinaus, so führen Tenckhoff/Baumann aus[66], ergäben sich merkwürdige Konsequenzen bei einem Rücktritt, denn dann wäre die Strafbarkeit der §§ 239a, 239b eröffnet, der reuige Täter stände schlechter als der uneinsichtige. Diese Probleme ließen sich allenfalls umgehen, wenn man von einer *Sperrwirkung des milderen Gesetzes* ausginge. Abgesehen davon, dass die Vergewaltigung und die räuberische Erpressung schwerlich als Privilegierungen der §§ 239a, 239b anzusehen sind, liegt ersichtlich auch kein Fall echter Spezialität vor, so dass eine absolute Sperrwirkung nicht in Betracht zu ziehen ist[67].
Einzig gangbarer Weg nach der derzeitigen Konkurrenzdogmatik wäre eine Begrenzung des Strafrahmens der §§ 239a, 239b durch den weggefallenen Primärstrafrahmen, aber auch dann würde ein Rücktritt vom verdrängten Delikt zu keiner Strafmilderung führen[68].

Ob das letzte Argument so schlüssig ist, erscheint fraglich, denn auch ohne eine Konkurrenzlösung hätte der Täter bereits im Versuchsstadium zum Nötigungsdelikt die Mindeststrafe der §§ 239a, 239b von 5 Jahren verwirkt, so dass eine Begrenzung durch den unteren Strafrahmen der §§ 177, 252 etc. sich für den Täter dennoch positiv auswirken würde.
Gegen die Konkurrenzlösung spricht wohl eher, dass es sich für den Täter kaum privilegierend auswirken kann, wenn der Gesetzgeber den angestrebten Nötigungserfolg isoliert unter Strafe gestellt hat und sich somit das Konkurrenzproblem überhaupt erst stellt. Bei einer solchen Argumentation würde die gesetzliche Wertung auf den Kopf gestellt. Die §§ 239a, 239b mit ihrem enormen Strafrahmen blieben anwendbar, wenn der Nötigungserfolg isoliert betrachtet lediglich unter § 240 fiele, träten indes aber hinter den speziellen Nötigungstatbeständen wie §§ 255, 177 zurück. Sollte, um diese Wertungswidersprüche zu vermeiden, auch der allgemeine Nötigungstatbestand als die im Vergleich zu den §§ 239a, 239b speziellere Vorschrift angesehen werden, würde dieses zu ei-

---

66 Tenckhoff/Baumann, Reduktion, JuS 1994, S. 839.

67 Graul, Zustand, S. 361; Tenckhoff/Baumann, Reduktion, JuS 1994, S. 839; BGHSt 40,350,360.

68 Tenckhoff/Baumann, Reduktion, JuS 1994, S. 839.

ner vollständigen Aushebelung des Gesetzes gegen den klaren Willen des Gesetzgebers führen.
Mithin führt die Konkurrenzlösung nicht zu schlüssigen Ergebnissen.

3. Vorschläge de lege ferenda

Nachdem die Entscheidungen des BGH das Schrifttum sensibilisiert hatten, wurde die Gesetzesänderung fast einhellig kritisiert.
Insbesondere stieß nun der Strafrahmen auf gesteigerte Kritik, und es wurde wiederholt eine Senkung der Mindeststrafe empfohlen[69] oder gar ganz die Rückkehr zum alten Dreiecksverhältnis gefordert[70].
Kritisiert wird daneben die Aufnahme der bloßen Drohung mit einer Fortdauer des Freiheitsentzuges in den Kreis der Nötigungsmittel, nicht aber die ihrem Unrecht nach viel schwerere Drohung mit einer Vergewaltigung[71].

Freund[72] schlägt unter Bezugnahme auf einen Arbeitskreis von Strafrechtswissenschaftlern vor, die Tatbestände der §§ 239a, 239b als Qualifikationen bei § 239 einzuordnen und die Strafrahmen neu zu überdenken.

III. Die Entwicklung der Rechtsprechung

1. Die Umsetzung der Entscheidung des Großen Senates

Auch nach der Entscheidung des Großen Senates gibt es eine Vielzahl von Entscheidungen des BGH, die sich mit dem Themenkomplex der §§ 239a, 239b befassen.

In einer Entscheidung vom 02.03.1995[73] (im Folgenden *„Autoschlüssel-Fall")* weitet der 1. Senat die Rechtsprechung des Großen Senates, die sich explizit nur auf § 239b bezog, auch auf § 239a aus. Wenn das *Opfer alleine unter Vorhalt einer Schusswaffe zur Herausgabe eines Autoschlüssels genötigt werde, nutze der Täter,* so der Senat, *nicht die hilflose Lage des Opfers aus, sondern setze seine Forderung ausschließlich mit der Waffe durch.* Daher komme der Bemächtigung des Opfers keine eigenständige Bedeutung zu und somit sei eine Bestrafung nach § 239a nicht in Betracht zu ziehen.

---

69 So z.B. Bohlander, Anmerkungen, NStZ 1993, S. 439 f.; Graul, Zustand, S. 365 f.; Renzikowski, Erpresserischer Menschenraub, JZ 1994, S. 499; ders. Anmerkungen, JR 1995, S. 350; Hauf, Anmerkungen, NStZ 1995, S. 185.
70 So Fahl, Problematik, Jura 1996, S. 461.
71 So Freund, Entwurf, ZStW 1997, S. 455, 481.
72 Freund, Entwurf, ZStW 1997, S. 455, 481.
73 BGHR StGB § 239a Konkurrenzen 2.

In die gleiche Richtung geht eine Entscheidung des 2. Senates vom 28.06.1995[74], in welcher der *Täter eines Banküberfalls Bankangestellte mit der Waffe bedroht und zusätzlich noch die Eingangstür zum Bankhaus verschlossen hatte*. Auch hier kommt, nach Ansicht des Senates, der dadurch *geschaffenen Situation gegenüber der durch den Banküberfall verwirklichten räuberischen Erpressung keine, die Anwendung von StGB § 239a rechtfertigende, eigenständige Bedeutung zu*, da es *an einer stabilisierten Situation* im Sinne des Großen Senates *fehle*.

Diesen Entscheidungen folgten eine Reihe weiterer Entscheidungen, die sich mit dem Problemkreis der Bemächtigung durch eine Waffe, die mit einer Nötigung verbunden war, befassten. In allen Fällen wurde eine Verurteilung nach § 239a abgelehnt[75].

Eine Verurteilung nach § 239b bejaht der BGH indes in zwei Entführungsfällen[76], wobei ein Sachverhalt[77] in weiten Teilen *dem Bank-Fall* entspricht.

Soweit also das Problem der Identität von Drohmittel und Bemächtigungsmittel im Vordergrund stand, schien die Rechtsprechung des BGH inzwischen weitgehend klar und gefestigt, hier wurde die Anwendung der §§ 239a, 239b stets verneint.
Es bleibt daher das Resümee zu ziehen, dass die Entscheidung des Großen Senates jedenfalls für die vorliegende Rechtsprechung die Konsequenz hatte, dass eine Anwendung der §§ 239a, 239b nur in den Fällen einer Entführung erfolgte.

2. Das Problem des zeitlichen Zusammenhanges

a) Die Urteile

In den Mittelpunkt der neueren Entscheidungen des BGH zu den §§ 239a, 239b ist ein anderes Problem getreten, die Frage, zu welchem Zeitpunkt das abgenötigte Verhalten im Zwei-Personen-Verhältnis erbracht werden muss und welche Qualität es – hinsichtlich des vom Täter erstrebten Erfolges – haben muss.

In einer Entscheidung des 4. Senates[78] wird eine Verurteilung nach § 239a mangels eines hinreichenden *funktionalen und zeitlichen Zusammenhanges zwi-*

---

74 BGHR StGB § 239a Abs 1 Konkurrenzen 2.

75 So der 4. Senat BGHR StGB § 239a Abs 1 Sichbemächtigen 4 = StV 1996, 266; im Anschluss daran DAR 1996, 322 f. = ZfSch 1996, 313; i.E. ebenso der 1. Senat NStZ 1996, S. 277 f.

76 BGH NStZ-RR 1996, 141 ff. = BGHR StPO § 400 Abs 1 Prüfungsumfang 1; BGH NStZ-RR 1996, 98 = StraFo 1996, 140 f.

77 BGH NStZ-RR 1996, 141 ff.

schen der Bemächtigungsgrundlage und der beabsichtigten Erpressung aufgehoben. In dem der Entscheidung zugrunde liegenden Sachverhalt wurde das Opfer in seinem Hotelzimmer aufgesucht und unter Drohungen und Schlägen genötigt, sich bereit zu erklären, die Forderungen der Täter zu erfüllen. Zu einer Erfüllung kam es dann aber nicht mehr.

Dieser Entscheidung schloss sich, unter Bezugnahme auf die Entscheidung des Großen Senates, eine weitere Entscheidung des 4. Senates, zu einer ähnlichen Bestrafungsaktion im kriminellen Milieu, an[79]. Der Senat stellt zur Begründung auf den Zweck des Deliktes ab, der gerade darin bestehe, *das Sichbemächtigen des Opfers deshalb besonders unter Strafe zu stellen, weil der Täter seine Drohung während der Dauer der Zwangslage jederzeit realisieren kann*. An einer vergleichbaren Situation fehle es jedoch, wenn das Opfer die abgenötigte Leistung erst zu einem späteren Zeitpunkt erbringen soll.

Der 3. Senat[80] vollzog dann die Übertragung dieser Rechtsprechung auf § 239b, wies aber darauf hin, dass der für den Tatbestand erforderliche Nötigungserfolg jeglicher Art sein könne. Genügen würde bereits eine mündliche Erklärung der *ernsthaften Bereitschaft* des Opfers, dem Ansinnen des Täters zu entsprechen. Der Senat widersprach damit, ohne hierauf näher einzugehen, im Ergebnis den Ausführungen des 4. Senates, nach denen eine solche Erklärung gerade nicht genügen sollte.

Genau hieran knüpft eine Entscheidung des 1. Senates an[81]. Dem lag ein Fall zugrunde, in welchem das Opfer, ein Vorsitzender Richter am LG Augsburg, durch Vorhalten einer Waffe und einer Handgranate gezwungen wurde, Forderungen des Täters an Dritte niederzuschreiben und dem Täter zu versprechen, sich für deren Realisierung einzusetzen. In der Erreichung dieses Versprechens sah der Senat ein hinreichendes Zwischenziel der erstrebten Nötigung, so dass der Schuldspruch wegen Geiselnahme Bestand hatte. In der Relevanz des Zwischenziels für den Täter sah der Senat auch den Unterschied zu der oben angesprochenen Entscheidung des 4. Senates.
Abschließend verweist der Senat auf das gesteigerte Nötigungsunrecht des § 239b im Vergleich zu § 239a, so dass sich insoweit auch für einen geringeren Nötigungserfolg die gleiche Strafe rechtfertige. Offenbar will der Senat damit zu erkennen geben, für § 239a, auf den sich die Entscheidung des 4. Senates bezog, genüge das Versprechen der Zahlung nicht. Er verkennt dabei aber, dass auch

78 BGH NStZ 1996, 277 = MDR 1996, 551; BGHR StGB § 239a Abs 1 Sichbemächtigen 5.

79 Strafverteidiger 1997, 302 f.

80 BGH MDR 1997, 21 = BGHR StGB § 239b Entführen 4; StV 1997, 303.

81 BGH NJW 1997, 1082 f. = StV 1997, 304; JuS 1997, 757 im Folgenden „*Ehrenwort-Fall*“.

das Versprechen für den Täter unter Umständen ein selbständiges Zwischenziel sein kann und so gegebenenfalls, wenn auch wohl zu Recht, nicht unter § 239a, so doch unter § 239b fiele.

b) Kritik

Stellungnahmen zu diesen Urteilen sind noch nicht sehr zahlreich. *Renzikowski*[82] weist zutreffend darauf hin, dass in der zeitlichen Verbindung zwischen der Nötigung und dem Erfolg eigentlich kein Problem liege, da der Gesetzeswortlaut insoweit eindeutig sei. Dieses stelle kein Problem einer einschränkenden Auslegung dar.
Kritisch merkt *Renzikowski* an, der BGH verlange zwar eine Selbständigkeit der abgenötigten Handlung gegenüber dem erstrebten Endzweck, fraglich bleibe, nach welchen Kriterien diese *Selbständigkeit* zu ermitteln sei und wie sie sich mit dem Schutzzweck der Vorschriften vereinbaren lasse.

c) Auswirkungen auf die Identitätsthese

In den oben angeführten Entscheidungen finden sich über diese Ausführungen hinausgehend interessante Ansatzpunkte zu der in zahlreichen Entscheidungen zu findenden These[83], das Nötigungsmittel dürfe mit dem Bemächtigungsmittel nicht identisch sein, welche die Problematik dieses Kriteriums in ein neues Licht stellen.

So beobachtet beispielsweise *Renzikowski*, dass der 1. Senat im *Ehrenwort-Fall* keine Ausführungen zur Identität des Drohmittels mit dem Mittel der Bemächtigung macht. Da diese Mittel hier identisch seien, hätte der Senat, wenn er der Linie des Großen Senates und den oben zitierten Entscheidungen gefolgt wäre, § 239b nicht anwenden dürfen. Im Ergebnis stimmt *Renzikowski* dieser Entscheidung zu, bemängelt aber das Fehlen einer klaren Absage an die Identitätsthese.

In die Richtung dieser Entscheidung gingen auch schon die oben zitierten Entscheidungen des 4. Senates. In dem ersten Urteil lag in der Bemächtigung im Hotelzimmer auch das Drohmittel für die Nötigung, welches allerdings durch Schläge und nicht näher genannte Drohungen verstärkt wurde, in der anderen Entscheidung bleibt offen, ob eine solche Identität besteht, jedenfalls äußert sich der Senat dazu nicht.
Zu beobachten wird daher sein, ob sich der BGH schleichend von der Identitätsthese wieder verabschiedet. Allerdings ist sehr fraglich, ob ein solcher

---

82 Renzikowski, Zweiaktigkeit, JR 1998, S. 126 f.
83 Vgl. oben C.III.1, S.56.

Schluss schon zulässig ist. In den Entscheidungen des 4. Senates wurde § 239b im Ergebnis nicht angewandt, so dass diese Frage nicht entscheidungserheblich war. Das Urteil des 1. Senates könnte man auch so verstehen, dass in der Steigerung der Drohmittel und der Verwendung von zwei Waffen die nötige Diskrepanz zwischen Bemächtigungs- und Nötigungsmittel lag[84]. Jedoch ist es die erste höchstrichterliche Entscheidung, seit dem Urteil des Großen Senates, in welcher für eine Bemächtigungssituation eine Verurteilung nach §§ 239a, 239b erfolgt.

Es bleibt also die weitere Entwicklung der Rechtsprechung abzuwarten. Jedenfalls scheint das letzte Wort in dieser Sache noch nicht gefallen zu sein.

---

84 So kann man jedenfalls die Ausführungen im Urteil verstehen, die Drohungen hätten sich nach und nach gesteigert.

D. METHODISCHE LÖSUNGSANSÄTZE

Nachdem nun der Stand der Diskussion und die Entwicklung des Deliktes dargestellt wurde, ist nach einer konsistenten Problemlösung zu suchen. Hierbei erscheint es zunächst notwendig, den methodischen Weg festzulegen.

Wie gesehen, gibt es verschiedene Ansätze zur Lösung der eingangs gestellten Problematik. Um zu einer adäquaten Auseinandersetzung mit den vorliegenden Meinungen zu gelangen, erscheint es zunächst angebracht, das *methodische Kuddelmuddel*[1] der verschiedenen Ansichten etwas zu entwirren.
Bereits die Einordnung der Stellungnahmen bereitet Schwierigkeiten. In den verschiedenen Äußerungen werden vollkommen unterschiedliche, sich teilweise völlig widersprechende methodische Ansätze verwendet, so dass es angebracht erscheint, zunächst die Vorschläge nach diesem Gesichtspunkt zu sortieren.
Daher soll nun kurz, ohne jedoch die Grundlagenstreitigkeiten der Methodenlehre zu vertiefen, auf die verschiedenen zur Lösung der Problematik vorgeschlagenen dogmatischen Wege eingegangen werden und dabei insbesondere auf deren Möglichkeiten und Grenzen zur Problemlösung hingewiesen werden.

Zunächst ist zwischen einer Lösung auf Tatbestandsebene und auf Konkurrenzebene zu trennen.

I. Konkurrenzlösung

Wie *Geerds*[2] zutreffend bemerkt, lässt sich ein problematisches Zusammentreffen von mehreren Delikten, wie es vorliegend der Fall ist, grundsätzlich durch eine Tatbestandslösung und durch eine Konkurrenzlösung angehen.

Für *Fahl* und *Geerds* empfiehlt sich vorliegend eine Lösung mit Hilfe der Gesetzeskonkurrenz, da gerade sie die Funktion habe, die Fälle des Zusammentreffens von Delikten zu regeln, die der Gesetzgeber nicht richtig bedacht oder übersehen hat[3].

Diese Lösung ist gleichwohl aus den bereits angeführten Gründen abzulehnen[4]. Stellt sich mit ihr doch das Problem, dass die Vergewaltigung und Erpressung unmöglich eine Privilegierung der Geiselnahme sein können und jede andere Lösung, jedenfalls nach derzeit herrschender Meinung, das Strafrahmenproblem nicht befriedigend zu lösen vermag.

1 Graul, Zustand, S. 360.
2 Geerds, Anmerkungen, JR 1993, S. 424 f.
3 Vgl. oben C.II.2.c), S. 54.
4 Vgl. oben C.II.2.d), S. 55.

Auf Konkurrenzebene ist eine hinreichende Problemlösung daher ohne grundsätzliche Umgestaltung der Konkurrenzdogmatik nicht möglich. Somit bleibt zu versuchen, das Problem auf Tatbestandsebene zu lösen.

II. Tatbestandslösungen

Auf der Tatbestandsseite ist eine Einschränkung eines zu weit geratenen Gesetzes zum einen durch Auslegung, zum anderen durch teleologische Reduktion und letztlich durch gesetzesübersteigende Rechtsergänzung möglich. Mit anderen Worten kann also ein Weg *in lege bzw. praeter oder extra legem* gewählt werden. Dabei scheidet hier die letzte Möglichkeit von vornherein aus, denn da es eine klare Gesetzeslage gibt, würde eine Gesetzeskorrektur *contra legem* die Verfassungswidrigkeit der Vorschriften voraussetzen[5].
Für jede der beiden anderen Möglichkeiten lassen sich Stellungnahmen im Meinungsspektrum finden.

1. Die Auslegung

Zunächst lassen sich Vorschläge finden, die eine einschränkende Auslegung der §§ 239a, 239b für nötig und möglich halten. Hierzu gehören insbesondere alle Vorschläge des BGH. Besonders der 1. und der 5. Senat des BGH betonen in den genannten Entscheidungen immer wieder, dass sie die Vorschriften lediglich einschränkend auslegten, auch der Große Senat stellt fest, seine Lösung ergebe sich durch eine strikte Gesetzesauslegung. In der Literatur lassen sich gleichfalls Vorschläge finden, den Tatbestand mittels einer einschränkenden Auslegung auf einen angemessenen Anwendungsbereich zurückzuführen[6]. Es erscheint indes zweifelhaft, ob die so entwickelten Kriterien sich tatsächlich allein durch Auslegung ergeben.

Um zu einem Auslegungsergebnis zu gelangen, stehen verschiedene Methoden zur Verfügung.

Grundsätzlich kann man die objektiven und die subjektiven Auslegungszieltheorien unterscheiden, die sich wiederum mit der Dichotomie zwischen Entstehungszeit und Auslegungszeitpunkt überlagern. Praktisch relevant sind dabei vor allem die *subjektiv-entstehungszeitliche* Auslegung und die *objektiv-auslegungszeitliche* Methode. Da die §§ 239a, 239b in ihrer fraglichen Fassung noch nicht allzu lange existieren, spielt die zeitliche Komponente der Auslegung vorliegend keine Rolle.

---

5 Vgl. dazu Krey, Gesetzestreue, S. 861 m.w.N.

6 So spricht auch Heinrich, Notwendigkeit, NStZ 1997, S. 370 bei seinem Vorschlag von einer Auslegung.

Welcher Methode der Vorrang einzuräumen ist, ist strittig. Demokratie und Gewaltenteilungsprinzip sprechen *prima facie* für eine subjektive Auslegung, das Gerechtigkeitsprinzip tendiert eher zu einer objektivierten Betrachtung[7].

a) Die subjektive Methode

Fraglich ist indes, ob die unterschiedlichen Betrachtungsweisen für diese Konstellationen der §§ 239a, 239b überhaupt zu unterschiedlichen Ergebnissen gelangen.

Selbst wenn auf die subjektive Auslegungsmethode zurückgegriffen wird, ist damit noch nicht gesagt, auf wen hierbei abzustellen ist, denn den Gesetzgeber als Person gibt es nicht. Denkbar wäre allenfalls ein Rückgriff auf die Gesetzgebungsbegründungen und die Stellungnahmen der Ausschüsse, in denen das Gesetz beraten wurde.
Diesen Weg ist vor allem der 1. Senat in seiner *Tiefgaragen-Entscheidung* gegangen, aber auch die Entscheidung des Großen Senates bezieht sich auf den Willen des Gesetzgebers.

Indes spielte die Problematik der Zwei-Personen-Verhältnisse bei der Entstehung des Gesetzes, wie dargelegt, eine untergeordnete Rolle. Behandelt wurden nur Beispiele bezüglich der Erpressung von Unternehmern und Politikern. Jedoch erscheint es unzulässig, daraus den Schluss zu ziehen, der Gesetzgeber habe eine Sondervorschrift für diese Personengruppe schaffen wollen. Dies war erkennbar gerade nicht seine Absicht. Dass es an weiteren Beispielen fehlt, mag zwar darauf hindeuten, dass dieses Problem so nicht gesehen wurde, ausschließlich hieraus lässt sich die Notwendigkeit einer einschränkenden Auslegung indes nicht herleiten.

Dass mit der subjektiven Methode vorliegend keine eindeutigen Ergebnisse zu erzielen sind, lässt sich schon daran erkennen, dass sowohl der 1. Senat im *Tiefgaragen-Fall*, als auch die Entscheidung des Großen Senates sich zur Begründung ihrer Ansichten auf den Gesetzgeber bezogen und hieraus völlig konträre Ergebnisse ableiteten.

Alleine mit den Beispielsfällen des Gesetzgebungsverfahrens lässt sich die Außenwirkungstheorie des 1. Senates nicht begründen, denn der Gesetzgeber ist, wie *Tenckhoff/Baumann*[8] zutreffend bemerken, nicht verpflichtet alle Fallgruppen, die er regeln will, in die Entwurfsbegründung aufzunehmen.

---

7 Vgl. grundlegend zum Methodenstreit u.a. Zippelius, Methodenlehre, S. 18 ff.; Larenz, Methodenlehre, S. 316 ff.

8 Tenckhoff/Baumann, Reduktion, JuS 1994, S. 838.

Zweifelhaft ist ebenfalls, ob das Argument des Großen Senates, der Gesetzgeber habe erkennbar auf eine *weitere Zwangswirkung* abgestellt, zutrifft. Zwar findet sich dieser Satz so in der Begründung wieder, steht dort allerdings in Klammern[9], so dass auch die Auslegung zulässig erscheint, es komme gerade nicht zwingend auf ein neues Zwangsmittel an. Das angeführte Beispiel einer *Geiselnahme eines Politikers*, dem ein Verhalten abgepresst werden soll, lässt jedenfalls nicht zwingend erkennen, welcher Zwang zum Abpressen eingesetzt werden soll.

Demnach kann dem Willen des Gesetzgebers zwar ein Indiz für einen Einschränkungsbedarf entnommen werden, er genügt alleine indes nicht[10]. Insbesondere lassen sich aus den Begründungen keine eindeutigen Einschränkungskriterien der Vorschriften entnehmen.
Keine Hilfe verspricht daher auch die eingeschränkte subjektive Auslegungsmethode, die sogenannte Andeutungstheorie, denn Andeutungen zu einer bestimmten einschränkenden Auslegung lassen sich im Gesetz erst recht nicht finden.

b) Teleologische Auslegung

Zurückzugreifen ist also auf eine objektiv orientierte Auslegungsmethode.
Durchgesetzt hat sich insoweit in Theorie und Praxis eine vermittelnde Ansicht, die hierbei auch Gesichtspunkte der subjektiven Auslegungsmethoden berücksichtigt. Die Gesetzesauslegung darf sich demzufolge nicht über den klaren Willen des Gesetzgebers, der in aller Regel auch im Gesetz einen Niederschlag gefunden hat, hinwegsetzen[11], darf hierbei aber auch nicht stehen bleiben. Das Gesetz entfaltet im Laufe der Zeit, wie *Larenz*[12] feststellt, eine Wirksamkeit, welche über die Absichten und Intentionen des Gesetzgebers hinausgeht.
Insoweit hat also die Auslegung grundsätzlich nach objektiven Gesichtspunkten zu erfolgen, ohne indes den Willen des Gesetzgebers völlig außer Acht zu lassen.
Auszugehen ist bei einer solchen Auslegung vom Ziel des Gesetzes, es ist also eine teleologische Auslegung zu wählen. Dieses ist im Kern allgemein anerkannt[13].

---

9 Vgl. BT-DS 11/2834, S. 9.

10 Im Ergebnis ebenso Tenckhoff/Baumann, Reduktion, JuS 1994, S. 838.

11 So allgemein anerkannt vgl. Larenz, Methodenlehre, S. 317; Zippelius, Methodenlehre, S. 46; Schünemann, Prolegomena, S. 124 spricht, insoweit diese Auslegung eindeutig ist, sogar von einer absoluten Bindung an den Gesetzgeber.

12 Larenz, Methodenlehre, S. 317.

13 Vgl. zusammenfassend Schmidhäuser, Teleologisches Denken, S. 93; kritisch indes Herzberg, Kritik; NJW 1990, S. 2525 ff, der feststellt, dass das *telos* in der Regel nicht

Eine solche objektive Auslegung klingt dann seit dem *Wald-Fall* auch in allen Entscheidungen des BGH an. Stets wird nun versucht die jeweilige Ansicht mit dem Sinn und Zweck der Regelung zu stützen.
Fraglich ist jedoch, ob die bisherigen Vorschläge mit ihrer Kriterienwahl nicht stets die Grenzen der Auslegung verlassen haben und somit verdeckte teleologische Reduktionen der Vorschriften darstellen.

2. Die Grenze der Auslegung – das Analogieverbot

Die Auslegung vom Wortlaut her markiert nämlich schon die Grenze der Auslegung. In der Regel sollten wegen des Bestimmtheitsgebotes die Auslegung von Strafvorschriften jedem Bürger möglich sein. Zwar ist dieses in Grenzbereichen – wegen der Abstraktheit und Allgemeinheit der Regelungen – nicht zwingend nötig, jedoch markiert der mögliche Wortsinn nach ständiger Rechtsprechung des Bundesverfassungsgerichtes stets die Grenze der Auslegung. Jede weitere Interpretation ist gesetzesergänzende und gesetzesübersteigende Rechtsfortbildung[14].

Indes ist auch in der Rechtsprechung des BGH in Strafsachen, worauf der 1. Senat in seiner *Tiefgaragen-Entscheidung* offenbar abhebt, vereinzelt die Auffassung geäußert worden, die Auslegung einer Vorschrift werde nicht durch den Wortsinn, sondern durch Sinn und Zweck der Regelung begrenzt[15]. Eine solche Ansicht verschiebt die Grenze zwischen Rechtsfortbildung und Auslegung jedoch in unzulässiger Weise und ist daher abzulehnen[16]. Auch der Verweis des 1. Senates in der *Tiefgaragen-Entscheidung* auf *Gribbohm* geht hier fehl, denn an der zitierten Stelle[17] wird gerade die in BGHSt 6, 394, 396 aufgestellte These, Sinn und Zweck - und nicht der Wortlaut - begrenzten eine Vorschrift, als zu weitgehend kritisiert. Das Bestimmtheitsgebot gebietet es somit, die Wortlautgrenze strikt einzuhalten.

Diese Grenze zwischen Auslegung und Rechtsfortbildung wird aus zwei Richtungen grundsätzlich angegriffen. Zum einen wird der prinzipielle rechtstheoretische Unterschied zwischen Rechtsfindung und Analogie geleugnet[18], zum anderen wird – damit teilweise zusammenhängend – bei dem Wortlautargument angesetzt und bezweifelt, dass sich aufgrund der Weite des

---

feststeht und die teleologische Auslegung nur verschleiert, dass es sich in Wahrheit um Abwägungen handelt.

14 So das BVerfG in st. Rspr. vgl. BVerfGE 71, 108, 115; 87, 209, 224, auch BGHSt 4,144.

15 So BGHSt 6, 394, 396.

16 Vgl. dazu LK-Gribbohm, 11. Aufl., § 1, Rdn. 85.

17 LK-Gribbohm, 11. Aufl., § 1, Rdn. 84 f.

18 Grundlegend Sax, Analogieverbot, S. 83 ff., 148 f., 154 u.pass.

Wortlautes und der unterschiedlichen Bedeutungsnuancen aus ihm eine Einschränkung ergibt[19].

Während das erstgenannte Methodenproblem bei der teleologischen Reduktion keiner besonderen Erörterung bedarf, stellt sich das Problem der genauen Beschreibung der Wortlautgrenze auch hier. In der Tat ist den Kritikern insoweit Recht zu geben, als die genauen Grenzen des Wortlautes sich selten exakt bestimmen lassen. Dass der Bedeutungsgehalt nicht immer definitiv feststeht, er also neben dem festen *Bedeutungskern* auch einen verschwimmenden *Bedeutungshof*[20] enthält und auch die Auslegung selbst nicht frei von Wertungen ist, soll dabei nicht verschwiegen werden. Dennoch ist die Wortlautgrenze die einzige einigermaßen fest und objektiv zu ziehende Begrenzung einer Norm, an der, auch um der methodischen Klarheit willen, daher festgehalten werden soll[21].

3. Die Wortlautgrenze der §§ 239a, 239b

Offenbar sehen alle Lösungen des BGH ihre Ansicht noch vom Wortlaut der Vorschrift gedeckt. Der 1. Senat verweist, zur Unterstützung seiner Ansicht, im *Bank-Fall* – ebenso wie der Große Senat – auf die Eintragungen des Begriffes Geiselnahme in den einschlägigen Lexika und auch der 5. Senat deutet mit seinem Verweis auf die Überschrift des § 239b an, dass seine Lösung vom Allgemeinverständnis des Begriffes Geiselnahme gedeckt sei.

Mit ihren Vorschlägen haben der 1. und der 5. Senat indes Einschränkungskriterien entwickelt, die vom Wortlaut der Vorschrift eindeutig nicht gedeckt sind. Im Wortlaut der Vorschrift finden sich weder Anhaltspunkte, die auf die Nähe der Gefahr für das Opfer, noch auf eine Außenwirkung abstellen. Sie haben somit die Wortlautgrenze verlassen, ihre Restriktionsbemühungen können nicht mehr als Auslegung angesehen werden. Da es richtigerweise für die Auslegung einer Vorschrift aber vor allem auf den Wortlaut und allenfalls sekundär auf die Überschrift ankommt, ist auch den Kritikern der Entscheidung des 5. Senates, jedenfalls soweit sie eine Überschreitung der Wortlautgrenze rügen, Recht zu geben.

Um mit der Auslegung zum Ziel zu kommen, ist es somit nötig, eine Einschränkungsmöglichkeit zu finden, die den Wortsinn der §§ 239a, 239b einerseits nicht übersteigt, andererseits aber auch den Sinn der Vorschriften zu-

---

19 Grundlegend Heck, Gesetzesauslegung, S.173.

20 Nach Heck, Gesetzesauslegung, S.173.

21 Vgl. dazu Brandenburg, Teleologische Reduktion, S. 2 f.; Zippelius, Methodenlehre, S. 43; Canaris, Lücken, S. 23 u. pass.; Schünemann, Prolegomena, S. 126 f.

treffend beachtet. Ob die Entscheidung des Großen Senates diesen Weg gegangen ist, und ob eine solche Möglichkeit überhaupt gegeben ist, werden die folgenden Untersuchungen zeigen.

Hier bleibt zunächst festzuhalten, dass die teleologische Auslegung ein möglicher Ansatzpunkt für die Problemlösung ist. Ihr sind aber durch den Wortlaut der §§ 239a, 239b sehr enge Grenzen gesetzt.

4. Die teleologische Reduktion

Das Überschreiten der Wortlautgrenze durch die angeführten Ausführungen bedeutet indes nicht, dass die dergestalt entwickelten Kriterien bereits aus methodischer Sicht zu verwerfen wären, denn neben der Auslegung ist in Grenzen auch eine Rechtsfortbildung möglich.
Teilweise werden die Lösungsvorschläge der BGH-Senate daher auch als zulässige teleologische Reduktion eingeordnet[22].
Zu untersuchen wird sein, ob diese Lösungsvorschläge eine zulässige teleologische Reduktion der §§ 239a, 239b darstellen.

a) Zulässigkeit der teleologischen Reduktion

Über Zulässigkeit, Kriterien und Grenzen der Rechtsfortbildung im Strafrecht, aber auch im Recht allgemein, herrscht keine Klarheit.
Zwar hat man sich inzwischen von der Vorstellung verabschiedet, der Richter sei lediglich der Mund des Gesetzes, jegliche Rechtsfortbildung steht aber in einem problematischen Verhältnis zum Gewaltenteilungsprinzip und damit letztlich auch zum Demokratieprinzip. Insbesondere bei neueren Gesetzen spricht daher prima facie manches gegen die Möglichkeit der Rechtsfortbildung[23].

Insoweit Art. 103 GG eine Analogie zu Lasten des Täters verbietet, ergeben sich hieraus indes keine Konsequenzen für die Zulässigkeit der teleologischen Reduktion zu Gunsten des Täters, um die es sich vorliegend handeln würde, so dass ein gesetzliches Reduktionsverbot nicht besteht[24]. Zur Vermeidung von Wertungswidersprüchen ist eine teleologische Reduktion daher verfassungsrechtlich zulässig.

---

22 So Tenckhoff/Baumann, Reduktion, JuS 1994, S. 838 f. für den Vorschlag des 1. Senates; Keller, Anmerkungen, JR 94, S. 429 für den Vorschlag des 5. Senates.

23 Daher will Krey, Rechtsfindung, JZ 78, S. 467 die teleologische Reduktion auf verfassungswidrige Fälle der Gesetzesanwendung und eindeutigen gesetzlichen Wertungswidersprüchen begrenzen.

24 Canaris, Lücken, S. 193.

b) *Kriterien einer zulässigen teleologischen Reduktion*

Indes könnten methodische Verbote hier einer teleologischen Reduktion der §§ 239a, 239b entgegenstehen.
Allgemein anerkannt ist, dass eine Rechtsfortbildung jedenfalls dann nicht möglich ist, wenn ihr eine abschließende Regelung des Gesetzgebers zu Grunde liegt[25]. Auch eine gänzliche Aufhebung der Norm, sei sie selber noch so widersinnig, ist nach allgemeiner Ansicht nicht Aufgabe des Rechtsanwenders und darf daher nicht Ziel einer teleologischen Reduktion sein[26]. Hier verläuft die Grenze zur Gesetzeskorrektur, einer Rechtsfindung *contra legem*, die grundsätzlich unzulässig ist, da sie sich *über den Text und den Sinn* des Gesetzes hinwegsetzt.
Im Unterschied dazu überwindet eine teleologische Reduktion *nur den Text des Gesetzes*, folgt aber dem Sinn und Zweck des Gesetzes.

Voraussetzung für eine Analogie, ebenso wie für eine Reduktion, ist weiterhin - nach bestrittener Ansicht[27] - das Vorliegen einer Regelungslücke, bei der es sich hier in der Terminologie von *Larenz*[28] und *Canaris*[29] um eine *verdeckte Lücke* handeln müsste. Grundlage einer jeden teleologischen Reduktion wird so der negative Gleichheitssatz, der Gesetzgeber hat also Fälle gleich behandelt, die nach der Wertung und ihrer Struktur nicht gleich zu behandeln sind[30]. Es werden also durch die Reduktion Fälle aus dem Anwendungsbereich der Vorschrift herausgenommen, die bei genauer Analyse auch der Gesetzgeber zwingend aus dem Anwendungsbereich hätte aussondern müssen[31].

Anhand der Rechtsprechung entwickelt *Brandenburg*[32] zwei Arten der teleologischen Reduktion. Demnach kann zum einen der Sinn und Zweck der Norm selbst eine Einschränkung fordern, welche der Wortlaut der Vorschrift nicht hergibt, zum anderen kann sich der Einschränkungsbedarf durch Kollision mit

25 Vgl. u.a. Brandenburg, Teleologische Reduktion, S. 71; Canaris, Lücken, S. 189.
26 So Canaris, Lücken, S. 189, der daraus ableitet, dass der Satz „*cessante ratione legis cessat lex ipsa*" nicht zur Begründung der teleologischen Reduktion herangezogen werden kann; hier a.A. Brandenburg, Teleologische Reduktion, S. 76 u. pass.
27 Kritisch dazu Brandenburg, Teleologische Reduktion, S. 60 ff., der vielmehr auf den Zweck des Gesetzes abstellt, ohne dass sich dabei in der Sache freilich Wesentliches ändert.
28 Larenz, Methodenlehre, S. 377.
29 Canaris, Lücken, S. 136 f.
30 So allgemeine Meinung, statt aller Larenz, Methodenlehre, S. 391 ff.
31 Dies stellt nach Krey, Rechtsfindung, JZ 1978, S. 467 ein zentrales Merkmal der teleologischen Reduktion dar.
32 Brandenburg, Teleologische Reduktion, S. 35 ff.

anderen Normen oder Rechtsprinzipien ergeben. Das Reduktionsbedürfnis kann also interne und externe Gründe haben.

c) *Zulässigkeit einer teleologischen Reduktion der §§ 239a, 239b*

Fraglich ist, ob unter Anwendung dieser Kriterien eine teleologische Reduktion der §§ 239a, 239b überhaupt zulässig ist.

In der Tat wird die Möglichkeit einer teleologischen Reduktion der Vorschriften für die hier interessierenden Fälle bestritten. So richtet sich die Kritik von *Graul* und *Bohlander*[33] gegen jegliche Restriktionsbemühungen, welche die Nötigungsziele der §§ 239a, 239b auf Zwecke außerhalb des Anwendungsbereiches der §§ 177 ff., 255 beschränken wollen. Für sie besteht in der gesetzlichen Fassung der §§ 239a, 239b insoweit die einzige zulässige Regelungsmöglichkeit. Es handelt sich bei den Vorschriften nach dieser Meinung um eine abschließende gesetzliche Regelung, die keiner teleologischen Reduktion zugänglich ist.

Eine teleologische Reduktion, die mit dem Ziel ansetzt, Delikte, welche durch Sondervorschriften mit einem milderen Strafrahmen bedroht sind, über eine wie auch immer geartete Einschränkung des Tatbestandes auszuschließen, begegnet zweifellos Bedenken.
In diesem Fall erscheint es schlüssiger, auf eine Konkurrenzlösung zurückzugreifen, die jedoch aus den oben angeführten Gründen abzulehnen ist. Die dort genannten Bedenken müssen auch bei einer derartigen teleologischen Reduktion der Tatbestände durchschlagen. Nähme man Fälle mit gleichem Unrechtsgehalt nur deshalb aus dem Anwendungsbereich der §§ 239a, 239b heraus, weil der angestrebte Nötigungserfolg vom Gesetzgeber bereits als selbständig strafwürdig angesehen wurde, behandelte man insoweit gleichgelagerte Fälle willkürlich ungleich. Es kann folglich keine verfassungsmäßige Einschränkungsmöglichkeit geben, die sich darauf beschränkt diesen Überschneidungsbereich aus den Tatbeständen der §§ 239a, 239b komplett herauszuhalten.
Der Fall eines Einschränkungsbedarfes der Norm aus externen Gründen scheidet somit hier aus.

Fraglich ist aber, ob eine teleologische Reduktion der §§ 239a, 239b aus Gründen, die in der Norm selbst angesiedelt sind, möglich ist. Eine teleologische Reduktion wäre hier nur dann möglich, wenn sie nicht lediglich mit dem Ziel ansetzte, eine ganze Deliktsgruppe auszuschließen, sondern vielmehr konsequent den Tatbestand auf das Ziel des Deliktes und die Struktur der Vorschrift zurückführte, mithin also beim *telos* des Deliktes einsetzte, um hieraus einen Einschränkungsbedarf zu entwickeln.

---

33 Vgl. oben C.II.1;S. 52.

Gegen eine solche interne Rechtfertigung einer teleologischen Reduktion sind bisher keine Einwände geltend gemacht worden.

Eine teleologische Reduktion erscheint somit alleine unter diesem Gesichtspunkt möglich.

III. Zwischenergebnis

Eine konsistente Lösung der Problematik der §§ 239a, 239b im Zwei-Personen-Verhältnis kann somit entweder mittels einer teleologischen Auslegung oder, so diese nicht zu einem Ergebnis kommt, mittels einer durch interne Gründe gerechtfertigten teleologischen Reduktion erfolgen. Beide Möglichkeiten haben sich grundsätzlich als methodisch gangbare Wege gezeigt. Beide Ansätze gehen mit der gleichen teleologischen Methode vor.

Mithin erscheint es zunächst zwingend, das *telos* der §§ 239a, 239b herauszuarbeiten, und dann in einem nächsten Schritt zu untersuchen, ob – von diesem Ziel ausgehend – überhaupt ein zwingender Einschränkungsbedarf besteht, um dann letztlich bejahendenfalls unter Berücksichtigung des vorhandenen Meinungsspektrums Möglichkeiten einer Einschränkung aufzuzeigen. Hierbei wird dann zu untersuchen sein, ob diese Einschränkungen noch vom Wortsinn der Vorschriften erfasst sind und, falls dies nicht der Fall ist, ob die Voraussetzungen einer teleologischen Reduktion vorliegen.

E. DIE RECHTSGÜTER DER §§ 239A, 239B

I. Der Rechtsgüterschutz als *telos* der Strafvorschriften

Fraglich wird nun sein, worin das *telos* der Strafvorschriften im Allgemeinen und der §§ 239a, 239b im Besonderen liegt. Die Hauptaufgabe des Strafrechts kann in einem Rechtsstaat nur der Schutz von Rechtsgütern sein[1]. Der Blick ist daher zunächst auf den Begriff des Rechtsgutes und auf seine Bedeutung bei der Auslegung einer Norm zu lenken.

1. Das Wesen des Rechtsgutes

Was das Rechtsgut an sich ausmacht, worin sein Wesen besteht, ist umstritten, und, obwohl es sich hierbei um einen zentralen Begriff der Strafrechtsdogmatik handelt, von einer abschließenden Klärung weit entfernt[2].
Abgesehen von der sehr unterschiedlichen Terminologie schwankt die Bedeutung, die man dem Rechtsgut beimisst. So wird zum Teil von einem materiellen Rechtsgutsbegriff ausgegangen, nach dem durch die Norm ein konkretes Rechtsgut geschützt wird[3]. Anderen Betrachtungen liegt ein idealistischer Ansatz zu Grunde, nach welchem durch die konkrete Tat nicht das Rechtsgut an und für sich, sondern nur das zu ihm gehörende Rechtsgutsobjekt (*Handlungsobjekt*[4]) verletzt wird[5].

Zwar werden hieraus nun unterschiedliche Folgerungen für die Verwendung des Rechtsgutsbegriffes gezogen, teils dient er der materiellen Verbrechensbeschreibung, teils lediglich als Beschreibung von *Sinn und Zweck des Strafgesetzes.* Aber selbst diese engste Begriffsverwendung räumt dem Rechtsgut damit noch die wesentliche Funktion im Rahmen der teleologischen Auslegung ein. Die methodologische Funktion des Rechtsgutsbegriffes wird weitgehend nicht geleugnet, so dass eine nähere Analyse des Rechtsgutsbegriffes vorliegend nicht von Nöten ist.

---

1 Dieses ist im Kern im Wesentlichen anerkannt: vgl. LK-Jescheck Vor. § 13, 8; Maurach/Zipf, AT 1, § 19, II, 4, S. 266; Gössel, Oehler FS, S. 102; Roxin, AT, S. 14,29, Wessels, AT, §1, I, 2.; NK-Hassemer Vor § 1, 247 m.w.N.

2 Vgl. jüngst: Koriath, Streit, GA 1999, S. 561 ff.

3 Grundlegend Binding, Die Normen, S. 338 ff.

4 So zum Beispiel Wessels, AT, § 1,I,2; Maurach/Zipf, AT 1, § 19, II, 14, S. 269 f.; Schmidhäuser, Lehrbuch, 2/30 ff.

5 Vgl. zum Ganzen Amelung, Rechtsgüterschutz, S. 174 ff.; Rudolphi, Aspekte, S. 151 ff.; Graul, Abstrakte Gefährdungsdelikte, S. 58 ff.

2. Die Ermittlung des Rechtsgutes

Das Rechtsgut nimmt somit den zentralen Aspekt im Rahmen der Interpretation der Norm ein, nach ihm hat sich die Interpretation aller Tatbestandsmerkmale auszurichten.
Problematisch ist indes, dass in aller Regel das von den Vorschriften geschützte Rechtsgut dem Gesetz nicht selbst zu entnehmen ist. Es ist vielmehr erst im Wege der Interpretation zu analysieren. Die Frage nach der Ermittlung des Rechtsgutes stellt sich dabei, wie bereits *Schwinge*[6] feststellte, als *Frage nach dem Zweck eines Rechtssatzes, nach seiner Funktion und Bedeutung.*

Diese teleologische an den Rechtsgütern orientierte Interpretation einer Norm wird jedoch teilweise mit dem Vorwurfe der Zirkularität der Argumentationsführung angegriffen[7].
Jedoch muss Strafrecht als die *ultima ratio* des Staates eine ausreichende Rechtfertigung haben. Eine solche kann nur in einem angemessenen Schutz von Rechtsgütern liegen[8], auf diesen Zweck ist daher auch Nachdruck bei der Auslegung zu richten. Nur eine teleologische Auslegung vermag somit sicherzustellen, dass die vom Gesetz missbilligten Verhaltensweisen vollständig erfasst werden und so der generalpräventive Motivationseffekt lückenlos ist[9].
Letztlich besteht die Gefahr der Zirkularität bei jeder Auslegungsmethode, mag sie auch bei der teleologischen Auslegung besonders hoch sein. Wegen der enormen Vorteile und mangels gleichwertiger Alternativen ist jedoch am Schutzgutdenken festzuhalten.

3. Die Konkurrenz von Rechtsgütern

Häufig ist von einer Strafvorschrift nicht nur ein Rechtsgut betroffen, sondern die Vorschrift dient dem Schutz mehrerer Rechtsgüter.
Insoweit mehrere Rechtsgüter betroffen sind, ist zu fragen welchem die *„dogmatische Führung“*[10] zukommt und wie das Unterordnungsverhältnis ausgeprägt ist. Dieses Verhältnis spielt vor allem für die Einordnung des Deliktes eine Rolle.

Besonders bei der Auslegung kommt der Rangfolge der geschützten Rechtsgüter eine wesentliche Bedeutung zu. Insoweit ist zu unterscheiden, ob für die Tatbestandserfüllung die Verletzung mehrerer Rechtsgüter zwingend erforderlich ist,

---

6 Schwinge, Teleologische Begriffsbildung, S. 60.
7 So z.B. die Kritik von Herzberg, Kritik, NJW 1990, S. 2525 ff.
8 Schünemann, Prolegomena, S. 129.
9 Hierauf weist Roxin, AT, S. 169 hin.
10 Maurach/Zipf, AT 1, § 19, II, 20, S. 271.

oder ob neben einem primär geschützten Rechtsgut ein weiteres nur hilfsweise erfasst ist. Daneben gibt es Rechtsgüter, die lediglich den Handlungsunwert einer Tat bestimmen, insofern zwar als *Zweckrechtsgut*[11] verletzt sein müssen, für die Einordnung des Deliktes in eine Deliktskategorie und somit auch für die Interpretation der Norm aber nicht entscheidend sind. Außer Betracht zu bleiben haben bei dieser Analyse auch solche Rechtsgutsverletzungen, die zwar häufig oder sogar regelmäßig mit der Deliktsbegehung einhergehen, die aber für die Tatbestandsverwirklichung nicht logisch zwingend sind.

Für die teleologische Auslegung spielt die Frage nach dem primären Schutzgut mithin die zentrale Rolle, da in seinem Schutz das *telos* der Vorschrift liegt, nach dem sich die Auslegung zu richten hat.

II. Die möglichen Rechtsgüter der §§ 239a, 239b

Ausgehend von dieser Prämisse ist nun zu untersuchen, welche Rechtsgüter von den §§ 239a, 239b geschützt werden und welchem Rechtsgut insoweit *die dogmatische Führungsrolle* zufällt, so dass sich vor allem an ihm die Auslegung des Tatbestandes auszurichten hat. Im Anschluss daran wird zu untersuchen sein, welche Folgerungen sich aus dieser Rechtsgutanalyse für die Auslegung des Tatbestandes im Zwei-Personen-Verhältnis ergeben.
Im Rahmen der Deliktsbegehung erscheint die Verletzung von zahlreichen Rechtsgütern möglich, die somit als Schutzobjekte der §§ 239a, 239b in Betracht zu ziehen sind. Genannt werden in der Literatur unter anderem die Freiheit und die psycho-physische Integrität der Geisel, daneben aber auch die Entschlussfreiheit der Genötigten und deren psycho-physische Integrität sowie für § 239a das Vermögen.
Ob all diese Gutsverletzungen für die Tatbestandsverwirklichung indes tatsächlich logisch notwendig sind, werden die weiteren Untersuchungen zeigen.
Im Wesentlichen wird jedenfalls allgemein anerkannt, dass fast alle diese Rechtsgüter im weitesten Sinne von den §§ 239a, 239b erfasst werden, umstritten ist hingegen die Rangfolge und Bedeutung der geschützten Rechtsgüter und damit auch die Charakterisierung der Delikte.

In Frage steht heute vor allem, ob die §§ 239a, 239b primär den Freiheitsschutz der Geisel betonen oder sich vor allem dem Schutz des Genötigten widmen.
Beide Ansichten lassen sich grundsätzlich mit dem Wortsinn der §§ 239a, 239b vereinen.

Im Folgenden sollen die einschlägigen Rechtsgüter eingehend analysiert werden und ihre Bedeutung für die Auslegung der §§ 239a, 239b dargestellt werden.

11 Maurach/Zipf, AT 1, § 19, II, 20, S. 271.

III. Persönliche Freiheit

1. Freiheitsschutz der Geisel

Entsprechend der Einordnung der §§ 239a, 239b im 18. Abschnitt des Strafgesetzbuches, der die Straftaten gegen die persönliche Freiheit enthält, erscheinen die Delikte zunächst als Freiheitsdelikte. Das Hauptunrecht läge insoweit primär in der Beeinträchtigung der persönlichen Freiheit, wobei hierbei zunächst vor allem die Verletzung der Freiheit der Geisel in Betracht zu ziehen ist.

Die Einordnung des Deliktes als Freiheitsdelikt ist in der Literatur auch häufig zu finden. Fast stereotyp findet sich in den Kommentaren und Lehrbüchern der Satz, die §§ 239a, 239b schützten die Freiheit des Entführten[12]. Umstritten ist lediglich die Position, die diesem Schutzgut zukommt. Während einige hierin das zentrale Rechtsgut sehen[13], ist dies für andere nur eines von zahlreichen weiteren verletzten Rechtsgütern.

Mit einer Charakterisierung der Delikte als Freiheitsverletzungsdelikt ist aber für die Auslegung noch nicht viel gewonnen, denn zum einen ist der Freiheitsbegriff selbst völlig konturlos, zum anderen verwendet ihn der Gesetzgeber an verschiedenen Stellen mit völlig unterschiedlichen Bedeutungen. Auch im 18. Abschnitt des StGB sind Delikte enthalten, deren primäre Schutzrichtung nicht in der persönlichen Freiheit liegt und durch die anderen Vorschriften des Abschnitts wird die Freiheit in unterschiedlichen Bereichen geschützt. Einigkeit besteht im Wesentlichen darin, dass es keine feste positive Freiheitsdefinition gibt. Die Annäherung an den Freiheitsbegriff erfolgt vor allem durch Negativdefinitionen.

Die persönliche Freiheit wird, in Anknüpfung an eine Entscheidung des Reichsgerichts[14], in ihrer allgemeinsten Form als der Zustand eines Menschen verstanden, in dem er *seine, das Wesen der menschlichen Persönlichkeit ausmachende, natürliche Fähigkeit zur Selbstbestimmung und Selbstbeherrschung unbehindert zur Geltung bringen* kann. Wie weit die so verstandene Freiheit in ihren Grenzbereichen vor Übergriffen geschützt ist, soll hier nicht Gegenstand abstrakter Erörterungen sein.

---

12 Vgl. u.a. Lackner/Kühl § 239a,1; Tröndle/Fischer § 239a, 4.

13 So vor allem: LK- Schäfer § 239a, 2; Lackner/Kühl § 239a, 1.

14 RGSt. 48, S. 346, 348.

Am weitesten geht nach herrschender – wenn auch bestrittener – Meinung der Freiheitsschutz in § 240. Er umfasst hier die Freiheit zur Willensentschließung und zur Willensbetätigung[15].

Nur den Aspekt der körperlichen Fortbewegungsfreiheit schützt hingegen § 239[16]. § 234 wird allgemein als Spezialfall des § 239 dargestellt und somit die Fortbewegungsfreiheit als das beeinträchtigte Rechtsgut angesehen[17]. Unter dieser Freiheit versteht man, in Anknüpfung an die oben genannte Definition des Reichsgerichts, grundsätzlich die körperlich unbehinderte Entwicklung des Selbstbestimmungsrechts[18].
Jedenfalls für § 239 wird dies aber insoweit eingeschränkt, als nur die Freiheit, seinen Aufenthaltsort frei zu verlassen, unter den Tatbestand fällt, nicht hingegen die Hinderung einen bestimmten Ort zu erreichen.

§ 237 a.F. wurde primär unter dem Aspekt der Verletzung des sexuellen Selbstbestimmungsrechts der Frau behandelt, so dass der Aspekt der Verletzung der persönlichen Freiheit etwas in den Hintergrund der Erörterungen trat. Es war aber allgemeine Auffassung, dass als verletzte persönliche Freiheit lediglich die Fortbewegungsfreiheit in Betracht zu ziehen war[19].
Da die § 234, 237 a.F. – mit der Bemächtigung und der Entführung – in ihrem ersten Deliktsteil Handlungen beschreiben, die auch den ersten Akt der §§ 239a, 239b darstellen und eine identische Begriffsverwendung auch zu gleichen Rechtsgutbeeinträchtigungen führen muss, ist zunächst zu untersuchen, inwieweit die persönliche Freiheit, in Form der Fortbewegungsfreiheit der Geisel, als geschütztes Rechtsgut der §§ 239a, 239b anzusehen ist.

2. Beeinträchtigung der Fortbewegungsfreiheit

In der Tat nehmen eine Reihe von Autoren die Fortbewegungsfreiheit explizit als ein durch §§ 239a, 239b geschütztes Rechtsgut an[20]. Das Delikt erscheint

---

15 Vgl. Schönke/Schröder/Eser § 240, 1; Tröndle/Fischer § 240, 2; LK-Schäfer, § 240, 2 jeweils m.w.N.; vgl. dazu auch E.V.6, S.123.

16 Vgl. etwa Lackner/Kühl § 239, 1; Schmidhäuser, BT IV, 26; LK-Schäfer, § 239, 13; Mitsch, Kavalier, JuS 1993, S. 222; Bloy, Freiheitsberaubung, ZStW 1984, S.723 f.; zu den Problemen hierbei vgl. E.III.2.d)aa)(i), S.79.

17 So Lackner/Kühl § 234, 1; LK-Vogler § 234,1; LK-Gribbohm, 11. Aufl., § 234, 1;; Tröndle/Fischer § 234, 1; anders Gössel BT 1, S. 255, der dem Delikt einen eigenständigen Charakter zubilligt, in diese Richtung wohl auch Maurach/Schroeder/Maiwald, BT 1, § 15, II, 3, S. 154.

18 LK-Gribbohm, 11. Aufl., § 234., 1; Tröndle/Fischer § 234, 1.

19 Vgl. u.a. Schönke/Schröder/Eser § 237, 7; Tröndle § 237, 2; § 236, 3; Lackner § 237, 4; ebenso BGH GA 1975, S. 53.

20 So schon Kohlrausch/Lange, 43. Aufl., § 239a, II; ebenso SK-Horn § 239, 2.

dadurch als mit der Freiheitsberaubung verwandt[21]. Teilweise wird sogar gefordert, die Tatbestände als Qualifikationen bei § 239 einzufügen[22].

a) Die Etymologie des Geiselbegriffes

Einen Anknüpfungspunkt für eine solche Auslegung folgt schon aus dem Begriff, denn das Wort Geiselnahme hat in allen Sprachen eine sehr enge Verbindung zur Gefangennahme.
Das deutsche Wort *Geisel* geht auf das althochdeutsche Wort *gīsal* zurück. Es stammt vermutlich aus dem Keltischen und bedeutet dort *Pfand,* teils wird es auch für Kriegsgefangene gebraucht. Das indogermanische Stammwort ist g*'heislo,* welches die Bedeutung *zurückbleiben* (nämlich beim Geiselherrn) hat. Die Gefangennahme scheint eine der zentralen Bedeutungen dieses Wortes zu sein, denn noch im Mittelhochdeutsch wurde unter *Gisel* häufig nur ein Gefangener verstanden. Auch der englische Ausdruck *hostage,* das französische *otage* und das italienische *ostaggio* haben eine ähnliche Wortgeschichte. Sie entstammen dem römischen Ausdruck für die Gefangennahme *obsidere*[23].
Das Merkmal der Gefangenschaft ist daher jedenfalls begriffsgeschichtlich ein Wesensmerkmal der Geiselnahme.

b) Anknüpfungspunkte in der Deliktsgeschichte

Diesem Sprachgebrauch entsprechen auch Traditionen der Deliktsahndung. In dem Aspekt der Freiheitsberaubung lag insbesondere im Mittelalter teilweise sogar der einzige Anknüpfungspunkt für eine Ahndung dieser Verbrechen. Zwar gab es keine expliziten Vorschriften, welche die Geiselnahmen und den erpresserischen Menschenraub erfassten, jedoch bestand vor allem wegen des sich ausbreitenden Unwesens von Raubrittern und Seeräubern ein erhebliches praktisches Bedürfnis nach einer angemessenen Bestrafung[24]. Hierfür griff man wiederholt auf die Tatbestände der *unberechtigten Gefangennahme* oder der *Einsperrung* zurück. So hebt das *Memminger Recht von 1396* unter den Fällen

21 Maurach/Schroeder/Maiwald, BT 1, § 15, V, 18, S. 156 stellen ausdrücklich auf die Kombination von *Freiheitsberaubung* und Nötigung ab; ebenso Arzt in Arzt/Weber BT LH 3, S. 130; Weber a.a.O. BT LH 1, S. 234; auch der *Alternativ Entwurf* sah die Vorschrift als qualifizierte Freiheitsberaubung, vgl. AE, S. 71 Anm 1; Dreher, 33. und 34. Aufl., spricht von § 239 als erpresserische *Freiheitsberaubung*, ebenso BGH GA 1975, S. 53.

22 Vgl. den Vorschlag des Arbeitskreises der Strafrechtswissenschaftler bei Freund, Entwurf, ZStW 1997, S. 451, 481.

23 Vgl. Duden, Herkunftswörterbuch; Pfeifer, Etymologisches Wörterbuch; je zum Stichwort Geisel; Lutteroth, Geisel, S. 28 f.

24 Vgl. Dahm, Strafrecht Italiens, S. 489; Bauer, Geiselnahme, S. 2; Arnau, Jenseits der Gesetze, S. 79.

der *unberechtigten Gefangennahme* die Festsetzung, um von jemandem ein Lösegeld zu erpressen, besonders hervor und straft mit ewiger Verbannung[25] und auch im Italienischen Strafrecht des ausgehenden Mittelalters, welches auf das deutsche Strafrecht einen erheblichen Einfluss ausübte, finden sich ähnliche Beispiele[26].

Ob diese Betonung des Aspektes der Fortbewegungsfreiheit für die heutige Deliktsbeschreibung noch verwertbar ist, erscheint indes zweifelhaft. Neben dem praktischen Bedürfnis nach einer Bestrafung der Taten, lässt sich diese Einordnung nur mit dem damaligen Verständnis der Freiheitsdelikte und dem Stand der Strafrechtsdogmatik erklären.

Während im germanischen Recht die Freiheitsdelikte primär als Delikte gegen die Ehre des Verletzten angesehen wurden (wer einen freien Menschen wegsperrte, missachtete damit seine Vollwertigkeit), wandelte sich mit der weiteren Entwicklung der Freiheitsdogmatik der Charakter der Freiheitsberaubung[27]. Entscheidend war nicht mehr die Verletzung des Achtungsanspruches, sondern der Aspekt des *Nicht-gestört-werdens* in der *Eigensphäre*[28]. Diese Freiheit stellte aber gerade im ausgehenden Mittelalter das betonte Ideal dar, Eingriffe in diese Sphäre galten als besonders verletzend und wurden, wie die Strafrahmen der unberechtigten Gefangennahme zeigen, entsprechend hart geahndet. Da Entführungen und Gefangennahmen praktisch ausschließlich zum Zwecke der geschlechtlichen Befriedigung, als politisches Kampfmittel, besonders häufig aber als Erpressungsmittel vorkamen[29], erscheint es verständlich, wenn an diesen Aspekt angeknüpft wurde und in ihm ein Schwerpunkt des Deliktes gesehen wurde.

Weiterhin ist auf den damaligen Stand der Strafrechtsdogmatik hinzuweisen. Eine Versuchsstrafbarkeit im heutigen Sinne war ebenso unbekannt wie die Betonung subjektiver Absichten. Insofern könnte in der Betonung des Aspektes der Gefangennahme durchaus eine Beschreibung der Vorverlagerung der Strafbarkeit liegen, für die keine anderen Ausdrucksmöglichkeiten zur Verfügung standen.

In der Tat wurde zum Teil das *Wegsperren* auch in anderen Bereichen unter dem Aspekt des Versuchsverbrechens gesehen, namentlich als Vorbereitungsdelikt

25 Vgl. His, Strafrecht des deutschen Mittelalters, Bd. 2, S. 143, 142.

26 Besonders im *Statut* von *Rom* von 1363, im *Gesetz* des *Volkshauptmanns* von *Florenz* von 1322; Dahm, Strafrecht Italiens, S. 452, S. 489 Fn 5.

27 Vgl. dazu Dahm, Strafrecht Italiens, S. 448 f.; His, Strafrecht des deutschen Mittelalters, S. 140.

28 So Dahm, Strafrecht Italiens, S. 448.

29 Vgl. dazu Dahm, Strafrecht Italiens, S. 448 f.; His, Strafrecht des deutschen Mittelalters, S. 140.

zu Sittlichkeitsverbrechen oder als Vorbereitung zur Überschreitung der Gläubigerrechte[30]. Auch aus diesem Grund liegt also in der *Einsperrung* ein verständlicher Ansatzpunkt für die Ahndung des Deliktes.
Die Delikte der unberechtigten Gefangennahme hatten im Kern somit einen anderen Unrechtsgehalt und eine andere Funktion als die heutige Freiheitsberaubung. Daher können aus dieser Tradition nur bedingt Schlussfolgerungen für die Beschreibung der Freiheitsverletzung der Delikte gezogen werden.

c) Die Definitionen der Entführung und der Bemächtigung

Zu untersuchen bleibt, durch welche tatbestandlichen Handlungen eine Verletzung der Fortbewegungsfreiheit möglich ist.
Von den in den §§ 239a, 239b beschriebenen Tathandlungen stellen die Entführung und die Bemächtigung möglicherweise einen Angriff auf diese Freiheit dar. Daher ist zunächst ihr Sinngehalt zu erörtern.
Beide Begriffe entstammen anderen – älteren – Vorschriften des 18. Abschnitts des Strafgesetzbuches, so dass sich die Auslegung an diesen Vorschriften zu orientieren hat[31]. Die Bemächtigung wird erstmals in § 234 angesprochen, bei der Entführung ist nicht auf § 236, sondern auf § 237 a.F. zurückzugreifen, da nur hier ein gleichartiger Freiheitsschutz überhaupt möglich ist[32].

Ob die Auslegung dieser Tatbestandsmerkmale durch die Rechtsprechung und Literatur zu §§ 234, 237 a.F. indes so gesichert ist, wie der 1. Senat im *Tiefgaragen-Fall* feststellt, erscheint allerdings zweifelhaft.

Allenfalls die Auslegung des Begriffes der *Bemächtigung* kann als unstrittig gelten. Nach allgemeiner Ansicht wird hierunter die Erlangung der physischen Herrschaft über eine Person verstanden[33].

Ebenfalls gesichert ist, dass unter *Entführung* eine Verbringung eines Menschen an einen anderen Ort, wider dessen Willen, zu verstehen ist[34]. Ob sich hierin das

30 So Dahm, Strafrecht Italiens, S. 447; His, Strafrecht des deutschen Mittelalters, S. 140 f.

31 Die Identität der Begriffsverwendung war auch Absicht des Gesetzgebers, vgl. Sonderausschuss, Protokolle VII, S. 1571 ff. besonders die Stellungnahme von MinRat Wulf S. 1572; die daraus resultierende Parallelität der Auslegung der Begriffe ist im Übrigen auch allgemein anerkannt, vgl. statt aller Tröndle/Fischer § 239a, 2; BGHSt. 39, 36.

32 Jetzt allgemeine Meinung: vgl. statt aller Schönke/Schröder/Eser § 239a, 6; Tröndle/Fischer § 239a, 5; anders aber noch Dreher/Tröndle, 46. Aufl. § 239a, 5, demnach sollte auch eine Entführung mit Willen des Entführten wie in § 236 genügen.

33 Vgl. Tröndle/Fischer § 234, 2.

34 Tröndle/Fischer § 239a, 2 iVm § 237, 2.

Unrecht des Deliktes erschöpft, ist umstritten, spielt aber für den Bereich der Fortbewegungsfreiheit noch keine Rolle[35].

d) Die Problematik einer Betonung der Fortbewegungsfreiheit

Fraglich ist jedoch, ob die so charakterisierten Angriffe auf die persönliche Freiheit ihren Unrechtsschwerpunkt in dem Angriff auf die Fortbewegungsfreiheit haben.

Unstrittig gibt es eine Fülle von Fällen, in denen bei der Verwirklichung des Tatbestandes der §§ 234, 237 a.F. und gleichermaßen der §§ 239a, 239b die Fortbewegungsfreiheit verletzt ist. In allen Fällen, in denen eine Person, die einen Fortbewegungswillen bilden kann, mit Gewalt entführt wird oder man sich ihrer mit Gewalt bemächtigt, ist diese Freiheit verletzt.
Ob sich hieraus jedoch der Schluss ziehen lässt, dass es sich daher bei diesen Delikten um Spezialfälle der Freiheitsberaubung handelt und somit die Verletzung dieses Rechtsgutes für die Charakterisierung des Unrechts zwingend notwendig ist, erscheint indes fraglich.

Denkbar sind eine Reihe von Fällen, in denen eine Entführung oder Bemächtigung vorliegt und eine Verletzung der Fortbewegungsfreiheit fraglich erscheint. Insoweit erscheint es zunächst geboten, die Grenzen des strafrechtlichen Schutzes der Fortbewegungsfreiheit aufzuzeigen und zu analysieren, wie bei den § 234, 237 a.F., denen die zu untersuchenden Begriffe ja entstammen, die problematischen Fälle gelöst werden.

aa) Problemfälle

Problematisch erscheint die Reichweite dieses Schutzgut vor allem in den Fällen, in denen Kinder, Bewusstlose, Schlafende oder ähnliche Opfer, die entweder momentan oder potentiell keinen Fortbewegungswillen haben, entführt werden.

(i) Lösung bei § 239

Für § 239, der den Grundtatbestand des Schutzes der Fortbewegungsfreiheit darstellt, ist umstritten, ob diese Personengruppen vom Schutzbereich erfasst sind.

Die herrschende Meinung stellt zwar auf die potentielle Bewegungsfreiheit ab[36], was darunter zu verstehen ist, ist aber noch nicht abschließend geklärt. Während

35 Vgl. dazu unten E.III.3.d)bb); S. 89.

die eine Ansicht lediglich die theoretische Möglichkeit zur Willensbildung verlangt[37], fordern andere darüber hinausgehend eine praktische Betätigungschance[38].
Für die erste Ansicht fallen somit auch Personen, die momentan keinen Fortbewegungswillen bilden können (wie Bewusstlose und Schlafende), unter den Schutz von § 239, für die anderen ist dies hingegen nicht der Fall.

In den Fällen, in denen ein Fortbewegungswillen gar nicht gebildet werden kann (vor allem bei Kleinstkindern), hilft jedoch auch ein Rückgriff auf den mutmaßlichen Willen nicht weiter. Nur ganz vereinzelt gesteht man auch dieser Gruppe den Schutz des § 239 zu, indem man auf den mutmaßlichen Willen des Sorgerechtsinhabers abstellt[39]. Dieser Ansicht ist jedoch mit dem BayOLG[40] entgegenzuhalten, dass eine solche Ausweitung des Tatbestandes im Gesetz keine Stütze findet. Eine Zurechnung fremden Willens in diesem Sinne ist dem Strafrecht, welches hier gerade die Einschränkung der natürlichen Fähigkeit zur willkürlichen Fortbewegung schützt, fremd. Im Übrigen wird von dieser Ansicht verkannt, dass das Selbstbestimmungsrecht, welches auch die Bestimmung über die Fortbewegung enthält, als höchstpersönliches Recht keine Stellvertretung zulässt[41].

Zumindest die letzte Gruppe unterfällt also nicht dem Schutz des § 239.

(ii) Lösung bei §§ 234, 237 a.F.

Fraglich bleibt, inwieweit diese Personengruppen dem Schutz der §§ 239a, 239b unterfallen.
Teilweise hilft für die Auslegung hier der Rückgriff auf die §§ 234, 237 a.F. weiter, für die es zu diesen Problemfällen ausführliche Stellungnahmen gibt.

Jedenfalls für § 237 a.F. sah der BGH[42] auch Bewusstlose als vom Schutz der Vorschrift erfasst an und ist damit in der Literatur weitgehend auf Zustimmung

---

36 Auf den natürlichen Willen hingegen stellt Arzt/Weber, LH1, S. 209 ab; anders auch Bloy, Freiheitsberaubung, ZStW 1984, S. 720f. der auf den hypothetischen Willen abstellt.

37 So Bockelmann BT 2, S.87; Lackner/Kühl § 239, 1; Schmidhäuser, BT IV, 26; LK-Schäfer, § 239, 13; Mitsch, Kavalier, JuS 1993, S. 222; Bloy, Freiheitsberaubung, ZStW 1984, S.723 f.

38 So Schönke/Schröder/Eser § 239,3; Tröndle/Fischer § 239,1; Krey BT1, Rdnr. 315.

39 So Welzel, Strafrecht, S. 328; LK-Schäfer, § 239, 14.

40 BayOLG JZ 1952, S. 237.

41 Vgl. Bloy, Freiheitsberaubung, ZStW 1984, S. 723 Fn. 63.

42 BGHSt 25, 237 ff.

gestoßen[43]. Problematisch an einer solchen Auslegung war für § 237 a.F., dass insoweit – mangels eines aktuell vorhandenen Willens – nur auf einen hypothetischen Willen der Frau zurückgegriffen werden konnte und mit dieser Verlagerung eventuell das Tatbestandsmerkmal *wider ihren Willen* gegen den Wortlaut ausgedehnt wurde[44]. Dieses Problem spielt wegen der anderen Textfassung bei §§ 239a, 239b indes keine Rolle. Insofern sind die Grundsätze dieser Entscheidung auf die §§ 239a, 239b zu übertragen, so dass Bewusstlose, jedenfalls in der Entführungsvariante, den Schutz dieser Vorschriften genießen, unabhängig davon, ob für diese Gruppe auch eine Freiheitsverletzung im Sinne des § 239 vorliegt[45].
In der Literatur ist ferner anerkannt, dass von einer Bemächtigung im Sinne des § 234 auch Säuglinge, die konstitutionell keinen Fortbewegungswillen bilden können, erfasst sind.
Unumstritten ist gleichermaßen, dass auch und gerade Personen, die momentan oder potentiell keinen Fortbewegungswillen haben, taugliche Opfer einer Geiselnahme oder eines erpresserischen Menschenraubes sein können[46].

bb) Folgerungen für den Schutz der Fortbewegungsfreiheit

Hieraus ergibt sich nun die Frage, ob der Schutz der körperlichen Bewegungsfreiheit im 18. Abschnitt einheitlich geregelt ist, oder ob der Schutz der §§ 239a, 239b in diesem Bereich über den des § 239 hinausgeht, oder gar dieses Schutzgut nicht der entscheidende Anknüpfungspunkt für die Charakterisierung des Unrechts im ersten Handlungsabschnitt der Deliktsbegehung ist.

Zunächst sollen unter der Prämisse, dass die §§ 239a, 239b auch dem Schutz der Fortbewegungsfreiheit dienen, die Möglichkeiten der Auslegung dieses Rechtsgutes für diese Vorschriften untersucht werden.

Denkbar wäre zunächst, den Schutz der Fortbewegungsfreiheit in Anlehnung an die weite Auslegungsvariante des § 239 anzupassen und den Freiheitsschutz, hier wie dort, auf den Schutz der potentiellen Bewegungsfreiheit, unabhängig von einer momentanen Realisierungschance, auszuweiten, oder aber in beiden Vorschriften einen unterschiedlich gefassten Begriff der Fortbewegungsfreiheit zu verwenden.

---

43 U.a. Schönke/Schröder/Eser § 237, 16; Meyer-Gerhards, Sexueller Mißbrauch, JuS 1974, S. 566 ff.; Dreher/Tröndle § 237, 4.

44 Kienzle, Widerstreit, S. 68 f. u.passim; Zweifel haben auch Lackner, § 237, 4; Gössel BT1, § 24, 48.

45 Preisendanz § 239, 1 hat diese Entscheidung auch auf § 239 übertragen, hat damit aber keine Gefolgschaft gefunden.

46 Vgl., neben der Herkunft aus § 239a RStGB die Beratungen im Gesetzgebungsverfahren SAStR VII, S. 1561f.

Notfalls ließe sich für diesen Bereich auch eine Unterscheidung im Grade des Freiheitsschutzes der Fortbewegungsfreiheit rechtfertigen. Eine Berücksichtigung des mutmaßlichen Willens bei §§ 239a, 239b im Gegensatz zu § 239, ließe sich damit begründen, dass dessen Verletzung bei einer Ortsveränderung eher angenommen werden kann, als bei einer Einsperrung ohne Ortsveränderung, von der das Opfer nichts bemerkt[47]. Diese Argumentation ließe sich auch auf die Bemächtigung übertragen, denn auch hier könnte man argumentieren, dass ein mutmaßlicher Wille gegen eine Einsperrung mit einem solchen gegen die Herrschaftsbegründung einer dritten Person über den eigenen Körper nicht vergleichbar sei.
Es erschiene somit zulässig, auf den hypothetischen Willen abzustellen, so dass man den Schutz der Fortbewegungsfreiheit jedenfalls für die §§ 239a, 239b auch auf diese Opfergruppe erstrecken könnte und damit die Verletzung eines hypothetischen Fortbewegungswillens genügte.
Für die Fälle, in denen das Opfer lediglich momentan ohne einen Fortbewegungswillen ist, ließe sich somit an der Fortbewegungsfreiheit als verletztes Rechtsgut, unabhängig von einer anders gearteten Entscheidung bei § 239, festhalten.

Wenngleich also für diese Fallgruppe eine Verletzung der Fortbewegungsfreiheit der Geisel möglich erscheint, ist eine solche Konstruktion für die Gruppe der Opfer, die potentiell keinen Fortbewegungswillen haben, nicht möglich.

Insofern haben also Entführung und Bemächtigung hier einen Anwendungsbereich ohne eine Verletzung der Fortbewegungsfreiheit. Für diese Fälle geht der Schutz der §§ 239a, 239b über den des § 239 hinaus[48].

Neben dem Problem der potentiell Willensunfähigen, für das sich wegen seiner Besonderheiten notfalls eine andere Lösung finden ließe, gibt es jedoch auch Fälle der Entführung oder Bemächtigung von Personen, die einen Fortbewegungswillen bilden können, in denen eine Verletzung dieser Freiheit durch diese Handlungen gleichwohl nicht vorliegt.

Hierzu gibt es im Rahmen von § 237 a.F. Urteile[49], in denen davon ausgegangen wird, dass eine Entführung auch bei einer durch List bewirkten Ortsveränderung vorliege. Führt diese zu einem Abhängigkeitsverhältnis des Opfers vom Täter, braucht demnach eine Aufhebung der Bewegungsfreiheit des Opfers für die Tatbestandserfüllung nicht vorzuliegen. Denkbar sind vor allem

---

47 So für § 237a.F. Orth, Rechtsgut, S. 93 f.

48 Zum Bemächtigen anerkannt seit Bohnert, Säugling, JuS 1977, S. 746 ff.; seit der 12. Aufl. auch Lackner § 234, 1.

49 Vgl. OLG Celle, JR 1947, S. 348, grds. BGHSt. 1, S. 199, 201.

Fälle, in denen das Opfer aus Geldmangel oder weil es sich mit den Gepflogenheiten der Umgebung (etwa in einem fremden Land) nicht auskennt, gehindert ist, den Aufenthaltsort zu verlassen. Neben diesen vor allem im Bereiche des organisierten Menschenhandels aktuellen Fällen, sei vor allem auf die Entführung von Kindern hingewiesen, die aufgrund ihrer Leichtgläubigkeit nicht unbedingt bemerken müssen, dass sie in der Hand von Entführern sind, so dass diese sie in ihrem Bewegungsspielraum auch nicht einschränken müssen[50].

e) Konsequenzen für die Beschreibung der persönlichen Freiheit

Selbst bei einer extensiven Auslegung des Schutzes der Fortbewegungsfreiheit liegt somit nicht in allen Konstellationen, die tatbestandlich von §§ 239a, 239b erfasst sind, eine Verletzung dieser Freiheit vor. Es sind im Rahmen von §§ 239a, 239b Entführungen und Bemächtigungssituationen denkbar, die nicht zu einer Beeinträchtigung der Fortbewegungsfreiheit führen.

Insofern stellt die Fortbewegungsfreiheit ein Schutzgut dar, welches regelmäßig bei der Deliktsbegehung verletzt wird, das aber keinesfalls für die Tatbestandserfüllung logisch zwingend verletzt werden muss. Eine Freiheitsberaubung ist somit für die Tatbestandserfüllung nicht konstitutiv. Insofern kann es sich bei der durch die §§ 239a, 239b geschützten persönlichen Freiheit nicht primär um die Fortbewegungsfreiheit handeln.

Aus diesem Grund sind jedenfalls Reformvorschläge, die dahin gehen, die Geiselnahmen und den erpresserischen Menschenraub als Qualifikation bei § 239 anzusiedeln, abzulehnen[51].

3. Das Autonomierecht

Da also in der Fortbewegungsfreiheit nicht der Anknüpfungspunkt für den Freiheitsschutz der §§ 239a, 239b zu liegen scheint, stellt sich die Frage, ob sich aus einem anderen Gesichtspunkt die Einordnung des Deliktes als Freiheitsdelikt rechtfertigt. Fraglich ist, ob durch die Entführung oder die Bemächtigung eventuell ein anderes Freiheitsrecht verletzt wird, welches zu einer konsequenteren Auslegung der Vorschriften führen kann.

a) Vorhandene Ansätze zur Beschreibung der verletzten Freiheit

50 Hierauf weist auch das von MinRat Wulf in die Gesetzesberatungen eingeführte Beispiel hin, vgl. Sonderausschuss, Protokolle VII, S. 1562; vgl. BGH GA 1975, S. 53.

51 So aber Freund in seiner Stellungnahme zum 6. StrRG, ZStW 1997, S. 455 ff.

Für eine solche andere Beschreibung der verletzten Freiheit lässt sich jedenfalls nur eingeschränkt auf ein vorhandenes Meinungsbild bei §§ 234, 237a.F. zurückgreifen.

Der BGH weist in der genannten Entscheidung zu § 237[52] zwar ausdrücklich darauf hin, dass die bis dato herrschende Meinung, die in der Entführung einen Sonderfall der Freiheitsberaubung sieht, nicht zutrifft, macht zu einer anderweitigen Freiheitsverletzung aber keine Ausführungen.
In der Literatur zu § 237 a.F. wurde ebenfalls allgemein anerkannt, dass die Deliktsbegehung keine Verletzung der Fortbewegungsfreiheit voraussetzt. Unter Bezugnahme auf die angeführte Entscheidung des BGH wird dann gemeinhin der Schluss gezogen, es komme für die Tatbestandserfüllung folglich nicht auf eine Aufhebung der persönlichen Freiheit an[53]. Auf die Möglichkeit einer anderen Freiheitsverletzung wird fast nie abgestellt.
Hieraus lässt sich aber nur der Schluss ziehen, dass von diesen Autoren als verletzte persönliche Freiheit in allen anderen Fällen weiterhin einzig auf die Fortbewegungsfreiheit abgestellt wird.
Da § 237 primär dem Sexualstrafrecht zuzuordnen ist, käme es für die Unrechtscharakterisierung auf die Verletzung eines weiteren Freiheitsrechtes nicht zwingend an, so dass in den Betrachtungen zu dieser Vorschrift eine eingehende Auseinandersetzung mit diesem Problemkreis auch dahinstehen kann.

Problematischer stellt sich die Situation bei § 234 dar, wo es an einem weiteren Schutzgut, auf das zurückzugreifen wäre, fehlt. Eine andere Beschreibung der persönlichen Freiheit wird aber auch hier zumeist nicht thematisiert, sondern lediglich darauf verwiesen, dass dieses Delikt einen geringen Anwendungsbereich hat, der über die Fälle hinausgeht, in denen eine Verletzung der Fortbewegungsfreiheit vorliegt[54].
Unter Verweis auf die Ausführungen zu § 234 wird diese Ansicht in aller Regel auch für die §§ 239a, 239b übernommen[55].

b) Vorüberlegungen zu einer weitergehenden Freiheitsverletzung

Zu fragen ist jedoch, ob sich das Unrecht des ersten Handlungsaktes der §§ 239a, 239b in der Beschränkung der Fortbewegungsfreiheit erschöpft, oder darüber hinausgehend nicht noch eine tiefergehende Freiheitsverletzung erfolgt,

52 BGHSt 1, 199, 201 f.

53 Vgl. u.a. Schönke/Schröder/Eser § 237, 7; Tröndle § 237, 2; § 236, 3; Lackner § 237, 4; ebenso BGH GA 1975, S. 53.

54 Anders Gössel BT1, S. 253, der § 234 einen eigenständigen Charakter zugesteht, ebenso Maurach/Schroeder/Maiwald, BT 1, § 15, III, S. 154.

55 Vgl. u.a. Lackner/Kühl, § 239a, 3; Tröndle/Fischer, § 239a, 5; Heinrich, Notwendigkeit, NStZ 1997, S. 368.

die den Unrechtsschwerpunkt des ersten Aktes erschöpfender beschreibt. Der Unrechtskern dieser Freiheitsverletzung könnte unter Umständen in dem Ergebnis der Bemächtigung oder Entführung liegen. Dieses stellt sich, als Versetzung des Opfers in einen hilflosen – nur vom Täter abhängigen – Zustand der Unfreiheit, dar.

Als verletztes Freiheitsrecht käme die Freiheit in ihrem weitesten Sinne in Betracht, verletzt könnte die Autonomie der Geisel sein. Der Schutz der persönlichen Freiheit der Geisel würde somit erheblich über den des § 239 hinaus reichen.

c) *Historische Anknüpfungspunkte*

Eine solche Ansicht entspricht jedenfalls teilweise durchaus einer Tradition der Deliktsahndung.

aa) Behandlung der Geiselnahme als plagium

Zumindest in der Literatur, später auch in der Praxis, hatte sich seit *Carpzov* (1595-1666) für das gemeine Recht die Ansicht durchgesetzt, der heutigen Geiselnahme ähnliche Fälle weitestgehend als *plagium* zu behandeln.

(i) Das Plagium des römischen Rechts

Zurückgegriffen wurde dabei auf einen Tatbestand des römischen Rechts, die *lex Fabia de plagiariis,* welche aus den letzten Jahrzehnten der römischen Republik stammt. Der Text findet sich in den Digesten 48, 15, 6 § 2. Danach wurde zum einen das Verheimlichen, Gefangenhalten, Kaufen und Verkaufen Freier gegen deren Willen, zum anderen das Abspenstigmachen, Verheimlichen, Kaufen und Verkaufen fremder Sklaven gegen den Willen ihres Herrn bestraft. Das Delikt strafte primär die Anmaßung eines Herrenrechtes, so dass es auch dann begangen werden konnte, wenn der Sklave einwilligte[56]. Ansonsten kam es auf eine Versklavung des Opfers, also eine vollständige Aufhebung seiner Freiheit, an[57].
Die Strafe bestand zunächst in einer Geldbuße von 50 000 Sesterzen, später wurde sie bei Standespersonen auf Relegation nebst Konfiszierung des halben Vermögens, bei geringeren Leuten auf Bergwerks- oder Todesstrafe, erhöht[58].

---

56 Mommsen, Römisches Strafrecht, S. 781.
57 Stockmayer, Das Verbrechen, S. 3.
58 Vgl. Mommsen, Römisches Strafrecht, S. 782.

Fälle, in denen Taten, welche einer Geiselnahme oder einem erpresserischen Menschenraub gleichkommen, unter diese Vorschrift subsumiert wurden, sind nicht überliefert. Inwiefern sich aus diesem Delikt Vorschriften gegen Geiselnahmen und erpresserischen Menschenraub entwickelten, ist umstritten, jedenfalls schienen Fälle des erpresserischen Kindesraubes anderweitig bestraft worden zu sein[59]. Die Entführung einer Sklavin zur Wollustbefriedigung bestrafte man, laut einer Fundstelle in den Digesten, ebenfalls nicht nach der *lex Fabia*, da die Tat *schlimmer als ein Diebstahl sei*[60].

Aus dem *plagium* entwickelten sich dann vor allem der *Frauenraub* und die *Entführung*, die aber vorliegend nicht Gegenstand der Untersuchung sein sollen.

(ii) Die Entwicklung zum furtum hominis

Carpzov bezeichnete den Tatbestand des *plagium* nun ganz allgemein als *furtum hominis* und löste ihn damit vom Sklavenraub ab. Er erfasste hierunter vor allem Fälle des Kinderraubes zur Erpressung von Lösegeldern und verweist auf Schöffensprüche, von denen zumindest einer die Entführung eines Kindes zur Erpressung eines Lösegeldes beinhaltet[61]. In Abkehr vom römischen Recht kam es für diesen Tatbestand nun nicht mehr auf die Versetzung in Sklaverei an. Um die mit dem Delikt immer noch verbundene Todesstrafe aber zu rechtfertigen, wurden andere Absichten, namentlich die der Gewinnsucht, eingeführt[62].

bb) Probleme des plagium *im Rahmen der fortschreitenden Freiheitsdogmatik*

Vor allem im 19. Jahrhundert wurde dann die Frage nach einer Abgrenzung des *plagium* zur Freiheitsberaubung und zu anderen Delikten, die einen Angriff auf die Freiheit enthielten, relevant, wobei zumeist die Entführung und Vergewaltigung eine besondere Rolle spielten.

Um dem *plagium* einen eigenen Anwendungsbereich neben der Freiheitsberaubung zu verschaffen und um die hohe Strafe zu rechtfertigen, wurde zumeist auf eine Ortsveränderung[63] oder eine dauernde Vernichtung der Freiheit abge-

---

59 Str. vgl. Knitschky, Menschenraub, S. 254; nach Waechter, Lehrbuch S. 41 wurde eine Entführung von Kindern zur Erlangung eines Lösegeldes in Analogie zum *plagium* behandelt.

60 Digesten 47,2,39.

61 Carpzov, Pars II, Quest. 84, 91.

62 Knitschky, Menschenraub, S. 256 m.w.N.

63 Tittmann, Beiträge, S. 22 ff.; auf die Ortsveränderung stellt auch Henke, Lehrbuch, S. 160 f. entscheidend ab.

stellt[64]. Das Delikt wurde somit, in Anknüpfung an römisch-rechtliche Traditionen, auf Fälle reduziert, in denen das Opfer dem ungehemmten Einfluss des Täters unterworfen war, so dass vor allem eine *bloß vorübergehende Beschränkung der Freiheit* zur Erlangung eines anderen Zweckes nicht unter das *plagium* subsumiert werden konnte.
Durch das *plagium* wurde nach dieser Lesart die Freiheit vor Eingriffen geschützt, die zu ihrer faktischen Aufhebung führten. Der Unrechtsschwerpunkt lag damit ganz eindeutig weniger in der Beseitigung der Fortbewegungsfreiheit als vielmehr in der Beseitigung der Autonomie des Opfers. Beispielhaft sei die Definition des *plagium* bei *Feuerbach* dargestellt. Er sieht es als *rechtswidrige Besitzergreifung eines Menschen, wodurch derselbe seinen Angehörigen und dem Schutz seines Standes entzogen wird, in der Absicht, um denselben in einen Zustand der Abhängigkeit von fremder Willkür zu bringen*[65]

Nach dem Inkrafttreten des RStGB spielte das Problem des Umfanges des Freiheitsschutzes vor allem bei der Charakterisierung des § 234 RStGB eine Rolle. Diskutiert wurde diese Frage vorwiegend im Zusammenhang mit der Opfergruppe der Kleinstkinder und Willensunfähigen. Nach allgemeiner Ansicht sollten auch sie unter den Schutz des Deliktes fallen, so dass sich die Frage nach der Beschreibung der von § 234 verletzten Freiheit neu stellte. Neben Versuchen, das Delikt als Verbrechen gegen die Menschenwürde anzusehen, wurde von einer Reihe Interpreten der Aspekt des Abhängigkeitsverhältnisses betont.
Beispielhaft sei in diesem Zusammenhang auf die Ausführungen von *Knitschky*[66] verwiesen, der die *Unterwerfung unter einen fremden Willen* als das Strafwürdige des Menschenraubes ansah. Er spricht jedem Menschen – alleine aufgrund seines Menschseins – einen Anspruch auf Unabhängigkeit von fremder Gewalt zu, so dass dieses so verstandene Freiheitsrecht auch Kindern und Geisteskranken zukomme. Verletzt sieht er durch den Menschenraub nicht primär die Fortbewegungsfreiheit, sondern das Recht auf Unabhängigkeit von fremder Willensherrschaft.
Ähnliche Überlegungen finden sich auch bei anderen Autoren. *Kuhn*[67] sieht beispielsweise das Recht auf persönliche Freiheit zum einen in der willensabhängigen Freiheit zur Willensbetätigung, zum anderen als willensunabhängigen rechtlichen Zustand der Unabhängigkeit von fremder Herrschaftsgewalt an. Dieser letztgenannte Aspekt des Freiheitsschutzes ist für ihn das primäre Rechtsgut des § 234.

---

64 So wohl die überwiegende Ansicht, vgl. u.a. Abegg, Lehrbuch, S. 371, Henke, Lehrbuch, S. 162, Roßhirt, Lehrbuch, S. 298.

65 Feuerbach, Lehrbuch, 5. Aufl., § 252.

66 Knitschky, Menschenraub, S. 266 ff.; ähnl. Buri, Zu den §§ 221 ff. S. 519 ff.; ähnl. insoweit auch Kuhn, Persönliche Freiheit, S. 46 ff., der von § 234 die Freiheit als allgemeinen Rechtszustand geschützt sehen will.

67 Kuhn, Persönliche Freiheit, S. 44 ff.

Zusammenfassen lassen sich diese Ansichten dahin, dass für den Charakter des Deliktes somit der Machtgewinn des Täters über das Opfer eine entscheidende Rolle spielt. Durch diese Machtposition verliert das Opfer seine Freiheit, die ihm als menschliches Wesen unmittelbar anhaftet. Die Freiheitsverletzung liegt somit in der Beseitigung der Autonomie des Opfers – verstanden als Unabhängigkeit von fremder Gewalt, auf eine konkrete Verletzung eines entgegenstehenden Willens kommt es diesen Autoren nicht an.

Bereits *Stockmayer* hat diese Ansichten zum Menschenraub auf § 239a RStGB übertragen und sieht in dieser Freiheit, und eben nicht in der Fortbewegungsfreiheit, ein durch den erpresserischen Kindesraub verletztes Rechtsgut[68].

Mit der Erweiterung des § 239a sind diese Gedanken aber aus der Diskussion verschwunden. Fraglich ist, inwieweit sie wieder für die §§ 239a, 239b fruchtbar gemacht werden können.
Hierzu ist zunächst noch einmal auf die Tatbestandsmerkmale des ersten Handlungsabschnittes der Deliktsbegehung zurückzugreifen und nach Anknüpfungspunkten für eine solche Interpretation zu suchen.

d) Der Meinungsstand

aa) Anknüpfungspunkte in der Diskussion um die Bemächtigung

Wie gesehen, wird heute weitgehend, ohne nähere Analyse des damit verbundenen Freiheitseingriffs, anerkannt, dass auch Kleinstkinder Opfer einer Bemächtigung im Sinne der §§ 239a, 239b, 234 sein können.

Wenngleich der § 234, dem dieser Begriff ja entstammte, enorm an Bedeutung eingebüßt hat und so die wissenschaftliche Auseinandersetzung mit ihm marginal ist, sind doch Stellungnahmen in der Literatur zu finden, die den Unrechtsgehalt der Bemächtigung durch die Freiheitsberaubung nicht als ausreichend erfasst ansehen. Hier wirkt zum Teil noch die oben beschriebene Interpretation des Menschenraubes fort

So liegt für *Maurach/Schroeder/Maiwald*[69] – über die Freiheitsberaubung hinausgehend – das spezifische Unrecht in der Beseitigung der Unabhängigkeit des Opfers. Indem der Tatbestand eine Verfügungsmöglichkeit des Täters über das Opfer voraussetze, sei der Tatbestand des § 234 enger als der des § 239[70].

---

68 Stockmayer, Das Verbrechen, S. 29.
69 Maurach/Schroeder/Maiwald, BT 1, § 12, I, 2; S. 132.
70 Maurach/Schroeder/Maiwald, BT 1,§ 15, II, 3, S. 154.

Insofern wird also zumindest von einigen Autoren eingeräumt, dass der Verlust der Selbstbestimmung des Opfers durchaus einen eigenen Anknüpfungspunkt für den Freiheitsschutz darstellen kann.

bb) Hilflose Lage als Tatbestandsvoraussetzung der Entführung

Ansätze, die in diese Richtung gehen, lassen sich auch bei der Auslegung des Tatbestandsmerkmals der Entführung finden. Im Zuge der Diskussion um den Vorsatz bei § 237 a.F.[71] ist vor allem zwischen *Hruschka*[72] und *Dreher*[73] eine Kontroverse darüber entstanden, ob sich das Unrecht der Entführung in dem unfreiwilligen Ortswechsel erschöpfe.
Dreher[74] vertrat die Ansicht, das Entführungsunrecht beinhalte – über den Ortswechsel hinausgehend – auch die Errichtung und Aufrechterhaltung einer hilflosen Lage.
In dieser hilflosen Lage könnte dann, im Anschluss an die voranstehenden Überlegungen, der Anknüpfungspunkt für die Autonomieverletzung liegen. Vereinzelt wird demnach gefolgert, dass sich der Angriff auf die persönliche Freiheit bei der Entführung nicht in der Beeinträchtigung der Fortbewegungsfreiheit erschöpft[75].

Beide Auffassungen zur Auslegung des Entführungsbegriffes stützen sich zur Begründung auf den Wortsinn. Für die einen genügt ein *Wegführen vom eingenommenen Ort* und somit eine bloße Tätigkeit[76], die anderen stellen auf *das Führen aus dem Schutz der Umgebung* und somit auf die Errichtung einer *hilflosen Lage* für das Opfer ab[77]. Indem hier an die hilflose Lage angeknüpft wird, wird eine Situation beschrieben, die dadurch gekennzeichnet ist, dass das Rechtsgut der Opferfreiheit kontinuierlich weiter geschädigt wird, so dass es sich bei der Entführung um ein Dauerdelikt handelt. Dies leugnet die andere Ansicht. Für sie ist mit dem Ortswechsel die Tat insoweit abgeschlossen. Jede andere Ansicht liefe für sie auf eine verbotene Erweiterung der Tatbestände hinaus[78].

---

71 Von einer Entscheidung in diesem Streit ist eine Stellungnahme zu diesem Problem aber unabhängig, vgl. Meyer-Gerhards, Sexueller Mißbrauch, JuS 1974, S. 567.

72 Hruschka, Rückkehr, JZ 1973, S. 279.

73 Dreher, Meinungsstreit, NJW 1972, S. 1643, Fn. 16; ders., Nochmals § 237, JZ 1973, S. 277.

74 Dreher, a.a.O.

75 So. z.B. für das Schweizer Recht Hafter, BT 1, S. 103.

76 Vor allem Hruschka, Tatvorsatz, JZ 1973, S. 14; ders., Rückkehr, JZ 1973, S. 278, grds. ebenso Schönke/Schröder/Eser § 237, 5; Meyer-Gerhards, Sexueller Mißbrauch, JuS 1974, S. 566 f., für §§ 239a, 239b auch Bockelmann BT2, S. 116.

77 Dreher, Nochmals § 237, JZ 1973, S. 277; Lackner § 237, 4; Gössel, BT 1, § 24, 44.

78 Hruschka, Rückkehr, JZ 1973, S. 279.

Hruschka stellt zur Begründung seiner Ansicht auf die Diskrepanz der beiden Alternativen der Tatbestandsbegehung der §§ 239a, 239b ab. Wenn es sich bei der Entführung um ein Dauerdelikt handelte, wäre die Alternative des Ausnutzens der Entführung in den Vorschriften sinnlos. Nach *Drehers* Verständnis der Entführung wäre stets mit der zweiten Alternative auch die erste erfüllt. Denn nutze der Täter die durch die Entführung geschaffene Situation zu einer Nötigung aus, müsste er spätestens zum Zeitpunkt der Nötigung auch die auf den Nötigungserfolg gerichtete Absicht haben. Wenn nun die Entführungshandlung zu diesem Zeitpunkt noch andauere, liege auch ein Fall der Entführung zur Nötigung vor, die zweite Alternative der Tatbestände verbliebe ohne einen eigenständigen Anwendungsbereich. Einen eigenständigen Sinn hätte diese Alternative demnach nur, wenn das Verbringen an einen anderen Ort alleine als Entführung anzusehen sei[79].

Der Vorwurf der Entbehrlichkeit der zweiten Alternative der §§ 239a, 239b wird von *Dreher* geteilt. Er verweist jedoch zutreffend darauf, dass der Gesetzgeber mit dieser Formulierung alle erdenklichen Fälle erfassen wollte und an der Auslegung der Begrifflichkeiten nichts ändern wollte[80]. Auch spreche der Unrechtsgehalt einer Entführung gegen eine Auslegung als Zustandsdelikt. Der eigentliche *Höhepunkt* des Unrechtsgeschehens liege zum Zeitpunkt des Ortswechsels noch in der Zukunft und damit könne nun die Entführung nicht bereits beendet sein[81].

An einer solchen Auslegung des Entführungstatbestandes hat auch der BGH festgehalten[82]. Wenn die enge Auslegung dieses Begriffes zunächst auch dem Bemühen geschuldet sein mag, den § 237 a.F. wegen des hohen Strafrahmens restriktiv auszulegen[83], so hielt der BGH an dieser Auslegung auch nach der Reform der Vorschrift fest[84].
Auch in den zu §§ 239a, 239b ergangenen Entscheidungen zeigt sich, dass für den BGH das Unrecht des ersten Handlungsaktes ebenfalls in der Schaffung einer hilflosen Lage für das Opfer liegt[85]. Insbesondere der Große Senat beruft sich ausdrücklich auf die oben angeführte Rechtsprechung und scheint gerade in

---

79 Hruschka, Tatvorsatz, JZ 1973, S. 15.

80 Dreher, Meinungsstreit, NJW 1972, S. 1643, Fn. 16; ders., Nochmals § 237, JZ 1973, S. 277; genauso Arzt/Weber LH 3, S. 131.

81 So Dreher, Nochmals § 234, JZ 1973, S. 277.

82 Seit BGHSt 22, 178 ff.

83 Für teleologische Reduktion durch den BGH aufgrund des hohen Strafmaßes Hruschka, Tatvorsatz, JZ 1973, S. 15.

84 Vgl. BGHSt. 24, 90 ff., BGH NJW 1989, 917 f.

85 Hierauf stellt jedenfalls der 1. Senat in BGHSt. 39, 330 ff. ab; auf die mit der Entführung/Bemächtigung verbundene Gefahr stellt ebenfalls der 5. Senat ausdrücklich ab, vgl. BGH NStZ 1994,128 ff.

dieser hilflosen Lage das entscheidende Unrecht der ersten Handlung zu sehen und zwar unabhängig davon, ob diese Situation durch eine Entführung oder eine Bemächtigung erreicht wurde[86].
Jedenfalls für die §§ 239a, 239b scheint diese Auslegung gefestigte Meinung zu sein[87].

Insoweit lässt sich also mit Versetzung in eine hilflose Lage ein Ansatzpunkt für die Verletzung der persönlichen Freiheit der Geisel finden, der über die bloße Verletzung der Fortbewegungsfreiheit hinausgeht.

cc) Geborgenheit als Schutzgut

In dieselbe Richtung geht auch der Gedankengang von *Lampe*[88], der, an diese Interpretation des Tatbestandes anknüpfend, die *Geborgenheit* der Geisel als Schutzgut der §§ 239a, 239b ansieht und hierin die verletzte Freiheit der Geisel erblickt.
Die Geborgenheit könne entweder aus eigener Kraft resultieren oder aber durch *schützende Kräfte der sozialen Gemeinschaft* gewährleistet werden. Wann immer sie zugunsten der Herrschaftsmacht des Täters beseitigt werde, und somit die Lage der Geisel *hilfloser* und schlechter als vorher sei, solle eine Bemächtigung vorliegen. Werde das Opfer aus einer solchen Situation *hinausgeführt*, liege eine Entführung vor. Somit ließen sich nach seiner Ansicht neben den Fällen der Geiselnahmen von Kleinstkindern und Bewusstlosen, auch die Fälle angemessen lösen, in denen sich das Opfer bereits in der Herrschaftsmacht des Täters befindet, diese aber zu legitimen Zwecken ausgeübt wird, so dass auch die Geiselnahme des eigenen Kindes problemlos eine tatbestandliche Handlung wäre[89].

e) Die persönliche Freiheit als Autonomie des Opfers

aa) Die Gewaltsituation als Ansatzpunkt

Auch Lampe geht zutreffend von der Gewaltsituation des Täters aus, um hieran anknüpfend den Freiheitsschutz der §§ 239a, 239b zu ermitteln.

---

86 Vgl. BGHSt. 40, 350 ff.
87 Vgl. LK-Laufhütte, 11. Aufl., § 177, 22, Renzikowski, Zweiaktigkeit, JR 1998,126 f.
88 Lampe, Anmerkungen, JR 1975, 425 ff., zust. für § 237 Schönke/Schröder/Eser § 237, 7.
89 Dies war die Konstellation von BGH JR 1975, S. 423 f.; zu dessen Lösungsweg vgl. E.III.3.f), S.95.

Ob die Bezeichnung des Rechtsgutes als Geborgenheit dabei so glücklich ist, erscheint indes zweifelhaft. Es ließen sich durchaus Fälle denken, in denen das Opfer bereits bevor es in die Herrschaftsgewalt des Täters kommt, beispielsweise weil es sinnlos betrunken im Wald liegt, relativ *ungeborgen* ist. Ob man hier noch von einem Verlust der Geborgenheit sprechen kann, wenn der Täter es einige Meter weiter zieht, um es dann als Geisel in seiner Gewalt zu behalten, erscheint fraglich. Da der Täter mit der Erlangung der physischen Herrschaft über das Opfer sich dessen aber zweifelsfrei bemächtigt, erscheint auch hier der Schutzbereich der §§ 239a, 239b eröffnet.

Festzuhalten bleibt jedenfalls, dass ausgehend von dem Ansatzpunkt der Gewaltsituation, in der sich das Opfer befindet, der Freiheitsschutz der §§ 239a, 239b erheblich über den Schutz der Fortbewegungsfreiheit hinaus reicht[90]. Zwar wird der Angriff auf das Opfer in aller Regel mit einer Freiheitsberaubung und einer Nötigung verbunden sein, in ihrer Wirkung ist die Beeinträchtigung der Freiheit der Geisel aber viel breiter.

Der Anknüpfungspunkt des Freiheitsschutzes liegt somit weniger in der Beseitigung der Fortbewegungsfreiheit des Opfers, sondern vielmehr in der Erlangung der Herrschaft des Täters über das Opfer[91]. Diese kann der Täter entweder durch die Entführung in eine hilflose Situation erlangen oder er versetzt das Opfer in eine hilflose Lage, indem er die physische Gewalt über es bereits ohne Ortsveränderung erzielt.
Beide Alternativen gelangen zu dem Ergebnis, dass das Opfer dem Täter somit auf Gedeih und Verderb ausgeliefert ist und sich aus diesem Blickwinkel daher ein identisches Unrecht ergibt.

Die Geisel kann, soweit ihr Willen dem Täterwillen entgegensteht, diesen nicht – oder jedenfalls nicht ohne erhebliche Gefährdung – realisieren und ist der Willkür des Täters relativ schutzlos ausgeliefert. Dabei ist weniger entscheidend, wie weit die Freiheit des Opfers bereits aktuell eingeschränkt ist, maßgeblich ist, dass der Täter durch Erlangung der tatsächlichen Herrschaft über das Opfer die wesentlichen Freiheiten des Opfers jederzeit auf Null reduzieren kann. Das Maß der Restfreiheit des Opfers hängt somit fast alleine von der Willkür des Täters ab.

---

90 So auch Lampe, Anmerkungen, JR 1975, S. 424.

91 In diese Richtung auch Renzikowski, Zweiaktigkeit, JR 1998; Maurach/Schroeder/Maiwald, BT 1,§ 15, II, 3, S. 154; für LK-Laufhütte, 11. Aufl., § 177,22 scheint hier ein Ansatzpunkt für eine einschränkende Auslegung zu liegen; ähnl. schon für das schw. Recht Hafter, BT1, S. 103.

bb) Autonomie als Rechtsgut

Anknüpfungspunkt für die Unrechtsbeschreibung wäre insoweit der Kernschutz des Strafrechts, der Schutz der Autonomie des Einzelnen und die dahinter stehende Grundnorm menschlichen Verhaltens, den anderen als autonome Persönlichkeit anzusehen.

Als Kernschutzaspekt des Strafrechts und Kern des Unrechtes ist dieses Rechtsgut weitgehend anerkannt[92]. Inwieweit sich dieses Recht jedoch als eigenes Rechtsgut eignet, wird weitgehend offengelassen[93]. Ein Rückgriff auf dieses Rechtsgut ist zumeist auch nicht nötig. In der Regel schützen strafrechtliche Tatbestände auch nicht diesen Aspekt selbst, sondern einzelne Ausprägungen dieses Grundrechtes auf menschliche Selbstentfaltung[94]. Entsprechend dem jeweiligen Teilaspekt, der durch die entsprechende Norm geschützt wird, reicht der strafrechtliche Schutz mehr oder weniger weit, so dass einzelne Ausprägungen dieses Rechts einen unterschiedlichen Schutzumfang genießen.

Zumindest § 234, dem der Bemächtigungsbegriff der §§ 239a, 239b entstammt, schützt aber dieses Autonomierecht selbst. Es ist das Hauptrechtsgut dieser Vorschrift.

Der Angriff auf das Opfer gilt hier nicht nur einzelnen – separat geschützten – Ausprägungen des Autonomierechtes, sondern bezweckt durch die Verschleppung in Sklaverei etc. eine komplette Aufhebung derselben. Verletzt ist durch die Deliktsbegehung die Freiheit des Opfers, verstanden als grundsätzliche Unabhängigkeit von fremder Gewalt, die jedem Menschen qua seines Menschseins als Autonomie anhaftet. Durch Art.1, 2 I GG ist diese Freiheit auch verfassungsrechtlich geschützt.

Erst der Besitz dieser Autonomie erlaubt es dem Träger, von anderen Freiheiten Gebrauch zu machen. Das Autonomierecht ist also die Grundlage einer weiteren Entwicklung der Freiheit.

Dabei kommt es in diesem Bereich jedoch nicht zwingend darauf an, inwieweit das Opfer gewillt oder in der Lage ist, von anderen Freiheiten Gebrauch zu machen. Hier werden eben nicht die einzelnen Ausprägungen der persönlichen Freiheit geschützt, sondern geschützt ist diese selbst. Die Autonomie des Einzelnen ist daher das durch die Gewalterlangung des Täters – jedenfalls für § 234 – das vorwiegend beeinträchtigte Rechtsgut.

---

92 Vgl. u.a. Rudolphi, Aspekte, S. 163 f., Bloy, Freiheitsberaubung, ZStW 1984, S. 719 m.w.N.; Welzel, Strafrecht, S. 84.

93 Lediglich Roxin, Verwerflichkeit, JuS 1964, S. 374 f. räumt der Autonomie eine entscheidende Rolle bei der Auslegung des § 240 ein.

94 Stratenwerth, AT 1, Rn. 362; Bloy, Freiheitsberaubung, S. 719.

Zwar unterscheiden sich die §§ 239a, 239b vom § 234 dadurch, dass es hier zumeist nicht zu einer solch lang anhaltenden Beeinträchtigung der Freiheit des Opfers kommt. Hinsichtlich der Intensität des Angriffs auf die persönliche Freiheit steht der Eingriff den Wirkungen des § 234 indes in nichts nach. Hier wie dort wird das Opfer für die Zeitdauer der Entführung oder Bemächtigung seiner Unabhängigkeit beraubt.
Für eine unterschiedliche Behandlung der dabei verletzten Rechtsgüter ergeben sich folglich keine Anhaltspunkte. Dies gilt nicht nur für die mit § 234 gleiche Tathandlung der Bemächtigung, sondern erst recht für die Entführung, da hier vor allem die Dauer der Rechtsgutsbeeinträchtigung häufig noch länger sein wird und somit der Eingriff in seiner Intensität dem einer Bemächtigung in nichts nachsteht.

In dieser Autonomiebeeinträchtigung liegt das Hauptunrecht des ersten Handlungsabschnittes.

Die Anknüpfung an diese so verstandene Freiheit entspricht auch der Wurzel dieser Delikte im *plagium*, welches stets als Delikt gegen die individuelle Unabhängigkeit verstanden wurde und diesen Charakter auch stets wahrte. Es kam für die Beschreibung des Deliktes dabei jedoch nie darauf an, einen entgegenstehenden Willen des Opfers zu brechen. Im Mittelpunkt des Unrechtsvorwurfes stand immer die Errichtung eines Zustandes der Abhängigkeit des Opfers vom Täter, so dass stets auch Willensunfähige – oder wie im römischen Recht Sklaven ohne einen insoweit relevanten Willen – taugliche Opfer waren.

Für eine solche Auslegung spricht auch die Gesetzgebungsgeschichte. Nach einem ersten Formulierungsvorschlag sollte der Tatbestand die Fassung haben: „*wer einen anderen in seine Gewalt bringt oder in seiner Gewalt hält...*“, welche genau auf diesen Unrechtsaspekt abstellt und in ihrer Formulierung dem überlieferten Bild des *plagium* entspricht. Von einem solchen Wortlaut wurde indes aufgrund des problematischen Gewaltbegriffes abgesehen, ohne dass sich inhaltlich an den Tatbeständen Wesentliches ändern sollte[95].
Hieraus lässt sich dann aber nur der Schluss ziehen, dass es dem Gesetzgeber auch gerade auf diesen Schutzaspekt ankam.

cc) Der Unterschied der §§ 239a, 239b zu § 239

Durch die Handlungen des Täters verliert die Geisel zwar in aller Regel auch ihre Fortbewegungsfreiheit, entscheidend – und für den Täter viel wichtiger – ist jedoch der Verlust der Selbstbestimmung des Opfers. Diese Verfügungs-

95 Vgl. SAStR VII, S. 1562.

möglichkeit über das Opfer ist auch der Aspekt, der diese Delikte von § 239 unterscheidet.
Zwar wird auch der Täter einer einfachen Freiheitsberaubung in der Regel die Gewalt über das Opfer haben, dieses ist aber nicht zwingend nötig. Als Beispiel mag ein Fall dienen, in dem der Täter das Opfer in eine Grube stößt und keine Möglichkeit hat, es wieder hinaus zu holen. Neben anderen Delikten liegt hier auch eine Freiheitsberaubung vor, ohne dass der Täter eine Verfügungsmöglichkeit über das Opfer hat[96]. Aber auch in den häufigen Verurteilungen wegen mittelbarer Freiheitsberaubung durch Verhaftung, fehlt dem eigentlichen Haupttäter zumeist jegliche Verfügungsgewalt über das Opfer. Zur Begründung der Tatherrschaft ist sie jedenfalls schlechterdings nicht nötig[97].

Im Gegensatz dazu ist für §§ 239a, 239b – wie gesehen – eine Aufhebung der körperlichen Bewegungsfreiheit und somit eine Verletzung des Rechtsgutes der Fortbewegungsfreiheit nicht zwingend nötig. Zwar liegt sie in der Regel vor, auf sie kommt es aber genauso wenig an wie auf die Verfügungsgewalt bei § 239.

f) Folgerungen für Problemfälle

Mit einem so verstandenen Freiheitsschutz lassen sich auch eine Reihe Ungereimtheiten der vorhandenen Auslegungsmöglichkeiten der §§ 239a, 239b beseitigen.

So stellt die Anwendung der Vorschriften auf die Opfergruppe der potentiell oder momentan Willensunfähigen kein Problem dar. Anders als die Fortbewegungsfreiheit, setzt die persönliche Freiheit im Allgemeinen keine besonderen Anforderungen an das Opfer voraus. Insoweit eine Ausübung einzelner Freiheitsrechte nicht möglich ist, ist – wegen der besonderen Struktur der Autonomie – damit nicht das Fehlen des Rechtes verbunden. Es haftet, wie gesehen, allen Menschen qua ihrer Existenz an. Auch Kleinstkinder und Bewusstlose haben ein Recht auf Achtung ihrer Autonomie. Der durch dieses Recht geschützte Zustand der Freiheit, wie er auch in Art. 1 und 2 GG unstrittig für diese Opfergruppe anerkannt ist, kommt auch Willensunfähigen zu. Sie sind und bleiben in einem rechtlichen Zustand der grundsätzlichen Unabhängigkeit von fremder Gewalt. Zwar können sie die einzelnen Freiheitsrechte nicht realisieren und sind weitestgehend auf fremde Hilfe angewiesen, auf die Realisierbarkeit der einzelnen Rechte kommt es jedoch für die Beschreibung des Kernrechtsgutes der Autonomie nicht an. Keinesfalls kommt in diesem Bereich eine Stellvertretung oder dergleichen insoweit in Betracht, denn das

96 So ähnl. schon das Beispiel bei Knitschky, Menschenraub, S. 283.
97 Vgl. dazu zum Bereich des DDR-Unrechts u.a. BGHR StGB § 239 Abs.1, Freiheitsberaubung Nr.3, 5, 6.

Autonomierecht ist als höchstpersönliches Rechtsgut solchen Erwägungen unzugänglich.
Insoweit sind also von einem so verstandenen Freiheitsschutz alle in Frage kommenden Opfergruppen erfasst.

Keineswegs verschiebt sich bei Kleinstkindern das Unrecht zu einem Bruch des Muntrechtes der Eltern. Mag diese Überlegung für § 239a RStGB zutreffend gewesen sein, verbietet sich eine Einbeziehung dieses Rechtsgutes in den Kreis der durch §§ 239a, 239b primär geschützten Rechtsgüter. Durch die Erweiterung des Opferkreises auf Erwachsene wurde diesen Erwägungen eine deutliche Absage erteilt. Ein solcher Ansatz würde auch in der Sache nicht weiterhelfen, denn andere Willensunfähige haben nicht stets einen Sorgeberechtigten, auf dessen Willen im Zweifel abzustellen wäre.

Auch eine Berücksichtigung des mutmaßlichen Willens lässt sich mit der besonderen Zielrichtung des Delikts begründen.
Das Opfer soll davor geschützt werden, durch die Täterhandlung in eine hilflose(re) Lage zu gelangen, in der es dem Täter schutzlos(er) ausgeliefert ist. Ein mutmaßlicher Willen gegen eine solche Situationsherbeiführung ist aber mit dem mutmaßlichen Willen des § 239 nicht eingesperrt zu werden, nicht vergleichbar.

Da es jedoch für die Unrechtsbeschreibung auf einen entgegenstehenden Willen nicht ankommt, ist es nicht zwingend erforderlich, auf einen mutmaßlichen Willen gegen die Entführung oder Bemächtigung – der jedoch zwanglos anzunehmen sein wird – abzustellen. Die persönliche Freiheit in ihrer Gesamtheit ist eben weit weniger disponibel als Teilbereiche derselben. Sie ist – anders als die Fortbewegungsfreiheit – ein im Kern indisponibles Rechtsgut. Situationen, in denen eine Einwilligung in die Rechtsgutsverletzung vorliegen könnte, erscheinen jedoch auch kaum denkbar.

In den für eine Einwilligung in die Freiheitsverletzung häufig angegebenen Fällen einer Scheingeisel, die mit dem Täter gemeinsame Sache macht, ist die so verstandene persönliche Freiheit beispielsweise gar nicht verletzt. Die Geisel ist eben nicht der Willkür des Täters ausgeliefert, sondern allenfalls zum Schein ihrer Fortbewegungsfreiheit beraubt. Würde der Täter die Scheingeisel auch in anderen Freiheitsbereichen beeinträchtigen, ließe sich die Frage, ob das Handeln noch von der Einwilligung gedeckt ist, wohl nur verneinen. Insofern entfallen die Tatbestandsmerkmale der Bemächtigung oder der Entführung nicht erst durch ein Einverständnis, sondern eine Scheingeiselnahme beeinträchtigt die Autonomie der Geisel gar nicht.

Ähnlich stellt sich das Problem bei dem Geiselaustausch dar. Dass dieser die Tatbestandsanwendung nicht hindert, ist im Ergebnis allgemeine Auffassung, unterschiedlich sind die Begründungsansätze. Teils wird auf den anhaltenden Verlust der Fortbewegungsfreiheit abgestellt[98], teils wird auf die Bemächtigungssituation abgestellt[99]. Mit der grundsätzlichen Indisponibilität dieses Rechtsgut lässt sich auch dieses Problem lösen. Der *„freiwillige"* Verzicht auf die Fortbewegungsfreiheit, der zweifelsohne vorliegt, umfasst nicht einen Verzicht auf jede Freiheit und eine bedingungslose Unterwerfung unter die Willkür des Täters[100].

Mit der hier gefundenen Charakterisierung der Freiheitsverletzung lässt sich letztlich auch die Problematik der vermeintlichen Einwilligung Erziehungsberechtigter in die Geiselnahme des eigenen Kindes lösen, die vor allem dann relevant wird, wenn diese selbst als Täter in Erscheinung treten[101]. Der BGH läßt eine Einwilligung des Erziehungsberechtigten in die Geiselnahme des Kindes stets unberücksichtigt[102]. Er begründet dies zum einen mit dem Willen des Gesetzgebers solche Fälle erfassen zu wollen, vor allem stellt er aber auf den Schutz des Genötigten vor einer derart schweren Nötigung ab, die auch in diesen Fällen vorliege.

Diese Begründung trifft aber auch hier nicht den Kern der Sache. Ein solcher Angriff auf das Kind stellt eine Überschreitung der Elternrechte dar und ist ebenso wenig zulässig wie beispielsweise der Verkauf des Kindes in Sklaverei. Die Eltern können über diese Freiheit ihres Kindes nicht verfügen. Die Einwilligung träfe hier ein im Kern indisponibles Rechtsgut. Sie ist somit nicht beachtlich. Auf die Betonung der besonders schweren Nötigung des Dritten kommt es, jedenfalls als Ersatz für eine fehlende Beeinträchtigung der persönlichen Freiheit des Kindes, für die Unrechtsbeschreibung nicht an.

g) Zwischenergebnis

Geschützt wird also im ersten Handlungsabschnitt die persönliche Freiheit in einem sehr weiten Sinn, allerdings nur vor ihrer zumindest zeitweiligen völligen Beseitigung.

---

98 Egli, Freiheitsberaubung, S. 172.

99 Maurach/Schroeder/Maiwald, BT 1, § 15, V, 22, S. 157.

100 Ebenfalls auf die Unverzichtbarkeit der durch die Geiselnahme geschützten Rechtsgüter abstellend Egli, Freiheitsberaubung, S. 171.

101 Vgl. etwa die Fallgestaltung BGH JR 1975, S. 423f, wo der Vater mit Einverständnis der Mutter das Baby als Geisel nahm, um Polizeibeamte an einer Handlung zu hindern; ähnl. BGHSt. 26, 70 ff.

102 BGH a.a.O.

In der Verletzung des Autonomierechtes liegt somit eine Freiheitsverletzung, die für die Tatbestandsbegehung konstitutiv ist. Es handelt sich hierbei um **ein** geschütztes Rechtsgut der §§ 239a, 239b.

h) Reduzierung der Delikte auf Entführungen im Zwei-Personen-Verhältnis ?

Nachdem nun also die Aufhebung der Autonomie der Geisel als die durch den ersten Handlungsakt verletzte persönliche Freiheit festgestellt wurde, schließt sich die Frage an, ob es eine Notwendigkeit gibt, an diese Tatbestandsmerkmale Restriktionen im Zwei-Personen-Verhältnis anzuknüpfen.
Ausdrückliche Reduktionsvorschläge knüpfen sich an den ersten Handlungsakt nicht an. Aus den Ausführungen des Großen Senates und noch viel mehr aus dem Vorlagebeschluss des 2. Senates drängt sich indes der Eindruck auf, dass mit der These vom gesteigerten Unrechtsgehalt der Entführung gegenüber dem Sich-Bemächtigen der Tatbestand insoweit reduziert werden soll, als dass im Zwei-Personen-Verhältnis zur Tatbestandserfüllung typischerweise eine Entführung nötig sei[103]. Eine ähnliche Ansicht hatte schon der 1. Senat im *Bank-Fall* erwogen und sie findet sich mehr oder weniger deutlich auch in den Urteilen, die auf die Entscheidung des Großen Senates folgten[104].

aa) Der gesteigerte Unrechtsgehalt der Entführung

Um zu analysieren, ob die These vom gesteigerten Unrechtsgehalt der Entführungsvariante schlüssig ist, soll zunächst das Verhältnis der beiden Handlungsalternativen beleuchtet werden.

(i) Der Gesetzgeber

Wie sich dem Gesetzgebungsverfahren entnehmen lässt, bestand schon damals über dieses Verhältnis keine Einigkeit[105]. Das Nebenher beider Alternativen verfolgte jedenfalls ersichtlich den Zweck, möglichst alle denkbaren Fälle zu erfassen. Welche dieser Situationen der Grundfall sein soll, geht aus den Protokollen der Gesetzesberatung nicht hervor. Teils wird das Bemächtigen als Grundfall angesehen und die Entführung lediglich für Kinder, die dem Täter blind vertrauen, oder für hilflose Personen als Auffangtatbestand hinzuge-

103 So wird die Entscheidung in ihrer praktischen Konsequenz weitestgehend verstanden vgl. u.a. Jung, Anmerkungen, JuS 1995, S. 556 f.; Schönke/Schröder/Eser § 239a, 13a; Müller-Dietz, Tatbestand, JuS 1996, S. 116; Geppert, JK 1994, StGB § 239a, 4.

104 Vgl. oben C.III.1, S. 56.

105 Zum Folgenden SA-StR, Protokolle VII, S. 1562 ff.

fügt[106], teils wurde das Nebeneinander beider Tatmodalitäten betont[107]. Andererseits wird darauf abgestellt, dass nach dem allgemeinen Sprachgebrauch die Bemächtigung die Voraussetzung der Entführung sei und daher die Entführung als Grundfall der Tatbestandsverwirklichung dargestellt[108].

(ii) Die Literatur

Ebenfalls herrscht in der Literatur keine Einigkeit über das Verhältnis der Handlungsalternativen.
Die These vom erhöhten Unrechtsgehalt der Entführung ist hier ebenfalls verbreitet[109].
Die Mehrzahl der Autoren sehen jedoch in der Bemächtigung den Grundfall der Deliktsbegehung und weisen der Entführung nur eine Hilfsfunktion zur Erfassung von Sonderfällen mit gleichwertigem Unrechtsgehalt zu[110]. Vereinzelt wird dabei das Entführen sogar lediglich als Vorstufe zur Bemächtigung, mit einem geringen eigenen Anwendungsbereich, angesehen[111].

(iii) Die Rechtsprechung

Auch in der Rechtsprechung des BGH wirkt diese Unsicherheit fort. Der 1. Senat zweifelt im *Bank-Fall* an der Gleichwertigkeit der Handlungsalternativen, sieht im *Wald-Fall* aber in der mit der Entführung verbundenen Ortsveränderung *nur die Vorstufe zum Sich-Bemächtigen*. Da das Ziel der Entführung immer die Bemächtigung des Opfers sei, erblickt er in der Bemächtigung den Grundfall des Deliktes, und lehnt folglich eine Ungleichbehandlung der Alternativen ab. Ein eventuell mit der Entführung über die Bemächtigung hinausgehendes Unrecht soll durch andere Vorschriften, namentlich § 237 a.F., oder das Strafmaß abgeglichen werden.
Anders hingegen der 2. Senat und ihm folgend der Große Senat, die das Entführen als die Variante mit dem höheren Unrechtsgehalt ansehen, welches durch die Ortsveränderung ein eigenes Gepräge habe und zu einer *Einschränkung der Schutz- und Verteidigungsposition des Opfers führe,* die es *dem ungehemmten Einfluss des Täters* preisgebe. Dieser Unrechtsgehalt sei im Vergleich zu einer mit der Nötigung identischen Bemächtigung ungleich höher, so dass sich eine

---

106 MinRat Maier empfahl den Wortlaut „... *entführt oder sich sonst eines anderen bemächtigt*“; Abg. Schlee schlug die Fassung vor „*wer ein Kind entführt oder sich eines anderen bemächtigt*“, jeweils a.a.O.

107 MinRat Wulf a.a.O..

108 Abg. Geisendörfer a.a.O.

109 U.a. Geppert, JK 1994, StGB § 239a/ 4.

110 SK-Horn § 239a, 4 sowie Maurach/Schroeder/Maiwald, BT 1, § 15, V, 22, S. 157, Tröndle/Fischer § 239a, 5.

111 Schönke/Schröder/Eser § 239a, 6.

andere Behandlung rechtfertige. Allenfalls für die Fälle einer stabilen Opferlage komme eine Gleichbehandlung in Frage.

bb) Argumente gegen eine Ungleichbehandlung

Indes sprechen gewichtige Gründe gegen eine Ungleichbehandlung der Alternativen.

(i) Das Rechtsgut

Das Unrecht der Handlungen im ersten Abschnitt zeichnet sich eben nicht durch eine Ortsveränderung aus, sondern durch die Beseitigung des Freiheitsspielraums des Opfers, verstanden als Reduzierung seines Handlungsspielraums. Die Rechtsprechung beschränkte sich bereits im Rahmen von § 237 a.F. nicht nur auf eine bloße Feststellung der Ortsveränderung, sondern stellte stets entscheidend darauf ab, ob das Opfer dem ungehemmten Einfluss des Täters unterfiel[112]. Das formale Kriterium der Ortsveränderung wurde von ihr somit durch ein materielles Kriterium präzisiert.

Dieses materielle Kriterium stellt sich – bei genauer Betrachtung – als Autonomieverlust des Opfers dar. Wenn aber in diesem Freiheitsverlust, und nicht (nur) in dem Verlust der Fortbewegungsfreiheit, das Unrecht des ersten Handlungsabschnitts der §§ 239a, 239b gesehen wird, rechtfertigt sich eine Ungleichbehandlung der Entführung und der Bemächtigung nicht.
Die vom Großen Senat für die Entführung festgestellte Beeinträchtigung der Schutz- und Verteidigungsposition des Opfers, die es dem ungehemmten Einfluss des Täters preisgibt, ist eben gerade kein Merkmal der Entführung, sondern jeder Handlung, welche die persönliche Freiheit des Opfers aufhebt.

(ii) Der Gesetzgeber

Auch aus der Geschichte der Gesetzgebung zu diesen Tatbestandsmerkmalen lassen sich Argumente für eine Gleichbehandlung der Alternativen herleiten.
Bereits bei der Novellierung des alten § 237 wurden Stimmen laut, welche die Fixierung des Tatbestandes auf eine Ortsveränderung als willkürlich und formalistisch kritisierten und in ihm kein geeignetes Kriterium für eine deliktsrelevante Gefahrerhöhung sahen und die Einführung eines materiellen Abgrenzungskriteriums verlangten[113]. Wenn nun, anders als bei § 237 a.F., der

112 So wurde eine Verurteilung abgelehnt in Fällen, in denen der Täter diesen ungehemmten Einfluß nicht hatte: BGHR StGB § 237, Hilflose Lage 1; BGHSt. 22, 178.

113 Vgl. LG Dir. Hortkotte, SA StR V, S. 2376.

Gesetzgeber in den §§ 239a, 239b bewusst auf ein formales Kriterium verzichtet hat und beide Alternativen gleich behandeln will, sollte dies nicht umgangen werden. Dem Gesetzestext ist gerade nicht zu entnehmen, dass die Entführung und die Bemächtigung unterschiedliche Anforderungen an die Täterhandlung stellen. Hinzu kommt, dass der Gesetzgeber inzwischen bei der Novellierung des Sexualstrafrechtes den § 237 a.F. in den § 177 hineingenommen hat und dabei gleichfalls den formalen Aspekt des Ortswechsels aufgegeben hat.

(iii) Der Vergleich zum Drei-Personen-Verhältnis

Die Problematik einer derartigen Differenzierung der Tatbestandsalternativen zeigt auch der Vergleich der vom Großen Senat angeführten Beispiele mit den Drei-Personen-Verhältnissen.

Auch in den Fällen der Nötigung eines Dritten müsste man konsequenterweise von einem erhöhten Unrechtsgehalt der Entführung ausgehen. Würde man auch in diesen Fällen die Bemächtigung anders behandeln als die Entführung, wäre dieses jedoch eine unzulässige Gesetzeskorrektur *contra legem*. Hier verbietet sich eine solche Ungleichbehandlung, die Rechtsprechung hat sie hier auch nie erwogen[114].

Insbesondere kam es im Drei-Personen-Verhältnis für eine tatbestandliche Bemächtigung nie auf eine Stabilisierung derselben an. Neben den Fällen, in denen jemand verschleppt wurde, fielen Banküberfälle, in denen ein Kunde mit der Waffe bedroht wurde und hierdurch der Kassierer, der hinter einer schusssicheren Scheibe stand, folglich selbst nicht bedroht war, zur Herausgabe von Geld genötigt wurde, unstrittig unter den Tatbestand des alten § 239a[115].
Von der Novellierung ist diese Konstellation auch ganz sicher nicht betroffen, sie stellt weiterhin einen typischen Anwendungsfall des § 239a dar. Diese Fälle zeichnen sich in aller Regel aber gerade dadurch aus, dass der Täter sich der Geisel nur für kurze Zeit und ohne Ortsveränderung bemächtigt und – zwecks besserer Fluchtmöglichkeiten – eine Stabilisierung dieser Lage gerade nicht anstrebt[116].

---

114 Müller-Dietz, Tatbestand, JuS 1996, S. 116; Renzikowski, Zweiaktigkeit, JR 1998, S. 127 und besonders ders. Anmerkung JR 1995,S 350 weisen darauf hin, dass konsequenterweise die Lösung des Großen Senates auch auf Drei-Personen-Verhältnise angewandt werden müßte.

115 Vgl. BGHSt 25, 386 ff.; *26, 24 ff;33, 322 ff.;*BGH NStZ 1986, S. 166; BGH NStZ 1987, S. 222 f.; BGHR StGB § 239a Abs 1 Sichbemächtigen.

116 Bauer, Geiselnahme, S. 8, bezeichnet diese Situation gerade als die typische Konstellation einer Geiselnahme in Abgrenzung zum Kindesraub und verweist a.a.O. Fn 7 darauf, dass schon die Raubritter nach dem gleichen Prinzip vorgingen.

Mithin trifft die vermeintlich am Wortlaut ansetzende Argumentation des Großen Senates, dass es sich bei der gefestigten Opferlage um eine typische Erscheinungsform des Tatgeschehens handelt, nicht zu.

Eine Unterscheidung von Zwei- und Drei-Personen-Verhältnissen unter diesem Aspekt ist auch in der Sache verfehlt.
An der Bedrohungssituation und an der Qualität des Freiheitsverlustes ändert sich nämlich nichts, wenn nicht ein Dritter, sondern die Geisel selbst erpresst wird. Jedenfalls kann es nicht sein, dass die Strafbarkeit, bei sonst gleicher Sachlage, von der Person des Nötigungsopfers abhängt. Soll es beispielsweise einen Unterschied machen, ob der Täter bei einem Banküberfall den Kassierer oder den Kunden bedroht? Auch kann die Strafbarkeit, wenn er beide bedrohte, nicht von der Intention des Kassierers abhängen[117]. Mit dieser Lösung käme man nur dann zu einer Bestrafung aus § 239a, wenn der Kassierer - zumindest auch - aus Sorge um das Kundenwohl zahlt, gibt er das Geld nur aus Sorge um sein eigenes Wohl, bliebe lediglich § 255.
Eine solche Differenzierung verbietet sich daher.

cc) Ergebnis

Für eine Ungleichbehandlung der Alternativen ergeben sich somit keine Anhaltspunkte, Einschränkungsbemühungen haben hier keinen Raum. Eine Abstufung nach dem Unrechtsgehalt im Einzelfalle kann allenfalls bei der Strafzumessung eine Rolle spielen, hat aber bei der generellen Tatbestandsauslegung außer Betracht zu bleiben.

Der einzige Punkt, an dem in der Praxis Restriktionsüberlegungen in diesem Bereich ansetzen könnten, wäre eine eingehende Prüfung, ob die Geisel durch die Handlung des Täters tatsächlich in ihrer Autonomie verletzt ist. Insbesondere bei einer bloßen Bemächtigung scheinen Situationen denkbar, in denen dies nicht der Fall ist, das Opfer seinen Freiheitsspielraum nicht ernsthaft einbüßt, sich dem Täter aber aus anderen Gründen fügt, um z.B. als Bankdirektor eventuelle Schäden von unbeteiligten Dritten abzuwenden[118].

Ob das Opfer seiner *Schutz- und Verteidigungsmöglichkeiten* in diesem Maße tatsächlich beraubt ist, ist indes kein Problem einer einschränkenden Auslegung, sondern einer genauen Subsumtion.

---

117 In diese Richtung auch Graul, Zustand, S. 352 f.

118 Vgl. dazu den Fall BGHR StGB § 239a Abs 1 Sichbemächtigen 3 = NStE Nr 4 zu § 239a StGB; und zum ähnlich gelagerten Problem bei § 237 BGHR StGB § 237, Hilflose Lage 1; BGHSt. 22, 178 in denen jeweils eine Entführung oder Bemächtigung wegen der dem Opfer verbliebenen Freiheit abgelehnt wurde.

IV. Die Integrität der Geisel

Nachdem also die Autonomie der Geisel als ein Schutzgut festgestellt wurde, bleibt zu untersuchen, welche weiteren Schutzgüter durch die Deliktsbegehung verletzt werden.

1. Der Meinungsstand

Weit verbreitet ist in der Literatur die Annahme, die §§ 239a, 239b schützten neben der persönlichen Freiheit die psycho-physische Integrität der Geisel[119]. Einer häufig vertretenen Meinung zufolge liegt in dieser Verknüpfung der betroffenen Rechtsgüter sogar der typische Charakter der Vorschriften[120]. In der Gefährdung der Geisel wird von dieser Ansicht das Hauptunrecht gesehen, so dass der Nötigung nur noch sekundär Bedeutung beigemessen wird[121].

2. Gründe für eine solche Auslegung

Zur Begründung einer solchen Auslegung wird angeführt, bei diesen Delikten zeige sich, dass der Täter die Geisel lediglich als Mittel zum Zweck benutze und somit bereit sei, für seine Ziele auch über Leichen zu gehen. Hierin liege die Gefahr der Tat und somit auch das Unrecht des Deliktes[122].

Darüber hinausgehend wird diese Ansicht auf den hohen Strafrahmen gestützt, der sich nur dadurch erklären lasse, dass der Gesetzgeber diese Vorschriften in erster Linie zum Schutze des Lebens der Geisel erließ[123].

In der Tat findet sich ein Mindeststrafrahmen von 5 Jahren im Strafgesetzbuch nur an ganz wenigen Stellen. Als Grundtatbestand enthalten nur § 212 und § 316a eine solche Strafdrohung. Daneben wird in den §§ 176a IV, 177 IV, 179 IV, 250 II, 306 b II, 307 III, 309 II sowie §§ 94 II, 220a II eine solche Strafe angedroht. Bis auf die letzten beiden Vorschriften handelt es sich hierbei stets um Vorschriften, die dem Schutz des Lebens dienen, bei den §§ 94 II, 220a II recht-

---

119 Vgl. nur Maurach/Schröder/Maiwald, BT 1, § 15, V, 19, S. 157; LK-Schäfer § 239b, 2; Lackner/Kühl § 239a, 1.

120 Tröndle/Fischer § 239a, 4; Renzikowski, Erpresserischer Menschenraub, JZ 1994, S. 496; Küpper BT 1, S. 52; ebenso für das ähnlich konstruierte Schweizer Recht: Arzt, Revision, SchwZStR 1983, S. 267.

121 Bohlinger, Bemerkungen, JZ 1972, S. 239; Backmann, Geiselnahme, JuS 1977, S. 446; Hansen, Tatbild, GA 1974, S. 351 ff.; für § 239b auch Tröndle/Fischer § 239b, 1.

122 Unter Bezugnahme auf die Statistik so Bohlinger, Bemerkungen, JZ 1972, S. 239.

123 So Arzt/Weber LH 3, S. 129; Renzikowski, Erpresserischer Menschenraub, JZ 1994, S. 496; nach Hansen, Tatbild, GA 1974, S. 368 wollte der Gesetzgeber gerade ein solches Tatbild erfasst sehen.

fertigt sich der Strafrahmen aus dem hohen Unrechtsgehalt, der zu den §§ 239a, 239b aber keinen Bezug hat. Insofern spricht prima facie jedenfalls einiges dafür, dass auch die §§ 239a, 239b, jedenfalls der Intention des Gesetzgebers nach, dem Lebensschutz dienen.

3. Gesetzgeber

Bei näherer Analyse zeigt sich jedoch, dass die Berufung auf den Willen des Gesetzgebers keineswegs zwingend etwas für die Auslegung der Tatbestände in diese Richtung erbringt.

Dem Gesetzgeber des § 239a RStGB ging es jedenfalls mehr um die *Verabscheuungswürdigkeit der Nötigung* und eine angemessene Reaktion auf das öffentliche Entsetzen über die Tat als um den Schutz der körperlichen Integrität des Kindes[124].

Aus den Gesetzesmaterialien der Reformen der §§ 239a, 239b lässt sich die These, der Gesetzgeber stelle primär auf eine Lebensgefährdung ab, gleichermaßen nicht nachweisen.

In der *Großen Strafrechtskommission*[125] spielte die Frage, ob für die Begründung der hohen Strafbarkeit die Gefährdung des Kindes ausschlaggebend sein soll – soweit ersichtlich –, erstmals eine bedeutendere Rolle.
Gegen *Welzel* vertraten *Jescheck* und *Baldus* die Meinung, eine solche Gefahr wäre als Begründung für die Strafhöhe nicht nötig. Entscheidend sei, dass das durch die Tat *zwischen dem Kind und dem Sorgeberechtigten bestehende Band unterbrochen werde*[126]. Daneben sei eine tatsächliche Gefährdung im Nachhinein auch kaum nachweisbar und der Druck auf die Eltern - auch ohne eine tatsächliche Kindesgefährdung - enorm hoch.

Ebenfalls lässt sich eine solche Auslegung des Gesetzgeberwillens nicht aus den Materialien zum 12. StRRefG herleiten.
Die Gesetzesinitiativen zeigen eher, dass die Nötigung im Mittelpunkt der Betrachtungen stand. So schlug etwa die Bayerische Staatsregierung vor, die Nötigungsadressaten bei § 239b im Wesentlichen auf den Staat und seine Organe zu beschränken und auch die Begründung des nordrhein-westfälischen Entwurfes stellte zentral auf das Nötigungsunrecht ab[127].

---

124 Ausdrücklich auf die verabscheuenswürdige Ausnutzung der Elternliebe als zentrales Unrecht abstellend Pfundtner-Neubert, Reichsrecht, II, c, 6.

125 Vgl. Niederschriften S. 272.

126 So Baldus, a.a.O., S. 272.

127 Entwürfe abgedruckt bei Schroeder, Polizei, S. 156 ff.

Im Sonderausschuss Strafrechtsreform, in dem die Neufassung zum 12. Strafrechtsänderungsgesetz beraten wurde, kam zwar gleichfalls der Charakter der Lebensgefährdung zur Sprache[128], aber auch auf die Parallelität zur Nötigung[129] und den Bezug zur Freiheitsberaubung[130] wurde immer wieder hingewiesen[131]. In der Entwurfsbegründung wurden als Schutzzwecke die Freiheit, das Leben und die Gesundheit des Einzelnen nebeneinander genannt[132].

Eine klare Intention des Gesetzgebers, mit diesen Delikten vor allem Leib und Leben der Geisel zu schützen, kann somit nicht nachgewiesen werden. Zuzugeben ist jedoch, dass fast allen der in den Beratungen genannten Fällen eine mehr oder weniger konkrete Todesgefahr für die Geisel anhaftete und so dieser Aspekt vom Gesetzgeber auch nicht völlig vernachlässigt wurde. Aus dem Gesetzgebungsverfahren kann man hierzu jedoch keine einheitliche Stellungnahme entnehmen, es findet sich auch hier das in der Literatur vertretene Meinungsspektrum.
Es zeigen sich somit wieder einmal die Schwächen einer rein subjektiven Auslegung, die alleine keine klare Entscheidung ermöglicht, zurückzugreifen ist wieder auf den objektiven Sinn der Vorschrift.

4. Probleme

Gegen eine Auslegung der §§ 239a, 239b als Lebensgefährdungsdelikte könnte zunächst der Wortlaut des Gesetzes sprechen, in dem sich für eine solche Auslegung keine Stütze findet, da es für die Tatbestandsverwirklichung auf eine Leib- und Lebensgefährdung nicht ankommt.

Es ist jedoch nicht zwingend nötig, dass die verletzten Rechtsgüter im Tatbestand eine Stütze finden. *Backmann*[133] hat sogar nachgewiesen, eine Aufnahme einer Leib- und Lebensgefahr in den Tatbestand der Vorschriften würde den Schutz der §§ 239a, 239b erheblich einengen. Die Gefahr der Drohungsrealisierung sei alleine vom Täterwillen abhängig und so die tatsächliche Gefahrensituation der Geisel nur aus diesem heraus beantwortbar. Wenn der Täter im Nachhinein eine Realisierungsbereitschaft bestreitet, dürfte der Beweis

128 Namentlich MinRat Wulf wies immer wieder auf eine solche Deutung der Delikte hin, vgl. u.a SA-StRR VI, S. 1552, 1554 u.pass.

129 So vor allem de With a.a.O., S. 1557 u. passim.; ebenso die Vertreter von Bayern und Nordrhein-Westfalen a.a.O., S. 1554 u.pass.

130 Diemer-Nicolaus, a.a.O., S. 1553 u.passim., Müller-Emmert a.a.O., S. 1548.

131 Für Schlee drängte sich die Erkenntnis auf, dass *auch die Bundesregierung nicht recht wisse, welches das geschützte Rechtsgut sei*. A.a.O., S. 1555.

132 Bericht des Ausschusses BT-DS VI/ 2722.

133 Backmann, Geiselnahme, JuS 1977, S. 447

des Gegenteils in der Regel kaum gelingen, der Schutz der §§ 239a, 239b liefe weitgehend leer[134].

Sofern die Tatbestände tatsächlich dem Schutz der psycho-physischen Integrität der Geisel dienen würden, handelte es sich somit, da es auf eine konkrete Gefährdung demnach nicht ankäme, um einen abstrakten Schutz. Die Tatbestände erschienen hinsichtlich dieser Rechtsgüter als abstrakte Gefährdungsdelikte.
Die damit verbundene dogmatische Einordnung der Delikte wird von den Vertretern der Ansicht, im Mittelpunkt des Schutzes stehe die Integrität der Geisel, auch einhellig anerkannt, in Frage steht lediglich, ob § 239b im Gegensatz zu § 239a wegen der gesteigerten Drohung ein konkretes Gefährdungsdelikt darstellt[135].

5. Abstrakte Gefährdungsdelikte

Fragwürdig ist jedoch, inwieweit die These vom abstrakten Schutz der psycho-physischen Integrität der Geisel als zentrale Funktion der §§ 239a, 239b näherer Prüfung standhält.

Zunächst soll untersucht werden, ob §§ 239a, 239b ihrer Struktur nach überhaupt abstrakte Gefährdungsdelikte sein können.

6. Voraussetzungen abstrakter Gefährdungsdelikte

Die Tendenz des Gesetzgebers, abstrakte Gefährdungsdelikte zu schaffen, hat vor allem den Zweck, einen möglichst umfassenden Strafrechtsschutz zu gewähren. Einerseits erfolgt durch die Kriminalisierung der gefährlichen Handlung eine Vorverlagerung der Strafbarkeit, andererseits wird auf eine konkrete Rechtsgutsverletzung und somit vor allem auf die Schwierigkeiten des Nachweises einer solchen konkreten Verletzung verzichtet[136].
Verständlicherweise bedarf eine solche Ausweitung des Strafrechts einer Legitimation. Sie findet sich zum einen darin, dass es so ermöglicht wird, überindividuelle Rechtsgüter zu schützen oder dort eine Strafbarkeit zu begründen, wo der Erfolgsnachweis auf kaum zu überwindende Hindernisse stößt[137]. Letztlich wird der Straftat insbesondere im Bereiche der Fahrlässigkeit so das Zufallselement genommen und hiermit eine größere Strafgerechtigkeit herge-

134 Ebenso für das Schweizer Recht Arzt, Revision, SchwZStR 1983, S. 267.

135 So Tröndle/Fischer § 239b, 1; LK-Schäfer § 239b, 2; anders Backmann, Geiselnahme, JuS 1977, S. 447.

136 Vgl. ausf. Graul, Abstrakte Gefährdungsdelikte, S. 151 m.w.N.

137 Hieraus erklärt sich die Anzahl abstrakter Gefährdungsdelikte im Umwelt- und Wirtschaftsstrafrecht.

stellt[138]. Eine weitere Rechtfertigung ist darin zu sehen, dass mit dieser Vorverlagerung des Anknüpfungspunktes bereits ein für das Rechtsgut besonders gefährliches Handeln unter Strafe gestellt wird und so herausragende Rechtsgüter besonders effektiv geschützt werden können[139].

Neben dem Aspekt des Nachweisproblems, scheint vor allem der letzte Aspekt im Rahmen der §§ 239a, 239b die entscheidende Rolle zu spielen.

Dennoch ist die Dogmatik abstrakter Gefährdungsdelikte von jeher umstritten. In der Diskussion spielt vor allem die Frage eine Rolle, wie sich eine Bestrafung des Täters rechtfertigen lässt, wenn objektiv für das geschützte Rechtsgut keine konkrete Gefahr vorliegt. Begründet werden diese Einwände vor allem mit einer Unvereinbarkeit abstrakter Gefährdungsdelikte mit dem Schuldgrundsatz und dem Grundsatz der ultima ratio des Strafrechts[140]. Daher werden von zahlreichen Autoren Einschränkungsversuche unternommen, wie in den strittigen Fällen eine Reduktion vorzunehmen ist.

Für unsere Untersuchung steht jedoch zunächst in Frage, ob sich in der Diskussion Grundsätze zur Einordnung von Delikten als abstrakte Gefährdungsdelikte herauskristallisiert haben, und ob sich demnach eine solche Einordnung auch für die §§ 239a, 239b vertreten ließe.

Als relativ unbestritten gilt für abstrakte Gefährdungsdelikte, dass es einen engen Zusammenhang zwischen der Gefahr der Rechtsgutsverletzung und der inkriminierten Handlung geben muss[141]. Ob hierbei von einer strikten ex-ante Position oder auf eine ex-post Perspektive[142] abgestellt wird, soll zunächst dahingestellt bleiben, ebenso, ob es auf eine generelle oder abstrakte Gefährlichkeit der Handlung ankommt[143].

Als verhältnismäßig unstrittig darf auch die These gelten, dass es einer gewissen Unbeherrschbarkeit des Erfolgseintrittes bedarf[144]. Der Täter muss mit seiner

---

138 Besonders hierauf abstellend Tröndle/Fischer Vor. §13, 13a.

139 Vgl. zum Ganzen Arzt/Weber LH 2, S. 2 ff.

140 In diese Richtung u.a. Schünemann, Prolegomena, S. 124, der darauf abstellt, dass bei Gefährdungsdelikten teilweise eine hinreichende Beeinträchtigung des Rechtsgutes fehlt.

141 Vgl. statt aller: Maurach/Zipf, AT 1, § 20, III, 29, S. 286; Kindhäuser, Gefährdung, S. 225 ff., Jescheck/Weigand, Lehrbuch, S. 264; Jakobs, AT, S. 172 ff.

142 Vgl. dazu ausf. Ostendorf, Grundzüge, JuS 1982, S. 433.

143 Eingehend Brehm, Dogmatik, S. 10 ff.; Graul, Abstrakte Gefährdungsdelikte, S. 116 ff.

144 Vgl. umfassend Kratzsch, Prinzipien, S. 379 m.w.N.; Ostendorf, Grundzüge, JuS 1982, S. 430; Schönke/Schröder/Cramer, Vor §§ 306, 5 Jescheck/Weigand, Lehrbuch, S. 264; Kindhäuser, Gefährdung, S. 225 ff.

Handlung also einen Kausalprozess in Gang setzen, den er sodann kaum noch steuern kann, das Gefahrenpotential der Handlung darf nicht mehr ausschließlich der Täterkontrolle unterliegen[145].

7. Anwendung auf die §§ 239a, 239b

Fraglich erscheint jedoch, ob bei Anwendung dieser Kriterien die §§ 239a, 239b als abstrakte Gefährdungsdelikte eingeordnet werden können.

a) Gefahren für das Opfer

Hierbei stellt sich zunächst die Frage nach der möglichen Gefahrenrealisierung bei der Deliktsbegehung.

Zunächst kann das Opfer unmittelbar infolge der Deliktsbegehung zu Schaden kommen. Zum einen kann das Opfer bereits während der Gefangennahme verletzt oder gar getötet werden, zum anderen kann das Opfer im Verlaufe der Gefangenschaft aufgrund der schlechten Verhältnisse und/ oder Versorgung zu Schaden kommen.

Des Weiteren kann durch eine zusätzliche Handlung des Täters oder eines Dritten ein Schaden für das Opfer entstehen.
Das Hauptrisiko liegt insoweit zweifelsohne darin, dass der Täter seine Drohung realisiert und das Opfer tötet beziehungsweise verletzt, wenn seinen Forderungen nicht oder nicht in entsprechender Art und Weise nachgekommen wird.
Eine weitere erhebliche Gefährdung geht von Befreiungsaktionen der Polizei aus, sei es, dass das Opfer von fehlgeleiteten Polizeikugeln –oder aber durch den Entführer selbst – zu Schaden gebracht wird.

Letztlich bleibt die Bedrohung, dass der Täter sich der Geisel auch nach Erfüllung der Forderung entledigt, um einen Zeugen zu beseitigen oder um die Tat zu verdecken.

b) Konkreter Zusammenhang der Gefahren zur Tatbestandsverwirklichung

Fraglich ist jedoch, inwieweit diese Schadensereignisse in einem engeren Bezug zur inkriminierten Handlung stehen und somit die Einordnung des Deliktes als abstraktes Lebensgefährdungsdelikt rechtfertigen.

145 Klassische Beispiele sind hierfür die Verkehrsdelikte und die Branddelikte.

aa) Gefahren durch die Erlangung der Gewalt über das Opfer

Verletzungen infolge der Erlangung der Gewalt über die Geisel stehen objektiv betrachtet in einem unmittelbaren Zusammenhang zu der Verwirklichung der Merkmale des Tatbestandes der §§ 239a, 239b.
Dass auf diese Gefahren zur Deliktseinordnung entscheidend abzustellen ist, wird jedoch von niemandem vertreten. Es wäre in der Sache auch nicht gerechtfertigt, denn den hierzu vorgenommenen Tathandlungen – dem Sichbemächtigen oder Entführen – haften keine zwingenden Todesgefahren an. Zwar wird in vielen Fällen die Erlangung der Gewalt über das Opfer für dieses nicht ungefährlich sein, hier liegt aber kein Anknüpfungspunkt für das deliktsrelevante Unrecht. Jedenfalls werden auch die §§ 234, 237, denen diese Begriffe entstammen, nicht als Lebensgefährdungsdelikte angesehen.
Daneben dürfte es dem Täter in der Regel darauf ankommen, das Opfer wenigstens in diesem Stadium am Leben zu erhalten, um seine Forderungen später durchsetzen zu können, so dass auch mit einer subjektivierten Betrachtungsweise kein Anhaltspunkt für eine Hervorhebung dieses Gefährdungsaspektes vorliegt.

Im Übrigen würde sich bei einer solchen Auslegung eine Diskrepanz zur zweiten Alternative der §§ 239a, 239b ergeben, in der es auf eine Entführungs- oder Bemächtigungshandlung gar nicht mehr ankommt, die damit verbundenen Gefahren also nicht tatbestandlich erfasst sein können und somit bei geringerer Gefährdung des Opfers die Strafdrohung dennoch dieselbe bliebe.

Insoweit das Opfer tatsächlich zu Schaden kommt, bieten die sonstigen Strafvorschriften und gegebenenfalls § 239a III einen hinreichenden Strafrahmen, eine Betonung dieses Aspektes im Rahmen eines Gefährdungsdeliktes ist nicht erforderlich.

bb) Bedrohung des Opfers durch Befreiungsaktionen

Auch in den Gefahren durch die Befreiungsaktion kann wohl kaum das spezifische Unrecht der §§ 239a, 239b gesehen werden.

Unstrittig ist zwar, dass dem Täter die Tötung des Opfers bei einem Befreiungsversuch durch fehlgehende Rettungsmaßnahmen über § 239a III zugerechnet wird. Insoweit kommt es nicht auf eine Unmittelbarkeit im strengen Sinne wie etwa bei § 226 an. Wenn im Detail auch umstritten ist, wieweit diese Zurechnung reicht, ist doch einhellig anerkannt, dass etwa fehlgehende Polizeikugeln dem Täter zugerechnet werden können[146].

Zwar mag die Gefahr, die sich in einer vergeblichen Befreiungsaktion für das Opfer realisiert, in einem engen Zusammenhang zur Tat des Täters stehen, ein Eingreifen wird bei Geiselnahmen oder erpresserischen Menschenrauben sogar besonders wahrscheinlich sein, und dieses ist auch eine Gefahr, die der Täter nicht in der Hand hat, indes rechtfertigt sie die Behandlung des Deliktes als abstraktes Gefährdungsdelikt nicht. Diesem Aspekt fehlt der Bezug zum Rechtsgüterschutz. Der Eingriff erfolgt gerade, um das Rechtsgut zu schützen, man hält ihn also für das erfolgreichste Mittel, um eine weitere Rechtsgutsbeeinträchtigung durch den Täter zu beseitigen. In ihm kann daher keinesfalls die entscheidende Gefahr für das Rechtsgut gesehen werden, welche die hohe Strafbarkeit begründet.
Realisiert sich diese Gefahr, so ist in der Regel dieser Erfolg dem Täter zuzurechnen, diese Gefahr rechtfertigt jedoch nicht die Einordnung als abstraktes Lebensgefährdungsdelikt.
Man wird kaum sagen können, der Strafgrund der §§ 239a, 239b liege vor allem darin, das Opfer vor missglückten Rettungsversuchen der Polizei oder anderer zu schützen.

Für einen konsequenten Rechtsgüterschutz ergibt sich aus diesem Gesichtspunkt jedenfalls kein Bedürfnis für eine Vorverlagerung der Strafbarkeit, da der Täter zum Zeitpunkt der Deliktsbegehung in aller Regel davon ausgeht, aufgrund seiner Drohungsintensität werde ein Eingriff durch Dritte gerade nicht erfolgen.
Der Präventiveffekt eines solchen Schutzes würde somit leer laufen.

cc) Die Drohungsrealisierung als Hauptgefahr

Als typische Gefährlichkeit der Delikte werden in der Regel auch nicht diese Gefahren, sondern das Risiko der Drohungsrealisierung angenommen[147]. Die Drohung gibt der Tat, auch wenn sie objektiv gar nicht vorzuliegen braucht, das spezifische Gepräge. Insofern erscheint es verständlich, wenn in ihr das entscheidende Unrecht der Tat gesehen wird.
Zu untersuchen ist daher, inwieweit bereits mit der Drohung eine Gefahr für die Geisel verbunden ist, ob also in ihr zu Recht der entscheidende Anknüpfungspunkt für eine Behandlung als Gefährdungsdelikt gesehen wird

146 Einhellige Meinung: vgl. Krey, BT Rdnr. 329, Schönke/Schröder/Eser § 239a, 30; LK-Schäfer § 239a, 19; enger auf die spezifische Situation abstellend nur Krehl, Anmerkungen, StV 1986, S. 432 f.
147 Backmann, Geiselnahme, JuS 1977, S. 446.

und sich vor allem dadurch die Vorverlagerung der Strafbarkeit rechtfertigen lässt.
Gegen eine solche Ansicht gibt es indes gewichtige Argumente.

(i) Das Nötigungsmittel der Fortdauer der Freiheitsentziehung

Hiergegen spricht zunächst, dass für § 239b seit der Gesetzesnovelle im Jahre 1989 auch die Drohung mit der Fortdauer der Freiheitsentziehung über eine Woche als taugliches Drohmittel anerkannt ist. Da die Alternativen des § 239b gleich zu behandeln sind, kann in der Gefahr der Drohungsrealisierung nicht die Gefahr liegen, die den Charakter des Deliktes als Lebensgefährdungsdelikt ausmacht, denn der Fortdauer der Freiheitsentziehung haftet keine isolierte Todesgefahr an und dies war dem Gesetzgeber auch bewusst[148].

Zwar beschränkt § 239a die Nötigungsmittel nicht, indes ist zumindest davon auszugehen, dass dieser Kreis über den des § 239b hinausgeht, so dass auch hier Nötigungsmittel denkbar sind, denen keine unmittelbare Todesgefahr anhaften[149].

(ii) Nähe zur Gefahr – Problem vis absoluta

Daneben gibt es noch ein weiteres Argument gegen diese Sichtweise. Der objektiv zu verwirklichenden Handlung muss die Gefahr nicht nur unmittelbar anhaften, eine Behandlung als abstraktes Gefährdungsdelikt rechtfertigt sich nur dann, wenn der Täter bereits mit der Handlung das Geschehen zu einem wesentlichen Teil aus der Hand gibt. Dies ist hier nicht der Fall, der Täter hat mit der Bemächtigung in der 1. Alternative und mit der Kundgabe der Drohung in der 2. Alternative noch keinen unmittelbar gefährlichen Kausalprozess in Gang gesetzt. Der Täter behält sich lediglich für bestimmte Fälle eine solche gefährliche Gewaltanwendung vor.
Würde man bereits zu diesem Zeitpunkt von einer abstrakten Lebensgefahr ausgehen und in der Gefahr der Drohungsrealisierung den Strafgrund des Deliktes sehen, käme man zu einer völlig unangemessenen Privilegierung des Täters, der sogleich vis absoluta einsetzt und somit für den lediglich drohenden Täter zu vergleichsweise völlig überhöhten Strafen.

So fällt die bloße Durchsetzung einer Forderung im Zwei-Personen-Verhältnis mittels lebensgefährlicher Gewaltanwendung in keinem Fall unter die §§ 239a, 239b, wohl aber die Nötigung bei entsprechender Bemächtigungs-/ Entführungslage mit entsprechender Gewaltdrohung. Eine solche Differenzie-

---

148 Vgl. den Beispielsfall des Halten der Geisel im Volksgefängnis, BT-DS 11/2834, S. 9.
149 Daher gegen Lebensgefährdungsdelikt: Maurach/Schroeder, BT 1, 6. Aufl., S. 394.

rung erscheint jedoch geradezu willkürlich, stellte man den Aspekt des Lebensschutzes in den Mittelpunkt der Betrachtung.
Eine Drohungskundgabe, die in ihrer Intensität und objektiven Verwirklichungschance mit jener der §§ 239a, 239b vergleichbar ist, wird auch in § 255 und explizit in § 177 I Nr. 2 tatbestandlich erfasst, ohne dass man hier der Ansicht wäre, in diesen Delikten Lebensgefährdungsdelikt zu sehen[150]. Hinzu kommt, dass in den beiden genannten Vorschriften - anders als in den §§ 239a, 239b - auch die Anwendung von Gewalt unter den Tatbestand fällt, die tatbestandliche Gefährdungslage sich also über das bei §§ 239a, 239b zur Tatbestandserfüllung nötige Maß erheblich steigern kann.

Der Vergleich mit anderen Lebensgefährdungsdelikten unterstreicht diesen Befund. Am ehesten lassen sich in dieser Hinsicht die Tatbestände mit dem § 307 Nr.2 a.F. vergleichen, der ein abstraktes Lebensgefährdungsdelikt darstellte. Auch in den dort erfassten Konstellationen war das Opfer durch eine besondere – vom Täter herbeigeführte – Situation in seinem Schutz geschwächt. Bei § 307 wurde dies zu einem Verbrechen ausgenutzt, dessen sich das Opfer nicht ausreichend erwehren kann, bei den §§ 239a, 239b wird dieser Zustand zu einer Nötigung benutzt.
Der entscheidende Unterschied zu §§ 239a, 239b liegt indes darin, dass die Todesgefahr, jedenfalls für den insoweit bei § 307 Nr. 2 vergleichbaren Fall der Erpressung, bereits dem Brand unmittelbar anhaftet, also dem Faktor, welcher zur Schutzschwächung beiträgt.
Bei §§ 239a, 239b liegt der Fall aber anders. Im Gegensatz zu einer Brandsituation kann man von einer Entführung oder einer Bemächtigung nicht sagen, dass ihr selbst ohne weiteres Tun des Täters bereits unmittelbar eine Todesgefahr anhaftet. Die Tötung durch den Täter, auf die hier entscheidend abzustellen ist, kann nicht als unmittelbare Folge der Opferschutzschwächung bezeichnet werden, sondern geschieht allenfalls unter Ausnutzung derselben. Würde man aber auf diesen Aspekt abstellen, müssten alle Delikte, die das Opfer in ihrer Schutzfunktion beeinträchtigen – und das sind fast alle Delikte des StGB – als abstrakte Lebensgefährdungsdelikte angesehen werden. Im Unterschied zu Österreich und der Schweiz gibt es in Deutschland jedoch keinen strafrechtlichen Schutz vor jeglicher Lebensgefährdung.

Mit der Fokussierung auf dem Gesichtspunkt der Gefährdung der Geisel wird nämlich vor allem verkannt, dass es für die Deliktsverwirklichung entscheidend auf die Nötigungsabsicht ankommt. Würde der Täter das Opfer lediglich entführen, um es geraume Zeit später zu ermorden, läge in der Entführung noch kein unmittelbares Ansetzen zur Tötung, eine Versuchsstrafbarkeit käme somit nicht

---

150 Für Raub und Erpressung so schon Maurach/Schroeder, 6. Aufl., BT2, S. 394.

in Betracht. Hieran würde sich auch dann nichts ändern, wenn der Täter öffentlich ankündigt, sein Opfer umzubringen[151].
Wieso der Täter mit der gleichen Strafe wie für vollendeten Totschlag bestraft werden soll, wenn er die Tötung nur für den Fall in Aussicht stellt, dass einer von ihm gestellten Forderung nicht nachgekommen wird, erscheint unter dem Aspekt des Lebensschutzes der Geisel nicht nachvollziehbar, da das Opfer in diesem Fall eine erheblich höhere Überlebenschance hat als im Beispielsfall einer unbedingten Tötung.

Hinzu kommt, dass der Täter, für den Fall der Weigerung, seinen Forderungen nachzukommen, entsprechend der geltenden Fassung des § 239b sogar lediglich mit einer längeren Fortdauer der Freiheitsbeeinträchtigung drohen muss. Unter dem Aspekt des Lebensschutzes ist dieser Fall mit dem oben genannten noch viel weniger vergleichbar.

Mithin erscheint fraglich, wieso der Schutz vor einer abstrakten Lebensgefährdung in Nötigungsabsicht dermaßen weit über den sonstigen strafrechtlichen Schutz des Lebens hinausgehen soll.

(iii) Behandlung als konkrete Gefährdungsdelikte

Mit Blick auf diese Ungereimtheiten sind im Verlaufe der Diskussion schon früher immer wieder Vorschläge laut geworden, die Tatbestände für die Fälle teleologisch zu reduzieren, in denen der Täter weder ausdrücklich noch konkludent mit einer erheblichen Leibes- oder Lebensgefahr für die Geisel droht. Diskutiert wurde dieses Problem vor allem im Rahmen der Bemächtigung des – ggf. eigenen – Kindes im Rahmen von Sorgerechtsstreitigkeiten[152].
Eine solche Auslegung widerspricht jedoch dem Gesetzestext[153] und ist nur unter der umstrittenen dogmatischen Voraussetzung haltbar, dass man von der Bestrafung abstrakter Gefährdungsdelikte Fälle der absoluten Ungefährlichkeit ausnimmt. Der BGH hat diesen Restriktionsbemühungen frühzeitig eine Absage erteilt[154].

Mit der expliziten Aufnahme solcher – für das Leben des Opfers ungefährlichen – Drohmittel in den Katalog des § 239b ist diesen Argumentationsansätzen je-

151 Vgl. BGHSt. 16, 316, 320, wo in einem Fall, in dem das Opfer von Anfang an umgebracht werden sollte, wegen der anderen Tatqualität und der gesonderten Ausführungshandlung daher Tatmehrheit zw. § 211 und § 239a angenommen wurde.

152 Hansen, Tatbild, GA 1974, S. 368; ebenso Backmann, Geiselnahme, JuS 1977, S. 446 ff.; Nüse, 3 StÄG, JR 1953, S. 277; Lange, 3. StÄG, NJW 1953, S. 1164.

153 Dagegen z.B. Lackner/Kühl, § 239b, 1; Tröndle/Fischer § 239a, 5; Bockelmann BT 2, S. 116.

154 Vgl. BGH GA 1975, S. 53.

doch endgültig der Boden entzogen. Darüber hinausgehend erscheint durch diese Neufassung die These, wegen der Gefährlichkeit der Drohung handele es sich um ein konkretes Gefährdungsdelikt, nicht mehr haltbar. Diese Auswirkung der Änderung wird in der Literatur jedoch weitgehend nicht gesehen.

(iv) Die Argumentation des 5. Senates im Brücken-Fall

Dennoch scheint der 5. Senat im *Brücken-Fall*[155], der bei seinen Restriktionsbemühungen auf die Gefährlichkeit der Drohung aus Opfersicht abstellt, an diesen Überlegungen anzuknüpfen. Indem er den Tatbestand des § 239b im Zwei-Personen-Verhältnis nur anwenden will, wenn das Opfer die Drohung als *unmittelbar bevorstehend empfindet,* beschränkt er hinsichtlich dieser Gefahren das Delikt auf ein konkretes Gefährdungsdelikt.

Abgesehen von den schon angeführten Argumenten gegen diese Lösung ist der Vorschlag des 5. Senates aber auch aus einem anderen Grunde verfehlt. Da die Nötigung erfolgskupiert ist, muss sie zum Zeitpunkt der Deliktsvollendung und sogar ggf. zum Zeitpunkt der Gefangennahme des Täters noch gar nicht ausgesprochen worden sein, und somit kann das Opfer über deren Ernstnahme auch nichts sagen. Entscheidend könnte daher allenfalls sein, wie ernst der Genötigte die Drohung aus der Sicht des Täters nehmen soll, oder wie ernst er sie aus der Sicht eines objektiven Beobachters genommen hätte, wäre sie denn ausgesprochen. Dass der erste Weg verfehlt ist, ist evident, denn wenn der Genötigte die Drohung nicht ernst nehmen soll, würde der Täter nicht gerade dieses Nötigungsmittel einsetzen. Denkbar ist also allenfalls, auf die Sicht eines objektiven Dritten abzustellen. Die Berücksichtigung eines solchen objektiven Aspektes ist der Verlagerung der Nötigung in die Täterpsyche aber fremd.

Die aus den Vorschlägen des Senates resultierende Ungleichbehandlung von Zwei- und Drei-Personen-Verhältnissen, bei denen eine solche individuelle Betrachtung nicht erfolgen soll, vermag unter dem Aspekt des Lebensschutzes ebenfalls kaum zu überzeugen. Allenfalls unter dem Aspekt des Freiheitsschutzes des Nötigungsopfers könnte die mit der Gefahrennähe verbundene Intensität des Nötigungsdrucks eine Rolle spielen, widerspricht insoweit aber der Subjektivierung der Nötigung.

(v) Folgerungen für Restriktionsbemühungen

Somit verbieten sich Reduktionsansätze, die vom Lebensschutz ausgehend, die Tatbestände für objektiv weniger gefährliche Situationen einschränken wollen.

---

155 Sachverhalt vgl. oben C.I.2.a), S.43.

(vi) Zwischenergebnis

Festzuhalten bleibt, dass in der Gefahr der Drohungsrealisierung nicht das Hauptunrecht der Deliktsbegehung gesehen werden kann, welches eine Einordnung als abstraktes Lebensgefährdungsdelikt rechtfertigt. Realisiert der Täter seine Drohung und kommt es dabei zu einer Beeinträchtigung der körperlichen Integrität der Geisel, verändert das Geschehen durchaus seinen Charakter, und es kann mittels der §§ 239a, 239b Abs. 3; 212, 211, 223 ff. zu einer adäquaten Ahndung des Deliktes kommen. Alleine aufgrund dieser Gefahr rechtfertigt sich bei dieser Tatbestandsfassung eine so erhebliche Vorverlagerung der Strafbarkeit nicht.

dd) Gefahr einer Verdeckungstötung

Es bleibt letztlich die Gefahr, dass der Täter des Opfer nach der Durchsetzung der Nötigung gleichwohl tötet.
Eine Tötung nachdem der Täter sein primäres Ziel erreicht hat, stellt jedoch in gewisser Weise ein allgemeines Risiko dar, welches für alle Opfer von Straftaten in gleichem Maße gilt.
In allen Fällen, in denen der Täter die tatsächliche Gewalt über das Opfer hat, besteht eine signifikant erhöhte Gefahr für das Leben des Opfers. Der Täter kann die geschaffene Situation dazu ausnutzen, mit dem Opfer einen wichtigen Zeugen zu beseitigen, um so das Entdeckungsrisiko zu mindern. Der Anreiz hierzu wird umso höher sein, je höher die angedrohte Strafe ist. Insofern stellt sich die gleiche Gefahrenlage vor allem bei den §§ 177 ff., die aber, wie dargelegt, nicht als Lebensgefährdungsdelikte eingeordnet werden. Auch einen generellen Schutz vor Lebensgefährdungen gibt es in Deutschland nicht.
Dem präventiven Schutz vor solchen Gefahren wird durch § 211 Alt. 9 hinreichend Rechnung getragen, so dass dieser Aspekt im Rahmen der §§ 239a, 239b nicht als zentraler Schutzaspekt in Betracht zu ziehen ist.

Letztlich spräche in diesem Bereich der Opferschutz auch eher für einen niedrigen denn einen hohen Strafrahmen, um dem Täter nicht einen höheren Anreiz zur Beseitigung des Opfers zu verschaffen. Sähe man demzufolge die Gefahr der Verdeckungstötung als Begründung für die hohe Strafe an, unterläge man insoweit einem Zirkelschluss.

Würde der Lebensschutz des Opfers – insbesondere in diesem Stadium der Deliktsbegehung – an erster Stelle stehen, müsste auch die Reuevorschrift des § 239a IV einen anderen Wortlaut haben.
Nötig für eine Strafmilderung ist demnach eben nicht nur die Freigabe des Opfers, sondern auch, dass der Täter die erlangte Leistung, soweit das noch möglich ist, zurückgibt. Diese Formulierung hat in den Gesetzesberatungen eine

entscheidende Rolle gespielt, nach langwierigen Verhandlungen hat man sie dann bewusst so gewählt[156]. Dieses zeigt, dass der Gesetzgeber davon ausgeht, dass im Normalfall der Täter nach Erhalt der Leistung die Geisel freilasse[157]. Da die Mindeststrafe von 5 Jahren gerade für diese *„normale" Tatkonstellation* gelten soll, kann somit in diesem Stadium keinesfalls die Hauptgefahr für das Opfer liegen, welche den Charakter des Deliktes ausmacht und die hohe Mindeststrafe erst begründet.

ee) Gefahren durch die Geiselhaft

Als typische Todesgefahren, die von der Deliktsbegehung ausgehen, werden häufig auch die Gefahren genannt, die mit der Geiselhaft verbunden sind.
Dem ist zwar zuzugeben, dass der Geiselhaft durchaus eine Lebensgefahr anhaften kann, indes ist auch hierin nicht das Hauptunrecht zu sehen. Auch für diesen Aspekt gilt, dass eine infolge der Geiselhaft eingetretener Tod des Opfers dem Täter über § 239 a, Abs. 3 zuzurechnen ist, es jedoch aus diesem Aspekt keinen Grund für eine Vorverlagerung der Strafbarkeit gibt.

Hier ist ebenfalls wieder auf die gefestigte Auslegung der § 237a.F. und § 234 hinzuweisen, nach der es sich bei beiden Vorschriften nicht um Lebensgefährdungsdelikte handelt[158]. Auch § 239 - mit insoweit gleichem Tatbestandsverlauf - wurde nie als Lebensgefährdungsdelikt angesehen. Nach richtiger Ansicht sind diese Delikte Dauerdelikte, die also auch noch während der *Gefangenschaft* des Opfers andauern. Es sind keine Anhaltspunkte dafür ersichtlich, dass sich bei den insoweit gleichen Tatbestandsmerkmalen hier eine so erhebliche Unrechtssteigerung vollzieht, dass alleine aus diesem Grund eine völlig neue Unrechtsbeschreibung erfolgen müsste. Insbesondere bei § 234 gehen die tatbestandlichen Gefahren einer dauerhaften Beseitigung der Freiheit des Opfers erheblich über die Gefahren einer bloßen Geiselhaft hinaus, so weisen beispielsweise hier die Verbringung in Sklaverei und Kriegsdienst eine erheblich über das Maß der §§ 239a, 239b hinausgehende Leib- und Lebensgefahr auf.

Im Übrigen erscheint es so, als solle mit der Beschreibung der §§ 239a, 239b als abstrakte Gefährdungsdelikte vor allem zum Ausdruck kommen, dass es alleine in der Macht des Täters liegt, in welchem Zustand das Opfer wieder in seinen Wirkungskreis zurückgelangt. Anknüpfungspunkt scheint die Macht des Täters über die Geisel zu sein.

156 Vgl. die Beratungen SA-StRR VI, S. 1575 ff., insb. die erste Abstimmung in der eine Fassung ohne diese Klausel beschlossen wurde, S. 1575.
157 So ausdr. MinDirig Sturm; Brandt, SA-StRR VI, S. 1580.
158 Vgl. E.IV.7.b)aa), S. 109.

Dieser Aspekt wird aber schon von der richtig verstandenen Freiheitsbeeinträchtigung der Geisel geschützt, die sich eben nicht in der Beeinträchtigung der Fortbewegungsfreiheit erschöpft. Jedem Autonomieverlust haftet eben auch die abstrakte Gefahr einer damit verbundenen Beeinträchtigung der körperlichen Integrität an. Diese Gefahr ist aber bereits durch dieses Rechtsgut hinreichend geschützt. Eines isolierten Anknüpfungspunktes für diesen Aspekt durch die Betonung des Gefährdungsaspektes bedarf es zur Unrechtsbeschreibung somit nicht.

8. Ergebnis

Mithin handelt es bei dem Schutz der psycho-physischen Integrität der Geisel zwar um eine eventuell in der Absicht des Gesetzgebers vorhandene Zielrichtung des Deliktes, dieser Schutz macht jedoch nicht den Charakter der Delikte aus. Eine Beeinträchtigung dieses Rechtsgutes ist für die Deliktseinordnung jedenfalls keinesfalls nötig und daher lassen sich hieran keine Einschränkungskriterien entwickeln. Dabei wird nicht bestritten, dass durch diese Vorschriften mittelbar auch das Leben der Geisel geschützt wird und ein solcher generalpräventiver Effekt von der Vorschrift ausgehen kann und soll. Die Delikte werden hierdurch aber in ihrem Unrechtskern nicht zu abstrakten Lebensgefährdungsdelikten.
Es handelt sich insoweit bei Schutz der psycho-physischen Integrität der Geisel nicht um ein zentrales Rechtsgut der §§ 239a, 239b.

V. Die persönliche Freiheit des Nötigungsopfers

Nachdem bisher Rechtsgüter untersucht worden sind, die vor allem durch den ersten Handlungsabschnitt der Deliktsbegehung verletzt werden, ist nun auf den zweiten Deliktsteil abzustellen. Da dieser entsprechend dem Charakter der Vorschrift ins Subjektive verlagert ist, müssen die Gutsverletzungen tatsächlich nicht vorliegen, sondern müssten nur eine Folge des vom Täter angestrebten Verhaltens sein.
Dieses Verhalten stellt sich für § 239a als Erpressung im Sinne von §§ 253, 255, für § 239b als qualifizierte Nötigung dar.
Die daraus resultierende Nähe der Delikte zur Erpressung oder besonders verwerflichen Nötigung wird in der Tat von einigen Autoren betont. Das Delikt erscheint somit als Vorbereitungsdelikt zu diesen Verbrechen, hier wird der Unrechtsschwerpunkt angesiedelt[159].

Insoweit käme für § 239b – wie für § 240 – als verletztes Rechtsgut die persönliche Freiheit des Genötigten, für § 239a – wegen des Verweises auf § 253 – darüber hinausgehend das Vermögen in Betracht. Zu untersuchen bleibt, ob es hinreichende Argumente dafür gibt, den Unrechtskern hier und nicht in einer Lebensgefährdung anzusiedeln.

Um die Parallelität der beiden Vorschriften zu wahren, soll zunächst vom Rechtsgut der Freiheitsverletzung des Genötigten ausgegangen werden.

1. Geschichtliche Aspekte

Für die Betonung des Nötigungsaspektes und noch vielmehr der Erpressungskomponente des § 239b finden sich im historischen Material zu den Vorschriften zahlreiche Anknüpfungspunkte.

Neben Ausgangspunkten im *plagium* und bei der *unberechtigten Gefangennahme* findet sich ein dritter Anknüpfungspunkt zur Ahndung dieser Verbrechen bei den *Raubdelikten.*
So wurde, wie eine *Ommelander Quelle* von ca. 1448 zeigt[160], nach *friesischem Recht* die Gefangennahme zur Erlangung eines Lösegeldes als *Nedlesene*[161] mit

159 Maurach, Rechtsnatur, JZ 1962, S. 561; Welzel, Strafrecht, S. 332; Schönke/Schröder/Eser § 239a, 3, jedenfalls für § 239a Maurach/Schroeder, BT 2, 6.Aufl., S. 394f; Maurach/Schroeder/Maiwald, BT 1, § 15, V, 18 f., S. 156 f.; Bockelmann, BT 2, S. 116; Weber in Arzt/Weber, LH 1, 7.Aufl., S. 234.

160 His, Strafrecht der Friesen, S. 331.

161 D.h. Notlöse und bezeichnete später die Gefangennahme selbst, wenn sie zur Erlangung eines Lösegeldes erfolgte, His, Strafrecht der Friesen, S. 331.

der Buße des Raubes bestraft. Unter dem gleichen Aspekt strafte das *Billwärderscher Landrecht* diese Taten[162]. Ebenso finden sich im italienischen Statutarrecht Vorschriften, die unsere Delikte als Raub ansehen[163]. Auch in der *Carolina* fiel - nach bestrittener Ansicht - unter die Raubvorschrift des Art. 126[164] das *gewaltsame Wegnehmen* eines Menschen, namentlich zur Lösegelderpressungen[165].

Der Rückgriff auf die Raubdelikte erklärt sich wohl vor allem damit, dass zu dieser Zeit die Ablösung der Erpressung vom Raub noch nicht gelungen war und es daher keinen eigenen Erpressungstatbestand gab. Wie *Dahm* anhand des italienischen Strafrechts zeigt, ist in einigen Partikularrechten sogar nachweisbar, wie sich anhand der Lösegelderpressung in der Praxis die Loslösung der Erpressung vom Raub vollzog[166].
Insofern könnte also mit dieser Betrachtungsweise auf die Erpressungskomponente der Handlung abgestellt werden.

Für die Einordnung dieser Delikte beim Raub gibt es indes noch andere Gründe, die mit dem damaligen Verständnis des Raubtatbestandes zusammenhängen. Insbesondere der Raubtatbestand der *Carolina* hatte vor allem die Funktion, Angriffe auf den Landfrieden zu unterbinden und dem Räuberunwesen der damaligen Zeit ein Ende zu bereiten, erst in zweiter Linie diente er dem Schutz des Vermögens des Einzelnen[167].

Daneben könnte es sein, dass zumindest in den älteren Rechten mit der Subsumtion unter den Raubtatbestand gleichsam das Rauben eines Menschen unter Strafe gestellt wurde. Dieser Ansatz findet sich in den Volksrechten sowie im kanonischen Recht gleichermaßen beim Frauenraub und beim Menschen-

---

162 Vgl. His, Strafrecht der Friesen, S. 331; ders. Strafrecht des deutschen Mittelalters, S. 143.

163 In der *Ägidianischen Konstitution* von 1357, in *Forli* 1359 und in *Narni* 1371; vgl. Dahm, Strafrecht Italiens, S. 490.

164 *„Item ein jeder boshafter, überwundener Räuber, soll nach unsrer Vorfahren und vermöge unsrer gemeinen kaiserlichen Rechte, mit dem Schwerte oder, wie an jedem Ort in diesem mit guter Gewohnheit Herkommen ist, doch am Leben gestraft werden."* Zit. nach Feuerbach, Lehrbuch, 5. Aufl., § 258, Fn. O.

165 So Radbruch, Raub, S. 49 ff.; ihm darin zustimmend Eb. Schmidt, Die Maximilianischen Halsgerichtsordnungen, S. 159 ff.; Feuerbach, Lehrbuch, 5.Aufl., § 253; anders wohl Mittermaier, Feuerbach, Lehrbuch, 14. Aufl., § 252, Note; Schaffstein, Raub und Erpressung, S. 291 Fn. 37 bezeichnet diese These als ebenso wenig beweisbar wie widerlegbar.

166 Z.B. in Mailand, Dahm, Strafrecht Italiens, S. 490.

167 Str. ausf. dazu Radbruch, Raub, S. 49 ff.; ähnl. Eb. Schmidt, Die Maximilianischen Halsgerichtsordnungen, S. 160 ff.

raub[168], die sich ebenfalls aus dem *plagium* entwickelten. Insofern spricht diese Lösung für eine Verwandtschaft der Delikte und deutet die gemeinsame Herkunft an. Jedenfalls wurde bei den Fällen des Menschenraubes der Fall des Kinderraubes häufig hervorgehoben, der auch damals schon teilweise mit einer Erpressungsabsicht verbunden war[169].

Mithin gibt es eine starke Tradition, die Geiselnahmen wie einen Raub behandelte. Indes konnte sich ein solches Verständnis dieses Deliktstypus nur solange behaupten, wie der Strafrechtslehre die Ablösung der Erpressung vom Raub nicht endgültig gelungen war. Mit der Fortentwicklung der Strafrechtsdogmatik, die zur Eigenständigkeit der Erpressung führte, musste sich auch eine Neuorientierung der systematischen Einordnung der Geiselnahme ergeben. Diese hat sich dann nicht an der Erpressung orientiert, sondern im Wesentlichen auf das *plagium* zurückgegriffen, wobei der Nötigungsaspekt allenfalls eine untergeordnete Rolle spielte.
In den Mittelpunkt des Interesses trat die dem Delikt anhaftende Nötigung erst wieder mit der Einführung des § 239a RStGB.
In der Gesetzgebungsgeschichte der §§ 239a, 239b spielte die verwerfliche Nötigung jedenfalls bis zum 12. StÄG die Hauptrolle. Für die späteren Reformen lässt sich eine Präferenz des Gesetzgebers, wie gezeigt, nicht nachweisen[170].

Für eine Betonung dieses Aspektes spricht demnach in der Tat die Gesetzgebungsgeschichte, ansatzweise finden sich ähnliche Überlegungen auch schon in älteren Rechten.

2. Die Betonung des Nötigungsaspektes

Entsprechend der Gesetzgebungsgeschichte fand die Einordnung des erpresserischen Kindesraubes als Sondertatbestand der Erpressung unter der Geltung des § 239a StGB in der Fassung bis zum 12. StÄG auch besonders starke Gefolgschaft und wurde hier sogar als herrschend angesehen[171]. Eine solche Charakterisierung der Delikte wird in der Literatur nach wie vor vertreten[172].

168 So wird zum Beispiel u.a. im Schwabenspiegel, das Stehlen von Menschen als Diebstahl behandelt, vgl dazu His, Strafrecht des deutschen Mittelalters, Bd. 2, S. 144; Liszt/Schmidt, Lehrbuch, S. 524; s. auch Radbruch, Raub, S. 54, der zeigt, dass bei den Kanonisten und in der Beichtliteratur Sachraub und Frauenraub unter einem gemeinsamen Oberbegriff zusammengefaßt wurden.

169 Liszt/Schmidt, Lehrbuch, S. 524.

170 Vgl. oben E.IV.3, S. 104 f.

171 So Schönke/Schröder/Eser, 19. Aufl., § 239a, 3.

172 Vgl. Fn. 159.

Teilweise wird in dem Nötigungsaspekt sogar die einzige Schutzrichtung der Delikte gesehen[173].

Von den Autoren, die weiterhin das Hauptaugenmerk auf diesen Aspekt zur Unrechtsbeschreibung der §§ 239a, 239b legen, werden für diese Ansicht vor allem die Einwände gegen die Einordnung als Lebensgefährdungsdelikte angeführt[174]. Zwar wird auch insoweit nicht bestritten, dass der Drohung eine gewisse Leib- und Lebensgefahr anhaftet, jedoch wird diese nicht als konstitutiv für das Deliktsunrecht und allenfalls als partiell von der Schutzrichtung der Delikte erfasst angesehen[175]. Daneben wird betont, dass die Erpressung oder Nötigung die einzige Triebfeder der Tat sei und ihr somit das spezifische Gepräge gebe[176].

3. Einwände gegen eine solche Interpretation

Gegen diese Schwerpunktsetzung führen ihre Kritiker vor allem die Betonung des Lebensgefährdungsaspektes als das höherrangige Rechtsgut, nach dem sich die Auslegung zu richten hat, ins Feld. Argumente gegen die Betonung des Nötigungsaspektes werden dabei zumeist nicht angeführt.

Gegen eine Auslegung, die in der Geiselnahme einen schweren Fall der Nötigung sieht, hat sich für das ähnlich konstruierte Schweizer Recht jedoch ausdrücklich *Arzt*[177] ausgesprochen. Unter dem Aspekt der Nötigung ist die Geiselnahme für ihn der denkbar leichteste Fall, *weil das Gelingen, wie der Täter weiß, auf der Kippe steht*. Er weiß, dass das Opfer die Chance des Widerstandes gegen die Drohung hat und gerade darin liegt die Gefahr für die Geisel.
Das charakteristische Unrecht sei somit nicht das Nötigungsunrecht, sondern die Gefahr, die der Geisel gerade deshalb drohe, weil die mittelbare Nötigung des Opfers so schwach ist, dass mit Widerstand zu rechnen sei[178].

Daneben werden vor allem Strafrahmenerwägungen gegen die Betonung des Nötigungsaspektes ins Feld geführt.

Diese Einwände greifen indes nicht durch. Gegen die Einwände von *Arzt* ist der Charakter von gewaltloser Nötigung anzuführen. Der Verzicht auf Gewalt beinhaltet immer ein Misslingensrisiko, da der Täter seine Forderung eben nicht

173 Dazu sogleich E.V.4, S. 122.
174 Vgl. oben E.IV.7, S. 108 ff.
175 Insb. Maurach/Schroeder, BT 1, 6. Aufl., S. 139; ähnl. Weber in Arzt/Weber, LH 1, S. 234.
176 Bockelmann, BT 2, S. 116.
177 Arzt, Zur Revision, SchwZStr. 1983, 257, 262 ff.
178 Arzt a.a.O.

selbst durchsetzen kann. Insofern steht das Gelingen hier per definitionem immer *auf der Kippe*. Unter dem Aspekt der Willensbeugung ist, wegen des hohen Drohpotentials, diese Nötigung dabei jedoch der denkbar schwerste Fall. Gerade das Schweizer Recht stellt sogar entscheidend auf das Nötigungsunrecht ab, wie Art. 185 Abs.1 S. 2 SchwStGB zeigt, welcher im Grundtatbestand ausdrücklich den Trittbrettfahrer, bei dem ja objektiv überhaupt keine Gefährdung einer Geisel vorliegt, dem Geiselnehmer gleichstellt.

Der Strafrahmen der §§ 239a, 239b spricht ebenfalls nicht zwingend gegen eine solche Betonung der Erpressungskomponente.
Insofern es zu einer Drohung kommt, sind mit § 239a stets die §§ 253,255, 250 I Nr. 1a oder b verwirklicht und in aller Regel auch § 250 II, so dass der Mindeststrafrahmen ebenfalls 3 oder 5 Jahre beträgt. Die Ausdehnung des Strafrahmens in § 239b auf Nötigungsziele jenseits der §§ 253, 255 liegt wegen des erheblichen Nötigungsdrucks sicher im Rahmen gesetzgeberischen Ermessens.
Somit ist der Strafrahmen auch ohne eine Betonung des Lebensgefährdungselementes zu rechtfertigen. Die einzige Frage, die insoweit verbleibt, ist allenfalls, ob die Vorverlagerung der Strafbarkeit notwendig ist.

4. Die Freiheit des Genötigten im Mittelpunkt

Teilweise stellt man die Erpressungskomponente gar soweit in den Mittelpunkt der Betrachtungen, dass auf eine Verletzung der anderen Schutzgüter komplett verzichtet wird. So ist für *Lampe*[179] auch eine Scheingeiselnahme von dem Schutz der §§ 239a, 239b erfasst und *Maurach/Schroeder/Maiwald*[180] wollen die zweite Alternative der Tatbestände auch auf die Fälle anwenden, in denen die Geisel bereits vor dem Erpressungsversuch tot ist.
In beiden Fällen ist neben der Freiheit des Nötigungsopfers kein weiteres Rechtsgut (mehr) beeinträchtigt. Folgerichtig hält *Lampe* die Freiheit der Geisel auch nicht für ein eigenes Schutzgut und will sogar die Scheingeisel als Teilnehmer an der eigenen Geiselnahme strafen.
Er stützt seine Erwägungen auf BGHSt 26, 70 ff.[181], nach dem § 239 a auch dem Schutz des Dritten vor einer besonders schweren und verwerflichen Nötigung diene.

Gegen eine solch weite Auslegung spricht aber der eindeutige Wortlaut der Vorschrift. Die §§ 239a, 239b verlangen in der 2. Alt. ein Ausnutzen der Entführungs- oder Bemächtigungssituation und in der ersten Alternative ein Vorliegen derselben. Dieses setzt aber zum einen ein lebendes Opfer voraus,

179 Lampe, Anmerkungen, JR 1975, 425.
180 Maurach/Schroeder/Maiwald, BT 1, § 15, V, 23, S. 158.
181 Zu diesem Ansatz des BGH, der für Kleinstkinder entwickelt wurde vgl. E.VI.1, S.134.

zum anderen muss es zu einer echten Freiheitsbeeinträchtigung gekommen sein. Anders als bei den §§ 253, 255 genügt die Vorspiegelung einer Erpressungssituation nicht. Auch das Ausnutzen einer fremden Geiselnahme erfüllt den Tatbestand daher nicht[182].
Insofern man die §§ 239a, 239b nicht *contra legem* zu allgemeinen Delikten gegen die Entschlussfreiheit des Dritten machen will, erscheint es daher zwingend geboten, daran festzuhalten, dass die persönliche Freiheit der Geisel wirklich verletzt ist und diese Situation in der 1. Alt. nach der Vorstellung des Täters – in der 2. Alt. tatsächlich – zur Nötigung ausgenutzt wird[183].

Notwendig ist also die Verkoppelung des Angriffs auf zwei Freiheiten, zum einen die Verletzung des Autonomierechts der Geisel, und zum anderen die Beeinträchtigung der Entschlussfreiheit des Genötigten, wobei der erste Angriff das Mittel zur (beabsichtigten) Beeinträchtigung der zweiten Freiheit sein muss.

5. Ergebnis

Somit bleibt festzuhalten, dass neben der Verletzung der Autonomie der Geisel auch die persönliche Freiheit des Nötigungsopfers ein geschütztes Rechtsgut der §§ 239a, 239b ist. Fraglich ist nun, welche Auswirkungen diese Konkurrenz der Rechtsgüter auf die Auslegung der Vorschriften – vor allem in Zwei-Personen-Verhältnissen – hat.

6. Die Charakterisierung der verletzten Freiheit

Ähnlich wie für die Verletzung der persönlichen Freiheit der Geisel durch die Bemächtigung oder die Entführung, ist auch hier zunächst nach der genauen Charakterisierung des verletzten Schutzgutes auf Seiten des Nötigungsopfers zu fragen.

Zur Beschreibung des insoweit verletzten Rechtsgutes des Nötigungsopfers ist für § 239a, wie der Gesetzestext bereits vorgibt, auf § 253 – in der Regel ebenfalls auf § 255 – und für § 239b wegen der gleichlautenden Nötigungsziele zunächst auf § 240 zurückzugreifen.

Das Schutzgut des § 240 ist von jeher umstritten. Verbreitet ist die These, geschützt sei die Freiheit in ihrer weitesten Ausgestaltung als Freiheit zur

---

182 Anders in der Schweiz, wo in § 185 Abs. 1, S. 2 SchwStGB ausdrücklich auch Trittbrettfahrer erfasst sind.

183 So die h.M. vgl. SK-Horn § 239a, 5; Schönke/Schröder/Eser § 239, 23; LK-Schäfer § 239a, 16; Tröndle/Fischer § 239a, 8.

Willensbildung und –betätigung[184]. Teilweise werden diese Begriffe enger ausgelegt, so dass als geschützte Rechtsgüter ebenfalls die Willensbetätigungsfähigkeit und die körperliche Einwirkungsfreiheit genannt werden, ohne dass damit jedoch in der Sache ein Unterschied besteht[185]. Andererseits gibt es jedoch Auffassungen, die den Nötigungstatbestand als reines Willensbeugungsdelikt ansehen und für die Tatbestandserfüllung eine Beeinträchtigung der Willensentschließungsfreiheit verlangen[186].

Die Willensentschließungsfreiheit wird auch von den §§ 253, 255 geschützt. Ob das für die anderen genannten Freiheiten ebenfalls der Fall ist, hängt von der umstrittenen Charakterisierung der Erpressung ab.

Diese Probleme der Schutzgutbeschreibung ergeben sich vor allem daraus, dass einerseits sowohl § 240 als auch § 253 als Nötigungsmittel neben der Drohung auch die Anwendung von Gewalt umfassen, andererseits neben Handlungen und Unterlassungen auch ein bloßes Dulden als Nötigungsziel tatbestandlich erfasst ist. Somit sind Eingriffe des Täters in die Opfersphäre denkbar, die zu keiner Beeinträchtigung der Willensentschließungsfreiheit führen können, gleichwohl Opferreaktionen bewirken, welche als Duldung dem Tatbestand unterfallen könnten.
Es sind somit Fälle denkbar, die zu keiner Willensbeugung des Opfers führen, da dieses einen entgegenstehenden Willen nicht realisieren kann. Ob auch diese Fälle von den genannten Vorschriften erfasst werden, ist eine heftig umstrittene Frage und berührt den Kernbereich des Verständnisses der §§ 240, 253.

Im Drei-Personen-Verhältnis stellt sich dieses Problem für die §§ 239a, 239b nicht, da hier immer eine dritte Person genötigt wird, die außerhalb des unmittelbaren Gewaltverhältnisses steht, so dass sich die abgenötigte Handlung nie bloß als Duldung von vis absoluta darstellen kann. Die Nötigung des Täters beinhaltet hier stets einen Angriff auf die Willensentschließungsfreiheit[187].

Anders ist hingegen die Situation im Zwei-Personen-Verhältnis. Da hier die Geisel selbst Adressat der Nötigung ist, sind Situationen denkbar, in denen ein Angriff auf die Willensentschließungsfreiheit zumindest fragwürdig erscheint.
Dies sind vor allem die Konstellationen, in denen sich das Geiselverhalten entweder als bloße Duldung von vis absoluta darstellt (etwa die weitere Gefangenschaft) oder aber von der Geisel eine Opferreaktion verlangt wird, zu

---

184 U.a. Tröndle/Fischer § 240, 2; Lackner/Kühl § 240, 1; Schönke/Schröder/Eser § 240, 1.

185 Im Anschluss an Binding so Maurach/Schroeder/Maiwald, BT 1, § 13, II, 8 f., S. 137 f.; ausf. Knodel, Gewalt, S. 10.

186 Köhler, Vorlesungsstörung, NJW 1983, S. 12 f.; grundlegend ders., Nötigung, S. 517 ff.; Hruschka, Nötigung, JZ 1995, S. 745.

187 Darauf weist z.B. ausdrücklich Heinrich, Notwendigkeit, NStZ 1997, S. 370 hin.

der es keine Alternative hat, weil der Täter sich den Erfolg dieser Reaktion auch selbst – zumeist mit vis absoluta – hätte verschaffen können (etwa die Hergabe der Geldbörse des Opfers).
Anknüpfungspunkte für die problematische Auslegung der Tatbestände sind somit zum einen der Gewaltbegriff, zum anderen der Duldungsbegriff. Diese sollen nun mit Blick auf die Relevanz bei §§ 239a, 239b näher untersucht werden.

a) Gewalt bei §§ 239a, 239b

Das Problem der Gewalt bereitet bei den §§ 239a, 239b keine Probleme.
Jedenfalls der Wortlaut des § 239 b schließt eine Gewaltanwendung zur Durchsetzung der Nötigung eindeutig aus. Da das Gesetzgebungsverfahren und alle Interpreten der Vorschriften die Parallelität der §§ 239a, 239b betonen, ist bei § 239a der Rückgriff auf § 253 ebenfalls nur insoweit zulässig, als das Nötigungsmittel lediglich die Drohung ist.

Der Angriff auf das Opfer muss also mittels einer Drohung erfolgen.
Hieraus folgen dann schon eine Reihe von Einschränkungen für den Schutzbereich der persönlichen Freiheit.
Insofern fallen demnach die Willensbetätigungsfähigkeit und die körperliche Einwirkungsfreiheit nicht unter den Schutz der §§ 239a, 239b, da die Einflussnahme auf das Opfer eben gerade keine unmittelbar gewalttätige sein darf. Aber auch die Willensbetätigungsfreiheit kann dann nicht dem Schutz der §§ 239a, 239b unterfallen, denn sie schützt nur die Freiheit, den gefassten Willen in äußeres Verhalten umzusetzen, sich also entsprechend dem Entschluss zu betätigen oder nicht zu betätigen. Eine Einwirkung auf diesen Bereich kann aber ebenfalls nur gewalttätiger Natur sein. Jede Hinderung an einer entsprechenden Betätigung ohne Gewalt beeinflusst bereits die Wahl der Handlungsmöglichkeiten und wirkt daher bereits auf die Willensentschließungsfreiheit ein[188].

Demzufolge ist für eine Auslegung der §§ 239a, 239b nicht entscheidend, ob die Erpressung mit vis absoluta begangen werden kann, da eine solche Einwirkung auf das Opfer nicht als Geiselnahme zu behandeln wäre.

b) Der Duldungsbegriff

Bedeutungsvoll für die Auslegung ist hingegen das Merkmal der Duldung, welches bereits in den § 240 und § 253 vorkommt und dort ebenfalls umstritten ist.

---

188 H.M. vgl. Maurach/Schroeder/Maiwald, BT 1, § 12, II, 9 f., S. 132 f.; Knodel, Gewalt, S. 10.

In Frage steht dabei vor allem, inwieweit das Dulden willensgetragen sein muss[189], ob es sich also nur um ein aktives Dulden oder auch um ein passives Erleiden handeln kann[190].

Diese Qualität des Duldens ist auch für die §§ 239a, 239b wesentlich.
Relevant wird die Qualität des abgenötigten Verhaltens vor allem bei § 239b. Im Anschluss an § 240 erfolgt durch die herrschende Meinung und den BGH die Übernahme der Nötigungsziele als ein nicht einzugrenzendes Verhalten des Opfers, welches auch in einer Duldung weiteren Täterverhaltens – insbesondere in der Duldung sexueller Handlungen[191] – liegen kann, welches der Täter anderenfalls auch mit absoluter Gewalt erzwingen könnte.

Grundsätzlich könnte sich das Problem auch im Rahmen von § 239a im Zwei-Personen-Verhältnis stellen. Legte man die Meinung der Rechtsprechung zugrunde, die in der Erpressung den Grundtatbestand zum Raub sieht, könnte auch eine Ausnutzung der Bemächtigungssituation zu einem Raub oder einer Gebrauchsanmaßung, wegen des Verweises auf § 253, zur Anwendung des § 239a führen.

aa) Die Diskussion im Rahmen des § 253

Eine Lösung der Problematik hängt also von der geforderten Qualität des abgenötigten Verhaltens ab.

Welche Kriterien hier zu erfüllen sind, wird vor allem im Rahmen des § 253 diskutiert. Dort dreht sich die Diskussion im Wesentlichen darum, ob es für die Tatbestandserfüllung einer Vermögensverfügung bedarf, und welche Anforderungen an sie zu stellen sind[192]. Sofern hier, ähnlich wie bei § 263, eine Vermögensverfügung verlangt wird, betont die herrschende Meinung, in Abgrenzung zum Raub, die Veranlassung des Opfers zu einer *Selbstschädigung* als notwendige Voraussetzung zur Tatbestandserfüllung[193]. Nach welchen Kriterien diese Selbstschädigung zu ermitteln ist, gehört zu den umstrittensten Fragen des Strafrechts. Zusammenfassend lässt sich festhalten, dass auf eine wie auch immer geartete Mitwirkung des Opfers abgestellt wird, dieses aber zumindest eine echte Verhaltensalternative haben muss[194]. Nach diesen Ansichten läge dann keine Selbstschädigung und somit keine Erpressung vor, wenn es dem Op-

---

189 Grundlegend Kollmann, Erpressung, S. 50 ff.

190 So Knodel, Gewalt, S. 19 f.; Lüderssen; Gewaltsame Wegnahme, GA 1968, S. 260.

191 BGHSt. 40, 350, S. 357.

192 Umfassende Darstellung des Streitstandes bei LK-Lackner § 253, 5 ff. mit zahlreichen weiteren Fundstellen.

193 Anders aber Schünemann, Erpressung, JA 1980, S. 486 ff.; Gössel, BT 2, S. 599 f.

194 Vgl. zusammenfassend LK-Lackner, § 253, 10.

fer an einer Entschließungsmöglichkeit fehlt, sein Rechtsgut also so oder so verloren ist[195].

Dieser Ansicht wird entgegengehalten, die Wortbedeutung des *Duldens* spreche für eine andere Auslegung. Da es auf einen Willensentschluss nicht ankomme, genüge auch ein bloßes Geschehenlassen als Opferreaktion. Keinesfalls könne es für die Tatbestandserfüllung auf das unbestimmte Kriterium einer Verhaltensalternativität ankommen[196]. Darüber hinausgehend wird betont, auch diesen Fällen hafte ein *Freikaufcharakter* an und das Opfer habe durchaus die Wahl, sich weiterhin den Gewaltmitteln mit allen Risiken und Chancen auszusetzen, oder aber sich durch Nachgeben sofortige Freiheit zu verschaffen[197].
Zur Abgrenzung des § 253 zum Raub wird folgerichtig allein auf das formale Kriterium des äußeren Erscheinungsbildes abgestellt[198].

bb) Die Übertragung auf §§ 239a, 239b

In dieser Problematik könnte durchaus ein Schlüssel zur Problemlösung der Zwei-Personen-Verhältnisse liegen. So hat *Heinrich*[199] die Ansicht der herrschenden Lehrmeinung zu § 253 auf § 239b übertragen und die These vertreten, es komme für die Deliktsverwirklichung auf ein aktives Verhalten des Opfers an, welches der Täter alleine nicht erlangen könnte, das Erdulden einer anderen Straftat des Täters hingegen genüge nicht[200].

Die Diskussion ist auf die §§ 239a, 239b indes nur eingeschränkt zu übertragen, denn da die Anwendung von vis absoluta keinesfalls unter die Tatbestände fällt, kommt ein nicht willensgetragenes Dulden der absoluten Gewalt des Täters als Nötigungsziel nicht in Betracht.
In Frage steht daher allenfalls, ob es entsprechend der Ansicht der herrschenden Literaturmeinung zu § 253 auf eine wie auch immer geartete Verhaltensalternativität ankommt.

Wie die ergangenen Entscheidungen zeigen, ist der BGH anderer Ansicht. Für ihn kommt es auch im Rahmen von §§ 239a, 239b lediglich auf das äußere Erscheinungsbild des Tatgeschehens an. So will der BGH grundsätzlich den § 239a auch dann anwenden, wenn das Opfer durch Bedrohung mit dem Tode

---

195 U.a. Samson, Grundprobleme, JA 1980, S. 289; Otto, Abgrenzung, ZStW 1967, S. 59, 87.

196 LK-Herdegen, 11. Aufl., § 253, 7.

197 So vor allem Rengier, Angrenzung, JuS 1981, S. 659 ff.

198 Vgl. dazu aus der Rspr. u.a. BGHSt. 14, 386; 32, 88, 89 ff.; BGH NJW 1987, 3144, 3145.

199 Heinrich, Notwendigkeit, NStZ 1997, S. 370.

200 Ähnlich schon Geerds, Anmerkung, JR 1993, S. 424.

zu einer Handlung genötigt wird, die der Täter auch selbst hätte vornehmen könne, wie beispielsweise die Herausgabe von Geld oder Schlüsseln[201]. Situationen, die nach der Lehre gerade keine Erpressungen wären, da es an einer Handlungsalternative des Opfers fehlt.

Hier zeigt sich auch die Verschärfung des Problems bei den §§ 239a, 239b. Bei § 253 kann in den meisten Fällen auf den Raubtatbestand zurückgegriffen werden, so dass sich für den Strafrahmen in der Regel nichts ändert. Für die §§ 239a, 239b gibt es jedoch keinen Tatbestand, auf den in einem solchen Falle zurückzugreifen wäre. Hier entscheidet sich im Extremfall, ob der Täter die erhebliche Mindeststrafe von 5 Jahren erhält, oder aber nach § 240 nur mit der Höchststrafe von 3 Jahren zu rechnen braucht.

Eine lediglich formale Abgrenzung, die nur auf das äußere Erscheinungsbild abstellt, verbietet sich daher. Sie käme zu einer völlig unangemessenen Privilegierung des Täters, der sich den gewünschten Erfolg mit *vis absoluta* selbst verschafft. Bei allen Vorteilen, die ein formales Kriterium im Rahmen der Rechtssicherheit hat, ist daher aus rechtsstaatlichen Gründen hier nach einem materiellen Abgrenzungskriterium zu suchen.
In Frage steht daher, welche materiellen Kriterien nun entwickelt werden können, anhand derer sich die erforderliche Qualität des abgenötigten Opferverhaltens messen lässt.

7. Der doppelte Angriff auf die Entschließungsfreiheit

Solche materiellen Kriterien liefert ein Blick auf die verletzten Rechtsgüter des Opfers im Zwei-Personen-Verhältnis.

Als einziges Rechtsgut, welches durch den Nötigungsakt verletzt werden konnte, blieb – nach Eliminierung der absoluten Gewalt aus dem Anwendungsbereich der Vorschriften – die *Entschlussfreiheit* des Opfers.
Diese ist aber auch bereits durch den 1. Akt der Deliktsverwirklichung tangiert. Die Beseitigung der Autonomie umfasst auch für einen weiten Bereich die Beseitigung der Willensentschließungsfreiheit der Geisel. Dieser mit der Autonomieverletzung einhergehende Freiheitseingriff schließt zum einen die Möglichkeit des Täters ein, einen seinem Willen entgegenstehenden Willen des Opfers unter Gewaltanwendung zu brechen. Dieser Angriff auf die Opferfreiheit umfasst daneben aber zum anderen auch den Bereich, in welchem das Opfer einen entgegenstehenden Willen, mangels einer tatsächlichen Möglichkeit

201 Vgl. etwa BGHR StGB § 239a Konkurrenzen 2; BGHR StGB § 239a Abs 1 Konkurrenzen 2. In allen Fällen wurde ein Verurteilung dann aber mangels einer stabilisierten Bemächtigungssituation abgelehnt.

(Fesselung, Verbringung an einen einsamen Ort etc.), gar nicht realisieren kann[202].

Ein entscheidender Aspekt dieser Autonomieverletzung liegt somit gerade darin, dass das Opfer einen dem Täterwillen entgegenstehenden Willen – aus welchen Gründen auch immer – nicht realisieren kann. Insoweit ist bereits durch die Verletzung der Autonomie der Geisel die Entschlussfreiheit tangiert.

a) Das Verhältnis der verschiedenen Angriffe auf die Entschließungsfreiheit

Durch die Nötigung wird nun erneut auf die Willensentschließungsfreiheit eingewirkt. Fraglich ist nur, ob tatsächlich in jedem Fall ein erneuter Angriff auf sie zu verzeichnen ist. Diese Frage nach dem Verhältnis der beiden Angriffe auf diese Freiheit stellt sich erst seit der Erweiterung der Tatbestände auf Zwei-Personen-Verhältnisse, da bis dato klar zwischen einer Verletzung der Autonomie der Geisel und der Verletzung der Willensentschließungsfreiheit des Genötigten zu unterscheiden war. Jede Freiheit wurde in einer anderen Person durch eine separate Handlung verletzt.
Im Zwei-Personen-Verhältnis stellt sich nun die Frage, ob durch die Nötigungshandlung ein erneuter Freiheitsangriff nötig ist oder eine Intensivierung der bereits durch den ersten Akt erfolgten Freiheitsbeeinträchtigung genügt. Dieses Problem wurde in der bisherigen Diskussion zu §§ 239a, 239b völlig zu Unrecht vernachlässigt. In dem Verhältnis der Angriffe auf die Rechtsgüter des Opfers liegt nämlich der Schlüssel zur Problemlösung.

aa) Das Verhältnis der Nötigung zum Autonomieverlust

Fügt im Zwei-Personen-Verhältnis das Opfer sich lediglich den durch die Autonomieverletzung entstandenen Machtverhältnissen, kann von einem erneuten Freiheitsverlust keine Rede mehr sein. Das Opfer hat dann nur die Wahl, dem Täter freiwillig zu folgen oder die Anwendung von Gewalt zu riskieren. Es kann nur noch die Mittel der weiteren Realisierung der Freiheitsbeeinträchtigung wählen, hat auf diese selbst aber keinen Einfluss mehr. Realisiert der Täter die Macht über das Opfer, die er durch die Bemächtigung erlangt hat, durch die Anwendung von Gewalt, liegt wegen des eindeutigen Wortlauts der Vorschriften eine Geiselnahme oder ein erpresserischer Menschenraub nicht vor.
Der Unrechtsgehalt der Handlung wird sicher nicht größer, wenn der Täter seine Macht lediglich durch die für beide schonendere Methode der aktiven Mitwirkung des Opfers realisiert, und zwar auch dann nicht, wenn der Täter dem Opfer für den Fall der Weigerung ein weiteres erhebliches Übel in Aussicht stellt.

202 Vgl. ausführlich oben E.III.3, S.83 ff.

Diese im Vergleich zur Anwendung von *vis absoluta* mildere Methode kann dem Täter nun kaum zum Nachteil gereichen.

Mag es sich bei äußerer Betrachtung auch um ein Geben und Nehmen handeln, ein Blick auf die Rechtsgüter legt offen, dass tatsächlich nur ein Nehmen vorliegt.

Dem Geschehen haftet eben gerade kein *Freikaufcharakter* an, der durchaus dem überlieferten Bild der Geiselnahme entspricht. Den Verzicht auf die Übelzufügung bietet der Täter dem Opfer nämlich dann nicht für die Gegenleistung des Opfers an, die hätte sich der Täter auch mit absoluter Gewalt selbst verschaffen können, sondern für die Bereitschaft, ihm diese ohne Gegenwehr zu überlassen.
Dieses alleine ist die Restfreiheit, auf die das Opfer vermeintlich verzichtet.

Dieser Aspekt ist aber durch die Autonomieverletzung hinreichend erfasst. Eine echte Chance zur Gegenwehr hat das Opfer nämlich bei einer tatsächlichen Bemächtigungs- resp. Entführungssituation gar nicht mehr. Der mit der Herbeiführung dieses Zustandes einhergehende Verlust der als Autonomie bezeichneten persönlichen Freiheit enthält notwendigerweise auch den Verlust der Möglichkeit einer effektiven Gegenwehr gegen weitere physische Angriffe des Täters. Somit kann das Opfer in dieser Situation keine Chance zur erfolgreichen Gegenwehr mehr haben. Wie schon gezeigt, liegt in Fällen, in welchen das Opfer noch Schutz- und Verteidigungsmöglichkeiten hat, eine Bemächtigungssituation gerade noch nicht vor, da das Opfer sich noch nicht endgültig in der Gewalt des Täters befindet[203].
Der potentielle Freiheitsspielraum des Opfers ist somit durch die Nötigung gar nicht tangiert. Mag der Täter infolge der Bemächtigung zunächst den akuten Freiheitsspielraum des Opfers noch nicht allzu sehr eingeschränkt haben, jede weitere Einschränkung resultiert aus seiner Machtsituation – verschafft dem Opfer jedoch keine Einschränkung seines potentiellen (Rest-)Freiheitsrahmens.

Der alleinige Verzicht des Opfers auf möglichen Widerstand ist also bereits durch die Autonomieverletzung erfasst.
Dieses zeigt besonders deutlich folgendes Beispiel: Jede Entführung und anschließende Gefangenhaltung der Geisel ist in der Regel mit der Drohung für die Geisel verbunden, sie bei einem eventuellen Fluchtversuch schwer zu verletzen oder zu töten.
Da es dem Täter auf das Wohlverhalten der Geisel als notwendiges Zwischenziel zur weiteren Deliktsbegehung auch ankommt, handelt er insoweit auch absichtlich.

---

203 Vgl. oben E.III.3.h)cc), S. 102.

Insoweit erstrebt der Täter schon mit der Duldung der weiteren Gefangenschaft durch das Opfer – soweit sie nicht lediglich mit vis absoluta durchgesetzt wird – ein Ziel, welches isoliert betrachtet bereits eine Strafbarkeit des Täters nach § 239b begründete.
Stellte man lediglich auf den äußeren Geschehensablauf ab, ohne die Qualität der verletzten Rechtsgüter zu analysieren, bräuchte es in diesen Fällen zu einer weitergehenden Nötigung gar nicht mehr zu kommen. Jede Entführung oder Aufrechterhaltung der Bemächtigung, die nicht lediglich mit vis absolute durchgesetzt würde, unterfiele bereits der Strafdrohung des § 239b.

Bei einer solchen Auslegung verlöre der § 239b jedoch jegliche Begrenzung, da die geschilderte Bedrohungssituation jedem Tatbestand anhaftet, der mit einer Bemächtigung des Opfers und dessen Aufrechterhaltung verbunden ist. Die §§ 239a, 239b würden in der Tat zu Grundtatbeständen aller Delikte, in denen es zu einem tatsächlichem Gewaltverhältnis zwischen Täter und Opfer kommt.
Das angeführte Beispiel zeigt somit, dass man die Nötigung von der Bemächtigung trennen muss. Der Anknüpfungspunkt für eine solche Trennung kann jedoch lediglich in der Qualität des abgenötigten Verhaltens liegen.

bb) Der erforderliche Charakter des abgenötigten Verhaltens

Das abgenötigte Verhalten muss die Willensbildungsfreiheit ernsthaft einschränken.
Dies ist aber nur möglich, wenn das Opfer eine Freiheit aufgibt, die ihm trotz des fast völligen Verlustes der persönlichen Freiheit noch geblieben ist. Dieser Restfreiheitsspielraum umfasst vor allem Freiheiten der Geisel, die sich nicht im unmittelbaren Einwirkungskreis des Täters befinden, aber auch solche *intellektuellen Freiheiten,* die der Täter mit vis absoluta nicht brechen kann. Unter den ersten Bereich werden beispielsweise Fälle zu fassen sein, in denen das Opfer genötigt wird, dem Täter Geld von außerhalb zu beschaffen. Der zweiten Gruppe gehören vor allem die Preisgabe von Geheimnissen, oder aber die Abgabe von Erklärungen an. Hier kann der Täter noch so viel Gewalt anwenden, ohne einen Bruch des entgegenstehenden Willens wird er sein Ziel nicht erreichen.
Nur in diesen Fällen kommt der Nötigung ein eigenes Gewicht zu, welches die Tatbestandsanwendung rechtfertigt.

Hier spielt das Kriterium der Außenwirkung durchaus eine Rolle, aber keinesfalls die entscheidende. Sicherlich wird in den meisten Fällen mit Außenwirkung die Willensbildungsfreiheit beeinträchtigt sein, da der Täter hier auf das Opfer angewiesen ist, aber dies sind nicht alle Fälle. Unter die §§ 239a, 239b fielen nach dieser Lesart auch Fälle, in denen das Opfer zu einer

Handlung genötigt wird, die einen Bezug über das unmittelbare Gewaltverhältnis hinaus nicht aufweisen.

Hier zeigt sich dann auch das spezifische Deliktsunrecht. Der Täter nutzt die schutzlose Situation nicht nur zu einer weiteren Opferschwächung durch eine eigene Handlung aus, sondern er droht mit ihrer Intensivierung oder Aufrechterhaltung der Freiheitsbeeinträchtigung für den Fall, dass das Opfer nicht auf eine weitere Freiheit verzichtet.

Diese Lösung entspricht am ehesten den Vorschlägen von *Heinrich*, der auf die Notwendigkeit einer Mitwirkung des Opfers für den Nötigungserfolg abstellt[204]. Entscheidend kommt es für die hier vertretene Lösung jedoch nicht auf die Art und Weise des abgenötigten Verhaltens, sondern auf den damit verbundenen Freiheitsverlust des Opfers an. Dieser muss über das Unrecht des 1. Handlungsaktes der Deliktsbegehung hinausgehen.

Diese Lösung läßt sich auch mit der Struktur der Entschließungsfreiheit als Freiheitsrecht begründen. Bei allen Diskussionen um diesen Begriff wird doch immer wieder die Relativität des strafrechtlichen Freiheitsschutzes betont[205]. Dieses zeigt sich schon an den vorwiegend negativen Definitionsversuchen. Schlösse man dann hieran die These an, dass sich der Freiheitsschutz auf einen Schutz vor einer weiteren Intensivierung der vorhandenen Freiheitsbeeinträchtigungen zu beschränken habe, ergäben sich die vorangestellten Konsequenzen fast zwangsläufig. Denn so unterfiele die bereits durch die Bemächtigung oder Entführung dem Opfer genommene Freiheit bereits *per definitonem* keinem weiteren Freiheitsschutz und könnte somit nicht Objekt des mit dem zweiten Aktes erfolgenden Nötigungsangriffs sein.

cc) Der Vergleich zum Drei-Personen-Verhältnis

Versteht man den Tatbestand in dieser Art und Weise, erscheint die Ausdehnung auf Zwei-Personen-Verhältnisse konsequent. Es macht in der Tat keinen Unterschied, ob die Ausnutzung der Situation der Geisel nun zu einem weiteren echten Freiheitsverlust bei ihr selbst führt, oder ob ein anderer eine Freiheit aufgibt, um die Geisel vor einem weiteren Übel zu bewahren. Stellt man nicht entscheidend auf die perfide Ausnutzung der mitmenschlichen Solidarität, sondern auf die durch die Tat betroffenen Rechtsgüter ab, erscheint die Person des Nötigungsopfers für den beschriebenen Fall zweitrangig.

---

204 Vgl. oben C.II.2.a), S.53.

205 Vgl. dazu Maurach/Schroeder/Maiwald, BT 1, § 12, VI, 15, S. 134; Schönke/Schröder/Eser, Vor. §§ 234 ff., 2; ausführlich Jakobs, Nötigung, S. 78 ff.

Diese Vergleichbarkeit mit dem Drei-Personen-Verhältnis ist aber auch nur in diesen Fällen gegeben. In allen Fällen, in denen sich der Täter den Nötigungserfolg notfalls auch mit absoluter Gewalt selbst verschaffen kann, liegt ein struktureller Unterschied zwischen dem Zwei-Personen-Verhältnis und dem Drei-Personen-Verhältnis vor. Ist die Geisel mit dem Nötigungsadressaten nicht identisch, hängt das Erreichen des Nötigungserfolges zwingend von der Freiheitsaufgabe des genötigten Dritten ab. Gibt dieser dem Nötigungsdruck nicht nach, kann der Täter das Nötigungsziel nicht erreichen.
Diese Struktur muss auch im Zwei-Personen-Verhältnis vorliegen. Kann das Opfer den Nötigungserfolg nicht verhindern, sondern allenfalls den Weg dahin bestimmen, dürfen die §§ 239a, 239b keine Anwendung finden.

dd) Der Vergleich zu §§ 253, 255

Die aufgeworfene Thematik ist in ähnlicher Weise auch für § 253 bereits diskutiert worden. Gegen eine solche Lösung wird dort, neben den strukturellen Argumenten der Abgrenzung von § 253 zu § 249[206], vor allem eingewandt, es sei durchaus ein deliktsspezifischer Unterschied, ob der Täter sich den Erfolg selbst verschaffe oder ihn sich durch das Opfer verschaffen lässt. Im ersten Falle habe das Opfer nämlich die Chance einer erfolgreichen Gegenwehr.

Ein solcher Einwand vermag für die §§ 239a, 239b jedenfalls nicht zu überzeugen. Hat sich der Täter des Opfers tatsächlich bemächtigt, verfügt dieses nicht nur faktisch über keine Chance zur Gegenwehr mehr (dies wird bei den Erpressungsfällen auch häufig der Fall sein), sondern es darf dazu auch tatsächlich keine Gelegenheit mehr haben, denn ansonsten wäre das Opfer seiner *Schutz-* und *Verteidigungsmöglichkeiten* nicht hinreichend beraubt. Eine Bemächtigungs- oder Entführungssituation läge gar nicht vor.

Dabei kommt es - jedenfalls für §§ 239a, 239b - in keiner Weise auf eine Freiwilligkeit des Verhaltens an, wie es für § 253 häufig vertreten wird. In der Tat hat das Opfer zumeist keine andere Wahl, will es nicht die Drohungsrealisierung riskieren, so dass man kaum das Verhalten des Opfers als *freiwillig* bezeichnen kann. Entscheidend ist alleine, ob das Opfer genötigt wird, eine ihm verbliebene Freiheit aufzugeben, zwar in der Hoffnung dafür einen anderen Freiheitsspielraum wieder zu erlangen beziehungsweise eine Übelszufügung abzuwenden, oder aber nur auf die Verteidigung einer potentiell schon verlorenen Freiheit verzichtet[207].

---

206 Dazu im Einzelnen oben E.V.6.b)aa), S. 126.
207 Ähnlich zu § 253 auch LK-Lackner, 9.Aufl., § 253, 9.

b) Zwischenergebnis

Folglich muss das Opfer im Zwei-Personen-Verhältnis zwei Angriffen auf die persönliche Freiheit ausgesetzt sein. Zum einen muss durch die Bemächtigung seine Autonomie verletzt sein, zum anderen muss es weiter zu einer echten Freiheitsaufgabe genötigt werden. Diese Rechtsgutsverletzung der Nötigung darf sich dabei jedoch nicht nur als Kehrseite der Autonomieverletzung darstellen. Die dem Opfer abgenötigte Freiheit, kann daher keinesfalls bereits eine denkbare Folge der Autonomieverletzung sein. Den insoweit angestrebten Erfolg muss der Täter lediglich mit den Mitteln der Nötigung erreichen können.

VI. Andere Schutzgüter

Bevor nun zu untersuchen sein wird, welche Folgerungen sich aus den gefundenen Ergebnissen für die Auslegung der §§ 239a, 239b in Zwei-Personen-Verhältnissen ergeben, soll jedoch der Blick auf die durch die Vorschriften eventuell verletzten Rechtsgüter abgeschlossen werden.
Neben den genannten, in den Erörterungen häufig zu findenden Rechtsgütern, sind noch eine Reihe weiterer Rechtsgüter denkbar, die durch die Deliktsbegehung verletzt werden können. So werden in der Literatur noch vereinzelt weiterhin die Sicherheit, die psycho-physische Integrität des Genötigten, die Menschenwürde und bei § 239a das Vermögen genannt.

1. § 239 a die Sorge – Versuche einer extensiven Auslegung von § 239 a a.F.

Fraglich ist, ob zumindest bei § 239 a das Tatbestandsmerkmal *der Sorge* des Genötigten Anlass gibt, hierin die Verletzung eines weiteren Schutzgutes zu erblicken.

In die Diskussion ist insoweit vor allem das Schutzgut der *psycho-physischen Integrität des Genötigten* gebracht worden und hieran sind verschiedene Folgerungen geknüpft worden.

Aus diesem Schutzzweck leiteten vor allem *Dreher/Tröndle* bereits für die alte Fassung der §§ 239a, 239b eine Ausweitung der Tatbestände auf Zwei-Personen-Verhältnisse für Fälle ab, in denen der Geisel objektiv kein Schaden drohte, diese aber – beispielsweise unter Verweis auf die Sorge der Angehörigen – selbst zu einer Handlung genötigt wird[208].

---

208 Dreher/ Tröndle, bis zur 44. Aufl., § 239, 6; insoweit zustimmend Hansen, Tatbild, GA 1974, S. 363 ff.; Blei, BT, S. 78; von ihm aber offengelassen in Aufsätze, JA 1977, S. 93.

Auch die Rechtsprechung hat zumindest einmal auf dieses Rechtsgut zurückgegriffen. So wurde in einer Entscheidung des 1. Senates des BGH[209] in der Tat die Ansicht geäußert, der § 239a schütze *auch die psycho-physische Integrität des in Sorge Gebrachten.* In der Entscheidung, der eine Geiselnahme des eigenen Kindes – offenbar zur Regelung von Sorgerechtsangelegenheiten – zugrunde lag, wurde mit dieser Argumentation die Revision des Angeklagten, die sich darauf stützte, dass das Kind von den Vorgängen nichts bemerkt habe und somit in seinem Freiheitsspielraum nicht eingeschränkt gewesen sei, verworfen. Der Senat wandte sich mit der Betonung der Integrität des Nötigungsopfers gegen das Vorbringen der Revision, es würde an einer Freiheitsverletzung mangeln, da er diese zwar nicht bei dem Kind, wohl aber bei dem Nötigungsopfer als verletzt ansah.
Benötigt wurde dieses Rechtsgut hier also, um Fälle adäquat erfassen zu können, in denen es vermeintlich an einer Verletzung der persönlichen Freiheit der Geisel mangelte.

Letztlich hat aber auch *Hansen*[210] das Merkmal benutzt, um den Tatbestand einschränkend auszulegen und verlangt, der Genötigte müsse erhebliche Gefahren für Leib und Leben der Geisel konkret befürchtet, da nur so auch der Genötigte in seiner *psycho-physischen* Integrität verletzt sei.

Diesen Ansätzen ist die herrschende Meinung zu Recht nicht gefolgt.
Die psycho-physische Integrität des Genötigten ist kein eigenes Schutzgut der §§ 239a, 239b. Diesem Aspekt kann somit bei der Auslegung keine Bedeutung zukommen.

Zurückführen lässt sich die Formulierung der Sorge, aus der auf dieses Schutzgut geschlossen wird, auf die Verletzung der Muntgewalt in § 239a RStGB. Ob die Umformulierung des Tatbestandes insoweit geglückt ist, wird im Anschluss an *Schmidhäuser*[211] vor allem von *Hansen* bezweifelt[212].
Das Merkmal der Sorge ist jedenfalls nicht geeignet, den Tatbestand wirksam einzuschränken. Es lässt sich kaum eine reale Konstellation der Deliktsbegehung denken, in welcher der Täter seine Lösegeldforderung nicht an eine – zumindest nach seiner Vorstellung – um das Wohl des Opfers besorgte Person richtet[213].

209 BGH GA 1975, S. 53 Leitsatz c.

210 Hansen, Tatbild, GA 1974, S. 366.

211 Schmidhäuser, Einfluß, MSchrKrim 1973, S. 342 ff.

212 Hansen, Tatbild, GA 1974, 360.

213 Die hierzu angeführten Fälle, Terroristen entführten einen Menschen und könnten sich nicht vorstellen, dass das genötigte Unternehmen oder der genötigte Staat auch aus Sorge um das Wohlergehen der Person handelten, dürften der Lehrbuchkriminalität vorbehalten sein.

Inzwischen ist daher weitestgehend anerkannt, dass dieses Merkmal seine tatbestandsbegrenzende Funktion verloren hat und es auf die Intention des Zahlenden nicht ankommt[214].
Keinesfalls kommt hierdurch ein neues Rechtsgut ins Spiel, denn der Angriff auf die Sorge des Genötigten ist durch die Beeinträchtigung seiner Entschlussfreiheit bereits vollständig erfasst. Die Integrität des Genötigten kann dabei allenfalls soweit geschützt sein, wie seine Entschlussfreiheit geschützt ist.

Die Schlussfolgerungen, die aus diesem Rechtsgut gezogen wurden, treffen ebenfalls nicht zu. Die Ansicht, bereits die alte Tatbestandsfassung enthielte partiell Zwei-Personen-Verhältnisse, verkennt die Struktur und den Charakter der Delikte und widerspricht auch der ausdrücklichen Intention des Gesetzgebers, mit der alten Gesetzesformulierung solche Fälle gerade nicht tatbestandlich zu erfassen[215].

Auch in dem angeführten Urteil wäre ein Rückgriff auf dieses Rechtsgut nicht nötig gewesen. Abgesehen davon, dass es, wie der Senat richtig feststellt, für § 239a weder auf eine Freiheitsberaubung noch auf ein Bewusstsein der Freiheitsbeschränkung ankommt, lag in der Bemächtigungssituation durchaus eine Freiheitsbeeinträchtigung im oben festgestellten Sinne einer Autonomieverletzung. Auf eine eventuelle Verletzung weiterer Schutzgüter, als Ersatz für das Freiheitsrecht des Kindes, kam es somit nicht an.

Ebenfalls geht der Versuch *Hansens* fehl. Er erklärt sich aus der Einordnung der Delikte als Lebensgefährdungsdelikte und stellt einen Versuch dar, diese Tatbestände für ungefährliche Situationen zu reduzieren. Eine solche Reduktion stellt aber schon deshalb keinen geeigneten Weg zur Tatbestandsreduktion dar, weil es – wie dargestellt[216] – auf eine Lebensgefährdung nicht ankommt. Im Übrigen sei auf die oben angeführten Argumente gegen solche Überlegungen verwiesen.

In der Integrität des Genötigten ist daher kein Rechtsgut der §§ 239a, 239b zu sehen.

2. Die Menschenwürde

Vereinzelt wird ganz allgemein die Menschenwürde als Schutzgut der Geiselnahme und des erpresserischen Menschenraubes angesehen[217]. Die Tat wird

214 Vgl. Maurach/Schroeder/Maiwald, BT 1, § 15, V, 24, S. 158; Schönke/Schröder/Eser § 239a, 15; Lackner/Kühl § 239a, 5.
215 Vgl. zur Diskussion um die Ausweitung, oben B.III., S. 29 ff.
216 Vgl. oben E.IV., S.103ff.
217 Zum Folgenden: Schultz, Gewaltdelikte, ZBJV 1979, S. 447 f.

insoweit als Sonderfall der Nötigung aufgefasst, wobei das Charakteristische an der Tat der Missbrauch der Geisel als reines Mittel, ohne Einfluss und häufig auch ohne Verbindung zum Fortgang des Geschehens, zur Durchsetzung der Ziele des Täters sei. Hierin liege eine Missachtung der Menschenwürde, die nach dieser Ansicht einen eigenen Tatbestand mit der enormen Strafdrohung rechtfertige.

Dem wird aber entgegenzuhalten sein, dass ein abstrakter Schutz der Menschenwürde durch Strafvorschriften regelmäßig nicht gewährleistet werden kann. Das Strafrecht dient in seiner Gesamtheit auch dem Schutz der Menschenwürde, denn nur in den Fällen der Verletzung eines Rechtsgutes mit Verfassungsrang ist die staatliche Strafe gerechtfertigt. Insofern wird eine Verletzung der Menschenwürde bei fast jeder Strafnorm in gewisser Weise nachweisbar sein. Sämtliche strafrechtlich erfassten Schutzgüter sind in gewisser Weise Ausprägungen dieses Grundsatzes.
Insofern sich daher die Verletzung speziellerer Schutzgüter nachweisen lässt, verbietet es sich zur Rechtfertigung einer Strafnorm, alleine auf die Menschenwürde zurückzugreifen. Für die §§ 239a, 239b ist ein solcher Rückgriff jedenfalls nicht nötig[218].

3. Das Vermögen bei § 239 a

Möglich wäre auch noch, das Vermögen als Rechtsgut des § 239 a anzusehen. Hiergegen spricht aber, dass das Vermögen durch andere Vorschriften hinreichend geschützt ist. Für diesen Tatkomplex kommen insbesondere die §§ 253, 255 in Betracht. Eine so enorme Vorverlagerung der Strafbarkeit würde der Vermögensschutz nicht erfordern. Seinem Unrechtsschwerpunkt nach ist das Verbrechen daher kein Vermögensdelikt[219].

Indes soll nicht bestritten werden, dass mittelbar auch das Vermögen geschützt ist, denn dies ist in aller Regel das einzige Rechtsgut, auf dessen Verletzung es dem Täter ankommt[220]. Eine Auslegung der Vorschrift, die sich primär an dem Angriff auf das Vermögen orientiert, würde aber erhebliche systematische Unstimmigkeiten hervorrufen.

Insbesondere der Vergleich der §§ 239a und 239b zeigt, dass das Vermögen keinesfalls ein primär geschütztes Rechtsgut des § 239a sein kann. Beide Vorschriften laufen bis auf das Ziel der Nötigung und die Nötigungsmittel parallel.

---

218 Im Ergebnis ebenso Arzt, Revision, SchwZStR 1983, S. 267.

219 So schon Stockmayer, Das Verbrechen, S. 33 f. für § 239a RStGB, für § 239a StGB ebenso u.a. Krey, BT II, Rdn. 322; Lackner/Kühl § 239a, 1; Otto, Grundkurs, S. 105.

220 So auch Tröndle/Fischer § 239a, 4.

Ist hinsichtlich des Nötigungserfolges denkbares Ziel des § 239a lediglich ein Angriff auf das Vermögen des Opfers, kann mit einer Geiselnahme jedes beliebige Rechtsgut des Opfers gefährdet werden. Käme es entscheidend auf den letztlich angestrebten Erfolg an, ließe sich die Spannbreite der denkbaren Rechtsgutsangriffe des § 239b und die damit einhergehende Unbestimmtheit der Vorschrift kaum rechtfertigen. Zur Unrechtsbeschreibung kommt es auf den letztlich angestrebten Rechtsgutsverlust des Opfers somit nicht entscheidend an. Insoweit liegt der Unrechtsschwerpunkt, der die Gleichbehandlung der §§ 239a, 239b rechtfertigt, bereits in der perfiden Verletzung der Willensfreiheit des Genötigten.
Für die Auslegung der Vorschriften spielt das letztlich verletzte Rechtsgut ebenso wenig wie für § 239b bei § 239a eine Rolle.

4. Die Sicherheit

Ein verletztes Rechtsgut könnte letztlich die Sicherheit sein.

Das Sicherheitsempfinden der Allgemeinheit im weitesten Sinn ist bei Geiselnahmen und erpresserischen Menschenrauben, falls sie denn an die Öffentlichkeit gelangen, immer verletzt. Dies zeigt nicht zuletzt die intensive Berichterstattung über derartige Vorkommnisse. Auch im Rahmen der Gesetzgebungsgeschichte scheint dieser Aspekt nicht völlig vernachlässigt worden zu sein, denn alle Reformen in diesem Bereich sind – wie gesehen – Reaktionen des Gesetzgebers auf einzelne Straftaten. Besonders deutlich wird die Beeinträchtigung des Sicherheitsempfindens, wenn der Staat selbst das Nötigungsopfer ist, denn wie auch immer er handelt, wird er der erwarteten Schutzfunktion nicht gerecht[221].

Ein besonderes Rechtsgut des Vertrauens in den Staat oder dergleichen als Schutzgut der §§ 239a, 239b, widerspricht jedoch eindeutig den Gesetzesmaterialien und findet auch im Gesetz keine Stütze. Es spielten während der Entstehungsgeschichte der Vorschrift zwar vor allem politisch orientierte Geiselnahmen eine Rolle, und auch in der historischen Entwicklung lag in der politischen Ausrichtung der Delikte ein Schwerpunkt, die §§ 239a, 239b sollen aber nach dem Willen des Gesetzgebers nicht nur politisch orientierte Kriminalität ahnden. Aus der Gesetzgebungsgeschichte ist vielmehr eindeutig ersichtlich, dass gerade Vorschriften zum Schutze von jedermann geschaffen werden sollten[222].

221 Darauf weist zu Recht Arzt, Revision, SchwZStR 1983, S. 262 hin.
222 Vgl. insbesondere die Ablehnung des bayerischen Entwurfes des § 239b durch den Sonderausschuss, oben B.II.3, S. 27.

Denkbar wäre allenfalls, auf die allgemeine Sicherheit als Rechtsgut zurückzugreifen. *Kindhäuser*[223] hat den Versuch unternommen, die abstrakten Gefährdungsdelikte als Verletzungsdelikte des Rechtsgutes Sicherheit darzustellen. Er ist hierbei jedoch nicht auf Gefolgschaft gestoßen, vor allem deshalb nicht, weil dieses Rechtsgut konturlos ist und sich in seinen Ausprägungen erst als Folgeerscheinung anderer spezieller Vorschriften ergibt. Letztlich bringt ein solches Verständnis der Gefährdungsdelikte die Gefahr einer unüberschaubaren Ausweitung der Strafbarkeit mit sich[224].

Die Sicherheit ist daher als Rechtsgut der §§ 239a, 239b abzulehnen.
Durch die §§ 239a, 239b werden spezielle Rechtsgüter verletzt, ein Rückgriff auf das beeinträchtigte Sicherheitsempfinden sei daher, unabhängig von dem sonstigen Streit um dieses Rechtsgut, nicht nötig.

---

223 Kindhäuser, Gefährdung, S. 277 ff. u.pass.

224 Zur Kritik Roxin, AT, S. 358; zusammenfassend Zieschang, Gefährdungsdelikte, S. 351 ff.; vgl. auch Maurach/Schroeder/Maiwald, BT 2, § 60, I, 8 ff., S. 88.

VII. Folgerungen für die Auslegung

Abschließend bleibt zu untersuchen, welche Folgerungen sich nun aus der Betrachtung der Rechtsgüter für die Auslegung der §§ 239a, 239b in Zwei-Personen-Verhältnissen ergeben.
Festzuhalten ist dabei zunächst, dass neben der hier als Autonomie verstandenen persönlichen Freiheit des Opfers – durch die Nötigung – ein weiterer echter Angriff auf die Entschließungsfreiheit des Opfers für die Tatbestandserfüllung nötig ist.
Das Geschehen muss insoweit also in der Tat zweiaktig verlaufen, wobei durch jeden Akt eine separate Rechtsgutsverletzung vorliegen muss. In Frage steht nun, ob an diese Zweiaktigkeit neben der unterschiedlichen Rechtsgutsverletzung noch weitere Anforderungen zu stellen sind.
In den zu diesem Problemkreis ergangenen Entscheidungen ist im Anschluss an den Großen Senat wiederholt vertreten worden, es komme hierfür auf eine chronologische Zweiaktigkeit an. Im Anschluss an den Vorlagebeschluss des 2. Senates ist die These aufgestellt worden: Eine Unterscheidbarkeit des Nötigungsmittels vom Bemächtigungsmittel ist Voraussetzung des zweiaktigen Deliktsablaufes.

1. Die These von der chronologischen Zweiaktigkeit des Großen Senates

Zu untersuchen wird zunächst sein, ob sich diese Zweiaktigkeit als eine chronologische darstellen muss und somit diese These des Großen Senates zutreffend ist.
Um die unterschiedlichen Rechtsgutsverletzungen der beiden Handlungsakte zu trennen, verlangen der Große Senat und die ihm folgende Rechtsprechung des BGH[225] eine Abschichtung der Bemächtigung von der Nötigung. Diese liegt nach zwischenzeitlich gefestigter Rechtsprechung[226] dann nicht vor, wenn *die qualifizierte Drohung zugleich dazu dient, sich des Opfers zu bemächtigen und es in unmittelbarem Zusammenhang zu weitergehenden Handlungen zu nötigen*[227].

Erkennbar ist das Bestreben des Großen Senates mit seinem Kriterium, einer notwendigen chronologischen Zweiaktigkeit des Geschehensablaufes, die Tatbestände der §§ 239a, 239b für eine Reihe praktisch relevanter Fälle einzuschränken. Von dieser Einschränkung sind nämlich die häufigen Fälle erfasst, in denen das Opfer unter Vorhaltung einer Schusswaffe zu einer weiteren

225 Vgl. im Einzelnen oben C.III.1, S. 56.
226 Vgl. aber zur Entwicklung oben C.III.2.c), S. 59.
227 BGHSt. 40, 350, S. 359 und dem Großen Senat hier folgend:. BGH NStZ 1996, 277; BGH NStZ 1996, 276; BGH BGHR StGB § 239a Konkurrenzen 2.

Handlung, Duldung oder Unterlassung genötigt wird. Der Große Senat sieht darin lediglich eine qualifizierte Bedrohung des Opfers, die dieses veranlasst, dem Wunsche des Täters zu folgen, ohne dass der durch die Bedrohungssituation vorhandenen *Bemächtigungssituation die für § 239b StGB eigenständige Bedeutung zukommt*[228].
Anwendung hat diese Einschränkung in der bisherigen Judikatur vor allem auf räuberische Erpressungen mit Schusswaffen gefunden, in denen eine Verurteilung nach §§ 239a, 239b stets abgelehnt wird[229].

In seinem Urteil äußert sich der Senat jedoch nicht zur Frage der dogmatischen Einordnung seiner Überlegungen, sondern gibt nur vage an, sie folge aus *Wortlaut, Aufbau und systematischer Stellung der Vorschrift*. Insofern der Große Senat damit von den Voraussetzungen einer einschränkenden Auslegung ausgeht, müssten diese Restriktionsbemühungen eine Stütze im Gesetz finden.
Der einzig ersichtliche Anknüpfungspunkt im Wortlaut der §§ 239a, 239b ist insoweit der Bemächtigungsbegriff.

a) Ein alter Streit in neuem Gewand?

Mit den Ausführungen des Großen Senates scheint ein alter Streit neue Nahrung zu bekommen, der längst als entschieden galt. Bereits unter der Geltung der §§ 239a, 239b a.F. war strittig, ob der Tatbestand vorliege, wenn die Bemächtigung mit einer Pistole geschah und hierin zugleich die Nötigung (wenn auch einer dritten Person) lag.

Die Gegenansicht geht auf *Blei*[230] zurück. Bereits 1977 verlangte er, dass die Bemächtigung von der Nötigung abzuschichten sei. Nur so bliebe der Charakter des Deliktes als ein ins *subjektive verlagertes zwei-aktiges Delikt*[231] gewahrt. Um dieses Ziel zu erreichen, untersuchte Blei den seines Erachtens *schwammigen Begriff* der *Bemächtigung*. Er lehnte dieses Tatbestandsmerkmal in den Fällen ab, in denen der Täter durch die Drohung mit der Waffe keine über die §§ 240, 253, 255 hinausreichende Sachverhalte schafft und die Betroffenen ihm somit nicht in einer Art und Weise ausgeliefert sind, die über diese Tatbestände hinausgehen.
Die Drohung als solche soll in diesen Fällen nie, auch nicht wenn sie dem Opfer jeglichen Spielraum nimmt[232], als Bemächtigung angesehen werden.

---

228 BGHSt. 40, 350, S. 359.
229 Vgl. C.III.1, S. 56.
230 Blei, Menschenraub, JA 1975, S. 164; ders., BT, S. 77.
231 So schon Blei, Menschenraub, JA 1975,S. 164.
232 Was bei einer Bedrohung mit einer Waffe in der Regel der Fall sein wird.

In der Sache lehnte also *Blei,* ebenso wie der Große Senat, bereits für die alte Tatbestandsfassung eine Anwendung der Tatbestände für diese praktisch häufigen Fälle ab.

Gegen diese Ansicht hat sich vor allem *Rengier*[233] gewandt.
Zutreffend weist er darauf hin, dass auch durch eine Drohung mit einer Schusswaffe dem Opfer jeglicher Bewegungsspielraum genommen ist und sich auch hierdurch der Täter der physischen Herrschaft über das Opfer bereits ohne weitere Sicherungsmaßnahmen sicher sein kann.
Rengier wendete sich insbesondere gegen die Konstruktion *Bleis,* die Drohung müsse der Nötigung zeitlich nachfolgen. Gegen eine solche Abschichtung führte er an, dass das Unrecht im Ergebnis das Gleiche bleibt unabhängig davon, ob das Opfer nun nur kurz oder etwas länger in der Gewalt des Täters sei und wohl kaum beispielsweise die Ausstattung einer Bank mit Zeitschaltuhren und eine damit einhergehende Verzögerung des Geschehensablaufes über die Strafbarkeit des Täters entscheiden dürfe[234].
Auch spräche ein effektiver Rechtsgutsschutz (seines Erachtens vor allem die Integrität der Geisel) gegen eine solche Auslegung. *Blei* hingegen schiede gerade die vergleichsweise gefährlichen Bemächtigungsmethoden von den Tatbeständen aus. Da letztlich im Gegensatz zur zweiten Alternative der §§ 239a, 239b für die erste Alternative der Vorschriften gerade die Drohungsabsicht mit der Bemächtigung zeitlich zusammenfallen muss, fand für *Rengier* eine Zäsur auch keine Stütze im Gesetz.

Einschränkungsmöglichkeiten sah *Rengier* auch nicht in den Fällen einer Bedrohung mit einer Scheinwaffe, da es keinen Unterschied darstelle, ob die Geisel sich einer Bedrohung mit einer echten oder einer Scheinwaffe gebeugt hat und die Geisel zumindest psychischen Gefahren ausgesetzt war.
Diese Ansicht führte nun aber auch bei *Rengier* nicht zu dem Schluss, dass nun jeder Bankraub mit einer Waffe auch eine Geiselnahme wäre, denn zumindest in den Fällen, in denen auch der Kassierer selbst bedroht wurde, schied mangels einer dritten Person eine Strafbarkeit nach §§ 239a, 239b a.F. aus.

Auch der BGH hat früher wiederholt die bloße Bedrohung mit einer Schusswaffe als Bemächtigung für die §§ 239a, 239b genügen lassen, ohne hierin ein größeres Problem zu sehen. Dabei wurde eine Verurteilung auch nicht davon abhängig gemacht, ob die Waffe echt war oder nicht[235].

233 Rengier, Bedrohung, GA 1985, S. 314 ff.

234 *Der Lauf einer Stoppuhr darf nicht über die Strafbarkeit entscheiden,* Rengier, a.a.O. S. 317.

235 Vgl. u.a. BGHSt. 25, 386,388; BGH NStZ 1986, 166; BGH NStZ 1987, 914 f.; NStZ 1989, 113.; BGH NJW 1990, 1055.

Diese Ansicht konnte bis zum Urteil des Großen Senates als gefestigte Rechtsprechungs- und Literaturmeinung[236] gelten.

Da eine solche Auslegung auch in sich schlüssig ist, ist kein Grund gegeben, hier eine Einschränkung anzuknüpfen. Eine rigorose Einschränkung des Tatbestandes für die praktisch relevantesten Fälle der Bemächtigung mit einer Waffe erscheint somit nicht diskutabel.
Grundsätzlich ist eine Bemächtigung mithin auch mit einer Schusswaffe möglich, in diesem Bereich haben Überlegungen zu einer einschränkenden Auslegung keinen Raum.

Da also zur Begründung des Weges des Großen Senates nicht an das Tatbestandsmerkmal der Bemächtigung angeknüpft werden kann, ein anderer Anknüpfungspunkt im Wortlaut der Vorschriften aber nicht ersichtlich ist, stellen die Überlegungen des Großen Senates auch keine Auslegung mehr dar.
Sie könnten allenfalls als teleologische Reduktion haltbar sein, wenn deren Voraussetzungen erfüllt wären. Eine solche teleologische Reduktion wäre indes, wie dargestellt[237], nur mit einer internen, der Struktur der Delikte entspringenden, Rechtfertigung möglich.
Der Große Senat betont in seiner Entscheidung ausdrücklich, seine Interpretation folge aus der Struktur des unvollkommen zweiaktigen Deliktes[238]. Zu fragen ist daher, ob in der Dogmatik der mehraktigen Delikte eine solche Rechtfertigung der Überlegungen des Großen Senates liegen könnte.

b) Einaktige Begehung zweiaktiger Delikte

Knüpft man an die Dogmatik der mehraktigen Delikte an, stellt sich die Frage, ob sich hier tatsächlich etwas für diesen Streitpunkt gewinnen lässt.
In den vom Großen Senat angeführten Fällen stellt sich die Situation dergestalt dar, dass beide tatbestandlichen Handlungen – die Bemächtigung der Geisel und die Nötigung derselben – in einem Handlungsakt zusammenfallen. Die Überlegungen des Großen Senates und die daran anknüpfenden Entscheidungen halten ein solches Zusammentreffen der Handlungsakte nicht für tatbestandlich.
Es erscheint jedoch sehr zweifelhaft, ob eine solche Reduktion sich tatsächlich auf die Dogmatik der mehraktigen Delikte stützen kann und insbesondere der Struktur der §§ 239a, 239b Rechnung trägt.
Mit anderen Worten - es wird zu untersuchen sein, was sich aus der Dogmatik der mehraktigen Delikte zum Problem der einaktigen Begehung gewinnen lässt.

---

236 Vgl. statt aller Schönke/Schröder/Eser § 239a, 7.
237 Vgl. oben D.II.4.c), S. 69.
238 BGHSt. 40, 350, S. 355.

aa) Das Verhältnis der Teilakte

Grundsätzlich lässt sich im Anschluss an die eingehenden Untersuchungen von *Lund*[239] zur Dogmatik der mehraktigen Delikte das Verhältnis der Teilakte eines mehraktigen Deliktes folgendermaßen beschreiben. Nötig ist zumindest, dass der erste Teilakt Rahmenbedingungen schafft, die für die Rechtsgutverletzung durch den zweiten Teilakt einen signifikanten Gefahrenfaktor darstellen. Wegen der Verlagerung des zweiten Teilaktes (der beabsichtigten Nötigung) ins Subjektive, kommt es bei den §§ 239a, 239b bezüglich dieser Gefahr lediglich auf die Vorstellung des Täters an, so dass der Streit, ob die hervorgerufene Gefahr eine konkrete oder abstrakte sein muss, hierbei keine Rolle spielt. Will der Täter nötigen, liegt jedenfalls nach seiner Vorstellung insoweit eine konkrete Gefahr einer bevorstehenden Nötigung vor.

Es lassen sich verschiedene Arten der Gefahrerhöhung durch den ersten Teilakt unterscheiden.
Den ersten Teilakt kann man nach seiner Art als Dauer- oder Zustandsteilakt ansehen. Während der *Unrechtsgehalt der Zustandsdelikte*, nach *Lund*[240], darin liegt, dass der Täter *die Schwächung der Opferschutzsphäre* oder die *Erhöhung seines Handlungspotentials* bewusst herbeiführt, besteht der Unrechtsgehalt bei den *Dauerteilakten* in der bloßen *Innehabung einer Herrschaftsposition in der Opfersphäre* oder über den Gegenstand des erhöhten Handlungspotentials, unabhängig von der Art und Weise der Erlangung dieser Sonderposition.
Unabhängig von der Qualität des Teilaktes kann eine Unterscheidung danach erfolgen, ob bereits ein individualisiertes Opfer geschwächt wird oder der Täter sich lediglich aufrüstet, um so sein Handlungspotential im Hinblick auf das Gelingen und die Intensität der Rechtsgutsverletzungen erhöht. Andererseits gibt es die Möglichkeit, dass mehrere Teilakte zusammen eine *synergetisch abstrakte* Gefährlichkeit aufweisen.

Erforderlich - aber auch ausreichend - ist also ein eigener Unrechtsgehalt der beiden Teilakte, wobei sich entweder die Gefährlichkeit des zweiten Aktes aus dem ersten ergeben muss oder beide Teilakte zusammen eine gesteigerte Gefahr darstellen. Diese Voraussetzungen werden bei dem Zusammentreffen von Dauer- und Zustandsteilakten, wegen der Innehabung einer Herrschaftsposition über einen Aspekt der Opfersphäre immer, bei einem Zusammentreffen von mehreren Zustandsteilakten nicht zwingend, vorliegen.

239 Lund, Mehraktige Delikte, S. 176.
240 Lund, Mehraktige Delikte, S. 180.

bb) Folgerungen für das uno-actu-Problem

Aus diesen Ausführungen lassen sich dann auch schon Schlüsse für die Lösung des angesprochenen uno-actu-Problems für die §§ 239a, 239b ziehen.

Im Drei-Personen-Verhältnis treffen in der Tat alle angesprochenen Voraussetzungen zusammen. So wird durch die Bemächtigung/ die Entführung die *Opferschutzsphäre der Geisel geschwächt.* Der erste Teilakt der Deliktsbegehung stellt sich durch die Erlangung der physischen Gewalt über die Geisel gleichzeitig *als Aufrüstung des Bedrohungspotentials gegenüber dem Nötigungsadressaten* und schließlich auch als *synergetischer Gefahrenfaktor* für eine abstrakte Leib- oder Lebensgefahr für die Geisel dar[241].

Fraglich ist indes, ob gleiches auch im Zwei-Personen-Verhältnis gilt. Anders als im Drei-Personen-Verhältnis kann man hier durchaus an der eigenständigen Bedeutung des ersten Aktes zweifeln, wenn dieser mit dem Nötigungsakt identisch ist.
Da beide Akte sowohl hinsichtlich des Mittels als auch hinsichtlich der Dauer und Intensität identisch sind, liegt in der Bemächtigung für sich somit keine über die Nötigung hinausgehende Schwächung des Opferschutzes. Eine *Aufrüstung* des Täters gegenüber dem Nötigungsadressaten ist im Zwei-Personen-Verhältnis wegen der Identität der Opfer auch nicht denkbar, und letztlich steigert sich die Gefahr für das Opfer im Vergleich zum Nötigungsunrecht wegen der Identität der eingesetzten Mittel auch nicht.

Der einzige Anknüpfungspunkt für ein vom zweiten Akt zu unterscheidendes Unrecht des ersten Handlungsaktes der Deliktsbegehung wäre somit die Herrschaftsposition über das Opfer, die den Dauerakten der Entführung und Bemächtigung, wie gesehen[242], anhaftet. Einzig diese Herrschaftsposition über das Opfer geht über das Nötigungsunrecht hinaus. Dieser Dauerakt rechtfertigt die grundsätzliche Möglichkeit einer einaktigen Begehung des Deliktes.

cc) Der Dauerakt einer kurzzeitigen Bemächtigung

An einem solchen, auf Dauer angelegten, Element scheint der Große Senat bei einer kurzzeitigen, mit der Nötigung identischen, Bemächtigung zu zweifeln. Dabei stellt der Große Senat keinesfalls die grundsätzliche Möglichkeit einer einaktigen Begehung der Delikte in Abrede, sondern verlangt lediglich, dass

241 So Lund, Mehraktige Delikte, S. 196, der aus diesem Zusammentreffen aller Schutzaspekte den hohen Strafrahmen rechtfertigen will.

242 Vgl. oben E.III.3.e)aa), S. 91.

sich die Bemächtigungssituation *stabilisiere*. Dies scheint ihm vor allem bei einem längeren Andauern des Geschehensablaufes vorzuliegen.

Bei der Betrachtung der Verletzung der Autonomie der Geisel haben wir schon gesehen, dass sich aus der Zeitspanne der Angriffsdauer kein Einschränkungsbedarf der §§ 239a, 239b ergibt, nun wird sich zeigen, dass ein solcher auch dogmatisch nicht gerechtfertigt ist.
Hierzu sei noch einmal auf die Entführung und Bemächtigung zurückgegriffen.

Richtigerweise ist nämlich die Entführung selbst mehraktig, sie hat – in der angeführten Terminologie[243]– einen *Zustandsteilakt*, den Ortswechsel, und einen *Dauerteilakt*, die Beibehaltung der hilflosen Lage des Opfers, also Beseitigung der Autonomie und Aufrechterhaltung dieser Situation.

Ähnlich kann grundsätzlich auch eine Bemächtigung ablaufen. Zunächst die Erlangung der Herrschaft über die Person als Zustandsteilakt, sodann als Dauerteilakt die Aufrechterhaltung dieser Situation.

Der Ausgangspunkt der Interpretation des Großen Senates ist im Dauerteilakt der Bemächtigung / Entführung angesiedelt, den er offenbar fälschlich für unterscheidbar vom Zustandsteilakt der Gewalterlangung über das Opfer hält. Anwendbar scheinen dem Großen Senat die §§ 239a, 239b nur in den Fällen, in denen der Zustandsteilakt abgeschlossen ist und sich hieran ein fortdauernder Dauerteilakt anschließt, der mit der Nötigung einhergeht. Eine solche Unterscheidbarkeit der Teilakte wird bei der Entführung durch die Änderung der Situation mit dem Ortswechsel in der Regel vorliegen, bei einer bloßen Bemächtigung dann nicht, wenn Drohung und Bemächtigung in unmittelbarem Zusammenhang stehen. Insofern erscheint die Argumentation des Großen Senates schlüssig. Noch deutlicher wird diese Argumentation im Vorlagebeschluss des 2. Senates, der ausdrücklich eine deutliche Unterscheidung von Nötigung und Bemächtigung verlangt, die bei einer Identität der eingesetzten Mittel nicht vorliege.
Gleichwohl erscheint es auch bei einer solchen Auslegung möglich, dass Bemächtigungsmittel und Nötigungsmittel identisch sind, wenn die Anwendung nur deutlich genug zu unterscheiden ist. Dies scheint aber auch der Große Senat, wenn die Bemächtigungssituation länger anhält und sich somit *stabilisiert*, nicht für ausgeschlossen zu halten[244].

Fraglich ist jedoch, ob sich diese Trennung wirklich durchführen lässt, und ob es dogmatische Gründe gibt, die sie rechtfertigen.

---

243 Vgl. dazu oben E.VII.1.b)aa), S. 145.
244 Vgl. BGHSt. 40, 350, S. 359.

Eine solche Unterscheidung des Zustandsteilaktes und des Dauerteilaktes der Bemächtigung oder der Entführung ist in einigen Fällen durchaus möglich.
Bei der Entführung lassen sich durch die Ortsveränderung beide Akte sauber trennen, nachdem der neue Ort erreicht wurde, ist der Zustandsakt abgeschlossen, der Dauerteilakt hingegen hält an.
Auch bei einer Bemächtigung im Drei-Personen-Verhältnis lassen sich die Akte trennen, nachdem die Person sich in der Gewalt des Täters befindet und der Täter sich der Nötigung Dritter zuwendet, ist der Zustandsakt abgeschlossen, der Dauerteilakt hingegen hält an. Zwar mag es Fälle geben, in denen der Täter zugleich mit der Bedrohung der Geisel den Kassierer zur Herausgabe des Geldes auffordert. Die Handlungsakte ließen sich aber auch hier trennen, denn das Opfer der Nötigung wird ja dann zumindest deshalb zahlen, um die Geisel vor weiteren Gefahren zu schützen. Zu diesem Zeitpunkt muss der Handlungsakt der Bemächtigung somit also – wenn auch nur für Sekundenbruchteile – bereits abgeschlossen sein. Befand sich jedoch zur Zeit der Nötigung die Geisel noch gar nicht in der umfassenden Gewalt des Täters, liegt keine vollendete Geiselnahme vor, denn ein hinreichender Autonomieverlust ist noch nicht eingetreten. Eine Präventivzahlung mag unter §§ 253, 255 fallen, sie ist keine Geiselnahme im Sinne von § 239b.

Lediglich in den Fällen, in denen das Opfer selbst genötigt wird, ist eine solche Zäsur nicht zwingend gegeben. Der Dauerteilakt hält häufig nicht über die Dauer des Zustandsteilaktes hinaus an. Eine solche erkennbare Zäsur läge eben allenfalls in den Fällen vor, in denen sich die Bemächtigungssituation stabilisiert und damit erkennbar wird, dass der Handlungsteilakt der Gewalterlangung über das Opfer abgeschlossen ist, der Zustand der Unfreiheit für die Geisel hingegen noch andauert.

Eine solche Trennung der Teilakte ist jedoch nicht erforderlich. Sie verkennt, dass gerade bei der Entführung und der Bemächtigung das für ein Dauerdelikt charakteristische Unterlassungsunrecht von Anfang an mitwirkt. Bereits nach der ersten tatbestandlichen Ausführungshandlung – und eben nicht erst nach Festigung der Situation – ist der Täter verpflichtet, die Freiheit der Geisel wiederherzustellen.

Eine Trennung von *Entführungshandlung* und *Entführung* hat für § 237 a.F. schon *Dreher* als undurchführbar abgelehnt[245]. Er führt aus, dass gerade bei der Entführung die Versetzung in eine hilflose Lage entweder bereits mit Beginn der Entführung vorliege oder allmählich eintrete. Somit ließe sich bei der Entführung in aller Regel nicht sagen, wann der Handlungsteilakt beendet sei, sich die Begehungstat also in eine Unterlassungstat wandele.

---

245 Dreher, Meinungsstreit, NJW 1972, S. 1643.

Das Dauerelement der Handlung beginnt also nicht erst nach Beendigung des Zustandselementes, sondern wirkt schon von Beginn an mit. Dies wird besonders deutlich in Fällen, in denen die Entführungshandlung des Opfers lange anhält.
Als Beispiel sei auf den Getreidefeldfall verwiesen. Wann war das Opfer in einer hilflosen Lage und somit die Entführungshandlung beendet? Bereits als es von mehreren Männern gepackt wurde? Erst als der Parkplatz verlassen war, beim Betreten des Getreidefeldes, oder erst als der schlecht einsehbare Platz mitten im Feld erreicht war?
Mit jedem Schritt intensiviert sich die Verletzung der Autonomie des Opfers. Der Dauerteilakt beginnt somit bereits mit dem Beginn des Zustandsteilaktes[246]. Bereits ab dem Handlungsbeginn gibt es ein Unterlassungsunrecht, welches sich mit dem weiteren Handlungsablauf ständig intensiviert.

Die hierbei gewonnenen Erkenntnisse lassen sich aber auch auf die Bemächtigung übertragen. Auch hierbei wird das Autonomierecht des Opfers während des gesamten Vorganges beeinträchtigt, die Rechtsgutsverletzung intensiviert sich, so dass auch hier dem Geschehen von Beginn an das Unterlassungsunrecht des Dauerteilaktes anhaftet. Eine Abschichtung des Zustandsteilaktes von dem Dauerteilakt erscheint hier im Zwei-Personen-Verhältnis regelmäßig kaum denkbar. Im Unterschied zum Drei-Personen-Verhältnis, in dem mit dem Aussprechen der Nötigung gegen den Dritten eine Zäsur erfolgt, werden hier zumeist in einem engen raum-zeitlichen Zusammenhang die Bemächtigung und die Nötigung fließend ineinander übergehen. Soweit der Täter sich des Opfers für einen größeren Zeitraum bemächtigen will, wird er es regelmäßig an einen anderen – von ihm beherrschten – Ort bringen, so dass bereits eine Entführung vorliegt.
Eine Stabilisierung der Bemächtigungssituation ist daher nicht nur theoretisch nicht erforderlich, sondern wird auch praktisch selten vorliegen.

Insofern sind bei der Entführung und der Bemächtigung die beiden Teilakte begriffslogisch teilidentisch. Bereits mit Beginn des Zustandsteilaktes beginnt auch der Dauerteilakt. Mithin liegt also bereits zu diesem Zeitpunkt auch das Unrecht eines Dauerteilaktes vor. Einer Beendigung des Zustandsteilaktes und einer Stabilisierung der Situation bedarf es somit für die Unrechtsbeschreibung nicht.

246 Dreher, Meinungsstreit, NJW 1972, S. 1643, entwirft zu § 237 a.F. den Fall, dass eine Frau auf einen LKW gezerrt wird und dort beim Fahren mißbraucht wird. Nach ihm lag hier mangels eines Bestimmungsortes keine Trennung von Dauer- und Handlungsteilakt vor.

Bereits zum Zeitpunkt des Beginns der Bemächtigungs-/ Entführungshandlung liegt mit dem Erfolgsunrecht der Autonomiebeeinträchtigung ein – von der Nötigung klar abgrenzbarer – Unrechtsgehalt dieses Handlungsaktes vor.

Es gibt somit keine dogmatischen Gründe, die dagegen sprächen, eine uno-actu Begehung der §§ 239a, 239b zuzulassen. Es liegt jedenfalls kein deliktsrelevanter Unterschied in den Fällen einer stabilisierten Bemächtigung und einer mit der Nötigung einhergehenden Bemächtigung vor.

2. Die Identität der Mittel

Nachdem bereits die These einer notwendigen chronologischen Zweiaktigkeit des Geschehensablaufes einer kritischen Prüfung nicht standgehalten hat, kann auch die These, dass das Bemächtigungsmittel mit dem Nötigungsmittel nicht identisch sein kann, keinen Bestand haben. Diese Auffassung klingt in einigen Entscheidungen, die im Anschluss an den Großen Senat ergangen sind, an, wird besonders stark jedoch im Vorlagebeschluss zum Urteil des Großen Senates vom 2. Senat vertreten[247].

Schon grundsätzlich gibt es keine Gründe, die dafür sprächen, dass verschiedene Teilakte eines Deliktes mit unterschiedlichen Mitteln zu begehen sind. Gerade bei einer uno-actu-Begehung wird dies auch in der Regel nicht der Fall sein. Für die §§ 239a, 239b dürfte beispielsweise unstrittig sein, dass bei einer Entführung und Bemächtigung im ersten Abschnitt, wegen der Teilidentität der Gewalterlangung über das Opfer und der Aufrechterhaltung dieser Situation, auch die dabei verwandten Mittel identisch sind.
Daneben wird der Zwang, den der Entführer zur Aufrechterhaltung der Situation anwendet, in aller Regel identisch mit dem Nötigungszwang sein. Dies räumt offenbar auch der Große Senat ein, denn dass das entführte Opfer nun mit der Pistole an einer Flucht gehindert wird, die Entführung hiermit also aufrecht erhalten wird und mit dem gleichen Mittel die Nötigung durchgesetzt wird, hindert die Anwendung der Vorschriften nach dem Urteil des Großen Senates nicht. Hieraus lässt sich nur der Schluss ziehen, dass es jedenfalls dem Großen Senat weniger um die Diskrepanz der Drohmittel geht als vielmehr um die chronologische Zweiaktigkeit des Geschehens. Es erscheint jedenfalls nicht schlüssig, im Gegensatz zur Entführung, bei der Bemächtigung einen Wechsel des Nötigungsmittels zu verlangen.

Insbesondere da seit der Reform von 1989 auch die Drohung mit Freiheitsentziehung von über einer Woche Dauer als Nötigungsmittel genügt, erscheint die

247 BGH NStZ 1994, S. 430 ff.; vgl. u.a BGH DAR 1996, S. 322f; ansatzweise wohl auch BGH JR 1998, S. 126.

Notwendigkeit eines vom ersten Akt deutlich zu unterscheidendem Nötigungsmittels nicht folgerichtig. Für die zweite Alternative des § 239b[248] genügt nach dem Wortlaut ausdrücklich die Bedrohung des gefangenen Opfers mit einer entsprechenden Fortdauer der Situation. Hier sind also die Mittel, mit denen die Entführung oder Bemächtigung aufrecht erhalten werden soll, und die Bedrohungsmittel identisch. Wieso für die erste Alternative eine solche Identität nicht zulässig sein soll, erscheint nicht nachvollziehbar.

Letztlich führte die Abschichtung der Bemächtigungsmittel von den Nötigungsmitteln zur Begünstigung des brutalen, sogleich mit größtmöglichster Gewalt vorgehenden, Täters[249]. Während der Täter, der sich des Opfers erst mit vergleichsweise geringer Gewalt, zum Beispiel durch Verwendung eines Messers, bemächtigt und hiermit droht, sodann das Druckmittel erhöht, beispielsweise zur Pistole greift, nach §§ 239a, 239b bestraft werden kann, wäre dies nicht möglich, wenn er sogleich die Pistole eingesetzt hätte. Eine solche Auslegung kann nur schwer überzeugen. Zu Recht fragt *Renzikowski,* ob die Strafbarkeit davon abhängen soll, ob der Täter eine oder zwei Waffen benutzt hatte[250]. Wie der *Ehrenwort-Fall* schildert, scheint die Entwicklung in der Tat in diese Richtung zu verlaufen, denn für den 1. Senat kam es offenbar entscheidend darauf, dass der Täter erst mit einer Pistole und dann mit einer Handgranate drohte. Sinn der §§ 239a, 239b ist aber sicher nicht, das Opfer davor zu schützen, mit mehreren Waffen angegriffen zu werden.

3. Ergebnis

Mithin zeigt sich also: Von den Ausführungen des Großen Senates kann einzig die Grundvoraussetzung der Notwendigkeit einer Abschichtung der Nötigung von der Bemächtigung/ Entführung Bestand haben.
Die zu dieser Abschichtung vom Großen Senat und den Senaten entwickelten Kriterien hielten hingegen einer kritischen Prüfung nicht stand. Eine formale Abgrenzung nach dem Mittel erwies sich dabei genauso wenig tragbar wie eine chronologische Abschichtung der Handlungsakte.

Als taugliches Abgrenzungskriterium hat sich hingegen die Qualität des vom Täter erstrebten Opferverhaltens ergeben. Hier darf aber wieder nicht bei dem formalen Kriterium der Außenwirkung stehen geblieben werden.

---

248 Nach Dreher läge immer auch ein Fall der 1. Alternative vor.

249 Hieran entzündet sich auch die Kritik von Renzikowski, Zweiaktigkeit, JR 1998, S. 127; Otto, Grundkurs, S. 107; Tröndle/Fischer, § 239a, 6b; Schönke/Schröder/Eser, § 239a, 13.

250 Renzikowski, Zweiaktigkeit, JR 1998, S. 127.

Entscheidend kommt es vielmehr darauf an, ob das vom Täter dem Opfer abgenötigte Verhalten dieses zu einem echten Freiheitsverlust zwingt, oder ob das Opfer dem Täter nur ein solches Mehr an Freiheit gibt, welches der Täter sich durch die Erlangung der Herrschaft über das Opfer ansonsten auch selbst hätte verschaffen können.

F. SCHLUSSFOLGERUNGEN

Zu untersuchen ist nun abschließend, welche Folgerungen sich aus den gefundenen Ergebnissen für verschiedene Bereiche ergeben. Hierzu sollen diese Thesen vor allem auf die oben bereits erwähnten Sachverhalte der divergierenden Senatsentscheidungen angewandt werden. Die Ergebnisse werden sodann mit den vorhandenen Lösungen verglichen und so auf ihre Praktikabilität geprüft. Hierbei wird dann auch zu analysieren sein, welche Änderungen der Vorschriften *de lege ferenda* zu erwägen wären.

Zunächst wird das vorhandene Fallmaterial zu § 239a analysiert, anschließend werden die Folgerungen der gefundenen Lösung auf § 239b angewandt. Wegen der besonderen Schwierigkeiten der Fälle, in denen tatbestandlich auch die §§ 177 ff. erfüllt sind, soll hierbei zwischen Fällen mit und ohne Bezug zum Sexualstrafrecht unterschieden werden.

I. Folgerungen zu § 239a

Von den durch die BGH-Senate entschiedenen Fällen ist in den *Bank-*, *Scheckkarten-*, *Autoschlüssel-* und in Teilen der *Auto-*, *Schulhof- und Tiefgaragenfälle* der § 239a einschlägig.

Am Anfang der Analyse soll der *Bank-Fall*[1] stehen, in dem das Opfer durch Drohungen genötigt wurde, seine Hausbank telefonisch zu einer Überweisung zu veranlassen. Auch in diesem Fall gelangt man mit der vorgeschlagenen Lösung, ebenso wie der 1. Senat, zu einer Anwendung des § 239a.
In der Nötigung des Opfers zur Kontaktaufnahme mit seiner Hausbank liegt ein taugliches Nötigungsziel. In der Überwindung des dagegen vorhandenen Widerstandes des Opfers erfolgt ein echter Angriff auf die Willensentschließungsfreiheit, welcher nicht bereits durch den Angriff auf die Autonomie hinreichend erfasst ist. Soweit ist das Opfer zu einer Handlung genötigt, die der Täter mit dem gleichen Erfolg nicht selbst hätte vornehmen können. Nur der Anruf des Bankkunden versprach, hinsichtlich der gewünschten Überweisung, den nötigen Erfolg.
Zum gleichen Ergebnis kommt man im *Scheckkarten-Fall*[2]. Auch hier wird das Opfer genötigt, Geld von einer Quelle – hier dem Bankautomaten – zu beschaffen, welche sich außerhalb des unmittelbaren Zugriffsbereiches des Täters befindet.
Das Ziel des Nötigungsangriffs, das Geld auf der Bank, befand sich in beiden Fällen nicht im unmittelbaren Einwirkungsbereich des Täters. Um zu seinem Er-

1 Sachverhalt oben C.I.1.b); S. 39.
2 Sachverhalt oben C.I.1.c); S. 40.

folg zu gelangen, bedurfte er zwingend der Mitwirkung des Opfers. Den erforderlichen Beitrag des Opfers konnte der Täter aber nicht mit bloßer *vis absoluta* erzwingen, sondern musste hierzu einen entgegenstehenden Willen des Opfers, sein Geld auf der Bank an ihn nicht herauszugeben, durch Drohung brechen.
Zwar gleichen insoweit die Ergebnisse denen der *Außenwirkungstheorie*. Für die vorgeschlagene Lösung kommt es jedoch nicht entscheidend auf die *Außenwirkung* des abgenötigten Verhaltens an, sondern auf den Charakter des Angriffes auf die Willensentschließungsfreiheit.

Das Gegenbeispiel zu diesen Fällen bildet der *Autoschlüssel-Fall*[3], in dem der Täter das Opfer durch Vorhalten einer Waffe zur Herausgabe seiner Autoschlüssel nötigte. Zwar käme man mit der vorgeschlagenen Lösung, ebenso wie der 1. Senat, nicht zu einer Bestrafung des Täters nach § 239a jedoch aus anderen Gründen. Entscheidend ist nicht, dass der Täter seine Forderung ausschließlich mit der Waffe, die auch das Bemächtigungsmittel ist, durchsetzt, sondern dass er sich den Erfolg auch ohne die Nötigung hätte verschaffen können. Den Autoschlüssel hätte sich der Täter auch selbst nehmen können, das Opfer hatte keine Chance, diesen Verlust zu verhindern. Bereits durch die Bemächtigung hatte der Täter nicht nur die tatsächliche Gewalt über das Opfer, sondern auch über die Gegenstände des Opfers, die im unmittelbaren Einwirkungsbereich des Täters waren, und hierzu gehörte auch der Autoschlüssel.

Auf der gleichen Ebene liegen Teile der *Auto-*[4], *Schulhof- und Tiefgaragen-Fälle*[5]. Soweit es in diesen Fällen um die vom Täter erzwungene Herausgabe des vorhandenen Bargeldes geht, kommt nach der vorgeschlagenen Lösung der § 239a ebenfalls nicht zur Anwendung. Auch hier fehlt es an einer echten Beeinträchtigung der Entschließungsfreiheit. Die Opfer waren in der Gewalt des Täters und hatten keine Chance, den Verlust des Bargeldes zu verhindern. Sie konnten lediglich mit der freiwilligen Herausgabe verhindern, dass der Täter sich den Besitz des Geldes selbst durch Anwendung von vis absoluta verschafft. Steht dem Täter aber als Alternative der Weg über die Anwendung von Gewalt zur Erreichung seines Zieles offen, verbleibt für die §§ 239a, 239b, mangels einer echten Beeinträchtigung der Willensentschließungsfreiheit, kein Raum.

Vergleicht man diese Fälle mit den zuerst genannten *Scheckkarten-* und *Bank-Fällen*, fällt auf, dass die Anwendung der §§ 239a, 239b alleine von der Zahlungsmethode des Opfers abhängt. Dieser Befund könnte nun dazu führen, dass – wie die Theorie der Außenwirkung – auch diese Lösung mit *Renzikowskis*

---

3 Sachverhalt oben C.III.1; S. 56.
4 Sachverhalt oben C.I.1; S.38.
5 Sachverhalt oben C.I.1.a); S.38 f.

Vorwurf belegt würde, insoweit käme es zu einer *unrechtssteigernden Wirkung des bargeldlosen Zahlungsverkehrs*. Ob eine Steigerung der tatsächlichen Strafandrohung im Einzelfall tatsächlich zutrifft, mag hier dahinstehen[6], die Unterscheidung der Fälle rechtfertigt sich jedenfalls durchaus. Die Angriffsintensität und die Bedrohung des Vermögens des Opfers unterscheiden sich in beiden Fällen nämlich erheblich.
Insofern ist für die Ungleichbehandlung auch die Gleichstellung der räuberischen Erpressung mit dem Raub kein Argument. Bei den §§ 249, 253 f. rechtfertigt sich die Gleichbehandlung im Ergebnis damit, dass für das tatbestandliche Unrecht entscheidend auf den Verlust der Sache abgestellt wird und nicht auf den Weg der Erlangung derselben. Für die §§ 239a, 239b steht aber – jedenfalls nach der hier vorgenommenen Auslegung – nicht der Verlust einer Sache im Mittelpunkt des Unrechts, sondern der Angriff auf die Freiheit des Opfers. Nur für diese Fälle rechtfertigt sich auch die Gleichbehandlung der verschiedenen abgenötigten Objekte. Unter diesem Gesichtspunkt stellt es in der Tat einen deliktsrelevanten Unterschied dar, ob der Täter das sich in seiner Gewalt befindliche Opfer zu einem Verzicht auf eine über dieses Gewaltverhältnis hinausgehende Freiheit nötigt oder nicht und sich nur etwas geben lässt, was er sich auch hätte nehmen können.

Darüber hinausgehend darf nicht vergessen werden, dass mit dem bargeldlosen Zahlungsverkehr weit größere Risiken verbunden sind, als mit dem Raub von mitgeführtem Geld. Erlangt der Täter beispielsweise die Geheimzahl des Kunden, ein Fall, der nach dieser Lösung sicher unter § 239a fiele, ist damit für das Vermögen des Opfers ein weit höheres Risiko verbunden, als mit der Erlangung der Geldbörse. Geschickt eingesetzt kann der Täter, bevor er das Opfer freilässt, dessen Konto weit über den Rahmen des tatsächlich vorhandenen Vermögens schädigen.

Die mit der Abpressung von Geheimnummern oder Ausfüllung von Schecks etc. verbundene Unrechtssteigerung dürfte letztlich auch der Verkehrsanschauung entsprechen, nach der gerade für größere Summen der bargeldlose Zahlungsverkehr als der sichere Weg angesehen wird, Eingriffen in diesen Bereich somit durchaus eine unrechtssteigernde Wirkung zukommen.

Entscheidend – das soll hier noch einmal nachdrücklich betont werden – ist für die Deliktseinordnung jedoch nicht das letztendlich verletzte Rechtsgut und dessen Verletzungsintensität, sondern die Ausnutzung der Gewalt des Täters über das Opfer zu einem Angriff auf dessen Entschließungsfreiheit.

---

6 Es bleibt auch für Bargeld noch eine Strafbarkeit nach §§ 249 ff. mit ebenfalls erheblichen Mindeststrafen.

II. Folgerungen für § 239b

Vielschichtiger als die Folgerungen bei § 239a erscheint die Anwendung der gefundenen Lösung auf § 239b.

1. Fälle mit Bezug zum Sexualstrafrecht

Wegen der enormen praktischen Relevanz, welche den Anstoß zu den divergierenden Entscheidungen des BGH gab, soll zunächst die Lösung auf die entschiedenen Fälle angewandt werden, in denen nach der alten Fassung des § 239b nur eine Strafbarkeit gemäß §§ 177 ff. gegeben war.

Fälle, in denen das Opfer zu sexuellen Handlungen gezwungen wurde, sind in der Judikatur des BGH zu der Neufassung des § 239b wiederholt zu finden. In den *Auto-*, *Schulhof-*, *Wald-* und *Getreidefeld-Fällen* lag hierbei das vom Täter angestrebte Verhalten des Opfers in der Duldung sexueller Handlungen des Täters. Im *Tiefgaragen-Fall* lag es hingegen in der Vornahme sexueller Handlungen durch das Opfer.
Fraglich ist, wie nach der vorgeschlagenen Lösung diese Fälle zu behandeln wären. Es ist jedenfalls einsichtig, dass für beide Fallgruppen eine einheitliche Lösung zu finden ist. Die Strafbarkeit kann nicht von den im Hinblick auf das verletzte Rechtsgut belanglosen Zufälligkeiten des Einzelfalls abhängen.

Der Blick auf das verletzte Rechtsgut liefert aber auch hier die Problemlösung. § 177 schützt unstrittig primär die geschlechtliche Selbstbestimmung. Dabei geht der § 177 in seiner Textfassung ausdrücklich davon aus, dass für die Tatbestandserfüllung die Art und Weise dieser Rechtsgutsverletzung irrelevant ist[7].

a) Der Bezug der Freiheit zur sexuellen Selbstbestimmung zum Autonomierecht

Zu untersuchen ist daher, in welchem Verhältnis die Freiheit der sexuellen Selbstbestimmung zu den von § 239b verletzten Rechtsgütern steht.

Schon begrifflich stellt die sexuelle Selbstbestimmung einen Teilbereich der Autonomie dar[8]. Der Angriff auf die sexuelle Selbstbestimmung erscheint insoweit als Teil des Verlustes der Autonomie des Opfers.
Jede Vergewaltigung und sexuelle Nötigung hat zwangsläufig zur Folge, dass der Täter die Gewalt über das Opfer gewinnt. Dabei kommt es auch nicht auf die

7 Dies ist auch die allgemeine Ansicht in der Literatur vgl. statt aller Lackner/Kühl § 177, 7 m.w.N.
8 Ausführlich zum Rechtsgut Sick, Sexuelles Selbstbestimmungsrecht, S. 82 f.

Art der Tat an, denn auch wenn der Täter das Opfer sexuelle Handlungen an sich vornehmen läßt, benötigt er dafür ebenfalls die physische Herrschaft über das Opfer. Der Täter ist derjenige, der die Gewalt über das Opfer hat und den Verlauf des Geschehens bestimmt. Eine solche Tat ohne Gewalterlangung über das Opfer erscheint nicht möglich. Diese Konsequenz ist ja bekanntlich ein Grund für die Restriktionsversuche des 1. Senates, mit denen er dem § 177 einen eigenen Anwendungsbereich neben § 239b erhalten wollte.

Fraglich ist dabei für die hier vertretene Auslegung lediglich, ob sich der Freiheitsangriff der Sexualdelikte in dieser Verletzung der Autonomie erschöpft oder aber eine für § 239b erforderliche weitere notwendige Beeinträchtigung der Entscheidungsfreiheit des Opfers vorliegt.
Eine Lösung lässt sich auch hier mit den bei § 239a angewandten Grundsätzen finden, indem danach gefragt wird, ob der Täter zum von ihm gewünschten Ergebnis alleine durch Anwendung von *vis absoluta* kommen könnte.

Eine Gewaltanwendung ist schon im Begriffe der Ver**gewalt**igung enthalten. Das Wesen des Deliktes ist auch seiner historischen Entwicklung nach stets mit einer Gewaltanwendung verbunden gewesen[9]. Folgerichtig hat der BGH im Rahmen des § 177 strenge Maßstäbe an den Gewaltbegriff geknüpft, der dort teilweise enger als bei § 240 ist[10]. Verlangt wird eine körperliche Zwangswirkung, die einen entgegenstehenden Widerstand des Opfers beseitigt. Im klassischen Fall einer Vergewaltigung kann davon ausgegangen werden, dass ein körperlicher Widerstand körperlich gebrochen wird[11].

Zwar ist von § 177 auch die Drohung tatbestandlich erfasst, dies ändert am Charakter des Deliktes jedoch nichts, denn auch hier sind als Drohmittel nur solche mit einer unmittelbaren Gewalteinwirkung auf das Opfer erfasst. Insoweit steht also wiederum die Gewaltanwendung im Vordergrund. Der Täter soll nicht deshalb privilegiert werden, weil sich ihm das Opfer bereits aus Angst vor der Gewalt, die er einzusetzen bereit ist, fügte.
Für den Täter kommt es zur Erlangung seines Zieles jedoch nicht zwingend auf dieses Wohlverhalten des Opfers an, er hat die Möglichkeit, den Willen des Opfers - und damit auch den vom Opfer erbrachten Widerstand - jederzeit durch die Anwendung absoluter Gewalt zu brechen. Geschützt ist durch dieses Delikt somit primär ein *Teilaspekt einer physischen Freiheit* des Opfers, auf einen darüber hinausgehenden Bruch der Willensfreiheit kommt es für die Deliktsverwirklichung nicht an.

---

9 Ausführlich Sick, Sexuelles Selbstbestimmungsrecht, S. 93 u. pass., mit Verweis auf historische Bezüge.

10 Vgl. LK-Laufhütte, 11. Aufl., § 177, 3, Lackner/Kühl § 177, 4, Sick, Sexuelles Selbstbestimmungsrecht, S. 100 ff.

11 So Sick, Sexuelles Selbstbestimmungsrecht, S. 130.

Besonders deutlich zeigt die Gesetzesfassung des § 177 I Alt. 3 n.F., dass hier eine über die Erlangung der Gewalt über das Opfer hinausgehende weitere Beeinträchtigung des Willens des Opfers nicht nötig ist. Mit dieser Vorschrift soll die Konstellation, in der das Opfer unter dem Eindruck des absoluten Ausgeliefertseins auf Widerstand verzichtet, dem Fall gleichgestellt werden, in dem der Täter vis absoluta anwendet. Diese Gleichbehandlung zeigt aber, dass auch der Gesetzgeber von einem identischen Unrecht beider Alternativen ausgeht[12]. Da das Opfer seiner Abwehrmöglichkeiten beraubt ist und auch von dritter Seite keine Hilfe mehr erwarten kann, kommt es folgerichtig auf den Einsatz weiterer Nötigungsmittel zur Deliktscharakterisierung gerade nicht an. Das Opfer ist dem Täter auf Gedeih und Verderb ausgeliefert. Es hat nicht die Möglichkeit, den Angriff auf die sexuelle Selbstbestimmung zu verhindern, wenn der Täter zu allem entschlossen ist.

Es zeigt sich daher: Der Kern des Deliktes erschöpft sich in der Verletzung der Autonomie über das Opfer. Ein weiterer Angriff auf die Willensentschließungsfreiheit ist nicht gegeben. Hat der Täter bereits physisch die komplette Macht über das Opfer erlangt, hat dieses nicht mehr die Wahl, ob der tatbestandliche Erfolg eintritt, sondern kann allenfalls noch den Weg dazu bestimmen. Insoweit liegt hier ein Fall vor, in dem das Opfer allenfalls die Wahl hat, ob der Täter zur Erreichung seines Zieles *vis absoluta* einsetzen muss, oder ob es sich dem Täter ohne Gewaltanwendung fügt. Wenn das Opfer aber hinsichtlich des letztlich eintretenden Rechtsgutsverlustes keine echte Verhinderungsmöglichkeit hat, sondern allenfalls die Art und Weise dieses Verlustes bestimmen kann, liegt ein echter Angriff auf die Entscheidungsfreiheit nicht vor. Insoweit ist auch kein Unterschied nach der Art der abgenötigten sexuellen Handlung zu machen. Selbst wenn das Opfer selbst zu derartigem Tun genötigt wird, beschränkt sich der Angriff auf die sexuelle Selbstbestimmung als Teilbereich der Autonomie.

§ 239b hat jedoch eine andere Struktur. Zur Deliktsverwirklichung ist eine Nötigung erforderlich, die das Opfer zur Aufgabe von über die Autonomie hinausgehenden Freiheiten zwingt. Um das Opfer zur Aufgabe dieser weiterer Freiheiten zu motivieren, genügt die bloße Ausnutzung einer vorhandenen schutzlosen Situation im Regelfall nicht, sondern es müssen ihm weitere erhebliche Übel in Aussicht gestellt werden, die es in seiner Entscheidungsfindung beeinflussen.

Im Unterschied zu diesen Konstellationen beschränkt sich der Angriff auf die sexuelle Selbstbestimmung auf eine Missachtung der Autonomie des Opfers, ein weitergehender Angriff, der dem Geschehen den Charakter einer Geiselnahme

12 Auf die Gleichwertigkeit der dritten zu der ersten Alternative hebt insbesondere BGHSt 44, 228 ab.

verleiht, liegt jedoch nicht vor. Es handelt sich hier gerade nicht um das Brechen eines Willens, sondern, wie die Benennung der Freiheit als sexuelle Selbstbestimmung schon vermuten lässt, lediglich um einen Angriff auf einen Teilbereich der Autonomie des Opfers.
Die Vergewaltigung mag die gravierendste Form der Missachtung der Autonomie des Opfers sein, sie hat aber hier ihren Unrechtskern. Der Angriff erstreckt sich gerade auf die autonome Gestaltung der Freiheit im Bereiche des Sexuallebens. Zu einer weitergehenden Beeinträchtigung der Entschließungsfreiheit kommt es jedoch nicht.

b) Ergebnis zur Anwendung von § 239b

Somit unterscheiden sich die Fälle des §§ 177 ff. wesentlich von denen der §§ 239a, 239b. In Fällen der Geiselnahme hat das Nötigungsopfer, wenn auch häufig nur um den Preis des Lebens der Geisel, die Möglichkeit, der Nötigung standzuhalten und damit den vom Täter angestrebten Erfolg zu verhindern.

Entscheidendes Abgrenzungskriterium ist somit – ebenso wie bei § 239a – die Frage, inwieweit das Opfer das Gelingen des Nötigungserfolges in der Hand hat. Nur in den Fällen, in denen der Erfolg nicht unabhängig von seinem Verhalten eintritt, liegt ein echter Angriff auf die Willensentschließungsfreiheit vor. Nur dann haftet dem Geschehen der für die Delikte charakteristische Freikaufcharakter an. Hieran fehlt es jedoch bei Fällen der Vergewaltigung. Diese stellen keine Geiselnahme im Sinne des § 239b dar.

Dieser Lösung kann nicht der Vorwurf gemacht werden, sie schreibe der sexuellen Selbstbestimmung ein niedrigeres Gewicht als beispielsweise dem Vermögen zu. Ein solcher Vorwurf verkennt den Charakter der §§ 239a, 239b. Schutzgut ist hier eben nicht primär das durch das abgenötigte Verhalten beeinträchtigte Rechtsgut, sei es das Vermögen oder die sexuelle Selbstbestimmung, sondern im Mittelpunkt des Unrechts steht der Angriff auf die persönliche Freiheit des Opfers. Diese muß sowohl durch die Verletzung seiner Autonomie als auch durch die Beeinträchtigung der ihm noch verbliebenen Restfreiheit beeinträchtigt werden. Nur wenn beide Angriffe in der beschriebenen Weise vorliegen, ist das Unrecht der §§ 239a, 239b erfüllt.
Der Vorwurf ist aber auch in der Sache verfehlt. Für Fälle sexueller Nötigung und Vergewaltigung bietet § 177 einen ausreichenden Strafrahmen, der für schwere Fälle dem der §§ 239a, 239b nicht nachsteht. Zur angemessenen Ahndung der Delikte ist der Rückgriff auf § 239b somit nicht nötig.

Dies zeigt auch ein Vergleich zu den Drei-Personen-Verhältnissen. Hier konnte der angestrebte Nötigungserfolg nur in einer Konstellation in der Verletzung der sexuellen Selbstbestimmung liegen und zwar für den Fall, dass der Täter die

Hingabe einer dritten Person als Nötigungsziel bezweckte. Diese Fälle hätten, sollten sie tatsächlich eine praktische Relevanz gehabt haben, jedoch eine andere Struktur als die unmittelbare Vergewaltigung der Geisel. In diesen Fällen würde in der Tat auf die Entschließungsfreiheit eingewirkt, der Täter könnte sein Ziel ohne *„Einwilligung"* des Opfers nicht erreichen. Bereits in dem Erscheinen am vereinbarten Ort läge eine für § 239b hinreichende Nötigung. Dass sich diese Fälle von den „normalen" Vergewaltigungsfällen grundlegend unterscheiden und sich somit eine andere Behandlung rechtfertigt, liegt auf der Hand.

c) Folgerungen für das vorhandene Fallmaterial

Mit der vorgeschlagenen Lösung kommt man daher in allen eingangs genannten Fällen nicht zu einer Anwendung des § 239b.

Im *Tiefgaragen-Fall*[13], in dem das Opfer in einer Tiefgarage zur Vornahme von sexuellen Handlungen am Täter gezwungen wurde, gelangt man nun zur gleichen Lösung wie der 1. Senat, auch im *Wald-Fall*[14], bei welchem der Täter das Opfer erst entführte und anschließend vergewaltigte, unterscheiden sich die Ergebnisse nicht. Unabhängig von der Art der abgenötigten sexuellen Handlungen kommt man in beiden Fällen nicht zu einer Anwendung des § 239b.
Ein dem *Wald-Fall* vergleichbarer Sachverhalt liegt dem *Auto-Fall*[15] zugrunde, wo demzufolge entgegen der Ansicht des 1. Senates die Anwendbarkeit des § 239b ebenso nicht in Betracht zu ziehen ist. Auf der gleichen Ebene liegt der *Getreidefeld-Fall*[16], in dem man mit der vorgeschlagenen Lösung entgegen der Ansicht des Großen Senates den § 239b jedoch ebenfalls nicht anwenden dürfte, da sich auch hier die Tat lediglich als Vergewaltigung des Opfers unter Ausnutzung der schutzlosen Situation im Getreidefeld darstellt.

Problematischer ist der *Hochhaus-Fall*[17]. Hier hatte der Täter das Opfer in den Keller geführt, um es sexuell zu missbrauchen, wobei es diesem gelungen war sich kurzzeitig loszureißen und an eine Passantin zu klammern. Bei genauer Analyse hätte hier wohl konsequenterweise auch die Außenwirkungstheorie die Anwendung des § 239b ablehnen müssen, denn zum Zeitpunkt, in dem nach Ansicht des 3. Senates die Außenwirkung der Nötigung vorgelegen haben soll, war eine Bemächtigungssituation gar nicht mehr vorhanden. Das Opfer hatte sich nämlich dort bereits aus der Gewalt des Täters befreit und an eine Passantin geklammert, mithin hatte zu diesem Zeitpunkt der Täter die tatsächliche Gewalt

13 Sachverhalt oben C.I.1.a); S.38 f.
14 Sachverhalt oben C.I.1.b); S. 39 f.
15 Sachverhalt oben C.I; S. 37.
16 Sachverhalt oben C.I.3.a); S. 45.
17 Sachverhalt oben C.I.4.a); S. 47.

über das Opfer verloren. Auch drohte der Täter nicht mit einer Übelszufügung an dem Kind, wenn die Passantin dieses nicht wieder hergebe, sondern hierzu fühlte sich diese aufgrund des aggressiven Auftretens des Täters – wohl vor allem ihr gegenüber – genötigt. Die Passantin handelte somit primär aus Angst um ihre eigene Integrität. Eine Konstellation des § 239b lag somit zu diesem Zeitpunkt gar nicht vor.

2. Fälle ohne Bezug zum Sexualstrafrecht

Das Gegenbeispiel zu diesen Fällen mit Bezug zum Sexualstrafrecht bildet der *Brücken-Fall*[18]. Hier liegt eine tatsächliche Nötigung der Geisel vor und somit findet der § 239b Anwendung.

Daher kommt man hier mit der hier vorgeschlagenen Lösung zu dem gleichen Ergebnis wie der 5. Senat, ohne jedoch auf das zweifelhafte Kriterium der Verwirklichungsnähe der Gefahr abzustellen. Das Opfer wird durch Todesdrohungen gezwungen, Informationen preiszugeben. Insoweit ist hier ein Freiheitsspielraum tangiert, der dem Opfer trotz des weitgehenden Verlustes seiner persönlichen Freiheit noch verblieben ist. Dieser Fall zeigt, wie sich diese Betrachtungsweise von der *Außenwirkungstheorie* unterscheidet. Es kommt nämlich nicht darauf an, wo das abgenötigte Verhalten seine Wirkung zeitigt, sondern welchen Charakter die Nötigung besitzt. Der Angriff auf die Willensentschließungsfreiheit bleibt jedoch der Gleiche, unabhängig wo das Verhaltens seine Ursachen entfalten soll. Somit vermag diese auf die verletzten Rechtsgüter abstellende Lösung auch solche Fälle angemessen zu erfassen, die willkürliche Differenzierung nach dem Ort des Erfolgseintritts ist somit nicht nötig.

a) Das Problem des zeitlichen Zusammenhanges

Diese Unabhängigkeit vom Ort darf jedoch nicht darüber hinwegtäuschen, dass der Zeitpunkt, an welchem dieses Verhalten seine Wirkung entfalten soll, weiterhin mit dem Zeitpunkt des Autonomieverlustes zusammen fallen muss. Insoweit gelangt man auch hier ansatzweise zu den gleichen Ergebnissen wie die neuere Rechtsprechung[19].

Die in den angeführten Entscheidungen angestellten Erörterungen stellte der BGH unter dem Gesichtspunkt des Zeitpunkts des Eintritts des Nötigungserfolges an. Diese Einordnung ist jedoch nicht ganz korrekt, denn in allen den Entscheidungen zugrunde liegenden Sachverhalten hatte das Opfer sich dem

---

18 Sachverhalt oben C.I.2.a); S. 43.

19 Vgl. dazu im Einzelnen C.III.2.a); S. 57 ff.

Täter gegenüber zu einer Erklärung über sein künftiges Verhalten bereitgefunden. Ein abgenötigtes Verhalten lag mit dieser Erklärung sicher vor, so dass grundsätzlich der § 239b Anwendung finden müsste.
Entscheidend dürfte in diesem Bereich die Frage sein, welchen Charakter das abgenötigte Verhalten für § 239b aufweisen muss. Genügt die Kundgabe der Bereitschaft des Opfers, Forderungen des Täters nach Freilassung zu erfüllen, oder bedarf es einer Manifestation dieses Versprechens – etwa durch Niederschrift oder Abgabe einer vermeintlich gesicherten Erklärung, wie im *Ehrenwort-Fall*[20]? Für den Wortlaut des § 239b kommt es, wie der Große Senat zutreffend betont[21], auf eine bestimmte Charakterisierung des Verhaltens nicht an.

b) Der Charakter des abgenötigten Verhaltens

Dennoch erscheint fraglich, ob in diesem Bereich nicht gleichwohl eine Eingrenzung vorzunehmen ist, oder ob es für die Tatbestandserfüllung wirklich irrelevant ist, welches Verhalten der Täter dem Opfer abnötigt.

Neben den schon angesprochenen Nötigungserfolgen in der Abgabe einer Erklärung künftigen Verhaltens, lässt sich diese Problematik besonders gut am *Hochhaus-Fall* zeigen.
Hier liegt das für § 239b relevante Verhalten des Opfers wohl neben der – nach dieser Ansicht lediglich für die §§ 177 ff. relevanten – Duldung sexueller Handlung darin, dass es dem Täter zunächst aus der Wohnung in den Keller folgen musste.
Fraglich ist jedoch, ob dies die Anwendung des § 239b rechtfertigen kann.

Der Schlüssel zur Problemlösung liegt auch hier in der erforderlichen Beeinträchtigung der Entschließungsfreiheit des Opfers. Das vom Täter dem Opfer abgenötigte Verhalten darf sich nicht darauf beschränken, dass dieses dem Täter etwas geben muss, was er sich durch die Erlangung der Autonomie über das Opfer auch nehmen könnte.

In allen Fällen, in denen der Täter lediglich den durch die Autonomieverletzung bereits tangierten Freiheitsrahmen des Opfers weiter verletzt, liegt eine Geiselnahme nicht vor. Nach den oben bei der Beschreibung des Autonomierechts geschilderten Erwägungen ist der Umfang der Freiheit vor Fremdbestimmung der weitest denkbare. Angriffe in diesen Bereich sind somit relativ umfassend, so dass für die durch erneute Angriffe auf die Willensfreiheit verletzbaren Restfreiheiten nur ein geringer Anwendungsbereich verbleibt.

20 Sachverhalt oben C.III.2.a); S. 57 ff.
21 BGHSt. 40, 350, S. 357.

Erscheint die Charakterisierung der durch die Nötigung angestrebte Freiheitsverletzung bei Begehungsweisen mit einem Bezug zu Vermögenswerten relativ klar, stellen sich bei § 239b hier nicht unerhebliche Schwierigkeiten ein. Ob die angestrebte Freiheitsverletzung bereits Folge der Gewalt des Täters über das Opfer ist, oder aber ein echter Angriff auf die Willensentschließungsfreiheit vorliegt, dürfte nicht in allen Fällen klar auf der Hand liegen.

Jedenfalls den *Hochhaus-Fall* wird man jedoch aus dem Anwendungsgebiet des § 239b heraushalten können. Der Gang in den Keller war gerade erst die Vollendung der Entführung. Dieses hätte der Täter, insoweit eine Bemächtigungssituation überhaupt schon vorlag[22], gegebenenfalls auch mit vis absoluta erzwingen können. Es kann jedenfalls nicht sein, dass in Entführungsfällen die Vollendung der Entführung bereits als vollendete Geiselnahme behandelt wird. Ansonsten läge in allen Fällen, in denen die Entführung nach erfolgter Bemächtigung nicht lediglich mit vis absoluta aufrecht erhalten wird, bereits damit eine Geiselnahme vor. Ein solcher Lösungsweg widerspricht aber, wie gezeigt[23], der Funktion des § 239b.
Ähnlich gelagert sind auch all jene Konstellationen, in denen das Opfer am Schreien oder dergleichen gehindert wird. Dieses alles dient der Sicherung der Gewalt des Täters über das Opfer, es ist keine über den Autonomieverlust hinausgehende Rechtsgutsbeeinträchtigung ersichtlich.

Man mag das Problem mit folgendem Beispiel auf die Spitze treiben: Der Täter bemächtigt sich eines Opfers und zwingt es zur Selbstverstümmelung oder gar zur Selbsttötung durch die Drohung mit weiteren Qualen im Sinne von § 226.
Auch hier liegt keine Geiselnahme vor. Die erzwungene Handlung ist eben auch hier nur Ausnutzung des totalen Bestimmungsrechts des Täters über das Opfer. Hier kann der Täter dem Opfer im Ergebnis mit Gewalt alles auch selber antun, tut er dies nicht, sondern zwingt das Opfer, es selbst zu tun, ändert das an der Qualität der Rechtsgutsverletzung nichts. Sie ist und bleibt alleinige Folge der Autonomieverletzung. Es stellt eben auch keine Geiselnahme dar, wenn der Täter das Opfer bei einer Entführung lediglich körperlich misshandelt oder gar tötet. Mögen diese Eingriffe erheblich sein und eine harte Strafe fordern, sie liegen hinsichtlich ihrer Angriffsrichtung nicht im Bereiche des § 239b.

Soweit dem Opfer also ein Verhalten abgenötigt wird, welches nicht bereits nach diesen Erwägungen aus dem Anwendungsbereich des § 239b fällt, muss nach der Intensität der Freiheitsbeeinträchtigung gefragt werden.
Um die Anwendung des § 239b zu rechtfertigen, ist eine gewisse Erheblichkeit des abgenötigten Verhaltens notwendig. Mit ihr sollte zumindest ein Minimum

---

22 Vgl dazu oben.F.II.1.c); S. 160.

23 Siehe oben E.V.7.a)aa), S. 129 f.

an realer Freiheitsbeeinträchtigung auf Seiten des Opfers verbunden sein. Bloße Bagatellbeeinträchtigungen werden die Entschließungsfreiheit des Opfers kaum ernsthaft tangieren. Indes ist zuzugeben, dass sich eine genaue Grenze abstrakt kaum ziehen lässt. Ein Indiz für die Erheblichkeit des Verhaltens dürfte indes alleine darin liegen, dass sich der Täter mit dem Opferverhalten zufrieden gibt. Nutzt der Täter die Macht über das Opfer nicht zu einer weitergehenden Nötigung aus, scheint jedenfalls aus seiner Sicht die Tat Erfolg gehabt zu haben. Hinzu kommt, dass Fälle, in denen es dem Täter von vorneherein lediglich auf eine Bagatellhandlung ankommt, praktisch kaum vorkommen werden. Der Täter wird sich wohl schwerlich eines Opfers bemächtigen oder es gar entführen, es sodann in tatbestandlicher Weise erheblich bedrohen, um es lediglich zu einer Bagatellhandlung zu nötigen.

Das insoweit abgenötigte Verhalten schränkt das Opfer ja auch kaum ernsthaft ein. Ein bloßes Zugeständnis künftigen Verhaltens, welches das Opfer nur unerheblich belastet, wird das Opfer nicht wirklich in seinen Freiheiten beeinträchtigen. Jedenfalls dann nicht, wenn es alleine für die Freilassung erfolgt und damit die Beziehung des Täters zum Opfer beendet ist.
Etwas anderes ist es jedoch dann, wenn das Opfer befürchten muss, bei Zuwiderhandlung von dem Täter weitere Repressalien zu erwarten. Diese Konstellation unterfällt jedoch nicht dem Anwendungsbereich der §§ 239a, 239b.
In den meisten Fällen dürfte eine Anwendung des § 239b daher zu verneinen sein.

Letztlich kommt es in diesem Bereich jedoch auf den Einzelfall an. Insbesondere die genannten neueren Entscheidungen des BGH[24], die Bestrafungsaktionen im kriminellen Milieu betrafen, vermögen aber zu überzeugen. Im Ergebnis wird das Opfer hier weniger deshalb zu einem zukünftigen Verhalten motiviert, um nun freizukommen, sondern es muss vor allem befürchten, bei Zuwiderhandlungen erneut bestraft zu werden. Druckmittel ist hier primär nicht die gegenwärtige Gewalt des Täters über das Opfer, sondern zugleich – und somit als Garantie für das Wohlverhalten – die konkludente Drohung mit einer erneuten Übelszufügung.
Diese Drohung erfüllt den Tatbestand der §§ 239a, 239b jedoch nicht. Entscheidend für diese Delikte ist, ob der Täter primär seine gegenwärtige Macht über das Opfer zu einer Nötigung ausnutzt. Die Drohung mit zukünftiger Macht genügt nicht.
Insoweit bildet der *Ehrenwort-Fall*[25], in welchem das Opfer, ein Vorsitzender Richter am LG Augsburg, durch Vorhalten einer Waffe und einer Handgranate

24 Sachverhalte oben C.III.2.a); S. 57 ff.
25 Sachverhalt oben C.III.2.a); S. 57 ff.

gezwungen wurde, Forderungen des Täters an Dritte niederzuschreiben und diesem zu versprechen, sich für deren Realisierung einzusetzen, den Grenzfall. Der Täter durfte hier wohl kaum annehmen, dem Opfer wieder in einer Situation zu begegnen, in der er auf das Opfer Druck oder Gewalt ausüben konnte. Nach der unwiderlegt gebliebenen Einlassung gab sich der Täter mit dem Erfolg deshalb zufrieden, weil er dachte, der Richter fühle sich an sein Ehrenwort gebunden. Dieses zeigt aber, dass er hiermit ein notwendiges Zwischenziel erreicht hat. Die einzige Frage bleibt, ob der Freiheitsverlust durch Abgabe des Ehrenwortes, an das sich das Opfer schwerlich gebunden fühlen dürfte, eine hinreichende Intensität hatte. Dieses erscheint jedenfalls zweifelhaft, dürfte aber nur aus dem konkreten Einzelfall heraus zu beantworten sein. Die Anwendung des § 239b erscheint jedenfalls vertretbar. Keinesfalls kann jedoch, wie es in der Entscheidung des BGH anklingt, die Anzahl der mitgeführten Waffen über die Strafbarkeit nach § 239b entscheiden.

Diese Auslegungsschwierigkeiten für derartige Nötigungsfälle resultieren jedoch nicht aus der gefundenen Auslegung, sondern sind dem § 239b immanent. Auch im Drei-Personen-Verhältnis ist das abgenötigte Verhalten nicht eingegrenzt, so dass sich auch hier die angesprochenen Probleme stellen.
Die Problematik wird jedoch vor allem im Zwei-Personen-Verhältnis praktisch relevant. Da das Nötigungsopfer hier in der Gewalt des Täters ist, wird dieser seine Macht gewiss häufiger zu einer Nötigung des Opfers ausnutzen, als er dies Außenstehenden gegenüber tun wird. Gerade im Verlaufe einer längeren Geiselnahme wird der Täter wiederholt das Opfer zu einer Handlung nötigen, welche nach der Neufassung der Vorschrift bereits isoliert betrachtet als ein hinreichendes Ziel einer Geiselnahme genügte. Der Unterschied in der praktischen Häufigkeit dieses Geschehens im Zwei-Personen-Verhältnis ändert an der grundsätzlichen dogmatischen Frage jedoch nichts.

Dass hier nicht in allen Fällen bereits durch diese weiteren Nötigungen eine Geiselnahme vorliegt, wird teilweise durch den für die §§ 239a, 239b erforderlichen funktionalen Zusammenhang zwischen Drohung und Nötigung verhindert. Für Zwischennötigungen wird der Täter in der Regel nicht ernsthaft mit den tatbestandlichen Nötigungsmitteln drohen.

In der 1. Alternative der Tatbestände wird vom Täter weiter noch die Absicht verlangt, die eine zusätzliche Restriktion darstellt. Jedoch wird in diesen Fällen zumeist der Täter das Opfer bereits in seiner Gewalt haben und somit die 2. Alternative vorliegen, in der hinsichtlich der Nötigung ein einfacher Vorsatz genügt.

Im Ergebnis bleibt daher festzuhalten, dass es im Anwendungsbereich des § 239b zu Bagatellnötigungen kommen kann, für die auch die Anwendung des

Strafrahmens der minder schweren Fälle keine angemessene Privilegierung darstellt.

Grundsätzlich rechtfertigt sich die Strafdrohung jedoch aus dem Einsatz der erheblichen Nötigungsmittel gegenüber einer Geisel, die der Tätergewalt schutzlos ausgeliefert ist. Mittels einer Auslegung können jedenfalls keine Einschränkungen für Bagatellnötigungen vorgenommen werden.
Die einzige Möglichkeit, in diesem Bereich zu einer höheren Einzelfallgerechtigkeit zu kommen, wäre, *de lege ferenda* den Strafrahmen für minder schwere Fälle weiter abzusenken, um in diesem Bereich eine höhere Auswahl im Strafrahmen zu haben. Keinesfalls sollte jedoch bei der Beschreibung des abgenötigten Verhaltens angesetzt werden, da der Sinn der Vorschrift gerade darin liegt, jegliche Nötigung zu erfassen und es kaum eine denkbare Formulierung gibt, die zu einer adäquaten Einschränkung führt.

3. Zwischenergebnis

Mit der gefundenen Lösung kommt man somit in allen betrachteten Fällen zu schlüssigen Ergebnissen.
Die Interpretation der §§ 239a, 239b als zweiaktige Tatbestände erscheint zutreffend. Anders als weite Teile der Literatur und Rechtsprechung darf diese Zweiaktigkeit jedoch nicht als chronologische verstanden werden, sondern es kommt auf einen doppelten Rechtsgutsangriff an. Hierbei spielt nicht der äußere Ablauf des Geschehens, sondernes spielen die mit dem Tatgeschehen verbundenen Angriffe auf die Rechtsgüter des Opfers, die entscheidende Rolle. Während der Täter im 1. Akt des Deliktsgeschehens die Geisel ihrer Autonomie beraubt, ist der 2. Akt durch einen Angriff auf die Willensentschließungsfreiheit des Nötigungsopfers gekennzeichnet. In allen Fällen, in denen es zu einer über den Angriff auf die Autonomie des Opfers hinausgehenden Beeinträchtigung des Opfers durch die Nötigung nicht kommt, sind die §§ 239a, 239b nicht anwendbar.
Für die Verwirklichung der §§ 239a, 239b muss eine Ausnutzung des Autonomieverlustes des Opfers zu einer weitergehenden Nötigung erfolgen, die zumindest konkludent mit der Drohung der längerfristigen Aufrechterhaltung der Situation verbunden ist. Hierbei muss es zu einer echten Beeinflussung der Willensentschließungsfreiheit des Genötigten kommen. Dies erfordert vor allem im Zwei-Personen-Verhältnis eine genaue Analyse der betroffenen Freiheiten.
Das Deliktsunrecht der §§ 239a, 239b erschöpft sich eben gerade nicht in der Ausnutzung der unmittelbaren Folgen der Gewalt über das Opfer. Jeglicher Erfolg, der mit einem rein körperlicher Angriff auf das Opfer ohne eine echte Willensbeugung zu erreichen wäre, unterfällt nicht den Tatbeständen.

Dies zeigt am deutlichsten das Beispiel der willensunfähigen Opfer. Diese können eben nie Opfer einer Geiselnahme oder eines erpresserischen Menschenraubes im Zwei-Personen-Verhältnis sein, da es an einem beeinflußbaren Willen bei ihnen fehlt. Das heißt jedoch nicht, dass diese in der Gewaltsituation deshalb nicht am Schreien gehindert werden könnten, oder gar Opfer eines sexuellen Missbrauches werden könnten.

Die durch die Autonomieverletzung entstandene Situation muss also dazu genutzt werden, dass das Opfer weitere ihm verbliebene Freiheiten zur Disposition des Täters stellt, um weiteren Schaden von sich abzuwenden. Nur wenn das Opfer das Gelingen des Nötigungserfolges wirklich in der Hand hat, haftet dem Geschehen der für die Delikte so typische *Freikaufcharakter* an.

Von den im Tatbestand des § 239b genannten möglichen Opferreaktionen wird im Zwei-Personen-Verhältnis der Schwerpunkt in der Abnötigung einer Handlung liegen. Denkbar wäre in geeigneten Konstellationen unter Umständen auch ein Unterlassen, jedoch ist dann besonders sorgfältig zu analysieren, ob das Opfer wirklich noch einen anderen Handlungsspielraum hatte und das Unterlassen nicht lediglich Folge der Gewalt des Täters über das Opfer ist.
Ob auch ein Dulden überhaupt als Opferreaktion denkbar ist, hängt von der umstrittenen Beschreibung dieses Begriffes ab. Da für die Anwendbarkeit des § 239b zwingend der Bruch eines entgegenstehenden Opferwillens erforderlich ist, kann im Zwei-Personen-Verhältnis ein als rein passives Erleiden verstandenes Dulden den Tatbestand nicht erfüllen.
Dies stellt jedoch ebenfalls kein spezifisches Problem der Zwei-Personen-Verhältnisse dar. Auch im Drei-Personen-Verhältnis kommt es auf eine echte Nötigung eines Dritten an, so dass auch hier eine willensgesteuerte Opferreaktion als angestrebter Nötigungserfolg erforderlich ist. Ein rein passives Dulden des Dritten genügt hier ebenfalls nicht, wird in der Praxis als Nötigungsziel auch kaum jemals angestrebt werden.
Die Aufnahme des *Duldens* in den Kreis der möglichen Nötigungsziele scheint somit lediglich dem Wunsche des Gesetzgebers nach einem lückenlosen Opferschutz zu entsprechen, ist aber für die Praxis unnötig.

Nach der gefundenen Lösung wären auch alle im Gesetzgebungsverfahren erörterten Fälle[26] unter die §§ 239a, 239b zu subsumieren. Dies gilt vor allem für die dort angeführten Konstellationen, in denen die Geisel selbst zu Handlungen, wie etwa Einstellungen, Verlesen von Manifesten oder anderen Aktionen, genötigt wird. Alle dazu im Gesetzgebungsverfahren genannten Taten zeichnen sich dadurch aus, dass es zu einer echten Nötigung der Geisel kommt. Die verlangten Handlungen können nur von ihr selbst vorgenommen werden.

---

26 Dazu oben B.III; S. 29 f.

Somit scheint jedenfalls unbewusst auch der Gesetzgeber davon ausgegangen zu sein, dass sich das der Geisel abgenötigte Verhalten nicht auf eine bloße Duldung weiteren Täterverhaltens beschränken darf.
Jedenfalls zeigt dies, dass die gefundene Lösung nicht den Intentionen des Gesetzgebers zuwider läuft.

III. Zur dogmatischen Einordnung

Letztlich bleibt die Frage nach der dogmatischen Einordnung der gefundenen Lösung offen.

Es handelt sich im Ergebnis um eine teleologische Reduktion, die ihre Rechtfertigung in einer konsequenten Rückführung der Delikte auf ihren Wesenskern findet

Zwar ist mit dieser Interpretation der Wortlaut der Vorschrift überschritten, denn unter den bloßen Wortlaut der §§ 239a, 239b fielen auch jene Fälle, die hier vom Anwendungsbereich ausgeschlossen werden. Dies zeigen ganz eindeutig die ergangenen Entscheidungen, welche die besprochenen Fälle teilweise ausdrücklich als vom Wortlaut der §§ 239a, 239b erfasst ansahen.
Jedoch ist die Unterschreitung der Wortlautgrenze vorliegend gerechtfertigt. Es liegen die klassischen Voraussetzungen einer teleologischen Reduktion vor.

Diese teleologische Reduktion begründet sich nämlich nicht, wie einige andere Vorschläge, aus einer Konkurrenz zu anderen Vorschriften, sondern entspringt der Zurückführung der §§ 239a, 239b auf ihren Wesensgehalt. Eine solche Analyse hat gezeigt, dass der Wortlaut die Anwendung der Vorschriften auch auf solche Fälle erlaubt, in denen es nicht zu einer Verletzung der von den Tatbeständen geschützten Rechtsgüter kommt. Das Gesetz ist bei seiner Abfassung zu weit geraten. Es regelt Fälle, die es bei genauer Analyse der §§ 239a, 239b nicht regeln dürfte – und wohl auch nach der Intention des Gesetzgebers nicht regeln sollte.

Eine Reduktion ist mithin zwingend erforderlich, um zu gewährleisten, dass nur solche Fälle unter die §§ 239a, 239b zu subsumieren sind, die in ihrem Kern eine vergleichbare Rechtsgutsverletzung betreffen. Der Gleichheitsgrundsatz erfordert sie daher zwingend.

Es handelt sich bei der gefundenen Lösung somit in der oben angesprochenen Terminologie[27] um eine teleologische Reduktion aus interner Rechtfertigung.
Somit ist die gefundene Lösung auch dogmatisch schlüssig.

---

27 Siehe oben D.II.4.b), S. 68.

IV. Forderungen de lege ferenda

Abschließend bleibt zu untersuchen, ob Änderungen an der geltenden Gesetzesfassung zu fordern sind.

Dies kann schon deshalb nur bejaht werden, da die gegenwärtige Rechtsprechung eine Anwendung der §§ 239a, 239b vertritt, die in weiten Bereichen zu einer völligen Zurückdrängung wesentlicher Kernvorschriften des StGB führen. Die derzeit vertretene Lösung führt in Teilbereichen, wie gezeigt, zu keinen befriedigenden und dogmatisch schlüssigen Ergebnissen. Da aber nach der Entscheidung des Großen Senates nicht ersichtlich ist, dass die Rechtsprechung den von ihr beschrittenen Weg in absehbarer Zeit aufgegeben wird, wären berichtigende Worte des Gesetzgebers für die Rechtsanwendung dringend notwendig.

Es erscheint jedoch sehr zweifelhaft, ob sich überhaupt eine Lösung finden lässt, die zu einer angemessenen Formulierung der §§ 239a, 239b kommt, ohne dass sich über die Klarstellung in dem hier strittigen Bereich hinausgehend etwas ändert. Formulierungen, welche die problematischen Konstellationen aus dem Anwendungsgebiet der §§ 239a, 239b heraushielten, sind ohne einen weitgehenden Eingriff in die Tatbestände kaum möglich. Das Problem liegt in erster Linie, wie gesehen, in dem Charakter der abgenötigten Handlung und verschiebt sich somit zumindest für § 239a auf die §§ 253, 255. Stimmige Ergebnisse ließen sich durch den Gesetzgeber wohl nur dann erreichen, wenn auch das Verhältnis der §§ 253, 255 zu § 249, an dem sich die vorhandene Auslegung orientiert, zu Gunsten der in der Literatur herrschenden Lehre geklärt wird.
Eine solche Korrektur erscheint jedoch nach dem 6. Strafrechtsreformgesetz vom 26.01.1998[28] kaum denkbar. Der Gesetzgeber scheint kein Bedürfnis zu verspüren, dieses Problem anzugehen. Wenn der Gesetzgeber jedoch diese Streitfrage klärte, erübrigte sich eine Änderung der §§ 239a, 239b. Die Auslegung zu § 239a folgte zwangsweise jener der §§ 253,255 und hieran müsste sich, der Parallelität der Tatbestände wegen, dann konsequenterweise auch die Interpretation des § 239b orientieren. Aber im Moment steht eine solche umfassende Reform wohl kaum zur Diskussion.

Somit verbleibt wohl nur die Möglichkeit, auf eine Interpretation der §§ 239a, 239b durch Rechtsprechung und Literatur zu hoffen, die zu einer angemessenen Bewältigung der Problempunkte führt. Die aufgezeigte Lösung versucht einen solchen Ansatz aufzuzeigen.

---

28 BGBl. I, S. 164 ff.

Rechtstheoretisch jedenfalls kommt man mit dem vorgeschlagenen Resultat zu schlüssigen Ergebnissen, so dass aus dieser Sicht jedenfalls eine Gesetzeskorrektur nicht zwingend erforderlich ist.
Die teleologische Reduktion ist ein anerkanntes Mittel der Gesetzesauslegung. Der Gesetzgeber sollte sich zwar bei der Abfassung der Gesetze bemühen, diese möglichst klar und eng genug zu fassen. Gelingt ihm dies nicht und die Texte erfordern eine Reduktion, ist diese alleine jedenfalls kein zwingender Grund für einen Ruf nach dem Gesetzgeber. Das Gesetz bleibt in seiner durch die Auslegung gefundenen Form gültig und kann entsprechend angewandt werden.

Die einzige meines Erachtens zwingende Forderung an den Gesetzgeber wäre, den Strafrahmen für minder schwere Fälle abzusenken, um Bagatellen nicht mit diesem erheblichen Strafrahmen belegen zu müssen und dem Täter einen hinreichenden Anreiz für Rücktrittsmöglichkeiten zu eröffnen.

G. RESÜMEE

Bei den §§ 239a, 239b handelt es sich, verglichen mit der langen Tradition der den Vorschriften zugrundeliegenden Verbrechen, um vergleichsweise spät in das Strafgesetzbuch eingefügte Vorschriften, die einen sonst kaum anzutreffenden Strafrahmen vorsehen. Ihre Wurzeln haben die Delikte im *plagium* des römischen Rechts, in den Verbrechen der unberechtigten Gefangennahme und in den Raubvorschriften, auf die zu unterschiedlichen Zeiten zur Ahndung dieser Delikte jeweils zurückgegriffen wurde. Entsprechend dieser verschiedenen Ansatzpunkte differierte auch die dogmatische Einordnung und damit einhergehend die Auslegung der Delikte. Diese unterschiedliche Charakterisierung der Delikte wirkt bis heute fort, spielte aber bis zur Einfügung der Zwei-Personen-Verhältnisse in die §§ 239a, 239b jedenfalls für die Praxis keine Rolle.

Seit dieser Reform haben die Vorschriften bei wortgetreuer Auslegung jedoch einen weiten Anwendungsbereich und sind wie etwa in den Fällen der Vergewaltigung und der räuberischen Erpressung auch für Delikte einschlägig, für die seit langem ein ausdifferenziertes Normsystem existiert.
In Frage steht daher, ob sich für die §§ 239a, 239b vertretbare Restriktionen finden lassen, die in den Problemfällen zu adäquaten Lösungen gelangen. Literatur und Rechtsprechung haben versucht, Einschränkungsmöglichkeiten der §§ 239a, 239b zu finden, die aber alle nicht vollständig zu befriedigen vermögen.

Die vorliegende Arbeit hat im Rahmen einer teleologischen Auslegung der Vorschriften hierzu einen sachgerechten Lösungsvorschlag erbracht.
Eine Analyse der von §§ 239a, 239b betroffenen Rechtsgüter hat zunächst gezeigt, dass für die Tatbestandserfüllung zwingend nur die Autonomie der Geisel und die Willensentschließungsfreiheit des Nötigungsopfers verletzt sein müssen. Sämtliche anderen – in der Literatur und Rechtsprechung – zur Interpretation der Vorschriften herangezogenen Rechtsgüter sind für die Tatbestandserfüllung nicht zwingend erforderlich. Sie haben daher im Rahmen einer teleologischen Auslegung auch außer Betracht zu bleiben. Dies gilt insbesondere für die Fortbewegungsfreiheit der Geisel und deren psycho-physische Integrität. Dabei soll jedoch nicht in Abrede gestellt werden, dass der Grad der Verletzung dieser Freiheiten für die Strafzumessung durchaus eine Rolle spielen kann. Lediglich im Rahmen der Interpretation der Vorschriften sind sie nicht notwendig.

Führt man die Delikte mit den genannten Freiheiten auf ihren Kern zurück, ergibt sich folgender Befund: Die Tatbestände sind stets dann erfüllt, wenn der Verlust der Autonomie des Opfers vom Täter zu einem echten Angriff auf die Entschließungsfreiheit des Nötigungsopfers ausgenutzt wird. Dieses muß mit den tatbestandlichen Nötigungsmitteln zur Aufgabe einer ihm – im Zwei-Personen-Verhältnis trotz des Autonomieverlustes – verbliebenen Freiheit genötigt werden. Dabei muss dem Opfer somit eine echte Handlungsalternative verbleiben, ob es das vom Täter angestrebte Rechtsgut aufgibt. Es darf hierbei nicht nur den Weg zu der letztendlich unvermeidbaren Rechtsgutsbeeinträchtigung wählen können. In allen Fällen, in denen der Täter daher bereits selbst den Erfolg der Nötigung – etwa durch Anwendung von vis absoluta – herbeiführen kann, ist der Rechtsgutsverlust für das Opfer letztlich alleine eine Folge des Autonomieverlustes. Die §§ 239a, 239b sind nicht einschlägig.

Der angestrebte Nötigungserfolg darf sich somit nicht lediglich als Kehrseite des Autonomieverlustes darstellen. Die Nötigung muss vielmehr eine echte Freiheitsaufgabe des Nötigungsopfers bewirken.

Die vorgeschlagene Lösung verlangt im Gegensatz zu allen anderen Lösungen für Drei-Personen-Verhältnisse keine Sonderbehandlungen. Während bei allen sonstigen Lösungsansätzen – vielleicht mit Ausnahme einer eng verstandenen Außenwirkungstheorie – offenblieb, inwieweit die Reduktionen auch für Drei-Personen-Verhältnisse gelten sollten, an denen der Gesetzgeber jedoch keine Änderungen vornehmen wollte, führt die vorgeschlagene Lösung per definitonem dort zu keinen Einschränkungen. Wird eine dritte Person genötigt, hat der Täter das Gelingen des Nötigungserfolges nie in der Hand, er muss immer die Entschließungsfreiheit einer anderen Person beeinträchtigen. Somit finden nach dieser Lösung die §§ 239a, 239b weiterhin in all den Fällen Anwendung, in denen sie das auch vor der Reform taten. Mit den Überlegungen zur Einschränkung ist keine Begrenzung des bisherigen Anwendungsbereiches der Vorschriften verbunden. Die vorgeschlagene Lösung beschränkt sich alleine auf die Zwei-Personen-Verhältnisse und führt nur dort zu Einschränkungen, wo bei wortgetreuer Anwendung der Vorschriften die Struktur der Delikte verlassen wird.

Letztlich hat diese Lösung auch den Vorteil, dass die §§ 239a, 239b einen relativ kleinen und fest umrissenen Anwendungsbereich behalten und die Anwendung im Zwei-Personen-Verhältnis wohl eher die Ausnahme bleiben dürfte. Dies entspricht sowohl dem enormen Strafrahmen der Delikte als auch der Intention des Gesetzgebers, mit diesen Vorschriften auf Sonderfälle schwerer – vor allem terroristischer – Kriminalität zu reagieren. Keinesfalls wollte der Gesetzgeber mit den §§ 239a, 239b Vorschriften für die *normale Alltagskriminalität* schaffen, und ebenso war nicht beabsichtigt, die §§ 239a, 239b zu Tatbeständen zu machen, die im Regelfall neben einer Vielzahl von Vorschriften des Strafgesetzbuches Anwendung finden.
Mit der vorgenommenen Auslegung entstehen auch keine größeren Straflücken. Regelmäßig ist auf die §§ 177 ff. oder §§ 249 ff. zurückzugreifen, die für derartige qualifizierte Begehungsweisen einen vergleichbaren Strafrahmen vorsehen.

Dabei ist für diese Fälle unter dem Aspekt des Opferschutzes zu berücksichtigen, dass der Täter insoweit die Möglichkeit erhält, im Versuchsstadium von den Delikten noch strafbefreiend zurückzutreten. Auch dieses erscheint sachgerecht, denn damit hätte der Täter in den Fällen, in welchen er den Erfolg mit vis absoluta erreichen kann, vor dem Einsatz dieses Mittels eine letzte Rücktrittschance.

Daneben entsprechen die nach dieser Lösung unter die §§ 239a, 239b zu subsumierenden Fälle weitgehend dem klassischen Tatbild der §§ 239a, 239b, welches der Gesetzgeber keineswegs komplett aufgeben wollte. Es ist nur insoweit in Frage zu stellen, wie die Dreiecksstruktur der alten Gesetze zwingende Voraussetzung der Interpretation war.

Somit ist also eine Lösung gefunden, die allen erforderlichen Kriterien entspricht, sie ist dogmatisch schlüssig, führt zu sachgerechten Ergebnissen und steht in Übereinstimmung zu den anerkannten Auslegungskriterien der §§ 239a, 239b a.F.

H. ZUSAMMENFASSUNG

1. Die heutige Fassung der §§ 239a, 239b ist Ergebnis einer Vielzahl gesetzlicher Änderungen in diesem Bereich, die stets eine Reaktion des Gesetzgebers auf außergewöhnliche kriminelle Ereignisse war und den Strafrechtsschutz ausdehnen sollte.
2. Die Erweiterung der §§ 239a, 239b im Jahre 1989 auf Zwei-Personen-Verhältnisse hatte zur Folge, dass diese Vorschriften ihrem Wortlaut nach nun auch auf Fälle der Alltagskriminalität anwendbar waren, die in der bisherigen Diskussion dieser Vorschriften keine Rolle spielten.
3. Nachdem mit dem *Auto-Fall,* in dem der Täter das Opfer mit seinem Auto entführte, ihm Bargeld abnahm und es sodann vergewaltigte, der BGH auf dieses Problem aufmerksam wurde, erfolgte eine lebhafte Diskussion in Rechtsprechung und Literatur zur Lösung dieses Problems.
4. In den *Tiefgaragen- und Schulhof-Fällen*, in denen sich der Täter der Opfer mit einer Pistole bemächtigte und diese sodann zu sexuellen Handlungen zwang, versuchte der 1. Senat des BGH den Tatbestand des § 239b für diese Fälle einer Konkurrenz mit den §§ 177 ff. einzuschränken. Er forderte für die Anwendung des § 239b eine über das unmittelbare Gewaltverhältnis Täter-Opfer hinausgehenden *Außenwirkung* des abgenötigten Verhaltens. In späteren Entscheidungen übertrug er dieses Kriterium auch auf § 239a.
5. Der 5. Senat knüpfte seine Restriktionsbemühungen im Brücken-Fall, in dem die Täter das Opfer über einen Brückenrand hielten und so zur Preisgabe von Informationen zwangen, an die *konkrete Gefährdung* des Opfers. Er stellt hierbei darauf ab, inwieweit das Opfer die Gefahr der Drohungsrealisierung als unmittelbar bevorstehend empfinde.
6. Im Anschluss an den 2. Senat erteilte der Große Senat des BGH im *Getreidefeld-Fall*, in dem das Opfer in ein Feld geführt und dort vergewaltigt wurde, diesen Überlegungen eine Absage. Er schränkte den Tatbestand des § 239b lediglich insoweit ein, als er eine *chronologische Zweiaktigkeit* des Geschehensablaufes fordert. Dies führt ihn dazu, dass er insbesondere für Konstellationen, in welchen der Täter sich des Opfers bemächtigt, eine Stabilisierung der Bemächtigungssituation verlangt, die es erlaubt, diesen Handlungsakt von der Nötigung abzuschichten.
7. In der Literatur wurde vor allem erörtert, die entstandenen Probleme auf dem Konkurrenzwege zu lösen.
8. Alle diese vorhandenen Lösungsansätze sind jedoch kritischen Einwendungen ausgesetzt. Gegen die These des 1. Senates spricht vor allem die Unbestimmtheit des Begriffes der Außenwirkung. Gegen den Weg des 5. Senates ist die mangelnde Praktikabilität dieses Vorschlages anzuführen und die Lösung des Großen Senates ist dem Vorwurf ausgesetzt, mit ihr wäre der brutale, sogleich vis absoluta einsetzende Täter unverhältnis-

mäßig begünstigt. Dogmatisch kann letztlich auch die Konkurrenzlösung nicht überzeugen.

9. Der vorliegende Lösungsversuch geht von einer teleologischen Interpretation der §§ 239a, 239b aus, die sich als die beste Möglichkeit einer sachgerechten Normanalyse herausgestellt hat. Eine Analyse der von den Delikten betroffenen Rechtsgüter ergibt dabei folgenden Befund:
   a) Zunächst ist die persönliche Freiheit der Geisel tangiert. Entgegen einer weit verbreiteten und auch historisch überkommenen Ansicht zeigt sich, dass der entscheidende Rechtsgutsangriff insoweit jedoch nicht in der Beeinträchtigung der Fortbewegungsfreiheit liegt. Die Freiheitsbeeinträchtigung greift tiefer, betroffen ist durch die Bemächtigung und Entführung die persönliche Freiheit der Geisel in ihrem weitesten Sinne, verstanden als Autonomierecht des Opfers.
   b) In der Literatur weit verbreitet ist die Annahme durch die §§ 239a, 239b würde primär die Integrität der Geisel geschützt. Dies vermag jedoch vor dem Hintergrund einer teleologischen Interpretation nicht zu überzeugen. Jede Auslegung, welche die Vorschriften als abstrakte Gefährdungsdelikte interpretiert, stößt insbesondere seit der Erweiterung der Tatbestände um das Nötigungsmittel der fortdauernden Freiheitsentziehung auf unüberwindliche dogmatische Hindernisses. Eine über die Verletzung der Autonomie des Opfers hinausgehende Gefährdung der Integrität der Geisel ist für die Tatbestandserfüllung nicht logisch zwingend notwendig und hat daher im Rahmen einer teleologischen Auslegung außer Betracht zu bleiben.
   c) Geschützt ist durch die Vorschriften jedoch, neben der Autonomie der Geisel, die Entschließungsfreiheit des Nötigungsopfers. Eine Analyse dieses Rechtsgutes zeigt, dass es zu einer echten Nötigung des Opfers kommen muss, die dieses zwingt eine ihm verbliebene Freiheit aufzugeben.
   d) Sämtliche andere in der Literatur und Rechtsprechung diskutierten Rechtsgüter sind zur Interpretation der Vorschriften nicht erforderlich.

10. An die verletzten Rechtsgüter knüpfen Überlegungen einer Restriktion im Zwei-Personen-Verhältnis an. Anders als bei mehreren betroffenen Personen stellt sich hier die Frage nach dem Verhältnis des Angriffs auf die Autonomie der Geisel und dem Angriff auf die Willensentschließungsfreiheit.

11. Der mit der Nötigung einhergehende Angriff muss sich deutlich genug von dem Angriff auf die persönliche Freiheit unterscheiden lassen. Dem Geschehen muss daher in der Tat eine Zweiaktigkeit anhaften. Hierbei spielt jedoch nicht, wie vom Großen Senat angenommen, der äußere Ab-

lauf des Geschehens die entscheidende Rolle, sondern den mit dem Tatgeschehen verbundenen Angriffen auf die Rechtsgüter des Opfers kommt die tragende Bedeutung zu. Weder ein Rückgriff auf die durch die Deliktsbegehung verletzten Rechtsgüter noch die Dogmatik der mehraktigen Delikte rechtfertigt eine Auslegung im Sinne einer chronologischen Zweiaktigkeit.

12. Nötig ist, dass das Opfer zu einer über den Verlust des beschriebenen Autonomierechts hinausgehenden Freiheitsaufgabe genötigt wird. Erforderlich für die Erfüllung der Tatbestände ist, dass das Opfer vom Täter mit den tatbestandlichen Nötigungsmitteln zur Aufgabe einer solchen Freiheit genötigt wird, über die es trotz des mit der Autonomieverletzung einhergehenden Freiheitsverlustes noch ausschließlich alleine verfügen kann. Soweit das Opfer lediglich die Art und Weise eines letztlich nicht mehr zu verhindernden Freiheitsverlustes bestimmen kann, liegt eine hinreichende Beeinträchtigung seiner Entschließungsfreiheit nicht vor. Die Tatbestände finden insbesondere dann keine Anwendung, wenn sich der Täter mit dem Nötigungsakt etwas geben lässt, was er sich bereits durch den Bemächtigungs- oder Entführungsakt unter Einsatz von vis absoluta nehmen könnte.

13. Einziges Kriterium für eine einschränkende Auslegung ist die Qualität des dem Opfer abgenötigten Verhaltens. Insoweit muss es zu einer Freiheitsbeeinträchtigung kommen, die über den Verlust der Autonomie hinausgeht.

14. Mit dieser Lösung lassen sich sämtliche von den Senaten des Bundesgerichtshofes entschiedenen und vom Gesetzgeber diskutierten Fälle sachgerecht lösen.

15. Daneben hat diese Lösung gegenüber den meisten anderen Restriktionsvorschlägen den Vorteil, dass sich für Drei-Personen-Verhältnisse keine Änderungen ergeben. Wegen des in den meisten Fällen möglichen Rückgriffs auf §§ 177 ff., 249 ff. kommt es durch diesen Vorschlag auch nicht zu unangemessenen Strafbarkeitslücken.

16. Dogmatisch lässt sich die gefundene Lösung als teleologische Reduktion beschreiben. Ihre Rechtfertigung findet sie im negativen Gleichheitsgrundsatz.

17. Mit der gefundenen Lösung ist eine schlüssige Auslegung der Vorschriften möglich, so dass es für eine sachgerechte Erfassung des Zwei-Personen-Verhältnisses keiner Änderungen am Wortlaut der Vorschriften der §§ 239a, 239b bedarf.

18. Somit sind die §§ 239a, 239b nur auf solche Konstellationen anwendbar, in denen es neben dem durch die Entführung oder Bemächtigung erfolgten Angriff auf die Autonomie der Geisel durch die Nötigung zu einer tatsächlichen Beeinträchtigung der Entschließungsfreiheit der Geisel oder eines Dritten kommt.

LITERATURVERZEICHNIS

Abegg, Julius, Friedrich; Lehrbuch der Strafrechts-Wissenschaft, Neustadt 1836.

Amelung, Knut; Rechtsgüterschutz und Schutz der Gesellschaft, Frankfurt a. M. 1972.

Amelung, Knut; *Cirener, Gabriele*; *Grüner, Gerhard*; Der praktische Fall – Strafrecht: Ein Schutzgeldkassierer unter Waschzwang, JuS 1995, S. 48 ff.

Arnau, Frank; Jenseits der Gesetze, München 1967.

Arnau, Frank; Menschenraub, München 1968.

Arzt, Gunther, *Weber, Ulrich*; Strafrecht, Besonderer Teil, Lehrheft 1, 3. Aufl. Bielefeld 1988.
Lehrheft 2, 1. Aufl., Bielefeld 1983.
Lehrheft 3, 2. Aufl., Bielefeld 1986.

Arzt, Gunther; Zur Revision des Strafgesetzbuches vom 09.10.1981 im Bereiche der Gewaltverbrechen, SchwZStR 1983, S. 257 ff.

Aub, Hans; Die räuberische Erpressung, Jur. Diss. Würzburg 1928.

Backmann, Leonhard E.; Geiselnahme bei nicht ernst gemeinter Drohung – BGHSt. 26, 309, JuS 1977, S. 444 ff.

Bauer, Günther; Geiselnahme aus Gewinnsucht, Lübeck 1973.

Baumann, Jürgen u.a.; Alternativ-Entwurf eines Strafgesetzbuches, Besonderer Teil, Tübingen 1970.

Bergmann, Joseph; Die Entführung nach altem und neuem Recht, Jur. Diss. Würzburg 1929.

Binding, Karl; Die Normen und ihre Übertretung, 3. Aufl., Leipzig 1916.

Blei, Hermann; Aufsätze in Zeitschriften, JA 1977, S. 91 ff.

Blei, Hermann; Erpresserischer Menschenraub und Geiselnahme (§§ 239a, 239b), JA 1975, S. 91 ff., 153 ff.

Blei, Hermann; Strafrecht II, Besonderer Teil, 12. Aufl., München 1983.

Bloy, René; Freiheitsberaubung ohne Verletzung fremder Autonomie, ZStW (96) 1984, S. 703 ff.

Bockelmann, Paul; Strafrecht, Besonderer Teil 2, München 1977.

Bohlander, Michael; Anmerkungen zu BGH vom 17.11.1992, NStZ 1993, S. 439 f.

Bohlinger, Günther; Bemerkungen zum Zwölften Strafrechtsänderungsgesetz, JZ 1972, S. 230 ff.

Bohnert, Joachim; Der entwendete Säugling, JuS 1977, S. 748 ff.

Brandenburg, H,-Friedrich; Die teleologische Reduktion, Jur.Diss. Göttingen 1983.

Brehm, Wolfgang; Zur Dogmatik des abstrakten Gefährdungsdelikts, Jur.Diss. Tübingen 1972.

Buri, Maximilian von; Zu den §§ 221, 234 bis 241 des RStGB, Der Gerichtssaal (27) 1875, S. 517 ff.

Canaris, Claus-Wilhelm; Die Feststellung von Lücken im Gesetz, Berlin 1964.

Carpzov, Benedict; Practica Nova Imperialis Saxonica Rerum Criminalium in Partes Tres, Wittenberg 1635.

Conrad, Rolf; Die in der britischen Besatzungszone gültige Fassung des Strafgesetzbuches, JR 1947, S. 65 ff.

Cristian, Edward (Hrsg), William; Commentaries on the laws of England, Blackstone, Vol. IV, London 1809.

Dahm, Georg; Das Strafrecht Italiens im ausgehenden Mittelalter, Berlin 1931.

Dreher, Eduard, Tröndle, Herbert; Strafgesetzbuch und Nebengesetze, 46. Aufl., München 1993.
43. Aufl. 1986.

Dreher, Eduard; Nochmals § 237 StGB, JZ 1973, S. 276 ff.

Dreher, Eduard; Zum Meinungsstreit im Bundesgerichtshof um § 237 StGB, NJW 1972, S. 1641 ff.

Egli, Hans-Peter; Freiheitsberaubung, Entführung und Geiselnahme, Jur.Diss. Zürich 1986.

Erler, Adalbert; Der Loskauf Gefangener – Ein Rechtsproblem seit drei Jahrtausenden, Berlin 1978.

Fahl, Christian; Zur Konkurrenz der Geiselnahme mit anderen Strafvorschriften, NJ 1996, S. 70 f.

Fahl, Christian; Zur Problematik der §§ 239a, 239b StGB bei der Anwendung auf „Zwei-Personen-Verhältnisse“, Jura 1996, S. 456 ff.

Feuerbach, Paul Johann Anselm von; Lehrbuch des gemeinen in Deutschland gültigen Peinlichen Rechts, 5. Aufl., Gießen 1812.

Feuerbach, Paul Johann Anselm von, Mittermaier, C.J.A (Hrsg); Lehrbuch des gemeinen in Deutschland gültigen Peinlichen Rechts, 14. Aufl., Gießen 1847.

Freiesleben, Hans u.a.; J. von Olshausen's Kommentar zum Strafgesetzbuch für das Deutsche Reich, 12. Aufl., Berlin 1942.
Zit.: Olshausen, §, Rdnr.

Freund, Günther; Der Entwurf eines 6. Gesetzes zur Reform des Strafrechts, ZStW 1997, S. 455 ff.

Geerds, Friedrich; Anmerkungen zu BGH vom 17.11.1992, JR 1993, S. 424 ff.

Geppert, Klaus; Der Große Strafsenat zur einschränkenden Auslegung der §§ 239a/b StGB in „Zwei-Personen-Verhältnissen“, JK 1995, StGB § 239a/ 6a, b.

Geppert, Klaus; Erpresserischer Menschenraub (§ 239a StGB) neben Vergewaltigung (§ 177 StGB)?, JK 1993, StGB § 239a/ 2.

Geppert, Klaus; Nochmals: Zur einschränkenden Auslegung der §§ 239a/b StGB in „Zwei-Personen-Verhältnissen“, JK 1994, StGB § 239a/ 4.

Gössel, Karl Heinz; Rechtsgut als strafbarkeits-einschränkendes Tatbestandsmerkmal, Festschrift für Dietrich Oehler zum 70. Geburtstag, Köln u.a. 1985, S. 97 ff.

Gössel, Karl Heinz; Strafrecht, Besonderer Teil 1, Heidelberg 1987.

Gössel, Karl Heinz; Strafrecht, Besonderer Teil 2, Heidelberg 1996.

Graul, Eva; Vom Zustand der Zeit im Umgang mit Gesetzen, dargestellt am Beispiel der §§ 239a, 239b StGB, in: Albrecht, Peter-Alexis u.a.; Vom unmöglichen Zustand des Strafrechts, Frankfurt a. M. u.a. 1995, S. 345.

Graul, Eva; Abstrakte Gefährdungsdelikte und Präsumtion im Strafrecht, Berlin 1991.

Hafter, Ernst; Schweizerisches Strafrecht, Besonderer Teil 1, Berlin 1937.

Hansen, Uwe; Tatbild, Tatbestandserfassung und Tatbestandsauslegung beim erpresserischen Menschenraub (§ 239 a StGB), GA 1974, S. 353 ff.

Hassemer, Winfried, Amelung, Knut, Rudolphi, Hans-Joachim, Scheerer, Sebastian; Stellungnahme zum Artikelgesetz, StV 1989 S. 72 ff.

Hauf, Claus-Jürgen; Anmerkungen zu BGH vom 22.11.1994, NStZ 1995, S. 184 f.

Heck, Philipp; Gesetzesauslegung und Interessenjurisprudenz, Tübingen 1914.

Heffter, August Wilhelm; Lehrbuch des gemeinen deutschen Strafrechts, 5. Aufl., Braunschweig 1854.

Heinrich, Bernd; Zur Notwendigkeit der Einschränkung des Tatbestandes der Geiselnahme, NStZ 1997, S. 365 ff.

Henke, Hermann; Lehrbuch der Strafrechtswissenschaft, Zürich 1815.

Herzberg, Rolf; Kritik der teleologischen Gesetzesauslegung, NJW 1990, S. 2525 ff.

Hey, Rudolf; Kinderraub und Entführung (§§ 235- 238 RStGB), Jur.Diss. Breslau 1909.

His, Rudolf; Das Strafrecht der Friesen im Mittelalter, Leipzig 1901.

His, Rudolf; Das Strafrecht des deutschen Mittelalters, Weimar 1935.

Hruschka, Joachim; Die Nötigung im System des Strafrechts, JZ 1995, S. 737 ff.

Hruschka, Joachim; Rückkehr zum dolus subsequenz?, JZ 1973, S. 278 f.

Hruschka, Joachim; Zum Tatvorsatz bei zweiaktigen Delikten, insbesondere bei der Entführung des § 237 n.F. StGB, JZ 1973, S. 12 ff.

Jakobs, Günther; Strafrecht, Allgemeiner Teil, 2. Aufl., Berlin u.a. 1991.

Jakobs, Günther; Nötigung durch Drohung als Freiheitsdelikt, in: Festschrift für Karl Peters zum 70. Geburtstag, Tübingen 1974, S. 69 ff.

Jescheck, Hans-Heinrich u.a.; Strafgesetzbuch, Leipziger Kommentar, 10. Aufl., Berlin u.a. 1989.
9. Aufl. 1974.
11. Aufl. 1992 ff.

Jescheck, Hans-Heinrich; Entwicklung, Stand und Zukunftsaussichten des internationalen Strafrechts, GA 1981, S. 49 ff.

Jescheck, Hans-Heinrich; *Weigend, Thomas*; Lehrbuch des Strafrechts, Allgemeiner Teil, 5. Aufl., Berlin 1996.

Jung, Heike; Anmerkungen zu BGH vom 17.11.1992, JuS 1993, S. 778 f.

Jung, Heike; Anmerkungen zu BGH vom 22.11.1994, JuS 1995, S. 556 f.

Jung, Heike; Gesetzgebungsübersicht, JuS 1989, S. 1025 ff.

Keller, Rolf; Anmerkungen zu BGH vom 05.10. 1993, JR 1994, S. 428 f.

Kiedrowski, Joachim, Die Abgrenzung und das Verhältnis von Raub, Erpressung und räuberischer Erpressung im geltenden Recht und im Entwurf eines Strafgesetzbuches E 1962, Jur.Diss. Berlin 1969.

Kienzle, Eberhard Alfred; Der Widerstreit der Tatbestandsmerkmale „List" und „wider ihren Willen" in § 237 StGB, Jur.Diss. Freiburg i.Br. 1985.

Kindhäuser, Urs; Gefährdung als Straftat, Frankfurt a.M. 1989.

Knitschky, W.E.; Menschenraub und Kinderraub, Der Gerichtssaal 1891 (44), S. 249 ff.

Knodel, Klaus Dieter; Der Begriff der Gewalt im Strafrecht, München 1962.

Köhler, Michael; Nötigung als Freiheitsdelikt, in: Festschrift für Heinz Leferenz, 1983, S. 511 ff.

Köhler, Michael; Vorlesungsstörung als Gewaltnötigung, NJW 1983, S. 10 ff.

Kohlrausch, *Lange, Richard*; Strafgesetzbuch mit Erläuterungen und Nebengesetzen, 38. Aufl., Berlin 1944.
43. Aufl., Berlin 1961.

Kollmann, Horst; Die Lehre von der Erpressung nach deutschem Recht, Jur.Diss. Berlin 1910.

Koriath, Heinz; Zum Streit um den Begriff des Rechtsguts, GA 1999, S. 561 ff.

Kratzsch, Dietrich; Prinzipien der Konkretisierung abstrakter Gefährdungsdelikte – BGHSt. 38, 308, JuS 1994, S. 372.

Krehl, Christoph; Anmerkungen zu BGH vom 18.09.1985, StV 1986, S. 432 ff.

Krey, Volker; Gesetzestreue und Strafrecht, ZStW 1989, (101), S. 838 ff.

Krey, Volker; Rechtsfindung contra legem als Verfassungsproblem, JZ 1978, S. 361 ff., 428 ff., 465 ff.

Krey, Volker; Strafrecht Besonderer Teil, 8. Aufl. 1991, 11. Auflage 1997.

Kuhn, Josef; Die persönliche Freiheit als Rechtsgut, Jur.Diss. Gießen 1913.

Kunert, Karl Heinz, Bernsmann, Klaus; Neue Sicherheitsgesetze – mehr Rechtssicherheit ? NStZ 1989, S. 449 ff.

Küpper, Georg; Strafrecht, Besonderer Teil 1, Berlin u.a. 1996.

Lackner, Karl, Kühl, Kristian; Strafgesetzbuch mit Erläuterungen, 23. Aufl., München 1999.

Lackner, Karl; Strafgesetzbuch mit Erläuterungen, 22. Aufl., München 1997
21. Aufl. 1995.

Lampe, E.-J.; Anmerkungen zu BGH v. 21.11.1974, 4 StR 502/74, JR 1975, S. 425 ff.

Landmesser, Michael; Der Raub von der Carolina bis zum bayerischen StGB von 1813, Jur.Diss. Mainz 1966.

Lange, Richard; Das Dritte Strafrechtsänderungsgesetz, NJW 1953, S. 1161 ff.

Larenz, Karl; Methodenlehre der Rechtswissenschaft, 6. Aufl., Berlin u.a. 1991.

Lesch, Heiko; Anmerkungen zu BGH vom 22.11.1994, JA 1995, S. 449 ff.

Liszt, Franz von, Schmidt, Eberhard; Lehrbuch des Deutschen Strafrechts, 25. Auflage, Berlin, Leipzig 1927.

Loewenthal, Georg; Frauenraub und Entführung im Reichs-Straf-Gesetzbuch, Jur.Diss. Breslau 1920.

Lüderssen, Klaus; Kann gewaltsame Wegnahme von Sachen Erpressung sein?, GA 1968, S. 257 ff.

Lüken, Erhard-Josef; Der Nationalsozialismus und das materielle Strafrecht, Jur.Diss Göttingen 1988.

Lund, Torsten; Mehraktige Delikte, München 1993.

Lurié, David; Die Erpressung und ihre Probleme, Jur.Diss. Heidelberg 1913.

Lutteroth, Ascan; Der Geisel im Rechtsleben, Abhandlungen aus dem Staats- und Völkerrecht, Heft 36 (1922).

Lutz, Elmar; Die rechtliche Struktur süddeutscher Handelsgesellschaften in der Zeit der Fugger, Studien zur Fuggergeschichte, Band 25, Tübingen 1976.

Maurach, Reinhart, Schroeder, F.-Christian, Strafrecht, Besonderer Teil 1, 6. Aufl., Heidelberg 1977.

Maurach, Reinhart, Schroeder, F.-Christian, Maiwald, Manfred; Strafrecht, Besonderer Teil 1, 8. Aufl., Heidelberg 1995.

Maurach, Reinhart, Schroeder, F.-Christian, Maiwald, Manfred; Strafrecht, Besonderer Teil 2, 8. Aufl., Heidelberg 1999.

Maurach, Reinhart, Zipf, Heinz; Strafrecht, Allgemeiner Teil 1, 8. Aufl., Heidelberg 1992.

Maurach, Reinhart; Deutsches Strafrecht, 1. Aufl., Heidelberg 1954.

Maurach, Reinhart; Zur Rechtsnatur des erpresserischen Kindesraubes (§ 239a StGB), JZ 1962, S. 559 ff.

Maurer, Adam; Die Entführung (§§ 236 – 238 RStGB), Jur.Diss. Würzburg 1928.

Meyer-Gerhards, Gerhard; Sexueller Mißbrauch, Entführung und Freiheitsberaubung bei Bewußtlosigkeit des Opfers – BGHSt. 25, 237, JuS 1974, S. 566 ff.

Middendorff, Wolf; Die Gewaltkriminalität unserer Zeit: Geschichte, Erscheinungsformen, Lehren, Stuttgart 1976.

Middendorff, Wolf; Menschenraub, Flugzeugent-führungen, Geiselnahme, Kidnapping, Bielefeld 1972.

Mitsch, Wolfgang; Der praktische Fall – Strafrecht: Kein Kavalier der Straße, JuS 1993, S. 222 ff.

Mitsch, Wolfgang; Die Vermögensdelikte im Strafgesetzbuch nach dem 6. Strafrechtsreformgesetz, ZStW 111 (1999), S. 65 ff.

Mommsen, Theodor; Römisches Strafrecht, Leipzig 1899.

Mühlmann, Erich, Bommel, Gert; Strafgesetzbuch, Straubing 1949.

Müller, Horst Joachim; Subjektive und objektive Auslegungstheorien in der Rechtsprechung des Bundesverfassungsgerichtes, JZ 1962, S. 471 ff.

Müller-Dietz, Heinz; Der Tatbestand der Geiselnahme in der Diskussion, BGH NJW 1995, 471, JuS 1996, S. 110 ff.

Neumann, Ulfried u.a.; Nomos-Kommentar zum Strafgesetzbuch, Baden-Baden, Loseblattsammlung, Stand 1999.

Nüse, Karl-Heinz; Zum Dritten Strafrechtsänderungsgesetz, JR 1953, S. 277 ff.

Ogris, Werner; Die persönlichen Sicherheiten im Spätmittelalter, ZRG (GA) 82 (1965), S. 140 ff.

Orth, Thomas; Rechtsgut und Tatopfer der Freiheitsberaubung, Jur.Diss. Gießen 1988.

Ostendorf, Heribert; Grundzüge abstrakter Gefährdungsdelikte, JuS 1982, S. 426 ff.

Otto, Harro; Einschränkende Auslegung der §§ 239a, b StGB, JK 1994, StGB § 239a/ 5.

Otto, Harro; Grundkurs Strafrecht, 5. Aufl., Berlin u.a. 1998. 4. Aufl. 1995.

Otto, Harro; Zur Abgrenzung von Diebstahl, Betrug und Erpressung bei der deliktischen Verschaffung fremder Sachen, ZStW (79) 1967, S. 59 ff.

Pearsall, Judy (Hrsg.); The new Oxford dictionary of English, Oxford 1998.

Pfeifer, Wolfgang u.a.; Etymologisches Wörterbuch des Deutschen, Berlin 1993.

Pfundtner, Hans, Neubert, Reinhard; Das neue Deutsche Reichsrecht, Loseblattsammlung, Berlin 1938 ff.

Preisendanz, Holger; Strafgesetzbuch, 30. Aufl., Berlin 1978.

Radbruch, Gustav; Der Raub in der Carolina, in: ders.; Elegantiae Juris Criminalis; 2. Aufl., Basel 1950.

Reiß, Helmut; Die strafrechtliche Behandlung der Eigentums- und Vermögensdelikte nach den Strafurteilen der Praxis im Bereich der Hansestädte vom 13. Jahrhundert bis zum Erlaß der CCC im Jahre 1532, Jur.Diss. Kiel 1972.

Rengier, Rudolf; Die „harmonische" Abgrenzung des Raubes von der räuberischen Erpressung entsprechend dem Verhältnis von Diebstahl und Betrug, JuS 1981, S. 654 ff.

Rengier, Rudolf; Genügt die „bloße" Bedrohung mit (Schuß-)Waffen zum „Sichbemächtigen" im Sinne der §§ 239a, 239b StGB, GA 1985, 314 ff.

Rengier, Rudolf; Strafrecht, Besonderer Teil 2, 2. Aufl., München 1999.

Renzikowski, Joachim; Anmerkungen zu BGH vom 22.11.1994; JR 1995, S. 349 f.

Renzikowski, Joachim; Erpresserischer Menschenraub und Geiselnahme im System des besonderen Teils des StGB, JZ 1994, S. 492 ff.

Renzikowski, Joachim; Zur Zweiaktigkeit bei §§ 239a, 239b StGB, JR 1998, S. 126 f.

Rosenfeld, Ernst Heinrich; Verbrechen und Vergehen wider die persönliche Freiheit, in: Birkmeyer, Karl u.a.; Vergleichende Darstellung des deutschen und ausländischen Strafrechts BT, V. Band, Berlin 1905.

Roßhirt, Conrad, Franz; Lehrbuch des Criminalrechts, Heidelberg 1821.

Roxin, Claus; Strafrecht, Allgemeiner Teil 1, München 1992.

Roxin, Claus; Verwerflichkeit und Sittenwidrigkeit als unrechtsbegründende Merkmale im Strafrecht, JuS 1964, S. 373 ff.

Rudolphi, H.-Joachim (Hrsg.);Systematischer Kommentar zum Strafgesetzbuch, Neuwied u.a., Loseblattsammlung Stand 1999.

Rudolphi, Hans-Joachim; Die verschiedenen Aspekte des Rechtsgutsbegriffs, in: Festschrift für Richard M. Honig 1970, S. 151 ff.

Samson, Erich; Grundprobleme des Diebstahls, JA 1980, S. 285 ff.

Sax, Walter; Das strafrechtliche „Analogieverbot", Göttingen 1953.

Schaffstein, Friedrich; Raub und Erpressung in der deutschen gemeinrechtlichen Strafdoktrin, insbesondere bei Carpzow, in: Festschrift für Karl Michaelis zum 70. Geburtstag, Göttingen 1972, S. 281 ff.

Schmidhäuser, Eberhard; Über den Einfluß kriminologischer Tattypen auf die Fassung von Straftatbeständen, MschKrim 1973, S. 342 ff.

Schmidhäuser; Eberhard; Strafrecht, Allgemeiner Teil, 2. Aufl., Tübingen 1970.

Schmidhäuser; Eberhard; Strafrecht, Besonderer Teil, 2. Aufl., Tübingen 1983.

Schmidhäuser; Eberhard; Teleologisches Denken in der Strafrechtsanwendung, in: Festschrift für Thomas Würtenberger, 1977, S. 91 ff.

Schmidt, Eberhard; Die Maximilianischen Halsgerichtsordnungen, Bleckede 1949.

Schmitt, Rudolf; Reform der Reform des § 237 StGB; in: Festschrift für Karl Lackner zum 70. Geburtstag am 18.02.1987, S. 621 ff.

Schönke, Adolf, Strafgesetzbuch, Kommentar, 5. Aufl., München 1951.

Schönke, Adolf, *Schröder, Horst*; Strafgesetzbuch, Kommentar, 19. Aufl., München 1978.
24. Aufl., 1991.
25. Aufl., 1997.

Schriftleitung der SJZ; Zur Auswirkung der Gesetzgebung der Besatzungsmächte auf das deutsche Strafrecht, SJZ 1946, S. 121 ff.

Schroeder, F.-Christian; Polizei und Geisel – der Münchner Bankraub, Berlin, New York 1972.

Schultz, Hans; Gewaltdelikte, Geiselnahme und die Revision des StGB, ZBJV 1979,(115), S. 437 ff.

Schünemann, Bernd; Methodologisches Prolegomena zur Rechtsfindung im Besonderen Teil des Strafgesetzbuches, in: Festschrift für Paul Bockelmann zum 70. Geburtstag, München 1979, S. 117 ff.

Schünemann, Bernd; Raub und Erpressung, JA 1980, S. 486 ff.

Schwinge, Erich; Teleologische Begriffsbildung im Strafrecht, Bonn 1930.

Semerak, Arved F.; Fanggulden für den Gewalthaber, Kriminalistik 1995, S. 273 ff.

Senckenberg, Henrich, Christian v.; Sammlung der Reichs-Abschiede, 2. Teil, Frankfurt am Main 1747.

Sick, Brigitte; Sexuelles Selbstbestimmungsrecht und Vergewaltigungsbegriff, Berlin 1993.

Simson, Gerhard, Geerds, Friedrich; Straftaten gegen die Person und Sittlichkeitsdelikte in rechtsvergleichender Sicht, München 1969.

Stauffer, Irmgard; Das Verbot der Geiselnahme im Rahmen des Schutzes der Zivilbevölkerung in der 4. Genfer Konvention vom 12.08.1949, Jur.Diss. München 1965.

Stephen, James Fitzjames; A history of the Criminal Law of England, Vol. III, London 1883.

Stockmayer, Ulrich; Das Verbrechen des erpresserischen Kindesraubes nach § 239a RStGB, Jur.Diss. Tübingen 1937.

Stratenwerth, Günter; Strafrecht, Allgemeiner Teil, 3. Aufl., Köln u.a. 1981.

Sturm, Richard; Zur Bekämpfung terroristischer Vereinigungen, MDR 1977, S. 9 ff.

Tenckhoff, Jörg, Baumann, Lars Anton; Zur Reduktion der Tatbestände des erpresserischen Menschenraubs und der Geiselnahme, §§ 239a, 239b StGB, BGHSt 39,36, JuS 1994, S. 836 ff.

Tittmann, Karl-August; Beiträge zu der Lehre von den Verbrechen gegen die Freiheit, Meißen 1806.

Tresckow, Horst von; Zur Geschichte und der heutigen Lehre von der Erpressung; Jur.Diss. Breslau 1917.

Tröndle, Herbert, Fischer, Thomas; Strafgesetzbuch und Nebengesetze, 49. Aufl., München 1999.

Tröndle, Herbert; Strafgesetzbuch und Nebengesetze, 48. Aufl., München 1997.

Veh, Herbert Michael; Mordtatbestand und verfassungs-konforme Rechtsanwendung, Berlin 1986.

Vogt, Dieter; Rache für ein totes Baby – der Fall Lindbergh; in: Schultz, Uwe (Hrsg.); Große Prozesse, München 1996, S. 322 ff.

Waechter, Karl Georg von; Lehrbuch des Römisch-Deutschen Strafrechts, Band 1, Stuttgart 1825.

Waller, Georg; Der Fall Lindbergh, Frankfurt am Main 1963.

Weber, Ulrich; Strafrecht, Besonderer Teil, LH 1, 3. Aufl., Bielefeld 1988.

Welzel, Hans; Das Deutsche Strafrecht, 11. Aufl., Berlin 1969.

Wessels, Johannes; Strafrecht, Allgemeiner Teil, 25. Aufl., Heidelberg 1995.

Wessels, Johannes; Strafrecht, Besonderer Teil 1, 18. Aufl., Heidelberg 1994.

With, de; Zahl der Kindesentführungen, zum Strafmaß bei Kindesentführungen; DRiZ 1981, S. 111.

Zieschang, Frank; Die Gefährdungsdelikte, Berlin 1998.

Zippelius, Reinhold; Juristische Methodenlehre, 6. Aufl., München 1994.

SCHRIFTEN ZUM STRAFRECHT UND STRAFPROZESSRECHT

Herausgegeben von Manfred Maiwald

Band 1 Christian-Peter Frees: Die steuerrechtliche Selbstanzeige. Zur kriminalpolitischen Zweckmäßigkeit des § 371 AO. 1991.

Band 2 Norbert Joachim: Der Hörensagenbeweis im Strafverfahren. 1991.

Band 3 Alfred A. Göbel: Die Einwilligung im Strafrecht als Ausprägung des Selbstbestimmungsrechts. 1991.

Band 4 Karl-Heinz Vehling: Die Abgrenzung von Vorbereitung und Versuch. 1991.

Band 5 Heiko Hartmut Lesch: Das Problem der sukzessiven Beihilfe. 1992.

Band 6 Dirk Schwerdtfeger: Besondere persönliche Unrechtsmerkmale. 1992.

Band 7 Stefan Göhring: Polizeiliche Kontrollstellen und Datenverarbeitung. § 163 d StPO und novellierte Polizeigesetze der Länder zwischen Strafverfolgung, Gefahrenabwehr und vorbeugender Straftatenbekämpfung. 1992.

Band 8 Werner Kemper: Horizontale Teilrechtskraft des Schuldspruchs und Bindungswirkung im tatrichterlichen Verfahren nach der Zurückverweisung. §§ 353, 354 Abs. 2 StPO. 1993.

Band 9 Ovvadias Namias: Die Zurechnung von Folgeschäden im Strafrecht. 1993.

Band 10 Jan Zopfs: Unfallflucht bei eindeutiger Haftungslage? Unverzüglichkeitsgebot und Wahlmöglichkeit in § 142 Abs. 2 und 3 StGB. 1993.

Band 11 Stefan Hiebl: Ausgewählte Probleme des Akteneinsichtsrechts nach § 147 StPO. 1994.

Band 12 Ralf Krack: List als Straftatbestandsmerkmal. Zugleich ein Beitrag zu Täuschung und Irrtum beim Betrug. 1994.

Band 13 Henning Radtke: Zur Systematik des Strafklageverbrauchs verfahrenserledigender Entscheidungen im Strafprozeß. 1994.

Band 14 Bernd J. A. Müssig: Schutz abstrakter Rechtsgüter und abstrakter Rechtsgüterschutz. Zu den materiellen Konstitutionskriterien sog. Universalrechtsgüter und deren normentheoretischem Fundament – am Beispiel der Rechtsgutsbestimmung für die §§ 129, 129a und 324 StGB. 1994.

Band 15 Heinz Koriath: Über Beweisverbote im Strafprozeß. 1994.

Band 16 Burkhard Niepoth: Der untaugliche Versuch beim unechten Unterlassungsdelikt. 1994.

Band 17 Karsten Altenhain: Die Strafbarkeit des Teilnehmers beim Exzeß. 1994.

Band 18 Ina Walbaum: Schuldspruch in der Revisionsinstanz nach freisprechendem Urteil des Tatgerichts. 1996.

Band 19 Birgit Dalbkermeyer: Der Schutz des Beschuldigten vor identifizierenden und tendenziösen Pressemitteilungen der Ermittlungsbehörden. 1994.

Band 20 Thomas Hackner: Der befangene Staatsanwalt im deutschen Strafverfahrensrecht. 1995.

Band 21 Hartmut Loritz: Kritische Betrachtungen zum Wert des strafprozessualen Zwischenverfahrens. 1996.

Band 22 Heinz-Hermann Berghof: Therapie und Strafe im Betäubungsmittelrecht. Recht und Wirklichkeit der Behandlung Drogenabhängiger unter besonderer Berücksichtigung der §§ 35 ff BtMG. 1995.

Band 23 Oliver Mertens: Strafprozessuale Grundrechtseingriffe und Bindung an den Wortsinn der ermächtigenden Norm. 1996.

Band 24 Sönke Bahnsen: Das Akteneinsichtsrecht der Verteidigung im Strafverfahren. Dogmatische Grundlagen und Einzelprobleme im Lichte einer rechtsstaatlichen Verfahrensgestaltung. 1996.

Band 25 Dirk Schwieger: Der Vorteilsbegriff in den Bestechungsdelikten des StGB. 1996.

Band 26 Stephanie Meinecke: Die Auswirkungen von Verfahrensfehlern auf die Strafbarkeit nach den Aussagedelikten. 1996.

Band 27 Ute Lambrecht: Strafrecht und Disziplinarrecht. Abhängigkeiten und Überschneidungen. 1997.

Band 28 Carsten Momsen: Verfahrensfehler und Rügeberechtigung im Strafprozeß. Die Strukturen der Revisionsberechtigung unter besonderer Berücksichtigung des Begriffs "Rechtsnormen, die lediglich zugunsten des Angeklagten gegeben sind" in § 339 StPO. 1997.

Band 29 Ursula Epp: Die Abgeordnetenbestechung – § 108 e StGB. 1997.

Band 30 Bernd Scheiff: Wann beginnt der Strafrechtsschutz gegen kriminelle Vereinigungen (§ 129 StGB)? 1997.

Band 31 Ulrike Fontaine: Max Grünhut (1893-1964). Leben und wissenschaftliches Wirken eines deutschen Strafrechtlers jüdischer Herkunft. 1998.

Band 32 Claudia Keiser: Das Kindeswohl im Strafverfahren. Zur Notwendigkeit eines am Kindeswohl orientierten Umgangs mit minderjährigen Opfern und Zeugen, den Möglichkeiten de lege lata und den Erfordernissen de lege ferenda. 1998.

Band 33 Wiebke Schürer-Mohr: Erlaubte Risiken. Grundfragen des "erlaubten Risikos" im Bereich der Fahrlässigkeitsdogmatik. 1998.

Band 34 Stephan Voigtel: Zum Freibeweis bei Entscheidungen der Strafvollstreckungskammer. Eine Untersuchung zu ausgewählten Fragen des Beweisrechts im gerichtlichen Verfahren in Strafvollstreckungs- und Strafvollzugssachen. 1998.

Band 35 Volkmar Wißgott: Das Beweisantragsrecht im Strafverfahren als Kompensation der richterlichen Inquisitionsmaxime. Die Judikatur des Reichsgerichts zum strafprozessualen Beweisrecht. 1998.

Band 36 Susanne Merz: Strafrechtlicher Ehrenschutz und Meinungsfreiheit. 1998.

Band 37 Uwe Schlömer: Der elektronisch überwachte Hausarrest. Eine Untersuchung der ausländischen Erfahrungen und der Anwendbarkeit in der Bundesrepublik Deutschland. 1998.

Band 38 Michael Liedke: Die Vermögensstrafe gemäß § 43a StGB in ihrer kriminalpolitischen Bedeutung. 1999.

Band 39 Danja Domeier: Gesundheitsschutz und Lebensmittelstrafrecht. Zur Konkretisierung der Verkehrspflichten und ihrer Strafbewehrung, insbesondere mit Blick auf §§ 8 ff. LMBG. 1999.

Band 40 Ritva Westendorf: Die Pflicht zur Verhinderung geplanter Straftaten durch Anzeige. Eine kritische Betrachtung der §§ 138, 139 StGB im Kontext der Unterlassungsdelikte. 1999.

Band 41 Hans Theile: Tatkonkretisierung und Gehilfenvorsatz. 1999.

Band 42 Nicole Lange: Vorermittlungen. Die Behandlung des staatsanwaltschaftlichen Vorermittlungsverfahrens unter besonderer Berücksichtigung von Abgeordneten, Politikern und Prominenten. 1999.

Band 43 Tanja Gunder: Der Umgang mit Kindern im Strafverfahren. Eine empirische Untersuchung zur Strafverfolgung bei Sexualdelinquenz. 1999.

Band 44 Sven-Markus Thiel: Die Konkurrenz von Rechtfertigungsgründen. 2000.

Band 45 Jan Schlüter: Die Strafbarkeit von Unternehmen in einer prozessualen Betrachtung nach dem geltenden Strafprozeßrecht. 2000.

Band 46 Detlef Heise: Der Insiderhandel an der Börse und dessen strafrechtliche Bedeutung. Eine Untersuchung des neuen deutschen Insiderrechts speziell unter Bezugnahme auf die strafrechtstheoretischen und strafrechtsdogmatischen Grundlagen. 2000.

Band 47 Hermann Wichmann: Das Berufsgeheimnis als Grenze des Zeugenbeweises. Ein Beitrag zur Lehre von den Beweisverboten. 2000.

Band 48 Rainer T. Cherkeh: Betrug (§ 263 StGB), verübt durch Doping im Sport. 2000.

Band 49 Kristian Hohn: Die Zulässigkeit materieller Beweiserleichterungen im Strafrecht. Eine Untersuchung über Erscheinungsformen und Grenzen der Lösung beweisrechtlicher Probleme im materiellen Strafrecht. 2000.

Band 50 Malte Rabe von Kühlewein: Der Richtervorbehalt im Polizei- und Strafprozeßrecht. 2001.

Band 51 Donata Meinecke: Die Gesetzgebungssystematik der Versuchsstrafbarkeit von Verbrechen und Vergehen im StGB. 2001.

Band 52 Joachim Bock: Begriff, Inhalt und Zulässigkeit der Beweislastumkehr im materiellen Strafrecht. 2001.

Band 53 Gabriele Rose: Grenzen der journalistischen Recherche im Strafrecht und Strafverfahrensrecht. 2001.

Band 54 Wiebke Reitemeier: Täuschungen vor Abschluß von Arbeitsverträgen. Zum Verhältnis zwischen dem Straftatbestand des Betrugs und dem Anfechtungsrecht wegen arglistiger Täuschung (§§ 263 Abs. 1 StGB, 123 Abs. 1 Alt. 1 BGB). 2001.

Band 55 Peter Rackow: Das DNA-Identitätsfeststellungsgesetz und seine Probleme. 2001.

Band 56 Frank Zschieschack: Geiselnahme und erpresserischer Menschenraub (§§ 239a, 239b StGB) im Zwei-Personen-Verhältnis. 2001.

Guido Hobert

Datenschutz und Datensicherheit im Internet

Interdependenz und Korrelation von rechtlichen Grundlagen und technischen Möglichkeiten
2., durchgesehene Auflage

Frankfurt/M., Berlin, Bern, Bruxelles, New York, Oxford, Wien, 2000. 302 S.
Europäische Hochschulschriften: Reihe 2, Rechtswissenschaft. Bd. 2501
ISBN 3-631-36130-0 · br. DM 98.–*

Unsere Zeit ist geprägt durch den alles beherrschenden Einfluß der digitalen Medien. Kommunikationsforscher sprechen vom Beginn einer neuen technischen Ära: dem Zeitalter der totalen Informations- und Kommunikationsgesellschaft. Diese wird jedoch in Zukunft nicht nur höchste Anforderungen an die multimedialen Technologien stellen, sondern auch neue Fragen im Bereich der Gesetzgebung und Rechtsprechung aufwerfen. In den Mittelpunkt des Interesses rücken in diesem Zusammenhang Schutz und Sicherheit der Datenübertragung. Die Arbeit beschäftigt sich mit dem Spannungsverhältnis von technischer Entwicklung (Datensicherheit) und normativen rechtlichen Vorgaben (Datenschutz). Ziel der Arbeit ist eine Gesamtdarstellung der aktuellen Problematik des Datenschutzes und der Datensicherheit im Internet. Eine Bewertung des vorhandenen Datenschutzes und der bestehenden Datensicherheit sowie ein Ausblick auf deren künftige Entwicklung bilden den Abschluß des Buches.

Aus dem Inhalt: Entstehung, Funktionsweise und Dienste des Internets · Daten und Risiken der Internet-Kommunikation · Technische und rechtliche Möglichkeiten der Gefahrenabwehr · Kryptographie, Digitale Signaturen, Electronic Commerce, Home Banking · Gesamtsituation und Bewertung von Datenschutz und Datensicherheit im Internet

Frankfurt/M · Berlin · Bern · Bruxelles · New York · Oxford · Wien
Auslieferung: Verlag Peter Lang AG
Jupiterstr. 15, CH-3000 Bern 15
Telefax (004131) 9402131

*inklusive Mehrwertsteuer
Preisänderungen vorbehalten

Homepage http://www.peterlang.de

FSC
www.fsc.org
MIX
Papier | Fördert
gute Waldnutzung
FSC® C083411

Kolibri 360 GmbH
Ferdinand-Jühlke-Straße 7
99095 Erfurt, Deutschland
produktsicherheit@kolibri360.de

Druck:
CPI Druckdienstleistungen GmbH
im Auftrag der
Kolibri 360 GmbH
Ferdinand-Jühlke-Str. 7
99095 Erfurt

handlung gibt, die sie in dem Fall, dass sie selbst die Fähigkeit zu diesen Entscheidungen verlieren sollte, erhalten oder auch verhindern möchte.[1111]
Dabei ist umstritten, ob ein solches Patiententestament ein Verlangen i.S.d. Art. 143 Abs. 4 CP darstellen kann.
Ein Teil der Literatur lehnt dies mit teilweise voneinander abweichenden Begründungen ab.[1112] Nach einer Auffassung kann aufgrund einer Patientenverfügung schon deshalb keine aktive direkte Sterbehilfe geleistet werden, weil die Patiententestamente nur in Fällen der vollziehenden Beihilfe – Sterbehilfe bei Bewusstlosen etc. – Einsatz finden würden. Das Konzept der vollziehenden Beihilfe verlange aber eine Tatherrschaft des Sterbewilligen bis zum letzten Moment der Ausführung (s. dazu oben II.3b,cc (1)(a)), was beim Bewusstlosen oder Schuldunfähigen ausgeschlossen sei. Das Sterbeverlangen müsse daher zur Zeit der Tathandlung aktuell vorliegen und während der gesamten Tathandlung vorhanden bleiben – einem Patiententestament komme im Bereich der aktiven direkten Sterbehilfe keine Wirksamkeit zu.[1113]: Nach a.A. mangelt es dem Patiententestament hingegen am Erfordernis der Ausdrücklichkeit oder zumindest der Unmissverständlichkeit des Verlangens. Zwar werde das Patiententestament diesen Anforderungen im Moment seiner Errichtung gerecht, nicht jedoch im entscheidenden Moment der Leistung der Sterbehilfe. In diesem Moment stütze sich die Sterbehilfe vielmehr auf die bloße Vermutung, dass der im Patiententestament geäußerte Wille fortbestehe.[1114]
Nach anderer Auffassung in der Rechtslehre können die Bestimmungen in einem Patiententestament hingegen durchaus den Anforderungen an ein Verlangen i.S.d. Art. 143 Abs. 4 CP entsprechen, der auch nicht ausdrücklich fordere, dass das Verlangen im selben Moment der Krankheitssituation vorliegt.[1115] Ein Patiententestament stelle den unmissverständlichen Ausdruck des Willens der Person dar, wenn nicht aufgrund besonderer Umstände von einer Willensänderung des Kranken ausgegangen werden müsse. Wenn die aktuellen Umstände den im Patiententestament beschriebenen entsprechen, kann demnach von einem ausdrücklichen

[1111] S. etwa Tomás-Valiente Lanuza, La cooperación al suicidio y la eutanasia, S. 129, Alonso Herreros, LL 5685 (2002), 1, 2, Requero Ibañez, LL 5570 (2002), 1, 3, Betancor, Eguzkilore 9 (1995), 97, 99 f. Zu den unterschiedlichen Bezeichnungen s. insbesondere López Sánchez, Testamento vital y voluntad del paciente, S. 28 f., 93 ff. Art. 11 Abs. 1 ley 41/2002, de 14 de noviembre, definiert als „Dokument vorweggenommener Anweisungen" ein solches, in dem eine Person ihren Willen bezüglich ihrer Pflege und Gesundheitsbehandlung im Vorhinein ausdrückt mit dem Ziel, dass dieser dann befolgt wird, wenn sie in einen Zustand gerät, in dem sie diese Wünsche nicht mehr persönlich formulieren kann. Zu Modellen für Patiententestamente (schon vor der gesetzlichen Regelung desselben) s. etwa Cabello Mohedano/García Gil/Viqueira Turnez, Entre los límites personales y penales de la eutanasia, S. 85 ff.

[1112] Vgl. Jorge Barreiro, in: Rodríguez Mourullo/Jorge Barreiro, Comentarios al CP, Art. 143 S. 417, Muñoz Conde, Derecho Penal – PE, S. 76, Valle Muñiz, in: Quintero Olivares/Morales Prats, Comentarios a la Parte Especial del Derecho Penal, Art. 143 S. 91 f., Palma Herrera, in: Cobo del Rosal, Comentarios al CP, Art. 143 S. 289 ff., Nuñez Paz, Homicidio consentido, S. 429.

[1113] Valle Muñiz, in: Quintero Olivares/Morales Prats, Comentarios a la Parte Especial del Derecho Penal, Art. 143 S. 91 f.

[1114] Palma Herrera, in: Cobo del Rosal, Comentarios al CP, Art. 143 S. 289 ff., Nuñez Paz, Homicidio consentido, S. 429

[1115] Vgl. etwa González Rus, in: Cobo del Rosal, Compendio de derecho penal, S. 67, Tomás-Valiente Lanuza, La cooperación al suicidio y la eutanasia, S. 129 ff., 132, Lema Añón/Brandariz García, in: Brandariz García/Faraldo Cabana, Responsabilidad penal del Personal Sanitario, S. 49 f., Muñagorri Laguía, JpD 25 (1996), 67, 70, Sánchez Tomás, in: Rodríguez Ramos/Cobos Gómez de Linares/Sánchez Tomás, Derecho Penal – PE, S. 60, Serrano Gómez, Derecho Penal – PE, S. 69.

und unmissverständlichen Verlangen gemäß Art. 143 Abs. 4 CP ausgegangen werden. Nur so könne die Selbstbestimmung des Einzelnen auch in der Realität durchgesetzt werden.[1116]
Im Gegensatz zur (aktuellen) Rechtslage in Deutschland existiert aber in Spanien seit wenigen Jahren eine gesetzliche Regelung des Patiententestaments, die insbesondere die Voraussetzungen für die Wirksamkeit eines solchen Dokuments und die praktische Eingliederung in das System der medizinischen Versorgung enthält.[1117] Eine ausdrückliche Regelung, ob ein solches Patiententestament als Grundlage eines Verlangens gemäß Art. 143 Abs. 4 CP in Betracht kommt, ist zwar in diesen Gesetzen, die sich auf den Bereich der Regelung des Gesundheitswesens beschränken, jedenfalls nicht enthalten. Doch nach Art. 11 Abs. 3 des Rahmengesetzes über die Patientenautonomie werden solche Patientenverfügungen nicht angewandt, die im Widerspruch zur Rechtsordnung oder der lex artis stehen. Da die direkte Sterbehilfe nach Art. 143 Abs. 4 CP strafbar ist und nur eine Strafmilderung erfährt, steht ein Patiententestament, das ein Sterbehilfeverlangen nach Art. 143 Abs. 4 CP enthält, in diesem Punkt im Widerspruch zur Rechtsordnung und würde daher nicht angewandt. Die Formulierung eines Sterbehilfeverlangens durch ein Patiententestament erscheint daher ausgeschlossen.
Dabei ist allerdings zu beachten, dass es sich bei dem ley 41/2002, de 14 de noviembre, um ein sog. ordentliches Gesetz (ley ordinaria) handelt, das dort nicht ausreicht, wo die gesetzliche Regelung Grundrechte betrifft. Eine solche grundrechtsrelevante Regelung kann vielmehr nur durch ein mit qualifizierter Mehrheit beschlossenes Gesetz (ley orgánica) getroffen werden. Mit der Festlegung der Anforderungen an ein Sterbehilfeverlangen werden aber etwa die Grundrechte auf Leben oder Menschenwürde betroffen. Zur verbindlichen Regelung der Frage, ob ein Patiententestament als Sterbehilfeverlangen gemäß Art. 143 Abs. 4 CP ausreichen kann, kann das hier (im einfachen Gesetzgebungsverfahren) erlassene Gesetz daher wohl nicht ausreichen.[1118] Diese Frage ist vielmehr anhand des Gesetzeswortlautes des Art. 143 Abs. 4 CP zu lösen. Zudem ist angesichts des Wortlauts des Art. 11 Abs. 3 des Rahmengesetzes auch fraglich, ob damit überhaupt eine solche Festlegung getroffen werden sollte. Denn danach wird lediglich die Anwendung von Bestimmungen, die im Widerspruch zur Rechtsordnung stehen, ausgeschlossen. Damit wird aber wohl nur klargestellt, dass sich der Arzt an solche Anweisungen nicht gebunden zu fühlen braucht, da er sich ansonsten in Widerspruch zum geltenden Strafrecht setzen würde. Ob ein Patiententestament Grundlage einer Strafmilderung des verbotene aktive Sterbehilfe leistenden Arztes sein kann, ist damit aber

[1116] Tomás-Valiente Lanuza, La cooperación al suicidio y la eutanasia, S. 132; vgl. auch Mata de Antonio, AIS 17 (2003), 9, 61 f.
[1117] Vorreiter für die gesetzliche Regelung waren insoweit die autonomen Regionen, die im Rahmen ihrer Gesetzgebungskompetenz im Gesundheitswesen tätig wurden. Dies gilt insbesondere für die Regelung Kataloniens (ley 21/2000, de 29 de diciembre, sobre derechos de información concerniente a la salud, a la autonomía del paciente y a la documentación clínica) über das Recht auf Information betreffend Gesundheit, Patientenautonomie und klinische Dokumentation, die von ähnlichen Regelungen in Galizien, Extremadura, Madrid, Aragón, La Rioja und Navarra in den Jahren 2001 und 2002 gefolgt wurde. Im Jahre 2002 wurde dann eine einheitliche Regelung durch das ley 41/2002, de 14 de noviembre, básica reguladora de la autonomía del paciente y de derechos y obligaciones en materia de información y documentación clínica geschaffen. Dabei handelt es sich um ein Rahmengesetz, mit dem der spanische Gesetzgeber die Grundsätze des Ley General de Sanidad ergänzt und dessen Ausgestaltung in bestimmten Punkten den autonomen Regionen überlassen wird. Eine ausführliche Darstellung der einzelnen Regelungen findet sich bei López Sánchez, Testamento vital y voluntad del paciente, S. 49 ff. Inzwischen haben die übrigen autonomen Regionen von dieser Ausgestaltungskompetenz auch weitgehend Gebrauch gemacht.
[1118] Vgl. dazu López Sánchez, Testamento vital y voluntad del paciente, S. 88 Fn. 66.

nicht präjudiziert.[1119] Es ist daher höchst zweifelhaft, ob durch die Bestimmung des Art. 11 Abs. 3 des Rahmengesetzes über die Patientenautonomie tatsächlich ein Patiententestament als Sterbehilfeverlangen gemäß Art. 143 Abs. 4 CP verbindlich ausgeschlossen wird.
Richtig erscheint es aber dennoch, den Patiententestamenten im Rahmen der aktiven direkten Sterbehilfe keine Wirksamkeit zukommen zu lassen. Die aktive direkte Sterbehilfe beinhaltet auch nach der Wertung des Gesetzgebers, der hier im Gegensatz zur passiven und indirekten Sterbehilfe nur eine Strafmilderung vorsieht, die Verhaltensweisen, die regelmäßig das größte soziale Unwerturteil enthalten und auch besonders missbrauchsanfällig sind, wenn von einem aktuellen ausdrücklichen Verlangen des Sterbewilligen abgesehen wird. Gerade in diesem hochsensiblen Bereich sollte auf das Erfordernis eines ausdrücklichen, im eigentlichen Moment der Sterbehilfe unzweifelhaft aktuell vorliegenden Verlangens nicht verzichtet werden. Die aktive direkte Sterbehilfe muss Ausnahmefall bleiben. Dies ist aber nur bei einer restriktiven Interpretation der Voraussetzungen des Art. 143 Abs. 4 CP gewährleistet.

(bbb) Bevollmächtigung zur Formulierung eines Sterbehilfeverlangens

Grundsätzlich denkbar ist zwar auch die Ernennung eines Bevollmächtigten für den Fall, dass der Betroffene die Fähigkeit, ein Sterbehilfeverlangen i.S.d. Art. 143 Abs. 4 CP zu formulieren, verliert. Dieser Bevollmächtigte könnte dann im gegebenen Zeitpunkt das Verlangen vorbringen. Angesichts der Tatsache, dass die aktive direkte Sterbehilfe im spanischen Recht – wenn auch in abgemilderter Form – strafbar ist, stellt sich eine solche Bevollmächtigung indes als unwirksam dar, da sie eben auf ein strafbares Verhalten gerichtet ist.[1120] Somit scheidet auch die Möglichkeit einer entsprechenden Bevollmächtigung aus.

(ccc) Gerichtliche Ersetzung eines Verlangens nach Sterbehilfe oder Formulierung durch den gesetzlichen Vertreter

Fraglich bleibt, inwieweit ein Verlangen bei Minderjährigen ohne die notwendige Einsichts- und Urteilsfähigkeit und bei von Geburt an geistig schwer behinderten Personen ersetzt werden kann. Ein gerichtliches Verfahren ähnlich der Sterilisierung geschäftsunfähiger Personen gemäß Art. 156 CP (gerichtliches und staatsanwaltschaftliches Tätigwerden, Verlangen des gesetzlichen Vertreters und Erfordernis von Sachverständigengutachten) mag zwar kriminalpolitisch wünschenswert sein, ist aber angesichts der ausdrücklichen Regelung im Rahmen des Art. 156 CP und dem Fehlen einer vergleichbaren Regelung bei Art. 143 Abs. 4 CP de lege lata nicht möglich. Allenfalls könnte auf das Verlangen der gesetzlichen Vertreter zurückgegriffen werden.[1121]
Dies muss aber ausscheiden. So kann schon zunächst bezweifelt werden, ob das Verlangen nach aktiver Sterbehilfe stets dem Wohl oder Interesse des Betroffenen dient, wie es das Han-

---

[1119] Es steht vielmehr nur fest, dass einer solchen Bestimmung die gesetzliche Anerkennung als wirksame (und damit verpflichtende) Verfügung in einem Patiententestament verweigert wird, vgl. Mata de Antonio, AIS 17 (2003), 9, 61 f.

[1120] Palma Herrera, in: Cobo del Rosal, Comentarios al CP, Art. 143 S. 284 (unter Anwendung des im spanischen Recht geltenden Kausalprinzips).

[1121] So González Rus, in: Cobo del Rosal, Compendio de derecho penal, S. 67; nach Sánchez Tomás, in: Rodríguez Ramos/Cobos Gómez de Linares/Sánchez Tomás, Derecho Penal – PE, S. 60 wäre dies zwar wünschenswert, ist aber de lege lata ausgeschlossen. Die Möglichkeit eines Ausschlusses der Verantwortlichkeit aufgrund eines Notstandes oder der Nichtzumutbarkeit eines anderen Verhaltens deutet indes Calderón Cerezo/Choclán Montalvo, Derecho Penal – PE, S. 603, an.

deln in gesetzlicher Vertretung erfordert. Jedenfalls widerspräche es aber dem Grundsatz, dass der Vertreter nicht auf Rechte des Vertretenen verzichten kann, wenn nicht eine gerichtliche Einwilligung vorliegt. Das Verfahren für eine solche gerichtliche Einwilligung bedürfte aber wiederum einer gesetzlichen Regelung, an der es hier mangelt.[1122]

Somit bleibt festzuhalten, dass ein wirksames Verlangen gemäß Art. 143 Abs. 4 CP nur dann vorliegt, wenn es von dem einsichts- und urteilsfähigen Betroffenen im entscheidenden Zeitpunkt der Leistung der Sterbehilfe selbst abgegeben wurde.

(c) Besondere Mitleidsmotivation des Täters?

Fraglich bleibt, ob eine besondere Mitleidsmotivation des Täters gegeben sein muss. Der Wortlaut des Art. 143 Abs. 4 CP fordert keine solche besondere Motivation. Konsequenz daraus ist an sich, dass auch derjenige, der aus rein wirtschaftlichen Interessen oder etwa aus Rache handelt, in den Genuss der Strafmilderung nach Art. 143 Abs. 4 kommt.
Nach *González Rus* ist indes Voraussetzung der Strafmilderung, dass der Täter gerade deshalb handelt, um dem Betroffenen einen schmerzlosen Tod und ein Ende seiner Leidenssituation zu bereiten. Dies begründet er damit, dass die Vorschrift des Art. 143 Abs. 4 CP implizit die Forderung einer solchen Mitleidsmotivation des Täters enthalte. Nur, wenn ein derartiges Mitleidsmotiv gegeben sei, könne überhaupt von Sterbehilfe im eigentlichen Sinn gesprochen werden.[1123]
Dies ist aber abzulehnen. Der Gesetzgeber hat die Strafmilderung des Art. 143 Abs. 4 CP allein vom Vorliegen der objektiven Leidenssituation des Betroffenen und dessen Verlangen abhängig gemacht. Eine besondere Motivation des Täters wird hingegen nicht gefordert. Daraus muss gefolgert werden, dass der Gesetzgeber diese Gegebenheiten für ein abgemildertes Unwertsurteil und damit eine Strafmilderung für ausreichend gehalten und die Motivation des Täters insoweit für unerheblich erachtet hat.[1124] Jede andere Auslegung stellt eine exzessive Restriktion des Art. 143 Abs. 4 CP zu Ungunsten des Täters und damit letztlich einen Verstoß gegen das Gesetzlichkeitsprinzip dar. Die Motive des Täters können aber im Rahmen der Strafzumessung des Art. 143 Abs. 4 CP angemessen Berücksichtigung finden.[1125]

(2) Möglichkeit eines völligen Strafausschlusses

Wie bereits ausgeführt, kommt der Täter, wenn die Tatbestandsvoraussetzungen des Art. 143 Abs. 4 CP vorliegen, in den Genuss einer Strafmilderung. Nach allgemeiner Ansicht handelt es sich hierbei um einen sog. unvollständigen Rechtfertigungsgrund (causa de justificación incompleta), mit dem der Gesetzgeber eine Antwort auf den besonderen Interessenskonflikt in Sterbehilfesituationen geben wollte.[1126]

[1122] Palma Herrera, in: Cobo del Rosal, Comentarios al CP, Art. 143 S. 284 ff.
[1123] González Rus, in: Cobo del Rosal, Compendio de derecho penal, S. 64 f.
[1124] Vgl. auch Barquín Sanz, in: Roxin/Mantovani/Barquín Sanz/Olmedo Cardenete, Eutanasia y suicidio, S. 184 ff., dem zufolge dem Konzept der Sterbehilfe des Art. 143 Abs. 4 CP zwar durchaus eine besondere Mitleidsmotivation zugrunde liegt, eine solche angesichts des Schweigens des Gesetzestextes aber nicht vom konkreten Täter verlangt werden kann. Ähnlich Nuñez Paz, Homicidio consentido, S. 42 ff.
[1125] Barquín Sanz, in: Roxin/Mantovani/Barquín Sanz/Olmedo Cardenete, Eutanasia y suicidio, S. 187 f.
[1126] Tomás-Valiente Lanuza, La cooperación al suicidio y la eutanasia, S. 104, Lema Añón/Brandariz García, in: Brandariz García/Faraldo Cabana, Responsabilidad penal del Personal sanitario, S. 59, Nuñez Paz, Homicidio consentido, S. 438

Problematisch ist allerdings, ob in einer von Art. 143 Abs. 4 CP erfassten Sterbehilfesituation nicht unter Umständen auch ein Notstand gemäß Art. 20 Abs. 5 CP gegeben sein kann, so dass man ggf. zu einer vollständigen Rechtfertigung und damit Straflosigkeit gelangen könnte. Die Lösung über die Annahme eines Notstandes gemäß Art. 20 Abs. 5 CP war vor der Geltung des aktuellen Código Penal in der Rechtslehre weit verbreitet. Dadurch konnten die Härten des früheren Art. 409 CP, der keinerlei Strafmilderung – auch nicht in Sterbehilfesituationen – vorsah, ausgeglichen werden.[1127]

Nach e.A. schließt die Ausgestaltung des Art. 143 Abs. 4 CP als unvollständiger Rechtfertigungsgrund die Straflosigkeit anhand einer vollständigen Notstandsrechtfertigung gemäß Art. 20 Abs. 5 CP aus. Der im Rahmen der aktiven direkten Sterbehilfe bestehende Konflikt zwischen Lebensverkürzung und Leidensverlängerung wurde vom Gesetzgeber in Form einer bloßen Strafmilderung gelöst. Dieser Wille des Gesetzgebers sei nun zu achten und verschließe auch die Möglichkeit, in extremen Ausnahmefällen anhand Art. 20 Abs. 5 CP eine Straflosigkeit anzunehmen.[1128]

Nach a.A. lässt die Fassung des Art. 143 Abs. 4 CP als unvollständiger Rechtfertigungsgrund zwar grundsätzlich keinen Platz für eine vollständige Rechtfertigung gemäß Art. 20 Abs. 5 CP. Anders soll dies jedoch bei extremen Ausnahmefällen sein, wie etwa, wenn beide Tatbestandsalternativen des Art. 143 Abs. 4 CP in besonders krasser Form vorliegen (extreme Schmerzen bei nur kurzer verbleibender Lebenserwartung) oder bei *völliger* Unfähigkeit, sich selbst zu töten. Solche Ausnahmefälle dürften nämlich von der vorgegebenen Interessensabwägung des Gesetzgebers noch nicht erfasst sein.[1129] Wenn der Sterbeprozess so weit fortgeschritten sei, dass der Patient praktisch nicht mehr bei Bewusstsein ist und der Tod unmittelbar bevorsteht, aber auch, wenn der Sterbewillige physisch nicht in der Lage ist, sich selbst zu töten, könne der Respekt vor der Menschenwürde gegenüber dem Respekt vor dem menschlichen Leben überwiegen und eine Rechtfertigung wegen Notstands (Art. 20 Abs. 5 CP) oder Erfüllung einer Pflicht (Art. 20 Abs. 7 CP) angenommen werden.[1130] Teilweise wird auch eine Notstandsrechtfertigung weiterhin für möglich gehalten, wenn über die in Art. 143 Abs. 4 CP enthaltenen Anforderungen an die schwere Krankheit hinaus sich der Patient im Endstadium einer tödlichen Krankheit befindet.[1131]

Meines Erachtens ist die letztere Auffassung vorzugswürdig. Zwar hat der Gesetzgeber mit der Strafmilderung des Art. 143 Abs. 4 CP eine grundsätzliche Interessensabwägung getroffen. Diese Entscheidung des Gesetzgebers ist auch zu respektieren. Jedoch kann dies nicht

---

[1127] Zur früheren Rechtslage s. Díez Ripollés, in: Díez Ripollés/Gracia Martín, Delitos contra bienes jurídicos fundamentales, S. 264 f., Valle Muñiz, CJ 25 (1994), 12, 15 ff. Nach a.A. war indes lediglich möglich, im Einzelfall einen Ausschluss der strafrechtlichen Schuld anzunehmen, vgl. Torío López, EPC XIV (1991), 217, 242 ff.

[1128] Tomás-Valiente Lanuza, La cooperación al suicidio y la eutanasia, S. 104 ff., González Rus, in: Cobo del Rosal, Compendio de derecho penal, S. 68

[1129] Olmedo Cardenete/Barquín Sanz, in: Cobo del Rosal, Comentarios al CP, S. 233 ff.: danach soll die notwendige Beihilfe in Fällen, in denen der Betroffene zwar den letzten Selbsttötungsakt vornehmen kann, nicht aber die nötigen Vorbereitungen (der Gelähmte trinkt mit Hilfe eines Strohhalms das vorbereitete und bereit gestellte Gift), allerdings nur de iure condendo gerechtfertigt und straffrei bleiben; nach Barquín Sanz, in: Roxin/Mantovani/Barquín Sanz/Olmedo Cardenete, Eutanasia y suicidio, S. 188 ff., kann jedoch auch nach geltendem Recht eine solche Rechtfertigung angenommen werden; so auch Lema Añón/Brandariz García, in: Brandariz García/Faraldo Cabana, Responsabilidad penal del Personal sanitario, S. 59. Vgl. auch Muñoz Conde, Derecho Penal – PE, S. 74 ff., der auch mit der Schwierigkeit der Unterscheidung zwischen aktivem Handeln und Unterlassen (und der Straflosigkeit passiver Sterbehilfe, s.u. b,aa) argumentiert. Entscheidend müsse daher allein sein, ob die Voraussetzungen eines Notstands gegeben seien.

[1130] Nuñez Paz, Homicidio consentido, S. 436 ff.

[1131] Vgl. etwa Gómez Pavón, Tratamientos médicos, S. 42 f., 54.

auch in extremen Ausnahmefällen gelten. Denn zu beachten ist insoweit, dass es verfassungsrechtlich keine Pflicht zu leben gibt. Würden im Falle der vollständigen Unfähigkeit, sich selbst zu töten, die aktive Sterbehilfe durch eine vollziehende Beihilfe, oder im Fall der völligen Unfähigkeit, sich die zur Selbsttötung erforderlichen Mittel zu beschaffen, die aktive Sterbehilfe durch eine notwendige Beihilfe bestraft, würde aber eine solche mittelbare Pflicht zu leben geschaffen. Auch das verfassungsrechtliche Verbot unmenschlicher und demütigender Behandlung (Art. 15 CE) sowie der Schutz der Menschenwürde gemäß Art. 10 CE sind dabei zu berücksichtigen. Es ist daher davon auszugehen, dass eine Entscheidung des Gesetzgebers, die aktive direkte Sterbehilfe auch in extremen Ausnahmefällen mit – wenn auch abgemilderter – Strafe zu belegen, gegen diese verfassungsrechtlichen Wertungen verstoßen würde. Indem man eine vollständige Notstandsrechtfertigung in diesen Ausnahmefällen zulässt, gewährleistet man hingegen eine verfassungskonforme Interpretation der Wertungen des Gesetzgebers.[1132] Somit ist anzunehmen, dass in besonders extremen Ausnahmefällen ein völliger Strafausschluss anhand einer Notstandsrechtfertigung gemäß Art. 20 Abs. 5 CP möglich bleibt.

(3) Kritik und Reformbestrebungen

Die Regelung der aktiven direkten Sterbehilfe in Art. 143 Abs. 4 CP hat in der Literatur Zustimmung, aber auch Kritik und Ablehnung erfahren. Überwiegend dürfte aber wohl die Auffassung herrschen, dass der Gesetzgeber zumindest einen Schritt in die richtige Richtung getan hat.[1133]

Zum Teil wird allerdings die Regelung des Art. 143 Abs. 4 CP als zu weitgehend erachtet. So wäre nach *Valle Muñiz* eine Beschränkung der Strafmilderung auf den Bereich ärztlicher Tätigkeit wünschenswert gewesen. Dadurch wären Missbrauchsgefahren leichter zu vermeiden. Auch bemängelt er das Fehlen entsprechender verfahrensrechtlicher Garantien wie etwa das Vorliegen bestimmter medizinischer Gutachten als Voraussetzung der Strafmilderung.[1134]

Eine Mindermeinung vertritt auch die Verfassungswidrigkeit der Neuregelung, da die neuen Strafmaße unverhältnismäßig gering seien und dadurch das Recht auf Leben gemäß Art. 15 CE sowie das aus Art. 1 Abs. 1 CE sowie Art. 10 Abs. 1 CE, nämlich dem Rechtsstaatsprinzip, den Werten der Gerechtigkeit und Menschenwürde, abzuleitende Gebot verhältnismäßigen Strafens verletzt werde.[1135]

Überwiegend wird die Vorschrift aber eher als zu restriktiv angesehen, wenn auch mit der Neuregelung frühere Forderungen nach einer Änderung des Art. 409 CP und einer weitergehenden Anerkennung der freien Verfügbarkeit über das eigene Leben zumindest teilweise erfüllt wurden.[1136] So wird etwa die gesetzgeberische Option für einen Mittelweg, nämlich die

---

[1132] Gegen eine solche Interpretation trotz denkbarer verfassungsrechtlicher Kritik Tomás-Valiente Lanuza, La cooperación al suicidio y la eutanasia, S. 106.

[1133] Vgl. etwa Nuñez Paz, Homicidio consentido, S. 441.

[1134] Valle Muñiz, in: Quintero Olivares/Morales Prats, Comentarios a la Parte Especial del Derecho Penal, Art. 143 S. 91; die Rechtsunsicherheit bei der Feststellung des Vorliegens der objektiven Krankheits- und Leidenssituation und fehlende Verfahrensgarantien kritisiert auch Serrano Gómez, Derecho Penal – PE, S. 67 f.

[1135] Brage Camazano, RGD 1993, 4429, 4431 ff. (dessen Ausführungen sich allerdings noch auf das Gesetzesprojekt von 1992 beziehen, das jedoch kaum von der nun Gesetz gewordenen Fassung differiert, insbesondere bereits die nun geltenden Strafmaße enthält).

[1136] So hatte im Jahr 1992 ein Arbeitskreis namhafter Rechtsgelehrter das sog. Manifest für die Verfügbarkeit des eigenen Lebens verfasst und aufgrund einer Auslegung des Rechtes auf Leben in Zusammenschau mit dem Recht auf Freiheit und damit einer Interpretation des Rechts auf Leben gemäß Art. 15 CE im Lichte der freien Entwicklung der Persönlichkeit festgestellt, dass das Leben – gegen den Willen des Rechtsinhabers auferlegt –

aktive direkte Sterbehilfe gegenüber der Beihilfe zum Suizid lediglich mit einer Strafmilderung zu versehen, nicht aber völlig straflos zu lassen, insgesamt abgelehnt.[1137] Dabei wird insbesondere moniert, die vermeintlich moderne und fortschrittliche Regelung der Strafmilderung verschließe nach der früheren Regelung noch gegebene Möglichkeiten der völligen Straflosigkeit (vgl. oben (2)).[1138] Auch wird angesichts der verfassungsrechtlichen Wertungen und der Konzeption des Strafrechts als ultima ratio die ausdrückliche gesetzgeberische Anerkennung eines Rechts auf einen würdigen Tod in bestimmten Grenz- und Ausnahmesituationen verlangt.[1139] Nach a.A. sollte in den von Art. 143 Abs.4 CP erfassten Fällen ein fakultativer Strafausschluss ähnlich dem deutschen Alternativentwurf eines Gesetzes über Sterbehilfe vorgesehen werden, ohne damit die Möglichkeit einer Rechtfertigung aufgrund Art. 20

nicht in jedem Fall als schützenswertes Rechtsgut angesehen werden könne. Eine solche Auslegung erfordere die Anerkennung der freien Verfügbarkeit des Lebens und eines entsprechenden Rechts auf den eigenen Tod. Der Gesetzgeber habe jedoch Vorsorge zu treffen, um die Freiheit der Willensentscheidung des Einzelnen zu garantieren. Die passive und die indirekte Sterbehilfe, aber auch die direkte Sterbehilfe auf Verlangen im Falle schweren, irreversiblen und unerträglichen Leidens oder Schmerzen müsse straffrei bleiben, vgl. Manifiesto en favor de la disponibilidad de la propia vida, abgedruckt in ADPCP 45 (1992), 1219. Diese Grundsätze waren im Jahr 1993 dann zum Alternativvorschlag zur rechtlichen Behandlung der Verhaltensweisen Dritter bezüglich der Verfügbarkeit des eigenen Lebens weiterentwickelt worden, in dem eine Reform der Gesundheitsgesetzgebung (LGS) und des Strafrechts (CP) entworfen wurde. Dem zufolge sollte die aktive direkte Sterbehilfe auf Verlangen des Patienten straflos gestellt werden, wenn der Betroffene tödlich erkrankt ist, auch wenn er sich nicht im Endstadium der Krankheit befindet, oder aufgrund einer unheilbaren und dauerhaften Verletzung, Krankheit oder Behinderung schwer leidet und nicht in der Lage ist, sich selbst zu töten. (Der Alternativvorschlag spricht insoweit – am wörtlichsten übersetzt – von Personen, die aufgrund ihres Leidens umfassend nicht in der Lage sind, „für sich selbst zu sorgen" (le incapacita de manera generalizada para valerse por sí misma). Nach den Erläuterungen sind damit aber gerade Personen gemeint, die körperlich nicht in der Lage sind, sich selbst zu töten.) Die Anstiftung zu einer Verfügung über das eigene Leben sollte indes in jedem Fall strafbar bleiben. Dazu wurde die Strafbarkeit einer aktiven Tötung auf Verlangen in einem neu gefassten Art. 408 Abs. 1 CP vorgeschlagen, und ein Ausnahmetatbestand in Abs. 2 für die aktive Sterbehilfe geschaffen. Art. 409 CP sollte in Abs. 1 die Strafbarkeit (jeglicher) Anstiftung zur Verfügung über das eigene Leben enthalten und in Abs. 2 die Strafbarkeit einer Teilnahme am Suizid, ohne dass die Anforderungen an Entscheidungsfähigkeit und Verlangen i.S.d. Art. 408 CP vorliegen, vgl. Grupo de Estudios de Política Criminal: Propuesta alternativa al tratamiento jurídico de las conductas de terceros relativas a la disponibilidad de la propia vida, abgedruckt in: Díez Ripollés/Muñoz Sánchez, El tratamiento jurídico de la eutanasia. Una perspectiva comparada, S. 609 ff.

1137 Jorge Barreiro, in: Rodríguez Mourullo/Jorge Barreiro, Comentarios al CP, Art. 143 S. 418, González Rus, in: Cobo del Rosal, Compendio de derecho penal, S. 68, Carbonell Mateu, CJ 10 (1993), 26, 32, ders., in: Vives Antón et al., Comentarios al CP de 1995, Art. 143 S. 764, Marín Gámez, REDC 54 (1998), 85, 112 ff.; vgl. auch Nuñez Paz, Homicidio consentido, S. 166 ff. sowie die Kritik von García Rivas, Homenaje al Dr. Marino Barbero Santos, S. 149 f., im Hinblick auf ungelöste Fragen und eine Praxis, die im Zweifelsfall Sterbehilfeentscheidungen im Verborgenen trifft.

1138 González Rus, in: Cobo del Rosal, Compendio de derecho penal, S. 68; doch auch wenn die Annahme eines rechtfertigenden Notstandes angesichts der verfassungsrechtlichen Wertungen (Schutz der Selbstbestimmung und Menschenwürde des Einzelnen als die Verletzung des Lebens im Einzelfall überwiegend) weiterhin für möglich erachtet wird, erfordert doch zumindest die Rechtssicherheit eine ausdrückliche Regelung der Fälle, die nicht dem Strafrecht unterliegen dürfen, so Juanatey Dorado, in: Estudios Jurídicos. En memoriam del profesor Casabó Ruiz, S. 127, 133 ff., 136.

1139 Muñagorri Laguía, Eutanasia y derecho penal, S. 107 ff.; García Arán, in: Díez Ripollés, Delitos contra la vida e integridad física, S. 33 fordert etwa die Straflosigkeit direkter Sterbehilfe nur dann, wenn der Betroffene nicht in der Lage sei, sich selbst zu töten, vgl. dazu auch González Rus, in: Cobo del Rosal, Curso de derecho penal – PE, S. 99 f.

Abs. 5 oder Abs. 7 CP in bestimmten Grenzsituationen auszuschließen.[1140] Zum Teil wird gar gefordert, dem Willen des Einzelnen stets volle Relevanz einzuräumen, wenn dieser nicht aufgrund einer psychischen Krankheit getrübt sein sollte.[1141]

Nach a.A. ist die Notwendigkeit strafrechtlicher Intervention hingegen grundsätzlich zu bejahen. Angesichts einer möglichen Missbrauchs- und Dammbruchsgefahr ist es demnach zu begrüßen, wenn sich derjenige, der Sterbehilfe geleistet hat, einem öffentlichen Prozess unterziehen muss, und das Tötungsverbot auch einfach durch das bloße Bestehen der entsprechenden Norm bestärkt wird. Allerdings wird auch hier die Reichweite des Art. 143 Abs. 4 CP kritisiert. So sei für den Fall, dass der Sterbewillige selbst seinen Tod herbeiführt, in Respekt vor dem freien Willen und der Würde der Person die notwendige Beihilfe in Sterbehilfesituationen straffrei zu stellen und lediglich die Strafbarkeit der vollziehenden Beihilfe aufrecht zu erhalten.[1142]

Schließlich wird der vom Gesetzgeber getroffene Interessenausgleich auch als akzeptable kriminalpolitische Lösung angesehen. Wenn es dem Einzelnen nicht möglich sei, seinem Leben selbst ein Ende zu setzen, und ihm die völlig freie Entscheidung, sein Leben mit Hilfe Dritter zu beenden, strafrechtlich verwehrt bleibe, könne zwar die freie Entwicklung der Persönlichkeit und sogar seine Menschenwürde beeinträchtigt sein. In solchen Ausnahmefällen könne aber Straffreiheit aufgrund eines entschuldigenden Notstandes angenommen werden oder zumindest eine Strafaussetzung zur Bewährung. Damit werde zugleich verhindert, dass im Bewusstsein der Bürger der Wert „Leben" als nicht gesetzlich geschützt wahrgenommen werde.[1143] Die Möglichkeit der Annahme strafmildernder oder im Einzelfall strafausschließender Umstände wird also als ausreichende gesetzgeberische Lösung angesehen.[1144]

Zunächst ist nun die Entscheidung des spanischen Gesetzgebers, die Sterbehilfe einer eigenen und ausdrücklichen Regelung zu unterwerfen, im Sinne der Rechtsklarheit und Rechtssicherheit zu begrüßen. Angesichts der überaus restriktiven früheren Regelung des Art. 409 CP ist die Neuregelung des Art. 143 CP, insbesondere der Strafmilderung für die aktive direkte Sterbehilfe gemäß Art. 143 Abs. 4 CP, hinsichtlich der verfassungsrechtlichen Wertungen grundsätzlich als zutreffend anzusehen. Indes wirft die Neuregelung auch Probleme auf. So erscheint es aufgrund der nunmehr ausdrücklichen Regelung im Sinne einer bloßen Strafmilderung zweifelhaft, ob nicht damit auch die Möglichkeit einer vollständigen Rechtfertigung zwingend ausgeschlossen ist. Wie oben bereits dargestellt, wird man allerdings eine Notstandsrechtfertigung in besonderen Ausnahmefällen durchaus annehmen können, ja aus verfassungsrechtlichen Gründen sogar annehmen müssen. Allerdings wäre eine dahingehende Klarstellung zumindest in den Gesetzesgründen aus Rechtssicherheitsgründen wünschenswert gewesen. Weiterhin ist fraglich, ob nicht das Verbot der notwendigen, nicht vollziehenden Beihilfe im Rahmen der Sterbehilfe insgesamt aufgehoben werden sollte. Dazu ist festzustellen, dass das Missbrauchs- und Dammbruchsrisiko hier wesentlich geringer sein dürfte als im Fall der einverständlichen (Fremd-)Tötung, denn der entscheidende Schritt der Selbst-

---

[1140] Nuñez Paz, Homicidio consentido, S. 443 ff.

[1141] Carbonell Mateu, in: Vives Antón et al., Comentarios al CP de 1995, Art. 143 S. 764

[1142] Barquín Sanz, in: Roxin/Mantovani/Barquín Sanz/Olmedo Cardenete, Eutanasia y suicidio, S. 206 ff., Olmedo Cardenete/Barquín Sanz, in: Cobo del Rosal, Comentarios al CP, Art. 143 S. 249 ff., vgl. auch García Rivas, RP 11 (2003), 15, 16.

[1143] Borja Jiménez, Curso de Política Criminal, S. 128 ff.

[1144] Vgl. etwa auch Cabello Mohedano/García Gil/Viqueira Turnez, Entre los límites personales y penales de la eutanasia, S. 79 ff. sowie Martín Gómez/Alonso Tejuca, LL 1992 – III, 861, 876 ff.

tötung ist hier stets dem Kranken überlassen. Allerdings kann ein solches Risiko auch hier nicht vollends ausgeschlossen werden. So könnten etwa ältere, kranke Menschen unter Hinweis auf die verursachten Kosten und Unannehmlichkeiten von ihren Angehörigen mehr oder minder direkt zum Suizid gedrängt werden oder sich auch angesichts der bloßen Möglichkeit eines solchen assistierten Suizids hierzu selbst verpflichtet fühlen. Doch würde auf der anderen Seite dem Selbstbestimmungsrecht des Einzelnen dadurch größeres Gewicht verliehen. Die Gefahr eines Dammbruchs hin zum Suizid ist demgegenüber gerade in einer immer noch religiös geprägten Gesellschaft wie der spanischen kaum zu erwarten. Sie wird auch gering sein, wenn gleichzeitig die Strafbarkeit der Anstiftung zum Selbstmord strafbar bleibt. Eine Entkriminalisierung der notwendigen, nicht vollziehenden Beihilfe zumindest in Sterbehilfesituationen ist daher kriminalpolitisch durchaus wünschenswert. Vgl. zur rechtspolitischen Diskussion im Übrigen unten 3.

b) Die passive Sterbehilfe (eutanasia pasiva)

Im Anschluss soll nun auch auf die Regelung passiver Sterbehilfe genauer eingegangen werden.

Unter passiver Sterbehilfe versteht man – wie im deutschen Recht – die Nichtaufnahme einer lebensverlängernden Behandlung oder den Abbruch einer medizinischen Behandlung mit der Folge des Todes des Patienten.[1145] Im Zusammenhang mit der passiven Sterbehilfe werden häufig auch die Begriffe „distanasia", im Sinne von schlechter Tod, sowie „encarnizamiento terapeútico" verwendet, das soviel wie „therapeutische Grausamkeit", Grausamkeit durch die Behandlung, bedeutet. Unter distanasia ist die sinnlose Verlängerung des Sterbeprozesses zu verstehen, die im Extremfall zur „therapeutischen Grausamkeit" führt, wenn sie mit schweren Qualen verbunden ist.[1146]

Von besonderer Bedeutung ist bzgl. der passiven Sterbehilfe auch die Definition des Todeszeitpunktes. Zweifel können etwa aufkommen, wenn es um den weiteren Einsatz medizinisch-technischer Apparatur geht, und bereits Teile des Gehirnes ihre Funktion aufgegeben haben. Maßgeblich ist dabei auch in Spanien der Gehirntod, wenn also alle Gehirnfunktionen dauerhaft und irreversibel verloschen sind. Die Anforderungen an die Feststellung des Gehirntodes sind im Organtransplantationsgesetz aus dem Jahr 1979 und den dieses entwickelnden Vorschriften enthalten.[1147]

[1145] Vgl. Valle Muñiz, in: Quintero Olivares/Morales Prats, Comentarios a la Parte Especial del Derecho Penal, Art. 143 S. 87, González Rus, in: Cobo del Rosal, Compendio de derecho penal, S. 63, Jorge Barreiro, in: Rodríguez Mourullo/Jorge Barreiro, Comentarios al CP, Art. 143 S. 416.

[1146] González Rus, in: Cobo del Rosal, Compendio de derecho penal, S. 64, Nuñez Paz, Homicidio consentido, S. 79 f.; der Begriff "distanasia" leitet sich aus dem Griechischen "dis" (schlecht, schwierig) und "thanatos" (Tod) ab, s. Cabello Mohedano/García Gil/Viqueira Turnez, Entre los límites personales y penales de la eutanasia, S. 42. Die Begriffe „distanasia" und „encarnizamiento terapeútico" werden häufig auch einfach gleich gesetzt, vgl. etwa Hernando García, in: Escritos jurídicos en Memoria de Luis Mateo Rodríguez, S. 251, 261, Fernández-Espinar, CPC 51 (1993), 755, 758.

[1147] Ley 30/1979 de 27 de octubre sobre Extracción y Trasplantes de Órganos, sowie RD 426/1980 de 22 de febrero. Höchst problematisch ist daher etwa die Ansicht von García Arán, in: Díez Ripollés, Delitos contra la vida e integridad física, S. 25, die davon ausgeht, dass bei irreversibel nur noch vegetativem Leben bereits kein geschütztes Rechtsgut „unabhängiges menschliches Leben" mehr vorliege und dieses beeinträchtigende Verhaltensweisen straflos seien, ohne diese Auffassung allerdings näher zu begründen.

aa) Straflosigkeit der passiven Sterbehilfe auf Verlangen des Patienten

Die passive Sterbehilfe auf Verlangen des Patienten ist nach allgemeiner Ansicht straflos.[1148] Im Folgenden sollen nun die Begründung für diese Straflosigkeit wie auch die Voraussetzungen hierfür untersucht werden.

(1) Begründung der Straflosigkeit der passiven Sterbehilfe auf Verlangen

Ähnlich wie im Rahmen der indirekten Sterbehilfe wird aus der ausdrücklichen Beschränkung des Art. 143 Abs. 4 CP auf aktives Handeln im Umkehrschluss gefolgert, dass die Leistung von Sterbehilfe auf Verlangen des Patienten durch ein Unterlassen straflos sein muss. Die gegenteilige Auffassung, dass zwar die regelmäßig strafwürdigeren Verhaltensweisen der aktiven direkten Sterbehilfe eine Strafmilderung erführen, die passive Sterbehilfe hingegen voll nach Art. 143 Abs. 2 oder 3 CP strafbar bliebe, wird wiederum als haltlos abgelehnt.[1149]
Diese Ausführungen sind nach der hier vertretenen Ansicht allerdings ohne Belang. Denn danach können die in Art. 143 Abs. 2, 3 CP enthaltene notwendige und vollziehende Beihilfe ohnehin nicht durch Unterlassen verwirklicht werden (s.o. II.3b,bb (2)(d); II.3b,cc (4)). Demzufolge muss auch die passive Sterbehilfe als Unterfall dieser Verhaltensweisen straflos sein.[1150] Durch die ausdrückliche Forderung eines aktiven Handelns in Art. 143 Abs. 4 CP wird die Straflosigkeit der passiven Sterbehilfe auf Verlangen aber noch einmal gesetzlich betont.
Folgert man die Straflosigkeit der passiven Sterbehilfe nun aus Art. 143 Abs. 4 CP, müssen die dort genannten Voraussetzungen erfüllt sein. Somit hat der Patient an einer schweren Krankheit zu leiden, die notwendigerweise zum Tod führt oder die ihm schwere, dauerhafte und schwer zu ertragende Leiden verursacht. Weiterhin muss ein ausdrückliches, ernstliches und unmissverständliches Verlangen nach dem Unterlassen medizinischer Behandlung vorliegen.
Wie bereits im Rahmen der aktiven direkten Sterbehilfe gemäß Art. 143 Abs. 4 CP erörtert, kann ein solches Verlangen wohl nicht durch ein Patiententestament formuliert werden.[1151]

[1148] Dies wird inzwischen wiederum auch grundsätzlich von den standesrechtlichen Regeln der Ärzte anerkannt, vgl. Art. 9 Abs. 4 (dem zufolge der Arzt die Freiheit des entscheidungsfähigen Patienten, eine Behandlung zurückzuweisen, respektieren muss) sowie Art. 27 Abs. 2 Código de Ética y Deontología Médica de 1999, wonach der Arzt den Willen des Patienten, eine lebensverlängernde Maßnahme abzulehnen, um in Würde zu sterben, zu berücksichtigen hat. In der vorangegangenen Regelung, dem Art. 28 Abs. 2 Código de Ética y Deontología Médica de 1990, war hingegen nur davon die Rede, dass der Arzt im Falle des unheilbar Kranken im Endstadium seiner Krankheit sich auf die Schmerzlinderung zu beschränken und sinnlose medizinische Maßnahmen ohne Aussicht auf Besserung zu vermeiden habe, ohne auf den Willen des Patienten diesbezüglich einzugehen.

[1149] Vgl. González Rus, in: Cobo del Rosal, Compendio de derecho penal, S. 67, Valle Muñiz, in: Quintero Olivares/Morales Prats, Comentarios a la Parte Especial del Derecho Penal, Art. 143 S. 87 ff., Barquín Sanz, in: Roxin/Mantovani/Barquín Sanz/Olmedo Cardenete, Eutanasia y suicidio, S. 180 f., Olmedo Cardenete/Barquín Sanz, in: Cobo del Rosal, Comentarios al CP, Art. 143 S. 231, Mata de Antonio, AIS 17 (2003), 9, 25 f. Dabei bezieht sich das Erfordernis aktiven Handelns, obgleich sich das Adverb "aktiv" zunächst auf die Fälle notwendiger Beihilfe zu beschränken scheint, sowohl auf die (täterschaftliche) Verursachung als auch auf die notwendige Beihilfe, vgl. González Rus, in: Cobo del Rosal, Curso de derecho penal – PE, S. 97, Nuñez Paz, Homicidio consentido, S. 435 f.

[1150] Zum Erlöschen der Garantenpflicht speziell im Rahmen der passiven Sterbehilfe, wenn der Wille des Patienten einer Behandlung ausdrücklich entgegensteht, und dem Fehlen einer „schutzlosen Person" im Sinne des Tatbestandes der unterlassenen Hilfeleistung s. auch Cabello Mohedano/García Gil/Viqueira Turnez, Entre los límites personales y penales de la eutanasia, S. 120 f., Valle Muñiz, CJ 25 (1994), 12, 20 sowie Muñagorri Laguía, JpD 25 (1996), 67, 68, Bacigalupo, PJ no. Especial XII (1990), 147, 154.

[1151] Zur gegenteiligen Auffassung s.o. a,bb (1)(b)(bb)(aaa).

Zwar besteht eine Tendenz, im Rahmen der passiven Sterbehilfe weniger restriktiv zu sein[1152], doch steht auch hier der Ausdrücklichkeit und Unmissverständlichkeit des Verlangens gegenüber, dass diese eben nur im Zeitpunkt der Errichtung der Patientenverfügung, nicht aber der Leistung der Sterbehilfe gegeben waren. Fraglich ist indes, ob nicht die gesetzliche Regelung des Patiententestaments gemäß Art. 11 Abs. 3 Ley 41/2002, de 14 de noviembre[1153], zu einem anderen Ergebnis führt. Danach finden solche Anweisungen in Patientenverfügungen keine Anwendung, die im Widerspruch zur Rechtsordnung stehen. Da die passive Sterbehilfe auf Verlangen nach der Regelung des Art. 143 CP tatbestandslos ist, handelt es sich um ein Verhalten, das nicht im Widerspruch zur Rechtsordnung steht. Daraus könnte nun gefolgert werden, dass ein Patiententestament demgemäß als ausdrückliches Sterbehilfeverlangen i.S.d. Art. 143 Abs. 4 CP hier ausreicht. Doch erscheint diese Auffassung verfehlt. Zunächst ist dabei auf die grundsätzlichen Bedenken gegen eine Regelung der Anforderungen an ein Sterbehilfeverlangen gemäß Art. 143 Abs. 4 CP durch dieses Gesetz (dazu bereits oben) zu verweisen. Des weiteren lässt sich der Regelung des Art. 11 Abs. 3 nur entnehmen, dass ein Patiententestament nicht angewandt wird, wenn es im Widerspruch zur Rechtsordnung steht, nicht aber umgekehrt, dass – weil die passive Sterbehilfe auf Verlangen nicht im Widerspruch zur Rechtsordnung steht – eine Patientenverfügung als solches Verlangen angesehen werden kann. Dies wäre ein unzulässiger Schluss von der Rechtsfolge auf die Voraussetzungen eines Tatbestands. Schließlich erscheint es auch inkonsequent, ein Patiententestament einmal im Rahmen der aktiven Sterbehilfe als „Verlangen" auszuschließen, zum Anderen im Rahmen der passiven Sterbehilfe aber zuzulassen. Dass bei der passiven Sterbehilfe auch die bloße (mutmaßliche) Einwilligung zur Straflosigkeit führen und ein Patiententestament diesen Anforderungen genügen mag, ist dabei irrelevant (zur passiven Sterbehilfe ohne Verlangen s.u. bb)).

(2) Abgrenzung Tun/Unterlassen: Sonderfall des technischen Behandlungsabbruchs

Voraussetzung für die Einordnung eines Verhaltens als passive Sterbehilfe und die daraus folgende Straflosigkeit ist im Übrigen grundsätzlich, dass es sich tatsächlich um ein Unterlassen und nicht etwa ein aktives Tun handelt. Somit ist auch im spanischen Recht die Frage nach der Abgrenzung von Tun und Unterlassen, insbesondere im Fall des technischen Behandlungsabbruchs, also des Abschaltens des Reanimators, des Respirators etc. aufgeworfen.

Die ganz herrschende Auffassung in der spanischen Rechtslehre geht davon aus, dass es sich beim technischen Behandlungsabbruch um einen Fall passiver Sterbehilfe handelt, häufig allerdings, ohne hierfür eine dogmatische Begründung anzugeben.[1154]

Begründet wird die h.L. aber etwa – auch unter Berufung auf Teile der deutschen Strafrechtslehre – damit, dass der lebensverlängernde Apparat als „longa manus", als verlängerter Arm des Arztes anzusehen ist, so dass die Unterbrechung der Aktivität der Maschine einem

[1152] Vgl. Barquín Sanz, in: Roxin/Mantovani/Barquín Sanz/Olmedo Cardenete, Eutanasia y suicidio, S. 174, Nuñez Paz, Homicidio consentido, S. 429.

[1153] dazu schon oben a,bb (1)(b)(bb)(aaa)

[1154] S. etwa González Rus, in: Cobo del Rosal, Compendio de derecho penal, S. 63, Barquín Sanz, in: Roxin/Mantovani/Barquín Sanz/Olmedo Cardenete, Eutanasia y suicidio, S. 180, Díez Ripollés, in: Díez Ripollés/Gracia Martín, Delitos contra bienes jurídicos fundamentales, S. 258 Fn. 404, ders., in: Díez Ripollés/Gracia Martín/Laurenzo Copello, Comentarios al CP – PE, Art. 143 Rdnr. 99 Fn. 324, Valle Muñiz, CJ 25 (1994), 12, 21.

Abbruch der eigenen lebensverlängernden Tätigkeit gleichzustellen ist.[1155] Nach einer anderen Auffassung muss hingegen entscheidend sein, ob das Verhalten eine Beschleunigung des „natürlichen Todesmoments" verursacht oder lediglich den natürlichen Verlauf der Dinge zulässt. Da der Abbruch einer lebensverlängernden oder –erhaltenden Maßnahme gewöhnlich einen Prozess beschleunigt, der nur aufgrund „außergewöhnlicher" medizinischer Maßnahmen angehalten worden war, könne nicht davon ausgegangen werden, dass der Kausalverlauf durch den Behandlungsabbruch ausgelöst worden sei. Vielmehr werde nur darauf verzichtet, den tödlichen Kausalverlauf zu unterbrechen.[1156]

Nach a.A. kann jedoch der technische Behandlungsabbruch nicht als Unterlasseneingeordnet werden.[1157] Dies lässt sich etwa auf eine äußerliche Betrachtungsweise stützen. Nach einem weiteren Begründungsansatz ist das Abschalten eines lebensverlängernden Apparates dann als Unterbrechung eines rettenden Kausalverlaufs anzusehen, wenn sich der Patient nicht im Zustand irreversibler Bewusstlosigkeit befindet. Zwar handle es sich nur dann um den Abbruch eines fremden rettenden Kausalverlaufs, wenn nicht der Arzt oder eine von ihm autorisierte Person den technischen Behandlungsabbruch vornehmen. Doch komme auch dem Abbruch eines eigenen rettenden Kausalverlaufs Handlungsqualität zu, wenn dieser rettende Kausalverlauf bereits die Sphäre des Opfers erreicht und damit zu wirken begonnen habe. Dies sei hier schon dann der Fall, wenn der lebensverlängernde Apparat das bewusste Leben des Patienten verlängern könne, gleichgültig, ob nur für einen kurzen Zeitraum.[1158]

Doch auch wenn der technische Behandlungsabbruch als aktives Tun eingeordnet wird, ist damit noch nicht automatisch die Frage nach einer Strafbarkeit gemäß Art. 143 Abs. 4 CP gelöst. Nach e.A. fehlt es etwa bei Patienten im Endstadium ihrer Krankheit schon an einer objektiven Zurechnung des Erfolges, da mit dem Abschalten der Maschinen weder das Risiko des Todes gesteigert, noch ein rechtlich unerlaubtes Risiko geschaffen; vielmehr lediglich eine (sinnlose) Agonie des Patienten verhindert werde.[1159] Nach a.A. kommt hingegen eine Rechtfertigung des technischen Behandlungsabbruchs wegen Notstands gemäß Art. 20 Abs. 5 CP in Betracht. Dies lässt sich damit begründen, dass die schwierige Unterscheidung zwischen Handlung und Unterlassen in diesem Bereich nicht über die Strafbarkeit nach Art. 143 Abs. 4 CP entscheiden soll, da es sich letztendlich um wertungsmäßig gleich zu behandelnde Verhaltensweisen handle.[1160] Zudem kann deswegen eine Konfliktsituation bzw. Interessenskollision im Sinne des Art. 20 Abs. 5 CP angenommen werden, weil derjenige, der den Apparat abstellt, nichts anderes tut, als einen Eingriff in die körperliche Integrität, dem nicht zugestimmt wurde, zu beenden. Dadurch wird dem Recht, eine medizinische Behandlung abzu-

---

[1155] Bajo Fernández, Manual de Derecho Penal – PE, S. 84 f., ders., CPC 51 (1993), 709, 736, Cabello Mohedano/García Gil/Viqueira Turnez, Entre los límites personales y penales de la eutanasia, S. 115, Nuñez Paz, Homicidio consentido, S. 96

[1156] Gómez Pavón, Tratamientos médicos, S. 51 f.

[1157] Bentabol Manzanares, EJMF II-2002, 445, 459, Tomás-Valiente Lanuza, La cooperación al suicidio y la eutanasia, S. 116 ff., García Arán, in: Díez Ripollés, Delitos contra la vida e integridad física, S. 13

[1158] Tomás-Valiente Lanuza, La cooperación al suicidio y la eutanasia, S. 116 ff. unter weitgehender Berufung auf die deutsche Strafrechtsdogmatik; dagegen Silva Sánchez, LL 1987 – I, 966.

[1159] García Arán, in: Díez Ripollés, Delitos contra la vida e integridad física, S. 25 f., Martín Gómez/Alonso Tejuca, LL 1992 – III, 861, 870; diese Argumentation steht in gewissem Widerspruch zur obigen Begründung der Annahme aktiven Verhaltens, ist aber stringent, wenn der aktive Charakter des Verhaltens etwa auf rein ontologische Kriterien gestützt wird.

[1160] Muñoz Conde, Derecho Penal – PE, S. 75 f.

lehnen, das aus dem Recht auf körperliche Unversehrtheit gemäß Art. 15 CE abgeleitet werden kann, zum Durchbruch verholfen.[1161]
Richtig erscheint es, auch im spanischen Recht den technischen Behandlungsabbruch als Unterlassen einzuordnen. Dabei ist zu berücksichtigen, dass der technische Vorgang stets auch so ausgestaltet werden könnte, dass der Arzt auch rein äußerlich bloß untätig bleibt, indem z.B. der –nach gewisser Zeit stets vorzunehmende – Austausch der Sauerstoffkolben des Beatmungsgeräts unterbleibt.[1162] Betrachtet man das Aktivwerden des Arztes – den Druck auf den Ausschaltknopf – im Gesamtkontext und vergleicht man das Verhalten des Arztes mit dem bei manueller Reanimation (die andernfalls Herzschlag und Atmung aufrechterhalten würde), ergibt sich der Gesamtcharakter als Unterlassen. Nach wertenden Maßstäben stellt der technische Behandlungsabbruch somit ein Unterlassen dar. Jedenfalls wäre aber, wollte man den technischen Behandlungsabbruch gleichwohl als positives Tun einordnen, ein rechtfertigender Notstand gemäß Art. 20 Abs. 5 CP gegeben, um dem Selbstbestimmungsrecht des Einzelnen und dem Recht auf Wahrung seiner körperlichen Integrität zur Durchsetzung zu verhelfen.

bb) Passive Sterbehilfe außerhalb des Art. 143 Abs. 4 CP – Anforderungen an den Willen des Patienten

Fraglich ist die Behandlung der passiven Sterbehilfe außerhalb des Art. 143 Abs. 4 CP, wenn also der Patient zwar an einer schweren Krankheit leidet, die notwendigerweise zu seinem Tod führt oder die ihm schwere, dauerhafte und schwer zu ertragende Leiden verursacht, nicht aber das ausdrückliche, ernstliche und unmissverständliche Verlangen des Patienten vorliegt. (Mangelt es hingegen an dem objektiven Erfordernis der schweren Krankheit, ist schon keine Sterbehilfesituation gegeben, so dass nur eine Bestrafung nach Art. 143 Abs. 2 oder 3 CP bzw. wegen Mord oder Totschlages in Betracht kommt.) Eine Straflosigkeit auf der Grundlage des Art. 143 Abs. 4 CP muss dabei natürlich ausscheiden, so dass eine Beurteilung anhand der allgemeinen Vorschriften vorzunehmen ist.[1163] In Betracht kommt insbesondere eine Strafbarkeit nach Art. 143 Abs. 2, 3 CP, Art. 138 f. CP je i.V.m. Art. 11 CP und ggf. Art. 195 CP. Dabei ist danach zu differenzieren, worauf der Wille des Patienten gerichtet ist.

[1161] Tomás-Valiente Lanuza, La cooperación al suicidio y la eutanasia, S. 120 f.; des weiteren führt die Autorin aus, dass dies nicht im Widerspruch zu der von ihr zuvor vertretenen These stehe, dass die ausdrückliche Regelung des Art. 143 Abs. 4 CP als unvollständiger Rechtfertigungsgrund eine völlige Rechtfertigung gemäß Art. 20 Abs. 5 CP ausschließe. Denn von dieser Entscheidung des Gesetzgebers, nur eine Strafmilderung zuzugestehen, werde nur die „normale" aktive Sterbehilfe erfasst, nicht aber der technische Behandlungsabbruch. Andernfalls würde die rechtliche Behandlung auch von bloßen Zufälligkeiten abhängig gemacht wie etwa die Ausgestaltung des lebensverlängernden Apparates. Denn muss etwa der Respirator regelmäßig mit neuen Sauerstoffflaschen gefüllt werden, lässt sich das Verbot aktiven Handelns einfach dadurch umgehen, dass das Ende einer Flasche abgewartet und der Austausch der Flaschen unterlassen wird. Diese Konsequenz wäre aber rein zufällig, dies., La cooperación al suicidio y la eutanasia en el nuevo CP, S. 121 ff. Vgl. auch Bacigalupo, PJ no. especial XII (1990), 147, 155: bei einer Pflichtenkollision zwischen der Pflicht, die Entscheidung des Patienten zu respektieren, die sich auf das Recht auf freie Entwicklung der Persönlichkeit stützt, und der Pflicht, das Leben zu erhalten, müsse angesichts des Respekts vor der Würde des Einzelnen erstere überwiegen, so dass eine Notstandsrechtfertigung angenommen werden könne.
[1162] Vgl. oben Fn. 306 sowie Fn. 1161.
[1163] González Rus, in: Cobo del Rosal, Curso de derecho penal – PE, S. 98

(1) Passive Sterbehilfe mit Einwilligung des Patienten

Zunächst ist die Situation denkbar, dass zwar kein ausdrückliches Verlangen des Patienten vorliegt, dieser aber mit der Unterlassung weiterer Lebenserhaltung oder Lebensverlängerung einverstanden ist. Dies kann dann angenommen werden, wenn zwar der Patient nicht von sich aus dieses Unterlassen gefordert hat, sich mit einem solchen Vorschlag aber einverstanden erklärt. Sieht man mit der hier vertretenen Ansicht die Einwilligung im Rahmen des Art. 143 Abs. 3 CP als ausreichend an und geht man zudem davon aus, dass die vollziehende Beihilfe gemäß Art. 143 Abs. 3 CP nicht durch Unterlassen verwirklicht werden kann, muss auch bei Vorliegen einer Sterbehilfesituation Straflosigkeit des Unterlassens lebensverlängernder oder –erhaltender Maßnahmen aufgrund bloßer Einwilligung des Patienten angenommen werden.

Zusätzlich zu dieser recht formalen Argumentation ließe sich anführen, dass wegen des Verbots der künstlichen und unnötigen Lebensverlängerung schon keine Garantenpflicht bestehe, sondern vielmehr allein die Pflicht, einen würdigen Tod zu sichern. Daher könnte auch die Vergleichbarkeit zwischen Tun und Unterlassen zu verneinen sein.[1164] Diese Ansicht ist aber nicht unproblematisch insofern, als ein allgemeines Verbot der „künstlichen und unnötigen" Lebensverlängerung angesichts des Gleichheitsgrundsatzes gemäß Art. 14 CE und damit dem grundsätzlichen Verbot, zwischen gesundem und krankem Leben zu unterscheiden, nur schwer begründet werden kann. Kann sich die Unterlassung medizinischer Maßnahmen wie hier noch auf den Willen des Patienten stützen, ist das Rekurrieren auf ein solches allgemeines Verbot daher nicht nötig und besser zu vermeiden. Als stützendes Argument lässt sich indes noch anführen, dass eine medizinische Behandlung ohne Einwilligung des Patienten und damit gegen seinen Willen rechtswidrig ist. Ist der Wille des Patienten also auf die Unterlassung solcher Maßnahmen gerichtet, ist lebensverlängernden oder –erhaltenden Maßnahmen zugleich die legitimierende Grundlage entzogen. Um Widersprüchlichkeiten zu vermeiden, muss das Unterlassen der Behandlung daher rechtmäßig und damit straflos sein.

(2) Passive Sterbehilfe bei Entscheidungsunfähigkeit des Patienten

Problematischer ist indes die Situation, in der nicht einmal mehr eine aktuelle Einwilligung erteilt oder festgestellt werden kann, weil der Patient zur Zeit der Unterlassung entscheidungsunfähig ist. Teilweise wird in der spanischen Rechtslehre die Konsequenz, dass in solchen Fällen an sich ein Totschlag durch Unterlassen (bei Vorliegen einer Garantenstellung) oder eine unterlassene Hilfeleistung (wenn keine Garantenstellung gegeben ist) anzunehmen ist, ohne weiteres hingenommen und allenfalls auf die Möglichkeit einer Strafmilderung verwiesen.[1165] Doch auch hier ist eine differenzierte Betrachtung erforderlich. Dabei lassen sich wie im deutschen Recht zwei Fallgruppen unterscheiden: auf der einen Seite sind die Fälle zu behandeln, in denen der Patient ursprünglich entscheidungsfähig war, nunmehr aber seine Entscheidungsfähigkeit verloren hat, etwa aufgrund fortgeschrittener Altersdemenz oder Bewusstlosigkeit. Auf der anderen Seite stehen die Fälle, in denen der Patient niemals entscheidungsfähig war, etwa der geistig schwer Behinderte, der nun ins Koma fällt.

[1164] S. dazu González Rus, in: Cobo del Rosal, Compendio de derecho penal – PE, S. 69, der zugleich eine unterlassene Hilfeleistung verneint, da der Patient der Unterlassung zugestimmt hat und insoweit keine „schutzlose" Person vorliegt.

[1165] Vgl. etwa Cabello Mohedano/García Gil/Viqueira Turnez, Entre los límites personales y penales de la eutanasia, S. 121 f.

(a) Passive Sterbehilfe bei zunächst vorhandener Entscheidungsfähigkeit des Patienten

Zunächst sollen die Fallgestaltungen behandelt werden, in denen der früher entscheidungsfähige Patient seine Entscheidungsfähigkeit später aufgrund seiner Krankheit oder seines Leidens verloren hat. Diese Fallgestaltung wird von der spanischen Rechtslehre nur selten ausdrücklich behandelt. Meist werden nur allgemeine Aussagen getroffen, wie hoffnungslos Erkrankte, denen der Tod unmittelbar bevorsteht, zu behandeln sind.[1166]

(aa) Lösung auf der Tatbestandsebene

So wird das Recht unheilbar Kranker in der Endphase ihrer Krankheit sowie irreversibel bewusstloser Patienten auf einen natürlichen Tod und den Respekt vor ihrer Menschenwürde angeführt und eine künstliche Lebensverlängerung und –erhaltung als Verstoß gegen Art. 15 CE qualifiziert. Die grundsätzlich bestehende Lebenserhaltungspflicht ende dort, wo der Patient irreversibel jeglicher Möglichkeit des bewussten Erlebens und der Selbstverwirklichung entbehrt.[1167] Der Arzt sei nur verpflichtet zu heilen, nicht, das Leben des unheilbar Kranken mit Maßnahmen zu verlängern, die seine Gesundheit nicht direkt verbessern.[1168] Damit wird im Grunde auf das Fehlen einer Garantenposition abgestellt. Eine Pflicht zur Lebenserhaltung bestehe nur dann, wenn eine Verbesserung möglich sei, die ein künftiges Leben in menschenwürdigen Umständen erlaubt.[1169]

Nach a.A. fehlt es bei der passiven Sterbehilfe ohne den Willen des Patienten hingegen schon an einer Erhöhung des rechtlich unerlaubten Risikos bzw. könne die in Frage stehende Handlung das bestehende Risiko nicht verringern, wenn der Arzt nur auf Maßnahmen verzichte, die nicht einmal eine minimale Lebensqualität garantieren können, und damit allein darauf, ein unwiederbringlich an sein Ende gelangtes Leben zu verlängern.[1170]

Schon auf der Ebene der (Quasi-)Kausalität ist nach einer weiteren Ansicht anzusetzen. Könne die Maßnahme den Tod nur um wenig verzögern, müsse davon ausgegangen werden, dass der Handlungspflichtige den Tod gar nicht vermeiden und den unvermeidlichen natürlichen Kausalverlauf nicht aufhalten könne, so dass es bereits an der hypothetischen Kausalität fehle. Jedenfalls sei, wenn eine Behandlung dem Patienten zusätzliche Schmerzen zufügen würde, ein solches Unterlassen jedenfalls sozialadäquat und damit nicht objektiv zurechenbar.[1171]

Problematisch ist aber bei all diesen Ansichten, dass sie eine bestimmte Gruppe menschlichen Lebens von vornherein vom strafrechtlichen Lebensschutz ausnehmen möchten und dabei

---

1166 Auf den Willen des Patienten wird dabei nicht eingegangen, vgl. dazu García Rivas, Homenaje al Dr. Marino Barbero Santos, S. 149, 164 f.

1167 Valle Muñiz, in: Quintero Olivares/Morales Prats, Comentarios a la Parte Especial del Derecho Penal, Art. 143 S. 89, dem zufolge dann auch eine Hilfeleistungspflicht nach Art. 195 f. CP entfallen soll; s. auch Valle Muñiz, CJ 25 (1994), 12, 20 f. sowie Nuñez Paz, Homicidio consentido, S. 80 ff., 431.

1168 Bajo Fernández, Manual de Derecho Penal – PE, S. 85; vgl. auch Nuñez Paz, Homicidio consentido, S. 79: Beginn oder Fortführung einer Behandlung könne nur gefordert werden, wenn eine Möglichkeit bestehe, dass der Arzt seiner (Heil-)Funktion gerecht werden könne.

1169 Lema Añón/Brandariz García, in: Brandariz García/Faraldo Cabana, Responsabilidad penal del Personal sanitario, S. 53

1170 Gómez Pavón, Tratamientos médicos, S. 48, 52 f.

1171 Martín Gómez/Alonso Tejuca, LL 1992 – III, 861, 870 f.; ein Abstellen auf den (mutmaßlichen) Willen des Patienten sei deshalb auch unnötig, dies., LL 1992 – III, 861, 875. Nach Silva Sánchez, LL 1987 – I, 966, kann schon von keiner (relevanten) Unterlassung ausgegangen werden, wenn die einzig mögliche Handlung nicht die Rettung des Rechtsgutes, ein volles und unabhängiges Leben des Patienten, erreichen könne.

vorrangig auf Aspekte der Lebensqualität abstellen. Zwar ist eine Berücksichtigung auch der Lebensqualität im Rahmen der Sterbehilfe keineswegs von vornherein ausgeschlossen, höchst bedenklich ist sie aber dann, wenn die Festlegung der Lebensqualität allein durch Dritte vorgenommen wird, ohne auf den mutmaßlichen Willen oder subjektiv bestimmbare Interessen des Betroffenen abzustellen, was hier ohne Not möglich wäre. Die vorstehenden Lösungen implizieren hingegen eine viel weitergehende Fremdbestimmung, die abzulehnen sein dürfte.

(bb) Mutmaßliche Einwilligung und Patiententestament

(aaa) Die mutmaßliche Einwilligung

Diese allgemeinen Erwägungen hinsichtlich der Behandlung Sterbender sind nun dort, wo noch ggf. auf einen mutmaßlichen Willen des Patienten zurückgegriffen werden kann, eigentlich nicht erforderlich. Denn der Rückgriff auf eine rechtfertigende mutmaßliche Einwilligung ist auch im spanischen Recht durchaus möglich, wenn auch wenig verbreitet.[1172]

Die Frage, ob unter diesen Umständen auf eine mutmaßliche Einwilligung zurückgegriffen werden kann, stellt sich insbesondere dann, wenn man die sog. Patiententestamente nicht als Ausdruck eines notwendig aktuellen Willens ansieht. Die in den Patiententestamenten enthaltenen Anweisungen sind demnach bloße Indizien für einen mutmaßlichen Willen und ggf. eine mutmaßliche Einwilligung des Patienten in den Abbruch oder die Nichtaufnahme der medizinischen Maßnahme. Aber auch aus anderen Umständen, etwa früheren mündlichen Äußerungen des Patienten gegenüber Freunden oder Verwandten, seinen religiösen und ethischen Einstellungen etc. können Indizien für einen mutmaßlichen Willen des Patienten hergeleitet werden.

Auch im Rahmen der passiven Sterbehilfe wird nun durchaus vertreten, dass der mutmaßliche Wille des Patienten für eine Rechtfertigung herangezogen werden könne. So soll der Nachweis eines auf den Abbruch oder die Nichtaufnahme der Behandlung gerichteten Willens nicht nötig sein, wenn nur feststeht, dass der Wille des Patienten nicht entgegensteht. Zwar gebe es einen grundsätzlichen menschlichen Überlebensinstinkt und –willen, doch müsse dieser angesichts der dramatischen Verschlechterung der Lebensqualität regelmäßig als verschwunden angesehen werden, wenn nicht ein Indiz für einen auf Lebenserhaltung bzw. –verlängerung gerichteten Willen vorliege. Was der Einzelne in einer solchen Situation wünschen würde, könne mangels anderer Anhaltspunkte auch anhand des objektiv Vernünftigen bestimmt werden. Allerdings soll die Bestimmung des mutmaßlichen Willens nach dieser Ansicht nur dem Richter überlassen sein.[1173]

Nach a.A. kann auf der Grundlage des mutmaßlichen Willens des Patienten allein dann ein Tätigwerden nicht mehr gefordert werden, wenn nur ein Leben mit schweren Schädigungen oder Schmerzen erwartet werden kann oder ohnehin sehr begrenzte Möglichkeiten der Lebensverlängerung bestehen.[1174]

[1172] Zum Streit über die Bedeutung einer mutmaßlichen Einwilligung s. die Literaturnachweise bei Palma Herrera, in: Cobo del Rosal, Comentarios al CP, Art. 143 S. 290 Fn. 72. Weite Teile der Rechtsliteratur bevorzugen demgegenüber die Anwendung der Rechtfertigungsgründe „Erfüllung einer Pflicht“ gemäß Art. 20 Abs. 7 CP oder Notstand gemäß Art. 20 Abs. 5 CP, vgl. die Nachweise bei Tomás-Valiente Lanuza, La disponibilidad de la propia vida, S. 89 Fn. 276.

[1173] Gómez Rivero, La responsabilidad penal del médico, S. 557 ff., allerdings ohne auszuführen, welches gerichtliche Verfahren dafür heranzuziehen wäre.

[1174] Silva Sánchez, LL 1987 – I, 955, 964

Im Hinblick auf Bluttransfusionen bei Zeugen Jehovas hat sich *Romeo Casabona* mit der Zulässigkeit einer Nichtbehandlung aufgrund des mutmaßlichen Willens des Patienten auseinander gesetzt. Dabei erkennt er zwar grundsätzlich die Möglichkeit an, dass Angehörige oder sogar bloße Glaubensgenossen den Willen des Betroffenen, aufgrund seines Glaubens keiner Bluttransfusion unterworfen zu werden, bezeugen. Jedoch sei es wohl nicht übertrieben, in solchen Fällen eine schriftliche Erklärung ähnlich dem Patiententestament zu verlangen, um sicherzustellen, dass der Dritte im besten Interesse des Patienten handelt. Die mutmaßliche Einwilligung sei hingegen nicht zulässig.[1175] Zur Basis wird demnach vielmehr eine Art Vertretung des Betroffenen gemacht. Dies ist aber jedenfalls dann problematisch, wenn der Dritte nicht offiziell Vertreter des (entscheidungsunfähigen) Patienten ist (zur Frage einer möglichen Vertretung s. genauer unten (cc)). Nach a.A. ist dagegen im Fall der Bewusstlosigkeit des Zeugen Jehovas auf dessen mutmaßlichen Willen abzustellen, wobei allerdings ebenfalls die überragende Bedeutung einer vorherigen Willensäußerung betont wird.[1176]
Insgesamt ist aber festzuhalten, dass sich die Auffassung, eine passive Sterbehilfe gestützt auf den mutmaßlichen Willen als Rechtfertigungsgrund zuzulassen, in Spanien bislang nicht durchsetzen konnte.

(bbb) Bedeutung des Patiententestaments

Fraglich bleibt aber die Bedeutung eines Patiententestaments.
Bereits im Alternativvorschlag zur rechtlichen Behandlung der Verhaltensweisen Dritter bezüglich der Verfügbarkeit des eigenen Lebens im Jahr 1993 wurde gefordert, die Verbindlichkeit eines durch Patiententestaments ausgedrückten Verlangens, eine bestimmte medizinische Behandlung vorzunehmen oder zu unterlassen, festzuschreiben. Dabei sollten auch die Voraussetzungen einer wirksamen Patientenverfügung in einem neu gefassten Art. 10 Abs. 8 LGS geregelt werden.[1177] Die Strafrechtsreform mit ihrer ausdrücklichen Regelung der aktiven Sterbehilfe in Art. 143 Abs. 4 CP ließ diesen Aspekt der Sterbehilfe jedoch unberücksichtigt. Im Jahr 2002 wurde allerdings mit dem neu geschaffenen Ley 41/2002, de 14 de noviembre, básica reguladora de la autonomía del paciente[1178] erstmals eine landesweite Anerkennung des Patiententestaments (bezeichnet als „Dokument vorweggenommener Anweisungen“ (documento de instrucciones previas)) geschaffen. Voraussetzung einer wirksamen Patientenverfügung ist gemäß Art. 11 dieses Gesetzes, dass der Betroffene bei der Errichtung volljährig und entscheidungsfähig ist sowie frei (ohne Zwang etc.) entscheiden kann.[1179] Die Regelung der Formalien, die bei Errichtung dieses Dokumentes zu beachten sind, bleibt den autonomen Regionen überlassen.[1180] Erforderlich ist aber jedenfalls ein schriftliches Dokument. Nach Art. 11 Abs. 5 des Rahmengesetzes wird ein zentrales Register geschaffen, in dem die Patientenverfügungen aufbewahrt werden können, um eine Kenntnis der Ärzte im

---

[1175] Romeo Casabona, RDPC 2 (1998), 327, 350 f.; ablehnend gegenüber einem Zurückweisen der Behandlung sowohl auf der Grundlage einer Willensäußerung Dritter als auch des mutmaßlichen Willens hingegen etwa Queralt Jiménez, Derecho penal español – PE, S. 23.
[1176] Nuñez Paz, Homicidio consentido, S. 113 f.
[1177] Vgl. zum Alternativvorschlag oben Fn. 1136.
[1178] dazu schon oben a,bb (1)(b)(bb)(aaa) und aa (1)
[1179] Kritisch zur Voraussetzung der Volljährigkeit López Sánchez, Testamento vital y voluntad del paciente, S. 106 ff., der zufolge es ausreichen muss, wenn ein Minderjähriger die notwendige Einsichtsfähigkeit zur Abfassung eines solchen Dokumentes aufweist. Dies sei regelmäßig ab einem Alter von 16 Jahren der Fall.
[1180] Regelmäßig ist eine Errichtung vor dem Notar oder einer bestimmten Anzahl von Zeugen möglich, vgl. die abgedruckten Regelungen bei López Sánchez, Testamento vital y voluntad del paciente, S. 52 ff.

Falle der Entscheidungsunfähigkeit des Patienten und damit eine Beachtung des Patiententestaments zu sichern.
Die Bestimmung des Art. 11 Abs. 3 Ley 41/2002, de 14 de noviembre, der zufolge Anweisungen nicht berücksichtigt werden, die im Widerspruch zur Rechtsordnung oder der lex artis stehen, soll nun nicht die Wirksamkeit eines Patiententestaments hinsichtlich einer passiven Sterbehilfe hindern.[1181] Dies ist aber nur dann wirklich unproblematisch, wenn man davon ausgeht, dass es sich bei der passiven Sterbehilfe auf der Grundlage einer Patientenverfügung wegen der mutmaßlichen Einwilligung des Patienten, wie oben ausgeführt, eben um kein solches Verhalten im Widerspruch zur Rechtsordnung handelt, oder entgegen der hier vertretenen Auffassung davon ausgeht, dass ein Patiententestament im Rahmen der passiven Sterbehilfe den Anforderungen des Art. 143 Abs. 4 CP genügt und daher zur Tatbestandslosigkeit derselben führt. Gründet man die Tatbestandslosigkeit passiver Sterbehilfe ohne ausdrückliches, also aktuelles Verlangen hingegen auf das Fehlen einer Garantenpflicht oder der objektiven Zurechnung aufgrund des hoffnungslosen Zustandes des Patienten (s.o. (aa)), könnte dem Patiententestament indes auch nur in solchen Fällen Wirksamkeit zukommen. Außerhalb dieser Fälle vor allem irreversibler Bewusstlosigkeit oder von Patienten in der Endphase ihrer Krankheit, etwa bei dem bewusstlos eingelieferten Zeugen Jehovas, dem mit Hilfe einer Bluttransfusion problemlos geholfen werden könnte, käme den Patiententestamenten hingegen keine strafausschließende Wirkung im Rahmen passiver Sterbehilfe zu. Es bleibt abzuwarten, wie die Rechtslehre und ggf. die Rechtsprechung auf diese dogmatischen Fragen und die daraus resultierenden kriminalpolitischen Konsequenzen reagieren. Festzuhalten ist jedoch, dass nach der hier bevorzugten und in der spanischen Rechtslehre bereits teilweise vertretenen Rechtfertigung passiver Sterbehilfe aufgrund mutmaßlicher Einwilligung Patientenverfügungen im Rahmen passiver Sterbehilfe mit der Rechtsordnung ohne weiteres vereinbar sind.
Bei der Frage nach der Verbindlichkeit des jeweiligen Patiententestaments im Einzelfall ist im Übrigen stets eine mögliche Willensänderung, insbesondere auch aufgrund geänderter Behandlungsmöglichkeiten, zu beachten. Gemäß Art. 11 Abs. 4 des Rahmengesetzes können Patientenverfügungen jederzeit frei widerrufen werden, was schriftlich festzuhalten ist. Zudem werden gemäß Art. 11 Abs. 3 dieses Gesetzes Patientenverfügungen auch dann nicht angewandt, wenn sie nicht mehr der Tatsachengrundlage entsprechen, von der der Patient im Moment der Errichtung ausgegangen ist, wenn es also durch die Fortschritte der Medizin überholt ist. Im Zweifelsfall sei daher eine Auslegung der Verfügung vorzunehmen. Wenn ein Vertreter vorhanden ist, müsse dieser die Unzulänglichkeiten des Dokuments ergänzen.[1182] In diesem Sinne sieht auch Art. 11 Abs. 1 Satz 2 Ley 41/2002, de 14 de noviembre, vor, dass ein vom Patienten bestimmter Bevollmächtigter als sein Vermittler zum Arzt bzw. Ärzteteam diene, um die Erfüllung der getroffenen Bestimmungen sicherzustellen.
Problematisch bleibt aber die Frage nach der Verbindlichkeit eines Patiententestaments, wenn die dort getroffenen Maßnahmen im Widerspruch zu den anscheinenden jetzigen Interessen

---

[1181] Vgl. López Sánchez, Testamento vital y voluntad del paciente, S. 122. Zur Konformität der Beachtung eines Patiententestaments mit der lex artis s. Art. 27 Abs. 2 Satz 3 Código de Ética y Deontología Médica de 1999, dem zufolge der Arzt die vorweg getroffenen Anweisungen des Patienten zu berücksichtigen hat.

[1182] Eine solche Auslegung müsse sich dabei an den Regeln für die Auslegung von Verträgen oder Testamenten orientieren, d.h. zunächst dem Wortsinn folgen, es sei denn, es lässt sich ein anderer Wille des Verfügenden herleiten. Dabei wird allerdings zum Teil die Auslegung anhand der Regeln für Testamente für problematisch gehalten, da diese einerseits ein vermögensrechtliches Wesen aufweisen, andererseits nur Wirkung nach dem Tode erzeugen müssen, vgl. Alonso Herreros, LL 5685 (2002), 1, 4 f., sowie Requero Ibañez, LL 5570 (2002), 1, 4.

des inzwischen entscheidungsunfähigen Patienten stehen (der Alzheimer-Patient, der einst lebensverlängernde Maßnahmen in bestimmten Fällen abgelehnt hat, weil er sich ein (würdiges) Leben mit dieser Krankheit nicht vorstellen konnte, lebt nun mit sich selbst zufrieden). Diese in der spanischen Literatur nur selten behandelte Frage löst etwa *López Sánchez* dahin, dass der ursprünglich manifestierte Wille des Patienten zu respektieren sei, da ansonsten sein Recht auf Selbstbestimmung verletzt werde.[1183] Auch hinsichtlich dieses Problemkreises bleibt eine vertiefte Auseinandersetzung der Rechtslehre gerade anlässlich der gesetzlichen Neuregelung abzuwarten.

(cc) Die Bedeutung von Betreuer und Bevollmächtigtem, gesetzlichem Vertreter oder besonders nahestehenden Personen

Fraglich ist im Zusammenhang mit der passiven Sterbehilfe bei nicht (mehr) entscheidungsfähigen Patienten insbesondere auch die Bedeutung dritter Personen wie Betreuer, gesetzlicher Vertreter, nahestehenden Personen oder Bevollmächtigter.

(aaa) Die Ersetzung der Einwilligung durch gesetzlichen Vertreter, Familienangehörige oder Lebenspartner

Dabei ist zunächst auf die Problematik einer Ersetzung der Einwilligung des Patienten in eine lebensverlängernde oder lebenserhaltende medizinische Maßnahme durch Dritte einzugehen. Nach Art. 9 Abs. 3 des Rahmengesetzes über die Patientenautonomie wird die Einwilligung in eine medizinische Maßnahme durch Stellvertretung erteilt, wenn der Patient nicht in der Lage ist, Entscheidungen zu treffen oder er sich aufgrund seines körperlichen oder geistigen Zustandes nicht um seine Lage kümmern kann; in diesem Fall sind zunächst der gesetzliche Vertreter, subsidiär Familienangehörige oder (nichteheliche) Lebenspartner zur Entscheidung berufen (Art. 9 Abs. 3 lit. a) ley 41/2002, de 14 de noviembre). Des weiteren erfolgt die Einwilligung durch Stellvertretung, wenn der Patient offiziell unter Betreuung gestellt wurde (Art. 9 Abs. 3 lit. b) des Gesetzes) oder wenn ein Minderjähriger vor Vollendung des 16. Lebensjahres, der auch nicht bereits selbständig lebt, weder intellektuell noch emotional in der Lage ist, den Umfang der Maßnahme zu verstehen (Art. 9 Abs. 3 lit. c) des Gesetzes). Im Falle eines solchen Minderjährigen, der bereits das 12. Lebensjahr vollendet hat, muss aber der gesetzliche Vertreter dessen Meinung hören. Hat der Minderjährige bereits das 16. Lebensjahr vollendet oder lebt er selbständig, steht er zudem nicht unter Betreuung und ist er auch entscheidungsfähig, müssen im Übrigen dennoch die Eltern informiert werden und wird ihre Meinung auch bei der Entscheidungsfindung berücksichtigt (Art. 9 Abs. 3 lit. c) ley 41/2002, de 14 de noviembre). Art. 9 Abs. 5 des Rahmengesetzes über die Patientenautonomie gibt zudem Maßstäbe für die Einwilligung durch Stellvertretung vor. Demzufolge muss diese den Umständen angemessen und den zu berücksichtigenden Notwendigkeiten angepasst sein, immer zugunsten des Patienten erfolgen und seine Würde respektieren. Der Patient soll dabei soweit als möglich in den Entscheidungsprozess eingebunden werden.
Fraglich ist nun, ob der Vertreter durch diese Bestimmungen auch ggf. befugt ist, seine Einwilligung zu einer bestimmten lebensverlängernden oder –erhaltenden Maßnahme oder Behandlung zu verweigern. Dem Gesetzeswortlaut lässt sich insoweit keinerlei Beschränkung entnehmen, so dass gefolgert werden könnte, dass eine solche Verweigerung der Einwilligung

[1183] López Sánchez, Testamento vital y voluntad del paciente, S. 133 f., dagegen wohl Muñoz Conde, Derecho Penal – PE, S. 76.

ohne weiteres wirksam und eine Behandlung damit ausgeschlossen wäre, wenn dies den Umständen angemessen ist und die Würde des Patienten respektiert, wenn dies nach Auffassung des Vertreters also den – zuvor geäußerten oder aus seiner Lebenseinstellung gefolgerten – Wünschen des Patienten entspricht. Dennoch wird, soweit sich die Literatur bislang mit dieser Bestimmung auseinander gesetzt hat, davon ausgegangen, dass, wenn der Arzt annimmt, dass die Unterlassung der Behandlung ein schweres Risiko für die Gesundheit des Patienten bedeutet, er dies dem Bereitschaftsgericht zur Kenntnis bringen muss, dem es dann zukommt, die Ermächtigung zur Behandlung zu erteilen. Und obgleich auf der Grundlage des Respektes vor der Würde des Patienten ohne weiteres davon ausgegangen werden könne, dass der Vertreter die Einwilligung in die Behandlung verweigern kann, wenn er glaubt, diese widerspreche den Grundsätzen des Kranken, dürfte angesichts der restriktiven Rechtsprechung des Tribunal Supremo bei einer solchen Entscheidung das Rechtsgut „Leben" über den vermuteten Willen des Patienten überwiegen.[1184]
Allerdings bleiben die Auswirkungen und Handhabung dieser Vorschrift in der Praxis abzuwarten. Unter Berücksichtigung der neueren Rechtsprechung des Tribunal Constitucional etwa zur Möglichkeit, Bluttransfusionen zurückzuweisen (s.o. II.1c,bb (2)), ist die Haltung des Tribunal Supremo hinsichtlich eines absoluten Vorrangs des Rechtsguts Leben bei der Frage nach der Möglichkeit, eine Behandlung abzulehnen, auch höchst zweifelhaft geworden.

Fraglich bleibt schließlich noch das Verhältnis zwischen Patiententestament und Einwilligung durch den Vertreter, dem die Rechtslehre bis dato allerdings noch keine Beachtung geschenkt zu haben scheint. Eine ausdrückliche Bestimmung hierzu ist im Rahmengesetz über die Patientenautonomie nicht enthalten. Angesichts des Wortlautes des Art. 11 Abs. 1 des Rahmengesetzes über die Patientenautonomie, dem zufolge eine Person ihren Willen hinsichtlich einer Behandlung vorweg ausdrücken kann mit dem Ziel, dass dieser Wille in einer Situation, in der sie selbst nicht in der Lage ist, ihre Wünsche persönlich auszudrücken, befolgt wird, ist aber von einem grundsätzlichen Vorrang des Patiententestaments vor einer Vertreterentscheidung auszugehen. Denn wenn der vorweggenommenen Willensäußerung des Patienten Wirksamkeit zukommt, ist ein Rekurrieren auf eine Einwilligung durch den Vertreter unnötig. Problematisch bleibt indes, wie zu verfahren ist, wenn in dem Patiententestament kein Vertreter zur Durchsetzung benannt ist und Streit über Inhalt und Anwendbarkeit der Bestimmungen besteht. Zwar scheint die Einschätzung der Frage, ob die Bestimmungen des Patiententestaments im vorliegenden Fall Anwendung finden können, dann allein dem Arzt überlassen.[1185] Doch dürfte in einem solchen Fall ebenfalls davon auszugehen sein, dass der gesetzliche Vertreter oder Angehörige i.S.d. Art. 9 Abs. 3 ley 41/2002, de 14 de noviembre, das Bereitschaftsgericht anrufen können, um eine verbindliche Lösung dieser Frage herbeizuführen.

(bbb) Vorsorgemöglichkeiten durch Betreuerbestimmung oder Bevollmächtigung

In diesem Zusammenhang soll auch noch kurz auf sonstige Möglichkeiten der Vorsorge für den Fall der späteren Entscheidungsunfähigkeit eingegangen werden.

[1184] Mata de Antonio, AIS 17 (2003), 9, 52 f.

[1185] So bleibt es nach Mata de Antonio, AIS 17 (2003), 9, 58, dem Arzt überlassen, den Willen des Patienten auszulegen und ggf. den Bestimmungen nicht zu folgen, wenn er glaubt, dass eine Änderung der Umstände eingetreten ist. Einen Konflikt zwischen den Interessen des Verfassers des Patiententestaments und der Interpretation durch den Arzt hält auch López Sánchez, Testamento vital y voluntad de paciente, S. 123 f., für möglich und bedenklich.

Die Bestimmung einer Person, die im Falle der zukünftigen Entscheidungsunfähigkeit des Einzelnen zu seinem Betreuer ernannt werden soll, ist im spanischen Recht bislang nur in Katalonien gesetzlich anerkannt.[1186] Einer Betreuungsverfügung kommt daher im spanischen Recht im allgemeinen kaum Bedeutung zu. Sie kann im Verfahren der Einrichtung einer Betreuung vom Richter allerdings evtl. ergänzend herangezogen werden.
Möglich ist aber die präventive Bevollmächtigung eines anderen, für den Fall der späteren Entscheidungsunfähigkeit wirksam in dessen Namen zu handeln. Zwar wird im spanischen (Zivil-)Recht regelmäßig eine Vertretung für unzulässig gehalten, wenn sie persönliche und familiäre Handlungen betrifft.[1187] Nach Art. 11 Abs. 1 Satz 2 des Rahmengesetzes über die Patientenautonomie kann aber, wer eine Patientenverfügung errichtet, zusätzlich einen Vertreter bestimmen, der als sein Vermittler mit dem Arzt bzw. Ärzteteam dienen soll, um die Erfüllung der getroffenen Bestimmungen zu garantieren. Der Bevollmächtigte muss demnach die vom Patienten festgelegten Kriterien und Richtlinien befolgen und sich auch hinsichtlich der Fragen, die in dem Patiententestament nicht genauer ausgeführt sind, äußern.[1188] Fraglich bleibt, ob der Bevollmächtigte sich auch hinsichtlich solcher Probleme äußern kann, die im Patiententestament keinerlei Erwähnung gefunden haben. Dies kann dem Gesetzeswortlaut nicht entnommen werden, dem zufolge der Vertreter nur als Mittler im Verhältnis zum Arzt dienen soll, um die Anweisungen in der Patientenverfügung durchzusetzen. Eine darüber hinausgehende Befugnis zu Entscheidungen in Gesundheitsfragen dürfte daher abzulehnen sein.[1189]

(dd) Regelung de lege ferenda

De lege ferenda forderte der Alternativvorschlag zur rechtlichen Behandlung der Verhaltensweisen Dritter bezüglich der Verfügbarkeit des eigenen Lebens die (ausdrückliche) Festschreibung der Möglichkeit, eine Behandlung zu unterbrechen oder nicht zu beginnen, wenn sich diese Behandlung darauf beschränken würde, das Leben bei irreversibler Bewusstlosigkeit zu erhalten oder den Sterbeprozess künstlich zu verlängern, wenn nicht der Wille des Patienten, seiner gesetzlichen Vertreter oder Angehörigen (ausdrücklich) entgegensteht.[1190] Im Grunde würde damit die Vermutung, dass eine solche Behandlung nicht gewünscht wird, gesetzlich festgeschrieben und müsste ein entgegenstehender Wille manifestiert werden. Der Gesetzgeber hat bei der Reform des Strafgesetzbuches im Jahr 1995 wie auch der Bestimmungen der Gesundheitsgesetzgebung im Jahr 2002 eine solche Festschreibung aber nicht vorgenommen und eine Lösung im Sinne der Rechtssicherheit versäumt.

[1186] Art. 172 Código de familia catalán: danach ist die Bestimmung aber für den Richter nicht verbindlich, wenn sich neue Umstände ergeben haben, die Zweifel an der Geeignetheit der Bestimmung aufkommen lassen. S. zur Möglichkeit einer Betreuerbestellung López Sánchez, Testamento vital y voluntad del paciente, S. 15 f.

[1187] Eine präventive Bevollmächtigung für vermögensrechtliche Handlungen ist aber möglich und bietet sich insbesondere in den Fällen an, in denen die geistigen Fähigkeiten des Betroffenen fortschreitend vermindert werden, bis es schließlich zur völligen Entscheidungsunfähigkeit kommt. Denn sobald für den entscheidungsunfähigen Patienten eine Betreuung eingerichtet wurde, erlischt dessen Vollmacht nach herrschender Auffassung, vgl. López Sánchez, Testamento vital y voluntad del paciente, S. 17 f., 130 f.

[1188] López Sánchez, Testamento vital y voluntad del paciente, S. 129

[1189] Unklar bleibt die Rolle des Bevollmächtigten insoweit bei López Sánchez, Testamento vital y voluntad del paciente, S. 128 f. oder Alonso Herreros, LL 5685 (2002), 1, 4 f.

[1190] Grupo de Estudios de Política Criminal: Propuesta alternativa al tratamiento jurídico de las conductas de terceros relativas a la disponibilidad de la propia vida, vgl. Fn. 1136 (Neufassung des Art. 10 Abs. 8 LGS in diesem Sinne und damit Festlegung der lex artis).

(b) Passive Sterbehilfe bei Personen, die noch nie entscheidungsfähig waren

Höchst problematisch sind nun die Fälle, in denen der Abbruch oder die Nichtaufnahme einer Behandlung im Raum steht, obgleich die Patienten niemals entscheidungsfähig waren. Ein Rückgriff auf den mutmaßlichen Willen dürfte dann nämlich auch nach spanischem Recht nicht möglich sein.
Zunächst können hier wiederum die Lösungen der spanischen Rechtslehre angeführt werden, die – solange der Wille des Patienten nur nicht explizit entgegensteht – von der Tatbestandslosigkeit des Verhaltens angesichts der aussichtslosen Leidenssituation des Patienten ausgehen (s.o. (a)(aa)).
In Betracht kommt aber auch eine Lösung erst auf der Ebene der Rechtswidrigkeit.
Nach e.A. dürfte etwa in Grenzsituationen auf den rechtfertigenden Notstand gemäß Art. 20 Abs. 5 CP unter Abwägung zwischen „Lebensqualität" und „Heiligkeit des Lebens" zurückzugreifen sein. Danach wäre aber eine ausdrückliche Regelung wünschenswert, wenn ausnahmsweise Notstandssituationen auch außerhalb des Art. 143 Abs. 4 CP (z.B. bei Neugeborenen, irreversibel Bewusstlosen) angenommen werden sollen.[1191]
Nach a.A. kommt eine Rechtfertigung aufgrund Notstands dann in Betracht, wenn sich der Patient schon in der irreversiblen Endphase seines tödlichen Leidens befindet oder irreversibel bewusstlos ist, und die nur in begrenzter Zahl vorhandenen Geräte der Intensivmedizin zur Behandlung von anderen Patienten mit Aussicht auf Besserung eingesetzt werden sollen. Im Übrigen komme bei Patienten in einem solchen Zustand eine Rechtfertigung, auch ohne auf das Interesse anderer Patienten zu rekurrieren, in Betracht, weil es sich um eine zulässige Ausübung des medizinischen Berufs handle. Sinn der Intensivmedizin sei es, die Menschen in das Leben zurückzubringen und nicht, ihr Leiden zu verlängern.[1192]
Auch hier kann der Alternativvorschlag zur rechtlichen Behandlung der Verhaltensweisen Dritter bezüglich der Verfügbarkeit des eigenen Lebens angeführt werden, der die Möglichkeit vorsieht, eine Behandlung zu unterbrechen oder nicht zu beginnen, wenn sich diese darauf beschränken würde, das Leben bei irreversibler Bewusstlosigkeit zu erhalten oder den Sterbeprozess künstlich zu verlängern, wenn nicht der Wille des Patienten, seiner gesetzlichen Vertreter oder Angehörigen (ausdrücklich) entgegensteht.[1193] Die vorgeschlagene Neufassung des Art. 10 Abs. 8 LGS wurde aber in keinem der bislang durchgeführten Gesetzesänderungsverfahren verwirklicht, so dass die Rechtsunsicherheit in diesem Gebiet bestehen bleibt.

(3) Passive Sterbehilfe gegen den Willen des Patienten

Schließlich stellt sich noch die Frage, wie das Unterlassen lebensverlängernder oder –erhaltender Maßnahmen gegen den (ausdrücklichen oder mutmaßlichen) Willen des Patienten strafrechtlich zu bewerten ist. Zu prüfen ist insofern eine Strafbarkeit wegen Totschlages oder gar Mordes durch Unterlassen (Art. 138, 139 CP i.V.m. Art. 11 CP), sowie unterlassener Hilfeleistung; eine Anwendung des Art. 143 CP scheidet indes wegen des entgegenstehenden Willens des Patienten von vornherein aus. In Betracht kommt dies etwa, wenn der Patient eine kostspielige, aber nach ärztlichem Ermessen keinen Erfolg versprechende Operation wünscht oder die künstliche Lebenserhaltung eines irreversibel Bewusstlosen eingestellt werden soll, obgleich dieser in einer Patientenverfügung seinen unbedingten Glauben an den Fortschritt

---

[1191] Muñoz Conde, Derecho Penal – PE, S. 76 f.
[1192] Gimbernat Ordeig, Estudios de Derecho Penal, S. 54
[1193] Grupo de Estudios de Política Criminal: Propuesta alternativa al tratamiento jurídico de las conductas de terceros relativas a la disponibilidad de la propia vida, vgl. oben Fn. 1136, 1190.

der Medizin und eine daraus resultierende unbedingte Lebenserhaltungspflicht ausgedrückt hat. Dabei kann wiederum unterschieden werden:
Ist die verlangte Maßnahme von vornherein sinnlos, weil sie das Leben des Patienten weder verlängern noch verbessern kann (die geforderte Operation hat keinerlei Aussicht auf Erfolg), so scheidet eine Strafbarkeit wegen Totschlages durch Unterlassen jedenfalls aus, da es schon an der erforderlichen Quasikausalität fehlt.
Kritisch sind aber Fälle, in denen die geforderte Maßnahme zwar das Leben des Patienten nicht dauerhaft, aber doch kurzfristig verlängern kann oder eine Lebenserhaltung zwar über längere Zeit möglich, jedoch medizinisch völlig sinnlos erscheint, da die Wiedererlangung des Bewusstseins völlig ausgeschlossen ist. Grundsätzlich ist der Arzt als Garant verpflichtet, die lebensverlängernde Behandlung bis zum Tod des Patienten fortzuführen, wenn dieser dies wünscht.
Allerdings wird bei der Bestimmung des Umfangs der Garantenpflicht schon grundsätzlich eingewandt, der Arzt sei nur zu solchen Maßnahmen verpflichtet, die eine Heilung beabsichtigen bzw. nach der lex artis indiziert sind.[1194] Speziell auf den Bereich der Sterbehilfe bezogen, wird zudem ausgeführt, es könne sich auch hier, wenn man diese Pflicht zur Lebenserhaltung bzw. -verlängerung bis in die letzte Konsequenz durchführe, ein Konflikt mit der Menschenwürde gemäß Art. 10 Abs. 1 CE ergeben. In den Fällen, in denen der Todesprozess definitiv begonnen hat und der Patient irreversibel das Bewusstsein verloren hat, ende daher die Garantenpflicht des Arztes. Die Garantenpflicht dürfe nicht auf die Erhaltung rein biologischer Funktionen erstreckt werden. Kann der Patient dagegen das Bewusstsein möglicherweise wiedererlangen, sei sein Wunsch zu respektieren, wenn auch eine Weiterbehandlung schwere Schmerzen mit sich bringt. Das Recht auf Selbstbestimmung gehe insoweit vor.[1195]
Nach a.A. kommt hier wiederum eine Rechtfertigung aufgrund Notstands, wenn die für die Lebensverlängerung oder –erhaltung eingesetzten medizinischen Geräte für andere Patienten mit besserer Prognose benötigt werden, oder aufgrund zulässiger Ausübung des medizinischen Berufs in Betracht, wenn keinerlei Heilungsaussichten bestehen.[1196]
Die Lösungen bleiben – wie im deutschen Recht – unbefriedigend zumindest insoweit, als klare Kriterien fehlen, wann ein einseitiger Behandlungsabbruch nun zulässig sein soll. In der spanischen Rechtsordnung besteht aber wohl eine weitaus größere Bereitschaft, den Ärzten hier im Rahmen ihrer Berufsausübung ein gewisses Ermessen einzuräumen.

cc) Pflicht zur passiven Sterbehilfe

Schließlich bleibt noch die Frage zu klären, ob es auch eine Pflicht zur passiven Sterbehilfe gibt, ob also der Kranke einen Anspruch auf das Unterlassen lebenserhaltender oder –verlängernder Maßnahmen geltend machen kann und wie ein Verstoß gegen diesen Willen des Patienten – durch eine Behandlung – zu beurteilen ist.
Wie bereits oben (II.1a,dd und II.1c)) ausgeführt, hat jeder spanische Bürger das Recht, eine medizinische Maßnahme abzulehnen. Dieses Recht leitet sich verfassungsrechtlich aus dem Recht auf körperliche Unversehrtheit gemäß Art. 15 CE oder auch aus dem Verbot der un-

---

[1194] Gómez Rivero, La responsabilidad penal del médico, S. 475 f. (dazu gehört etwa auch die Schmerzlinderung); zur Beendung der Garantenpflicht durch den Arzt bei hoffnungslosen Fällen s. auch Silva Sánchez, LL 1987 – I, 964. Nach Torío López, EPC XIV (1991), 217, 235 ff. ist das Unterlassen einer nach der lex artis sinnlosen künstlichen Lebensverlängerung ein rechtlich adäquates Verhalten.
[1195] Bacigalupo, PJ no. especial XII (1990), 147, 153 f.
[1196] Vgl. Gimbernat Ordeig, Estudios de Derecho Penal, S. 54.

menschlichen und demütigenden Behandlung gemäß Art. 15 CE ab. Des weiteren kann in der Behandlung gegen den Willen des Betroffenen ein Verstoß gegen die Menschenwürde gemäß Art. 10 Abs. 1 CE gesehen werden.
Strafrechtlich könnte das Verhalten desjenigen, der eine solche Behandlung gegen den Willen des Patienten durchführt und also dessen Wunsch nach passiver Sterbehilfe ignoriert, eine Nötigung gemäß Art. 172 CP oder eine Körperverletzung gemäß Art. 147 ff. CP darstellen.
Die Annahme einer Körperverletzung stellt sich aber insoweit als problematisch dar, als diese nach ganz h.M. einen Körperverletzungserfolg im Sinne einer Gesundheitsschädigung voraussetzte. In den Körperverletzungsdelikten wird indes nicht das Entscheidungsrecht über eine Verfügung über den eigenen Körper geschützt.[1197]
Nach h.L. kann aber eine Nötigung vorliegen, da mit der Behandlung gegen den Willen des Patienten die Umsetzung dessen zuvor getroffener Entscheidung verhindert und damit seine Handlungsfreiheit eingeschränkt wird.[1198] Dabei darf aber nicht übersehen werden, dass Voraussetzung einer Nötigung gemäß Art. 172 CP die Anwendung von Gewalt ist.[1199] Der Umfang des Gewaltbegriffs ist auch im spanischen Recht sehr umstritten, und wird inzwischen von der Rechtsprechung dahingehend verstanden, dass nicht nur die Kraft, die materiell dazu zwingt, etwas zu tun oder zu lassen, umfasst ist, sondern auch die über Sachen ausgeübte Kraft. In Abgrenzung zur bloßen Drohung ist aber wohl Voraussetzung, dass das Opfer durch äußere Hindernisse an der vollen Verwirklichung seines Willens tatsächlich gehindert wird.[1200] Problematisch ist die Annahme von Gewalt somit jedenfalls dann, wenn der Patient bereits bewusstlos ist und sich nur zuvor gegen eine Behandlung ausgesprochen hat. Zwar wird die Verwirklichung des Willens des Patienten damit verhindert, doch kann insofern kaum von Gewalt gesprochen werden. Durch eine solche Interpretation steht vielmehr eine Verletzung des Legalitätsprinzips im Raum.[1201]
Damit ergeben sich allerdings weite strafrechtliche Lücken, die nur durch ein Einschreiten des Gesetzgebers – durch Schaffung eines Tatbestands der eigenmächtigen Heilbehandlung – beseitigt werden könnten.[1202]
Ist der Patient noch bei Bewusstsein und setzt er sich gegen die Behandlung zur Wehr, liegt also eine Nötigung vor, stellt sich indes die Frage nach einer Rechtfertigung des Verhaltens. Zu denken wäre dabei etwa an einen Notstand. Richtig dürfte es aber sein, einen solchen ab-

---

[1197] Gómez Pavón, Tratamientos médicos, S. 285 f.; dies lässt sich auch aus der Regelung der Art. 155, 156 CP erkennen. Nach Art. 155 CP wird im Fall einer wirksamen Einwilligung in die Körperverletzung nur die Strafe gemildert, nach Art. 156 CP hingegen bei Organtransplantationen, Sterilisierungen und Geschlechtsumwandlungen die Strafe ausgeschlossen. Daraus kann nur gefolgert werden, dass die erfolgreiche bzw. zumindest lex artis erfolgte *Heil*behandlung schon gar nicht unter den Tatbestand der Körperverletzung fallen kann, da der Einwilligung ja keine rechtfertigende Wirkung zukäme.

[1198] Vgl. Bajo Fernández, Manual de Derecho Penal – PE, S. 164, Gómez Benítez, Derecho Penal – PG, S. 426 f., Romeo Casabona, RDPC 2 (1998), 327, 346.

[1199] Añón Lema/Brandariz García, in: Brandariz García/Faraldo Cabana, Responsabilidad penal del personal sanitario, S. 53 f., Gómez Pavón, Tratamientos médicos, S. 289

[1200] Vgl. Gómez Pavón, Tratamientos médicos, S. 289 f.; einschränkend zum Gewaltbegriff der Rechtsprechung auch Asúa/de la Mata, LL 1990 – III, 865, 868.

[1201] Gómez Pavón, Tratamientos médicos, S. 293; problematisch ist die Annahme einer Nötigung insbesondere auch in den Fällen, in denen die Einwilligung des Patienten auf unzureichender Information beruht oder aus sonstigem Grund fehlerhaft und damit unwirksam ist. Die Verletzung der Entscheidungsfreiheit des Patienten kann aber nur relevant sein i.S.d. Nötigung, wenn der Patient sich der Behandlung wirklich entgegenstellt und der Arzt somit tatsächlich Gewalt einsetzen musste, Asúa/de la Mata, LL 1990 – III, 865, 870 ff. In diesem Sinne auch Tomás-Valiente Lanuza, La disponibilidad de la propia vida, S. 503 f.

[1202] Vgl. Asúa/de la Mata, LL 1990 – III, 865, 872 f., Nuñez Paz, Homicidio consentido, S. 443, Tomás-Valiente Lanuza, La disponibilidad de la propia vida, S. 504.

zulehnen, da dieser mit elementaren Werten des sozialen Zusammenlebens wie dem notwendigen Respekt vor fremden Entscheidungen und die Notwendigkeit, keine Ausnahmebefugnisse zum Einschreiten in fremde Interessen zu erteilen, unvereinbar sein dürfte. Die Annahme eines Notstandes und ein Einschreiten „zugunsten" eines Dritten muss dann ausgeschlossen sein, wenn der Dritte diese „Hilfe" ablehnt, weil er seine Interessen auf andere Art und Weise definiert.[1203] In Betracht kommt daher allenfalls eine Berufung auf eine schuldausschließende oder –mildernde Gewissensentscheidung.[1204]
Problematisch sind somit Fälle, in denen eine passive Sterbehilfe nur auf dem mutmaßlichen Willen des Patienten beruhen würde, also insbesondere die Fälle, in denen ein Patiententestament die Behandlung in der jeweiligen Situation untersagt. Selbst wenn der Patient seinen der Behandlung entgegenstehenden Willen – im Bewusstsein seiner Situation – ausdrücklich noch einmal erklärt haben sollte, bevor er bewusstlos oder sonst entscheidungsunfähig wurde, fehlt jedenfalls das Tatbestandsmerkmal der „Gewalt". Die Annahme einer Nötigung scheidet daher aus.
Eine strafrechtlich sanktionierte Pflicht zur passiven Sterbehilfe fehlt also in der Regel.

c) Die Früheuthanasie (eutanasia precoz, eutanasia neonatal)

Zuletzt soll nun die Behandlung der Früheuthanasie in der spanischen Rechtsordnung untersucht werden, die in der spanischen Rechtslehre bislang recht wenig Beachtung gefunden hat.

Auch im spanischen Recht versteht man unter Früheuthanasie (eutanasia precoz, eutanasia neonatal) die Fälle von Neugeborenen mit schweren Schädigungen, die zu deren Tode führen könnten, wenn auch die moderne Medizin in der Lage ist, sie am Leben zu erhalten, allerdings nur unter schwerem Leiden oder in völliger und dauerhafter Abhängigkeit von dieser medizinischen Technologie.[1205]

aa) Aktive (direkte) Sterbehilfe bei Neugeborenen?

Zunächst kann festgestellt werden, dass es bzgl. einer aktiven direkten Sterbehilfe bei Neugeborenen an einer ausdrücklichen Regelung fehlt. Sie ist an sich nach Art. 138, 139 CP als Totschlag oder als Mord strafbar. Die Strafmilderung des Art. 143 Abs. 4 CP ist mangels Verlangen ausgeschlossen, ein Verlangen durch die Eltern oder sonstige gesetzliche Vertreter nicht vorgesehen.
In Betracht kommt grundsätzlich allerdings auch hier eine Rechtfertigung aufgrund Notstandes gemäß Art. 20 Abs. 5 CP. Kann sich die aktive Sterbehilfehandlung aber nicht auf den Willen des Betroffenen stützen, wird die Annahme eines Notstandes weithin abgelehnt. Nur in dem Maße, als der Kranke selbst sein Leben aufgeben möchte, kann dieses auch als „ent-

[1203] Bajo Fernández, ADPCP 1979, 491, 499, Gómez Pavón, Tratamientos médicos, S. 292, Tomás-Valiente Lanuza, La disponibilidad de la propia vida, S. 511 ff.

[1204] Zur Behandlung der Gewissensentscheidung im spanischen Recht und insbesondere im Bereich der medizinischen Assistenz s. Gómez Rivero, La responsabilidad penal del médico, S. 573 ff. Bedenklich ist die dort angeführte Auffassung, nur bei einer direkt an den Arzt gerichteten rechtlichen Pflicht sei eine Berufung auf eine Gewissensentscheidung überhaupt möglich und daher nicht im Bereich der passiven Sterbehilfe, da dem Arzt dort ein Entscheidungsspielraum zustehe. Dies kann jedenfalls nicht der Fall sein, wenn der Patient die Behandlung ausdrücklich untersagt, denn dann besteht kein Behandlungsrecht des Arztes mehr. Ein Entscheidungsspielraum des Arztes ist insoweit nicht gegeben. Vgl. weiterhin Tomás-Valiente Lanuza, La disponibilidad de la propia vida, S. 356 ff.

[1205] Lema Añón/Brandariz García, in: Brandariz García/Faraldo Cabana, Responsabilidad penal del Personal sanitario, S. 30 Fn. 33

wertet" angesehen werden.[1206] Nach einer anderen Auffassung dürfte eine Notstandsrechtfertigung aber nicht ausgeschlossen sein, die sich auf das überwiegende Interesse des Neugeborenen stützt.[1207]

Nach *García Rivas* ist de lege ferenda das Interesse des Einzelnen Ausgangspunkt einer Zulässigkeit der Sterbehilfe. Die problematischsten Fälle der Früheuthanasie könnten durch ein bloßes – qualvolles – Sterbenlassen nicht gelöst werden. Schwerstgeschädigten Neugeborenen müsse dann, in Orientierung an ihrem Interesse, das gleiche Recht zu sterben zukommen wie Erwachsenen in gleicher schwerer Leidenssituation. Dies schließt unter Umständen auch eine aktive direkte Sterbehilfe ein. Den Familienangehörigen fehle es jedoch an einer Legitimierung für eine solche Sterbehilfeentscheidung. Daher sollten in den Krankenhäusern Ethikkommissionen eingerichtet werden und diese Entscheidungen anhand vorgegebener Richtlinien sowie auch unter Berücksichtigung der Meinung der Angehörigen treffen. Eine Lösung de lege lata wird von diesem Autor allerdings nicht vorgegeben.[1208]

bb) Passive Sterbehilfe bei Neugeborenen

Fraglich bleibt somit im Rahmen der Früheuthanasie die Zulässigkeit passiver Sterbehilfe.

Dabei wird etwa wie im deutschen Recht vertreten, dass angesichts der Tatsache, dass dem Leben eines Kindes der gleiche Wert zukommt wie dem Leben eines Erwachsenen, die Nichtaufnahme bzw. das Abbrechen einer medizinischen Behandlung zulässig ist, wenn dies auch beim Erwachsenen zulässig wäre. So könne die Zulässigkeit des Behandlungsabbruchs bei irreversiblem Koma oder dauerhaft vegetativem Zustand (Wachkoma) auf Neugeborene mit unheilbaren und in kurzer Zeit zum Tode führenden schweren Schädigungen übertragen werden. Wo allerdings die Möglichkeit einer Lebenserhaltung und Gesundheitsverbesserung bestehe, müsse der Arzt tätig werden, im Zweifel überwiege dabei die Lebenserhaltungspflicht des Arztes.[1209] Es wird danach also auf das Fehlen einer Lebenserhaltungs- und damit Garantenpflicht und daher die Tatbestandslosigkeit des Sterbenlassens des Neugeborenen abgestellt.

Denkbar ist aber auch die Annahme einer Rechtfertigung. De lege lata vertritt etwa *García Rivas* die Zulässigkeit des Sterbenlassens von Neugeborenen aufgrund eines rechtfertigenden Notstands, zumindest in den Fällen eines dauerhaft nur noch vegetativen Zustands oder bei sicherem und nahe bevorstehendem Tod. Im Übrigen müsse das überwiegende Interesse des Neugeborenen bestimmt werden, das vom Grad der Behinderung abhänge: je unerträglicher das Leben sei, das das Kind erwartet, desto größer sei auch sein objektives Interesse, es nicht zu erleiden. Allerdings fordert dieser Autor auch – da die Interessen der Eltern gegenüber denen des Kindes irrelevant sein müssten – wiederum de lege ferenda die Schaffung unabhängiger interdisziplinärer Komitees, denen die Bestimmung des Interesses des Neugeborenen zukommen solle.[1210]

[1206] S. etwa Gómez Pavón, Tratamientos médicos, S. 42 f. sowie Nuñez Paz, Homicidio consentido, S. 90, der jegliche Rechtfertigung oder Entschuldigung aktiver Sterbehilfe bei Neugeborenen ablehnt.

[1207] Vgl. Gómez Rivero, La responsabilidad penal del médico, S. 560 ff. sowie Muñoz Conde, Derecho Penal – PE, S. 76 f., der indes eine ausdrückliche Regelung für wünschenswert hält.

[1208] García Rivas, Homenaje al Dr. Marino Barbero Santos, S. 149, 168 ff. Zustimmend zur Übertragung der Interessensbestimmung an Ethikkomitees, wenn auch Probleme in der Praxis bei abweichender Meinung von Eltern und Komitees befürchtend Gómez Rivero, La responsabilidad penal del médico, S. 561 f.

[1209] Nuñez Paz, Homicidio consentido, S. 91

[1210] García Rivas, RP 11 (2003), 15, 28 ff.

De lege ferenda wurde in dem Alternativvorschlag zur rechtlichen Behandlung der Verhaltensweisen Dritter hinsichtlich der Verfügbarkeit des eigenen Lebens die Straflosigkeit der Nichtaufnahme oder Unterbrechung einer Behandlung eines Neugeborenen verfochten, wenn dieses irreversibel das Bewusstsein verloren hat oder nicht erlangen kann, es sich um die künstliche Verlängerung eines unaufhaltsamen Todesprozesses oder die Sicherung des Überlebens unter ständigem und massiven Einsatz der Intensivmedizin handeln würde. Eine Ausnahme sollte aber dann gelten, wenn die gesetzlichen Vertreter (die Eltern), Familienangehörigen oder sonstige in ähnlicher Weise Verbundene diese Nichtbehandlung ablehnen. Dazu sollte eine entsprechende Bestimmung in das LGS aufgenommen und damit die lex artis festgeschrieben werden.[1211] Es handelt sich dabei also um eine Art Vermutung des Einverständnisses mit diesem Vorgehen, das durch eine ausdrückliche Ablehnung widerlegt werden muss.[1212]

Zusammenfassend lässt sich aber feststellen, dass die angesichts der damit verbundenen bedeutsamen wie auch diffizilen Fragen dringend notwendige vertiefte Auseinandersetzung mit der Problematik der Früheuthanasie in der spanischen Rechtslehre bislang noch weitgehend aussteht.

3. Reformbestrebungen und Ausblick

Wie bereits im Verlauf der Darstellung der spanischen Rechtslage ausgeführt und angedeutet, wurde durch die Neuregelung der Sterbehilfe weder die juristische noch die gesellschaftliche Debatte über den richtigen Umgang mit der Problematik der Sterbehilfe abgeschlossen.
Zu berücksichtigen ist im Rahmen der gesellschaftlichen Diskussion auch sicherlich der im Vergleich zu Deutschland noch sehr viel größere Einfluss der katholischen Kirche. Diese hat in einer eigenen Stellungnahme zur Sterbehilfe den Wert des menschlichen Lebens und seinen „heiligen“ Charakter betont und jegliche Verfügungsmacht des Menschen über sein Leben abgelehnt. Trotz der Ablehnung jeden Sterbehilfeakts als unzulässiger Tötung wird jedoch die Anwendung schmerzlindernder Mittel auch unter Inkaufnahme einer Lebensverkürzung als unerwünschtem Nebeneffekt (indirekte Sterbehilfe) und die Ablehnung „unverhältnismäßiger“ medizinischer Maßnahmen, die nur ein unvermeidlich zu Ende gehendes Leben unter schmerzhaften Umständen verlängern würden, als zulässig erachtet.[1213] Die Debatte konzentriert sich also insoweit auf die Zulässigkeit aktiver (direkter) Sterbehilfe.

[1211] Propuesta alternativa al tratamiento jurídico de las conductas de terceros relativas a la disponibilidad de la propia vida, vgl. Fn. 1136.

[1212] García Arán, in: Díez Ripollés, Delitos contra la vida e integridad física, S. 26. Höchst bedenklich ist hingegen die von dieser Autorin zudem vertretene Auffassung, in Fällen der Früheuthanasie könne angesichts der praktisch nicht vorhandenen Lebensqualität bereits nur mit Schwierigkeiten von „unabhängigem menschlichen Leben“ als Schutzgut der Tötungsdelikte gesprochen werden, um zur Tatbestandslosigkeit einer passiven Sterbehilfe zu gelangen.

[1213] Sagrada Congregación para la doctrina de la fe, declaración sobre la eutanasia (1980), abgedruckt in: Casado González, La Eutanasia, S. 127 ff. Dennoch kann wohl davon ausgegangen werden, dass die Palliativmedizin in Spanien durchaus noch der Verbesserung bedarf. Indikator hierfür ist der landesweite Morphiumverbrauch. Obgleich der Einsatz von Morphium in spanischen Krankenhäusern von 1988 bis 1999 um 1800 % gestiegen ist, befindet sich Spanien im europäischen Vergleich doch immer noch im Mittelfeld. Auf dem dritten Kongress der Spanischen Gesellschaft für Palliativversorgung (Sociedad Española de Cuidados Paliativos) im Jahr 2000 wurde demgemäß auch die Verdopplung der Anzahl der 206 bereits bestehenden Palliativstationen für notwen-

Doch auch hier ist ein starker gesellschaftlicher Wandel zu vermerken. In einer im Jahr 1995 vom Zentrum für soziologische Forschungen durchgeführten Meinungsumfrage erklärten sich 62 % aller Befragten mit der Aussage „Ein unheilbar Kranker hat ein Recht darauf, dass die Ärzte seinem Leben ein Ende setzen" eher einverstanden (más bien de acuerdo).[1214]
Weiterhin ist davon auszugehen, dass die juristische Diskussion der Rechtswirklichkeit kaum gerecht wird. So gibt es derzeit noch keinen Fall, in dem sich die Rechtsprechung mit der Sterbehilfe auseinanderzusetzen hatte (von der Inanspruchnahme der Gerichte durch Ramón Sampedro einmal abgesehen; doch auch hier wurden die Ermittlungen gegen möglicherweise an der Beihilfe zu seinem Tod Beteiligte letztendlich eingestellt). Demgegenüber gaben in einer Umfrage aus dem Jahr 2001 15 % der befragten Ärzte an, bereits einmal Sterbehilfe geleistet zu haben. 65 % gaben zudem an, dass ihnen gegenüber schon einmal ein Verlangen nach Sterbehilfe von Seiten eines Kranken oder Angehörigen geäußert worden war.[1215]
Große Bedeutung hat im Übrigen auch in der spanischen Diskussion das Dammbruchsargument („pendiente resbaladiza"), also die Furcht, mit der Freigabe bestimmter Formen der Sterbehilfe werde es zu einer fortschreitenden, nicht mehr aufzuhaltenden Aushöhlung des Lebensschutzes und insbesondere zu Missbrauch kommen. Indes erhalten immer mehr Stimmen Gewicht, die darauf hinweisen, dass das Dammbruchsargument allein kein Fundament ist, bestimmte, als richtig erkannte Verhaltensweisen abzulehnen, nur weil sie anderen, nicht akzeptablen Verhaltensweisen in bestimmten Punkten gleich sind. Vielmehr zeige die Dammbruchsgefahr nur die Notwendigkeit auf, bestimmte Garantien und Mechanismen zu schaffen, um die befürchtete Aushöhlung des Lebensschutzes und Missbrauch zu vermeiden.[1216]
Doch ist auch zu erwarten, dass zukünftig die Sterbehilfe gegenüber nicht (mehr) entscheidungsfähigen Patienten zunehmende Beachtung erfahren wird, wenn auch die spanische Rechtslehre bislang ihr Augenmerk hauptsächlich auf die Frage der Verfügbarkeit des Lebens für seinen Inhaber und damit die auf dem Willen des Patienten beruhende Sterbehilfe gerichtet hatte. Besonders relevant sind insoweit die aktive und passive Sterbehilfe gegenüber schwerstgeschädigten Neugeborenen und die passive Sterbehilfe bei nicht (mehr) entscheidungsfähigen Erwachsenen.[1217] Angesichts der auch in Spanien zu erwartenden demographischen Veränderungen hin zu einer zunehmend älter werdenden Gesellschaft sowie der bereits – wenn auch nicht offiziell – vorhandenen Praxis zumindest des Sterbenlassens von schwerstgeschädigten Neugeborenen unter Berücksichtigung der Wünsche der Eltern[1218] kann die Auseinandersetzung mit den Rechtsfragen der Sterbehilfe dieses Problemfeld nicht auf lange Sicht aussperren. So liegen auch bereits erste ernsthafte Diskussionsbeiträge vor. *García Rivas* etwa bezeichnet das Interesse einer Person als Rechtfertigungsmöglichkeit, die allen Formen der Sterbehilfe gemein sei. Daher sei das Interesse des Einzelnen zum Angelpunkt einer Entkriminalisierung der Sterbehilfe zu machen. Auch nicht entscheidungsfähigen Patienten, insbesondere schwerstgeschädigten Neugeborenen, müsse das gleiche Recht zu sterben

---

dig erachtet. Auch bestehen offenbar große regionale Unterschiede insoweit, vgl. Lema Añón/Brandariz García, in: Brandariz García/Faraldo Cabana, Responsabilidad penal del Personal Sanitario, S. 26 f.

[1214] Estudio del CIS no. 2203, diciembre de 1995, im Internet abrufbar unter http://www.cis.es/File/ViewFile.asp x?FileId=396. Im Jahr 2002 ergab eine Umfrage eine Zustimmung von 86 % für eine Entkriminalisierung im Fall Sampedro, s. im Internet unter http://www.eutanasia.ws/textos/Not05abrilencuesta.doc.

[1215] Umfrage der Organisation der Verbraucher (Organización de Consumidores y Usuarios), veröffentlicht im Mai 2001, vgl. Lema Añón/Brandariz García, in: Brandaríz Garcia/Faraldo Cabana, Responsabilidad penal del Personal Sanitario, S. 19 Fn. 10.

[1216] Vgl. etwa Lema Añón/Brandariz García, in: Brandaríz Garcia/Faraldo Cabana, Responsabilidad penal del Personal Sanitario, S. 31 f.

[1217] Vgl. etwa Serrano Gómez, Derecho Penal – PE, S. 69, Nuñez Paz, Homicidio consentido, S. 442 f.

[1218] Vgl. García Rivas, Homenaje al Dr. Marino Barbero Santos, S. 149, 168 ff.

zukommen wie (entscheidungsfähigen) Erwachsenen in gleicher schwerer Leidenssituation. Den Familienangehörigen dürfe dabei keine besondere Entscheidungsmacht zukommen, da diese jeglicher Legitimierung entbehre. Vielmehr sollten in den Krankenhäusern zu gründende Ethikkommissionen, die ihrerseits ebenfalls einer Kontrolle unterliegen müssten, derartige Entscheidungen anhand vorgegebener Richtlinien und auch unter Berücksichtigung der Meinung der Angehörigen treffen.[1219]

Die Problematik der Sterbehilfe beschäftigt darüber hinaus durchaus auch den Gesetzgeber. Im Jahr 1998 wurde im spanischen Senat, der zweiten Kammer, eine Spezialkommission zur Sterbehilfe eingerichtet, deren Arbeit allerdings letzten Endes nicht in ein Gesetzesvorhaben mündete. Ebenfalls 1998 brachte ein Teil der Opposition einen Gesetzesvorschlag ein, dem zufolge die aktive Sterbehilfe gemäß Art. 143 Abs. 4 CP straffrei bleiben sollte.[1220] Im Juni 2002 wurde eine Gesetzesreform von den Parteien der „Vereinigten Linken" (Izquierda Unida) und „Initiative für Katalonien" (Iniciativa per Catalunya) vorgeschlagen, der zufolge das psychische Leiden in Art. 143 Abs. 4 CP eingefügt werden und die dort enthaltenen Verhaltensweisen straffrei gestellt werden sollten. Das Verlangen des Patienten sollte mit Hilfe eines im Vorhinein verfassten Dokuments ausgedrückt und sogar durch das Verlangen von Familienangehörigen oder anderen nahe stehenden Personen ersetzt werden können.[1221] Im Oktober 2002 wurde dann von der Fraktion der „IC-Verds" eine Gesetzesinitiative eingebracht, die unter anderem ausdrücklich die Zulässigkeit der indirekten Sterbehilfe mit Einwilligung des Patienten durch eine entsprechende Reform der Gesundheitsgesetzgebung vorsah. Auch sollte die passive Sterbehilfe bei irreversibler Bewusstlosigkeit des (erwachsenen) Patienten und bei Neugeborenen, die nur mit Hilfe eines dauernden und massiven Einsatzes der Intensivmedizin am Leben erhalten werden könnten, für zulässig erklärt werden, wenn nicht der Wille des Patienten oder seiner gesetzlichen Vertreter, Angehörigen oder ähnlich nahestehender Personen entgegensteht. Doch selbst im Falle eines solchen entgegenstehenden Willens sollte die auf der (medizinisch) begründeten Meinung (der Sinnlosigkeit der Behandlung) des verantwortlichen Arztes beruhende passive Sterbehilfe zulässig sein.[1222] Alle Initiativen blieben indes ohne Erfolg.

[1219] García Rivas, Homenaje al Dr. Marino Barbero Santos, S. 149, 166 ff. (s. auch bereits oben speziell zur Früheuthanasie 2c))
[1220] Vgl. Gómez Rivero, La responsabilidad penal del médico, S. 537.
[1221] Vgl. García Rivas, RP 11 (2003), 15, 19.
[1222] Vgl. García Rivas, RP 11 (2003), 15, 19.

E: Vergleich der deutschen und spanischen Rechtsordnung im Hinblick auf die Regelung der Sterbehilfe

Nachdem nun im Wesentlichen die deutsche und die spanische Rechtsordnung hinsichtlich der Problematik der Sterbehilfe einander gegenüber gestellt wurden, ohne einen Vergleich im eigentlichen Sinn vorzunehmen, sollen im Folgenden Unterschiede und Gemeinsamkeiten der jeweiligen Regelung im Einzelnen herausgearbeitet werden.
Erleichtert wird dies dadurch, dass die in der Rechtsliteratur beider Länder verwendete Begrifflichkeit praktisch vollkommen übereinstimmt. Sowohl in Deutschland als auch in Spanien wird zwischen aktiver und passiver Sterbehilfe sowie direkter und indirekter Sterbehilfe unterschieden.[1223] Auch der Begriff der „reinen" Sterbehilfe wird sinngleich in beiden Rechtsordnungen benutzt. Hilfreich ist insoweit die traditionelle Orientierung spanischer Strafrechtsdogmatik an deutscher Rechtsprechung und insbesondere der strafrechtlichen Lehre.

I. „Reine" Sterbehilfe

Die „reine" Sterbehilfe (eutanasia genuina), also die Sterbebegleitung mit Hilfe schmerzlindernder Maßnahmen und seelischen Beistands ohne lebensverkürzende Wirkung, ist – selbstverständlich – in beiden Rechtsordnungen nicht nur straffrei, sondern sogar ausdrücklich erwünscht. In beiden Ländern wird dabei häufig beklagt, dass der Einsatz von Palliativtherapie noch weit verbesserungsfähig erscheint. Ablesen lässt sich dies auch am durchschnittlichen Verbrauch von Analgetika, bei dem Deutschland noch hinter Spanien nur im europäischen Mittelfeld liegt.
Wird dem Patienten entgegen seinem Wunsch keine ausreichende Schmerztherapie geleistet, ist nach deutschem wie auch nach spanischem Recht eine Körperverletzung durch Unterlassen bzw. bei Nichtgaranten ggf. eine unterlassene Hilfeleistung gegeben.
Übereinstimmung besteht auch in beiden Rechtsordnungen dahingehend, dass eine Verabreichung von (bewusstseinsmindernden) Schmerzmitteln gegen den Willen des Patienten, etwa weil er die damit verbundene Bewusstseinstrübung vermeiden will, unzulässig ist. Allerdings ist dies mit der jeweils h.M. nur nach deutschem Recht als (aktive) Körperverletzung einzuordnen. Denn im Gegensatz zur deutschen Rechtsordnung, in der auch das Einwirken auf den Körper eines anderen durch eine Heilbehandlung unabhängig von einer Gesundheitsschädigung als Körperverletzung anzusehen ist, wenn es nicht durch die Einwilligung des Patienten gerechtfertigt wird, schützt das spanische Strafrecht den Patienten über die Körperverletzungsdelikte nur, wenn auch eine Schädigung der Gesundheit eingetreten ist. Ansonsten wird die eigenmächtige Heilbehandlung allenfalls über den Tatbestand der Nötigung geschützt, der aber das Vorliegen von „Gewalt" voraussetzt. Allein das Verabreichen von Schmerzmitteln unter Missachtung des ausdrücklichen Wunschs des Patienten dürfte aber für die Annahme von „Gewalt" i.S.d. Nötigungstatbestandes keinesfalls ausreichen. Insofern ergibt sich also ein unterschiedlicher strafrechtlicher Schutz des Patienten vor aufgedrängter Schmerztherapie.

[1223] wenn auch in Spanien von "eutanasia", also wörtlich „Euthanasie", anstelle von „ayuda a morir" (wörtlich für „Sterbehilfe") gesprochen wird. Inhaltlich ergeben sich daraus keinerlei Konsequenzen, vgl. oben D.III.1.

II. (Aktive) indirekte Sterbehilfe

1. Die strafrechtliche Behandlung indirekter Sterbehilfe

Weitgehende Übereinstimmung findet sich im Ergebnis auch auf dem Gebiet der (aktiven) indirekten Sterbehilfe, der Anwendung von schmerzlindernden Maßnahmen mit dem unbeabsichtigten Nebeneffekt einer Lebensverkürzung. Jedoch ergeben sich im Einzelnen einige Unterschiede, die teilweise von der positivrechtlichen Regelung der Sterbehilfe im spanischen Recht (in Art. 143 Abs. 4 CP) herrühren. Zwar wird die indirekte Sterbehilfe von dieser Vorschrift nach ganz h.M. nicht erfasst, doch ist sie nichtsdestotrotz von Einfluss auf die Behandlung der indirekten Sterbehilfe.

Nach ganz h.M. sowohl in Deutschland wie auch in Spanien ist die indirekte Sterbehilfe straflos, wenn sie auf Verlangen oder aufgrund des mutmaßlichen Willens des Patienten erfolgt. Nur wenn der Wille des Patienten einer indirekten Sterbehilfe explizit entgegensteht, ist sie unzulässig und jeweils als Mord oder Totschlag strafbar. Unterschiedlich sind aber die für diese grundsätzliche Straflosigkeit angeführten Gründe.

In Deutschland ist die Begründung der Straflosigkeit indirekter Sterbehilfe immer noch strittig. Nach wohl h.M. und der auch hier vertretenen Ansicht ist die indirekte Sterbehilfe aufgrund des ausdrücklichen oder mutmaßlichen Willens des Patienten durch Notstand nach § 34 StGB gerechtfertigt, da die Ermöglichung eines Todes in Würde und Schmerzfreiheit gemäß dem erklärten oder mutmaßlichen Patientenwillen ein höherwertiges Rechtsgut ist als die Aussicht, unter schwersten Schmerzen noch kurze Zeit länger leben zu müssen.

In Spanien wird die Straflosigkeit indirekter Sterbehilfe auf Verlangen des Patienten mit einem Umkehrschluss aus Art. 143 Abs. 4 CP begründet, der für die aktive direkte Sterbehilfe auf Verlangen eine (bloße) Strafmilderung vorsieht. Art. 143 Abs. 4 CP e contrario trifft aber keine Aussage über die Begründung einer Straflosigkeit der indirekten Sterbehilfe, wenn kein solches ausdrückliches Verlangen vorliegt. Dann wird die Straflosigkeit indes mit der Tatbestandslosigkeit entsprechenden ärztlichen Verhaltens (da die indirekte Sterbehilfe konform der lex artis erfolge und damit die Grenze des sozial und rechtlich Geduldeten nicht überschreite bzw. vom Schutzbereich der Norm nicht erfasst sei) oder einer Rechtfertigung wegen Notstands (Art. 20 Abs. 5 CP) bzw. in Erfüllung der ärztlichen Pflicht zur Leidenslinderung (Art. 20 Abs. 7 CP) begründet.

Wird indirekte Sterbehilfe demgegenüber trotz des Verlangens des Patienten nicht geleistet, ist dies nach spanischem wie nach deutschem Recht als Körperverletzung durch Unterlassen oder unterlassene Hilfeleistung strafbar.

2. Der Umfang zulässiger indirekter Sterbehilfe

Hinsichtlich des zeitlichen Umfangs zulässiger indirekter Sterbehilfe geht die wohl h.M. in Spanien dahin, nicht nur Sterbende, sondern auch sonstige Patienten mit unheilbaren Leiden einzubeziehen. In Deutschland ist die Frage heftiger umstritten, ohne dass sich bislang eine klar herrschende Linie herausbilden konnte. Nach der hier vertretenen Auffassung ist jedenfalls eine Beschränkung zulässiger indirekter Sterbehilfe auf den Sterbevorgang selbst abzulehnen.

In Bezug auf die erforderliche Vorsatzform des Täters ist in Deutschland sehr strittig, ob (zulässige) indirekte Sterbehilfe nur vorliegen kann, wenn der Täter den Tod als Nebenwirkung

der schmerzlindernden Medikation nur für möglich hält und billigend in Kauf nimmt (also mit Eventualvorsatz handelt) oder – wie hier vertreten – nicht vielmehr auch dann, wenn der Täter den Tod als Nebenfolge seines Handelns als sicher voraussieht, ihn aber gleichwohl nicht wünscht und beabsichtigt (also mit direktem Vorsatz 2. Grades handelt). Eine eindeutige Stellungnahme der Rechtsprechung liegt bislang nicht vor.
In Spanien wird im Gegensatz dazu keine tiefergehende Diskussion hinsichtlich dieses Problemkomplexes geführt. Auf die Frage der erforderlichen Vorsatzform wird zumeist nur innerhalb der Definition indirekter Sterbehilfe eingegangen und dabei sowohl eine Beschränkung auf den bloßen dolus eventualis wie auch ein Einbezug eines Handelns mit dolus directus 2. Grades vertreten, ohne dass hierfür nähere Begründungen zu finden wären. Eine nähere Befassung mit dieser Problematik wäre wünschenswert, ist aber trotz der grundsätzlichen Orientierung an der deutschen Strafrechtsdiskussion bislang nicht erfolgt und daher im Grunde erst zu erwarten, wenn sich die Rechtsprechung einmal mit einem derartigen Grenzfall auseinander zu setzen haben sollte.

III. Aktive direkte Sterbehilfe

Weitergehende Unterschiede ergeben sich zwischen deutscher und spanischer Rechtsordnung hinsichtlich der Behandlung der aktiven direkten Sterbehilfe, also der aktiven Tötung Sterbender oder Schwerkranker, die gerade auf Lebensverkürzung abzielt.

1. Rechtslage de lege lata

Dabei sollen zunächst die jeweiligen aktuellen rechtlichen Regelungen einander gegenüber gestellt werden. Der offensichtlichste Unterschied hierbei ist, wie bereits ausgeführt, die explizite gesetzliche Regelung aktiver Sterbehilfe in Spanien, für die kein Pendant in Deutschland besteht.
In der deutschen Rechtsordnung ist die aktive Sterbehilfe als Totschlag gemäß § 212 StGB (Freiheitsstrafe von fünf bis 15 Jahren bzw. in besonders schweren Fällen lebenslange Freiheitsstrafe) oder Mord nach § 211 StGB (lebenslange Freiheitsstrafe) zu beurteilen, wenn kein Verlangen des Patienten vorliegt. Ist hingegen ein ausdrückliches und ernstliches Verlangen des Patienten nach seinem Tod gegeben, so fällt das Verhalten des Sterbehelfers unter den Privilegierungstatbestand des § 216 StGB und ist mit einer Freiheitsstrafe von sechs Monaten bis zu fünf Jahren bedroht. Das Verlangen des Patienten hat also grundsätzlich nur strafmildernde Wirkung, seiner persönlichen Leidenssituation und der Motivation desjenigen, der Sterbehilfe leistet, wird demgegenüber keine weitere Relevanz zuerkannt.[1224]
Dennoch gibt es in der Rechtslehre verschiedene Ansätze, um angesichts der menschlich tragischen Umstände, in denen Sterbehilfe typischerweise stattfindet, auch zur Straflosigkeit des Täters zu kommen. Allerdings wird eine solche Straflosigkeit regelmäßig auf besondere Aus-

[1224] Dies gilt mit der Ausnahme, dass nach der Rechtsprechung das Mordmerkmal der Heimtücke entfallen kann, wenn der Täter zwar den todkranken Patienten in einem Krankenhaus unter Ausnutzung seiner Arg- und Wehrlosigkeit tötet, dabei aber aus Mitleid gehandelt hat, um dem Todkranken schwerstes Leiden zu ersparen, und somit nicht in feindseliger Willensrichtung handelt, vgl. BGH St 37, 376.

nahmefälle beschränkt, wie auch bei der im Rahmen dieser Arbeit favorisierten Lösung einer ggf. möglichen Notstandsrechtfertigung nach § 34 StGB. Die höchstrichterliche Rechtsprechung hatte bislang noch keine Gelegenheit, zu der Frage einer Straflosigkeit im Falle aktiver Sterbehilfe auf Verlangen des Patienten Stellung zu nehmen. Es wäre aber wohl zu erwarten, dass sie mit der h.L. von der ausnahmslosen Strafbarkeit aktiver Sterbehilfe auf Verlangen ausgeht und die besonderen Umstände wie den Leidenszustand des Opfers und die Motivation des Täters nur im Rahmen der Strafzumessung berücksichtigt.
In Spanien hat die aktive Sterbehilfe auf Verlangen ihre Regelung in Art. 143 Abs. 4 CP als Privilegierung gegenüber Art. 143 Abs. 3 CP, der vollziehenden Beihilfe zur Selbsttötung (Freiheitsstrafe von sechs bis zehn Jahren), gefunden. Handelt es sich demgegenüber nicht einmal um eine solche vollziehende Beihilfe zur Selbsttötung, weil etwa der Wille des Patienten gar nicht feststellbar ist, ist ein Totschlag nach Art. 138 CP (Freiheitsstrafe von 10 bis 15 Jahren) oder ein Mord nach Art. 139 CP (regelmäßig Freiheitsstrafe von 15 bis 20 Jahren) gegeben.
Nach Art. 143 Abs. 4 CP ist demgegenüber eine Strafmilderung (Freiheitsstrafe von einem Jahr und sechs Monaten bis zu sechs Jahren) vorgesehen, wenn das Opfer an einer schweren Krankheit leidet, die notwendigerweise zu seinem Tod führt oder aber schwere, dauerhafte und schwer zu ertragende Leiden verursacht, und zudem das ausdrückliche, ernste und unmissverständliche Verlangen des Patienten vorliegt. Das Verlangen kann dabei nach ganz h.M. nicht durch ein Patiententestament formuliert werden, sondern muss im Zeitpunkt der Sterbehilfe selbst aktuell vorliegen. Auch eine Bevollmächtigung eines Dritten zur Formulierung des Sterbehilfeverlangens oder eine gerichtliche Ersetzung des Verlangens sind ausgeschlossen.
Diskutiert wird aber auch im spanischen Recht ein völliger Strafausschluss in Fällen aktiver Sterbehilfe, die an sich unter die Strafmilderung des Art. 143 Abs. 4 CP fallen würden. Strittig ist dabei, ob die ausdrückliche Regelung des Art. 143 Abs. 4 CP nicht eine abschließende Interessensabwägung für Sterbehilfesituationen enthält, die eine weitere Rechtfertigung nach Art. 20 Abs. 5 CP ausschließt, wobei die Ansicht vorzugswürdig ist, der zufolge eine solche Rechtfertigung in extremen Ausnahmefällen möglich sein muss.
Insgesamt kann daher festgehalten werden, dass sich die Behandlung aktiver Sterbehilfe in Deutschland und Spanien trotz der höchst unterschiedlichen Regelung im Ergebnis doch wieder angleichen. In beiden Ländern wird neben der bereits bestehenden Strafmilderung – der Tötung auf Verlangen in § 216 StGB bzw. der aktiven Sterbehilfe selbst nach Art. 143 Abs. 4 CP – eine völlige Straflosigkeit in bestimmten (regelmäßig Ausnahme-)Situationen insbesondere aufgrund rechtfertigenden Notstands diskutiert. Die für den „Normalfall" aktiver Sterbehilfe zu erwartende Behandlung durch die Rechtsprechung würde in Deutschland wie auch in Spanien zu einer Verurteilung nach § 216 StGB bzw. Art. 143 Abs. 4 CP führen, wobei sich in diesem Fall aus § 216 StGB der mildere Strafrahmen ergäbe. Nach beiden Rechtsordnungen wäre jedoch ggf. eine Strafaussetzung zur Bewährung (bei einer Freiheitsstrafe unter zwei Jahren) möglich.
Allerdings ergibt sich ein verändertes Bild, wenn ein ausdrückliches Verlangen des Patienten nicht vorliegt. Denn dann ist nach deutschem Recht prinzipiell zumindest ein Totschlag gegeben (mit Freiheitsstrafe von fünf bis 15 Jahren), während im spanischen Recht eine Anwendung des Art. 143 Abs. 3 CP (Freiheitsstrafe von sechs bis 10 Jahren) in Betracht kommt, wenn die aktive Sterbehilfe dem Willen des Patienten entspricht.
Erfolgt aktive Sterbehilfe gegen den Willen des Patienten, ist sie nach beiden Rechtsordnungen grundsätzlich als Totschlag oder Mord strafbar; dann ergibt sich nach deutschem Recht ein Strafrahmen von fünf bis 15 Jahren bzw. lebenslanger Freiheitsstrafe, nach der spa-

nischen Rechtsordnung demgegenüber ein Strafrahmen von zehn bis 15 Jahren bzw. 15 bis 20, ausnahmsweise bis 25 Jahren.[1225]

2. Regelung de lege ferenda

Sowohl in Deutschland wie auch in Spanien ist die Reformdiskussion nun in vollem Gange – und das, obwohl Spanien erst im Jahre 1995 mit der derzeitigen Regelung einen weiten Reformschritt getan hat. Doch offensichtlich wurde damit die rechtspolitische Debatte nicht gelöst.

In Deutschland wird nun schon seit mehr als 20 Jahren intensiv über eine Regelung gerade der aktiven Sterbehilfe diskutiert. Erster Streitpunkt ist bereits, ob überhaupt Reformbedarf besteht oder ob nicht die bestehenden Regelungsinstrumente als ausreichend anzusehen sind. Dabei steht die Forderung nach rechtlicher Klarheit der Furcht, eine gesetzliche Regelung stelle den ersten Schritt auf der schiefen Ebene dar, gegenüber. Die Reformvorschläge beinhalten etwa eine Abschaffung des § 216 StGB im Bereich ärztlicher Sterbehilfe oder die Schaffung einer fakultativen Straffreistellung für aktive Sterbehilfe (§ 216 des Alternativentwurfes eines Gesetzes über Sterbehilfe). Vertreten wird des weiteren eine Festschreibung des Ausschlusses der Rechtswidrigkeit, wenn ein unheilbares und schweres Leiden des Patienten und zudem sein ausdrücklicher Wunsch nach Sterbehilfe vorliegen oder zumindest ein solcher Wunsch berechtigterweise anzunehmen ist, obschon der Betroffene zur Bildung eines solchen Wunsches nicht mehr imstande ist. Dabei müssten diese Voraussetzungen von dem Arzt, der die Tötungshandlung vornimmt, sowie von einem weiteren Arzt in begründeter Form schriftlich dokumentiert worden sein. Schließlich wurde im Rahmen dieser Arbeit auch eine Festschreibung der Möglichkeit einer Rechtfertigung in besonderen Ausnahmefällen angedacht. Reformvorschläge für eine aktive Sterbehilfe ohne Verlangen existieren demgegenüber nicht.

Insgesamt ist aber – trotz der intensiven Debatte gerade angesichts der Neuregelungen der Niederlanden und Belgiens – eine spezifische rechtliche Regelung aktiver Sterbehilfe oder gar eine Entkriminalisierung unter bestimmten Voraussetzungen im deutschen Recht nicht zu erwarten.

In Spanien hat die besondere gesetzliche Regelung der aktiven Sterbehilfe in Art. 143 Abs. 4 CP die Diskussion zwar eingedämmt, aber nicht beendet. Die jetzige Strafmilderung stellt auch eine Reaktion auf die weit verbreitete heftige Kritik an der vorherigen Regelung dar, der zufolge die Tötung auf Verlangen mit gleicher Strafe wie der Totschlag belegt war, was jedenfalls zu als inakzeptabel empfundenen Härten in Sterbehilfefällen hätte führen müssen, wenn man nicht die Möglichkeit einer Rechtfertigung oder Schuld- und damit Strafmilderung in Betracht ziehen wollte.

Der jetzige Mittelweg einer Privilegierung von Handlungen im Zusammenhang mit der Verfügung über das eigene Leben und eine weitere Strafmilderung für den Bereich aktiver direkter Sterbehilfe ist aber ebenfalls Gegenstand teils heftiger Kritik. Dabei wird auf der einen Seite die Strafmilderung sowohl als zu milde kritisiert, als auch auf der anderen Seite gefordert, aktive Sterbehilfe wenigstens in Ausnahmesituationen straflos zu stellen oder einen fa-

[1225] Zu beachten bliebe dabei die eventuelle Möglichkeit einer Strafaussetzung zur Bewährung nach Verbüßung von 15 Jahren Haft bei Verhängung lebenslanger Freiheitsstrafe nach deutschem Recht, wie auch die Möglichkeit der Akkumulation von zeitigen Freiheitsstrafen im Fall der Tatmehrheit im spanischen Recht, deren Höchstmaß auf Freiheitsstrafe bis zu 30 Jahren begrenzt ist. Zu berücksichtigen ist auch die Entscheidung BGH St 37, 376 zum Ausschluss des Mordmerkmals Heimtücke bei der Mitleidstötung, s.o. Fn. 1224.

kultativen Strafausschluss (wie in § 216 des deutschen Alternativentwurfes eines Gesetzes über Sterbehilfe) einzuführen. Teilweise wird gar die völlige Straflosigkeit aktiver Sterbehilfe als freier Verfügung über das eigene Leben gefordert. In diesem Zusammenhang ist auch auf das im Jahr 1992 von einem beachtlichen Teil der Rechtslehre verfasste Manifest für die Verfügbarkeit des eigenen Lebens hinzuweisen, in dem die Anerkennung der freien Verfügbarkeit des Lebens und eines entsprechenden Rechts auf den eigenen Tod unter Sicherstellung der Freiheit der Willensentscheidung des Einzelnen gefordert wird. Nach dem darauf aufbauenden Alternativvorschlag zur rechtlichen Behandlung der Verhaltensweisen Dritter bezüglich der Verfügbarkeit des eigenen Lebens sollte unter anderem die (ärztliche) aktive direkte Sterbehilfe auf Verlangen des Patienten straflos gestellt werden, wenn der Betroffene tödlich erkrankt ist, auch wenn er sich nicht im Endstadium der Krankheit befindet, oder aufgrund einer unheilbaren und dauerhaften Verletzung, Krankheit oder Behinderung schwer leidet und nicht in der Lage ist, sich selbst zu töten.[1226] Die damals formulierten Vorschläge sind in der Strafrechtsreform 1995 aber nur sehr eingeschränkt zur Geltung gekommen; die Diskussion gerade in der Rechtslehre ist daher auch erhalten geblieben.
Mit dem Regierungswechsel im Jahr 2003 ist zwar auch das Thema Sterbehilfe wieder auf die Agenda möglicher Reformen gelangt. Doch erscheint ein auch nur teilweise gesellschaftlicher Konsens in dieser Frage in weiter Ferne, so dass eine tatsächliche Gesetzesänderung in nächster Zeit auch in Spanien nicht zu erwarten ist.

IV. Passive Sterbehilfe

Unterschiede bestehen zwischen deutscher und spanischer Rechtsordnung auch im Bereich passiver Sterbehilfe, also dem Sterbenlassen durch Verzicht auf lebensverlängernde oder lebenserhaltende Maßnahmen.
In der deutschen Strafrechtsdogmatik wird üblicherweise recht genau differenziert zwischen passiver Sterbehilfe auf ausdrücklichen Wunsch des Patienten, gegen den Willen des Patienten und bei Entscheidungsunfähigkeit des Patienten. Bemerkenswert ist auch, dass in diesem Bereich im Gegensatz zur spanischen Rechtsordnung bereits einige Rechtsprechung vorhanden ist.

1. Verzicht auf die Behandlung auf Wunsch des Patienten; die Einordnung als aktives Handeln oder Unterlassen

Übereinstimmung besteht in Deutschland insoweit, als die Garantenpflicht eines Arztes erlischt, wenn der entscheidungsfähige „Normalpatient" die Nichtaufnahme oder den Abbruch einer Behandlung ausdrücklich wünscht. Insofern entfällt der Tatbestand des § 216 StGB in seiner Unterlassensform. Strittig ist indes, ob dies auch uneingeschränkt beim sog. „Suizidpatienten" gilt. Während die Rechtsprechung unter teilweise heftiger Kritik der Lehre den einer Behandlung entgegenstehenden Willen des Suizidenten zunächst für völlig unbeachtlich zu halten schien, bestehen inzwischen Anzeichen, dass der BGH nunmehr gewillt ist, dem Willen auch des Suizidpatienten größere Relevanz zukommen zu lassen. Weniger Aufmerksamkeit hat bislang indes die Frage gefunden, ob auch die Pflicht anderer Garanten (abge-

[1226] Vgl. zu diesem Manifest und dem Alternativvorschlag bereits Fn. 1136.

sehen von Ärzten), etwa der Angehörigen, entfällt, wenn der Kranke eine Behandlung ablehnt. Richtigerweise wird man auch dies annehmen müssen.
Intensiv diskutiert wird in der deutschen Rechtsliteratur die in diesem Zusammenhang relevante Frage, ob der sog. technische Behandlungsabbruch (das Abschalten lebensverlängernder Geräte, die ausgefallene oder defekte Körperfunktionen des Kranken technisch ersetzen bzw. unterstützen) als Tun oder Unterlassen einzuordnen ist. Die dogmatische Debatte wird allerdings dadurch relativiert, dass ganz überwiegend auch dann, wenn der technische Behandlungsabbruch durch den Arzt als aktives Tun eingeordnet wird, eine Straflosigkeit des Arztes, der dem ausdrücklichen Wunsch des Patienten folgt, angenommen wird (mangels Tatbestandsmäßigkeit des ärztlichen Handelns oder aufgrund einer Rechtfertigung). Die Frage, wie ein technischer Behandlungsabbruch durch einen Dritten zu behandeln ist, hat sich anhand eines realen Falles entzündet, wobei die Auffassung, dass auch hier nur ein Unterlassen lebensverlängernder bzw. –erhaltender Maßnahmen vorliege, vereinzelt geblieben ist. Doch auch bei einem Dritten wird überwiegend die Straflosigkeit des angenommenen aktiven Handelns insbesondere aufgrund einer Rechtfertigung vertreten.
Im spanischen Recht ist die passive Sterbehilfe auf Verlangen des Patienten ebenfalls straflos, was sich aus Art. 143 Abs. 4 CP e contrario ergibt. Demnach müssen also die Voraussetzungen des Art. 143 Abs. 4 CP, insbesondere das ausdrückliche, ernste und unmissverständliche Verlangen des Patienten vorliegen. Zutreffenderweise kann dieses nicht durch ein Patiententestament ausgedrückt werden, auch wenn dies im Rahmen passiver Sterbehilfe tendenziell weniger restriktiv gesehen wird. Vielmehr ist Entscheidungsfähigkeit des Patienten zum Zeitpunkt der Sterbehilfe erforderlich.[1227]
Des weiteren wird in der spanischen Rechtslehre, wenn auch weniger intensiv als in Deutschland, die Frage diskutiert, ob der technische Behandlungsabbruch als Tun oder Unterlassen anzusehen ist. Herrschend ist dabei die Auffassung, die ein Unterlassen annimmt, häufig allerdings ohne besonderen Begründungsaufwand. Die Mindermeinung, die von einem aktiven Handeln im Fall des technischen Behandlungsabbruchs ausgeht, gelangt aber ebenfalls über einen Tatbestandsausschluss oder eine Rechtfertigung zur Straflosigkeit des Arztes bzw. des Dritten.
Im Ergebnis ergibt sich damit hinsichtlich der passiven Sterbehilfe auf Wunsch des Patienten kein Unterschied zwischen deutscher und spanischer Rechtsordnung.

2. Verzicht auf die Behandlung gegen den Willen oder bei Entscheidungsunfähigkeit des Patienten

Wesentliche Unterschiede bestehen jedoch im Bereich der passiven Sterbehilfe gegen den Willen oder bei Entscheidungsunfähigkeit des Patienten.

a) Strafrechtliche Behandlung des Behandlungsverzichts gegen den Willen oder bei Entscheidungsunfähigkeit des Patienten

Im deutschen Recht ist passive Sterbehilfe gegen den Willen des Patienten prinzipiell unzulässig, d.h. es besteht eine grundsätzliche Pflicht zur Lebensverlängerung unter der Straf-

[1227] Liegt zwar kein Verlangen (das auf eine Initiative des Patienten zurückgehen muss), aber eine Einwilligung des Patienten in die Nichtbehandlung vor, ergibt sich zwar keine Straflosigkeit aufgrund eines Umkehrschlusses aus Art. 143 Abs. 4 CP, doch ist die passive Sterbehilfe mit bloßer (aktueller) Einwilligung nach richtiger Ansicht auch im spanischen Recht als straflos anzusehen.

drohung der §§ 212 bzw. 211 StGB i.V.m. § 13 StGB. Allerdings werden auch Grenzen dieser Lebensverlängerungspflicht diskutiert unter Verweis auf den ärztlichen Auftrag, der (nur) auf Erhaltung und Ermöglichung menschlicher Selbstverwirklichung gerichtet sei, auf die Beschränkung auf „gewöhnliche" Maßnahmen, auf die „Sinnlosigkeit weiterer Behandlung" oder einem ggf. zu verhindernden Verstoß gegen die Menschenwürde durch weitere Behandlung. Nach der im Rahmen dieser Arbeit vertretenen Ansicht ist der Wille des Patienten nach (möglichen) lebensverlängernden Maßnahmen hingegen grundsätzlich zu respektieren und kann nur ausnahmsweise ein Unterlassen (weiterer) Behandlung zulässig sein, wenn bei dem (inzwischen) entscheidungsunfähig gewordenen Patienten angesichts der objektiven medizinischen Aussichtslosigkeit weiterer Behandlung eine Willensänderung gemutmaßt werden kann.

Im Falle der Entscheidungsunfähigkeit des Patienten wird in der deutschen Rechtsprechung und Rechtslehre grundsätzlich unterschieden zwischen Sterbehilfe im engeren Sinn, wenn der Sterbevorgang bereits eingesetzt hat, und passiver Sterbehilfe im weiteren Sinn vor diesem Zeitpunkt, insbesondere etwa bei Wachkomapatienten.

Hat der Sterbevorgang bereits eingesetzt, ist nach wohl h.M. schon der Tatbestand einer Tötung durch Unterlassen ausgeschlossen, wobei im Grunde wiederum auf die Sinnlosigkeit weiterer Behandlung abgestellt wird, wenn auch nach der hier vertretenen Ansicht besser auf die Zulässigkeit des Behandlungsabbruchs aufgrund mutmaßlicher Einwilligung abzustellen ist.

Bei der passiven Sterbehilfe im weiteren Sinn ist dagegen nochmals zu unterscheiden zwischen den zunächst entscheidungsfähigen Patienten und solchen Patienten, die niemals entscheidungsfähig waren (z.B. aufgrund einer angeborenen schweren geistigen Behinderung). Beim ursprünglich entscheidungsfähigen Patienten ist nach der Rechtsprechung des BGH auf dessen mutmaßlichen Willen abzustellen. In der Lehre sind zum Teil die dabei aufgestellten Kriterien kritisiert, vereinzelt auch das Abstellen auf die mutmaßliche Einwilligung insgesamt abgelehnt und statt dessen insbesondere eine Rechtfertigung unter Notstandsgesichtspunkten gefordert worden.

War der Patient hingegen noch nie entscheidungsfähig, scheidet ein Abstellen auf den mutmaßlichen Willen aus, kommt aber – nach Teilen der Literatur – unter Umständen eine Notstandsrechtfertigung in Betracht. Von der Rechtsprechung war ein solcher Fall bislang noch nicht zu entscheiden.

Im spanischen Recht wird hingegen im Falle der Entscheidungsunfähigkeit des Patienten nur sehr selten ausdrücklich danach unterschieden, ob der Patient ursprünglich entscheidungsfähig war oder nicht. Auch die Differenzierung zwischen passiver Sterbehilfe im engeren und weiteren Sinne wird allenfalls implizit getroffen, wenn die Zulässigkeit eines Behandlungsabbruchs oder einer Nichtaufnahme der Behandlung unter bestimmten Umständen formuliert wird.

Zumeist wird bei Patienten, die zunächst entscheidungsfähig waren, wie auch bei von vornherein stets entscheidungsunfähigen Patienten die Abgrenzung zulässiger passiver Sterbehilfe auf der Tatbestandsebene vorgenommen. So wird etwa, auch wenn eine Lebensverlängerung bzw. –erhaltung durch das ärztliche Handeln durchaus noch möglich ist, unter Umständen auf das Fehlen einer Garantenpflicht abgestellt, wenn der ärztliche Auftrag zum *Heilen* nicht mehr erfüllt werden kann. Bei einem hoffnungslosen Zustand des Patienten wird auch angenommen, ein rechtlich unerlaubtes Risiko könne vom Arzt gar nicht vermindert werden bzw. es mangele bereits an einer hypothetischen Kausalität. Auf die mutmaßliche Einwilligung des zunächst entscheidungsfähigen Patienten in das Unterlassen (weiterer) Behandlung – wie hier bevorzugt – stellt hingegen nur eine Mindermeinung der spanischen Lehre ab. Im Falle von

Patienten, die noch nie entscheidungsfähig waren, wird teilweise auch eine Rechtfertigung etwa aufgrund Notstandes vertreten.
Gleiches gilt im Übrigen für die passive Sterbehilfe gegen den Willen des Patienten: Sterbehilfe wird hier nach h.L. unter den obigen Voraussetzungen mit der Begründung der Tatbestandslosigkeit eines solchen ärztlichen Unterlassens für straflos erachtet, eine Mindermeinung führt hingegen die Möglichkeit einer (Notstands-)Rechtfertigung an.
Schließlich kann noch darauf hingewiesen werden, dass gerade beim Abbruch der Behandlung, wenn der Sterbevorgang noch nicht eingesetzt hat, in der deutschen Rechtsdiskussion auch immer wieder die Relevanz der Art der eingestellten Maßnahme angesprochen wird. So stellt sich das Problem, ob die Einstellung der Ernährung, die im Grunde zu einem „Verhungern" bzw. „Verdursten" des Patienten führt, nicht eine menschenunwürdige Behandlung darstellt und daher schlechthin unzulässig sein müsste. Die h.M. sieht die künstliche Ernährung indes als medizinische Maßnahme an, deren Abbruch bei fehlendem Schmerzempfinden des Betroffenen durchaus möglich ist. In der spanischen Rechtslehre ist diese Frage hingegen bislang kaum diskutiert.

b) Sonstige Rechtsfragen im Zusammenhang mit passiver Sterbehilfe, insbesondere Regelung der Patientenverfügung

Im Zusammenhang mit entscheidungsunfähigen Patienten haben im deutschen Recht zuletzt betreuungsrechtliche (also zivilrechtliche) Aspekte besonders an Bedeutung gewonnen. Im Fokus der Diskussion steht insbesondere die Patientenverfügung und deren Stellenwert wie auch die Frage der vormundschaftsgerichtlichen Genehmigung von Betreuerentscheidungen im Rahmen passiver Sterbehilfe. Derzeit kommt der gesetzlich nicht geregelten Patientenverfügung kein bindender Charakter, sondern – wenn auch gewichtiger – Indizcharakter bei der Feststellung des mutmaßlichen Patientenwillens zu.
Schließlich hat auch die Frage eines Anspruches auf passive Sterbehilfe die juristische Debatte geprägt, wobei nach der bisherigen Rechtsprechung etwa das Personal einer Pflegeeinrichtung nicht zu einer Mitwirkung an passiver Sterbehilfe entgegen der eigenen Gewissensentscheidung gezwungen werden kann.
Im Hinblick auf die Problematik des Patiententestaments ist demgegenüber in Spanien auf die – im Gegensatz zum deutschen Recht erfolgte – gesetzliche Regelung durch das Ley 41/2002, de 14 de noviembre, hinzuweisen. Eine Patientenverfügung ist danach wohl grundsätzlich verbindlich, wenn nicht eine Willensänderung des Patienten anzunehmen ist. Allerdings ist – aufgrund der Neuheit der Regelung – die Bedeutung der Patientenverfügung in ihrer gesetzlichen Gestalt im Rahmen des Strafrechts noch ungeklärt. Die hier vertretene Auffassung der Relevanz im Rahmen der mutmaßlichen Einwilligung konnte sich noch nicht durchsetzen.

Durch das neue Gesetz wurde auch die Einwilligung in eine Behandlung durch einen (gesetzlichen) Vertreter geregelt. Ungeklärt und strittig ist aber, ob bei lebensrelevanten Entscheidungen wie der Entscheidung über ein Unterlassen lebensverlängernder bzw. -erhaltender Maßnahmen nicht dennoch ein Gericht einzuschalten ist. Auch das Verhältnis der Entscheidung des Vertreters zum Patiententestament ist in dem Gesetz ungeklärt geblieben. Im Gegensatz zum deutschen Recht ist die Bestimmung eines Betreuers für den Fall zukünftiger Entscheidungsunfähigkeit durch den Betroffenen grundsätzlich (mit Ausnahme Kataloniens) nicht möglich. Der in der neuen gesetzlichen Regelung vorgesehene mögliche Bevollmächtigte ist dagegen nur als Mittler zur Durchsetzung der Patientenverfügung vorgesehen und daher mit dem im deutschen Recht möglichen Gesundheitsbevollmächtigten nur eingeschränkt vergleichbar.

Im Gegensatz zum deutschen Recht ist in der spanischen Rechtsordnung ein Anspruch auf passive Sterbehilfe grundsätzlich nicht strafbewehrt, denn nur die gewaltsame ärztliche Intervention wäre als Nötigung strafbar, während der der Behandlung bloß entgegenstehende Wille dafür nicht ausreicht. Insbesondere im Falle der Bewusstlosigkeit des Patienten ist dann etwa ein Verstoß gegen eine Anordnung des Behandlungsabbruchs in einer Patientenverfügung nicht strafrechtlich sanktioniert.

c) Fazit bezüglich der aktuellen Regelung der passiven Sterbehilfe

Insgesamt kann daher hinsichtlich der passiven Sterbehilfe festgehalten werden, dass die deutsche Rechtslehre und Rechtsprechung ein sehr differenziertes Regelungssystem geschaffen hat, in dem auch viele Einzelfragen profunder Rechtsdiskussion unterworfen waren und sind. Demgegenüber werden in der spanischen Rechtsordnung nicht zuletzt aufgrund der Tatsache, dass sich die Rechtsprechung bislang mit dieser Thematik noch nie befassen musste, die verschiedenen Problemkreise der passiven Sterbehilfe weitgehend vereinheitlicht, so dass manche dogmatische Frage – wie etwa das Abstellen beim entscheidungsunfähigen Patienten auf die mutmaßliche Einwilligung gegenüber einer Notstandsrechtfertigung mit den jeweiligen Vorzügen und Defiziten – schon gar nicht Beachtung findet. Zwar ähneln sich die Lösungen im Ergebnis sehr. Doch erscheint eine vertiefte dogmatische Auseinandersetzung auch im spanischen Recht wünschenswert, wenn man vor allem die große praktische Relevanz dieses Bereichs der Sterbehilfe berücksichtigt.

d) De lege ferenda

Abzuwarten bleibt, inwiefern sich im Bereich der passiven Sterbehilfe Änderungen durch den Gesetzgeber ergeben werden.

In Deutschland werden derzeit insbesondere betreuungsrechtliche Aspekte sowie insbesondere der Stellenwert von Patientenverfügungen als Gegenstand gesetzlicher Regelung diskutiert. Ob und wie es tatsächlich zu einer gesetzlichen Regelung von Patientenverfügungen kommen sollte, ist derzeit noch völlig unklar.

In Spanien wurde zwar ein gewisser Regelungsbedarf bzgl. der Patientenverfügung bereits durch das Gesetz 41/2002, de 14 de noviembre, befriedigt. Doch ergeben sich hier durchaus Unklarheiten, deren vollständige Klärung durch die Rechtsprechung ungewiss erscheint.

Insgesamt besteht in der spanischen Rechtsordnung hinsichtlich der passiven Sterbehilfe, da auch im Grunde keinerlei Rechtsprechung vorhanden ist, besondere Rechtsunsicherheit. Wünschenswert wäre insoweit eine gesetzliche Regelung, wobei auf den Alternativvorschlag zur rechtlichen Behandlung der Verhaltensweisen Dritter bezüglich der Verfügbarkeit des eigenen Lebens verwiesen werden kann, der die Möglichkeit vorsieht, eine Behandlung zu unterbrechen oder nicht zu beginnen, wenn sich diese darauf beschränken würde, das Leben bei irreversibler Bewusstlosigkeit zu erhalten oder den Sterbeprozess künstlich zu verlängern, wenn nicht der Wille des Patienten, seiner gesetzlichen Vertreter oder Angehörigen (ausdrücklich) entgegensteht. Ob eine gesetzliche Regelung auf dem Gebiet der passiven Sterbehilfe in zumindest näherer Zukunft erhofft werden kann, erscheint angesichts auch der Tatsache, dass das Augenmerk der spanischen Diskussion ganz überwiegend auf die aktive Sterbehilfe gerichtet ist, allerdings mehr als zweifelhaft.

V. Früheuthanasie

Spezielle Erwähnung muss schließlich die Früheuthanasie, also die Sterbehilfe im Säuglings- oder Kleinkindalter, finden.
Dabei stimmen deutsche und spanische Rechtsordnung insoweit überein, als keine spezifische Regelung für diese Form der Sterbehilfe besteht (Art. 143 Abs. 4 CP kann ja mangels Verlangen des betroffenen Kindes keine Anwendung finden). Auch existiert in beiden Ländern praktisch keine Rechtsprechung zu diesem Themenkreis. Im Übrigen finden sich wiederum Parallelen in der rechtlichen Behandlung, wenn die deutsche Rechtslehre auch – wie im Rahmen der passiven Sterbehilfe – diesem Problemkreis wesentlich größere Beachtung schenkt.

Die aktive direkte Sterbehilfe bei Neugeborenen ist demnach nach ganz h.M. stets unzulässig, wobei vereinzelt de lege lata (in Deutschland) oder zumindest de lege ferenda (in beiden Rechtsordnungen) gefordert wird, dass dies nicht ausnahmslos gelten könne. Die aktive indirekte Sterbehilfe wird im Bereich der Früheuthanasie kaum diskutiert, jedoch ggf. als zulässig erachtet.
Intensiver ist indes die rechtliche Auseinandersetzung mit der passiven Sterbehilfe, also den Grenzen der Lebenserhaltungspflicht bei Neugeborenen und Kleinkindern mit schwersten Schädigungen.
In Deutschland bestehen insoweit zwei grundsätzlich verschiedene Konzepte: so diskutiert eine weit verbreitete Auffassung die Zulässigkeit passiver Sterbehilfe in Parallele zur passiven Sterbehilfe bei Erwachsenen. Da auf eine mutmaßliche Einwilligung nicht abgestellt werden kann, werden die Grenzen vor allem – neben der faktischen Unmöglichkeit der Lebensverlängerung – bei der normativen Unzumutbarkeit weiterer Lebensverlängerung etwa anhand des Kriteriums der „Sinnlosigkeit" weiterer Behandlung und bei einem sonst drohenden Verstoß gegen die Menschenwürde gezogen. Weitere Grenzen werden zwar immer wieder in Erwägung gezogen, sind aber angesichts der Tatsache, dass damit im Grunde stets eine Beurteilung der Lebensqualität des Kindes und damit auch eine Qualifizierung als „lebensunwertes Leben" verbunden ist, richtigerweise abzulehnen. Doch wird auch dieses Konzept der Parallele zur passiven Sterbehilfe bei Erwachsenen vereinzelt abgelehnt und statt dessen insbesondere eine Notstandslösung verfochten. Im Übrigen spielt nach ganz überwiegender Meinung in der deutschen Rechtslehre der Wille der Eltern keine entscheidende Rolle.
In Spanien werden diese zwei Begründungsansätze (Vergleich mit der passiven Sterbehilfe bei Erwachsenen und damit unter Umständen Möglichkeit einer Tatbestandslosigkeit dieser Sterbehilfe bzw. eine Rechtfertigung insbesondere aufgrund Notstands) – teilweise auch deutlich in Anlehnung an die deutsche Dogmatik – ebenfalls vertreten. Insgesamt fehlt aber noch eine intensive Auseinandersetzung der spanischen Lehre mit diesem besonders problematischen Gebiet der Sterbehilfe.

VI. Teilnahme am Suizid

Höchst unterschiedlich ist hingegen zumindest prima facie die rechtliche Behandlung der Teilnahme am Suizid in beiden Ländern.
Der Ausgangspunkt, nämlich die Straflosigkeit des (versuchten) Selbstmordes selbst, ist zwar in beiden Rechtsordnungen identisch. Doch ist die Strafbarkeit der Anstiftung und der (notwendigen) Beihilfe eben im spanischen Recht in einem eigenen Tatbestand normiert (und auch mit empfindlichen Freiheitsstrafen versehen), während eine solche Regelung in

Deutschland fehlt, so dass Beihilfe und Anstiftung zum Selbstmord nach ganz überwiegender Auffassung aufgrund des Akzessorietätsprinzips straflos sind.
Doch nähern sich beide Rechtsordnungen in der Behandlung bestimmter Verhaltensweisen auf interessante Weise wieder an.
Dies gilt zum Einen für die Feststellung der Freiverantwortlichkeit des Selbstmordes. So besteht in beiden Ländern Übereinstimmung darin, dass Voraussetzung der Straflosigkeit bzw. der Anwendung der Spezialregelung des Art. 143 CP die Freiverantwortlichkeit des Suizids ist und, wenn diese Freiverantwortlichkeit fehlt, vielmehr eine Strafbarkeit als Mord oder Totschlag anzunehmen ist. Bei der Bestimmung dieser Freiverantwortlichkeit orientiert sich die spanische Rechtslehre gerne an der deutschen, nimmt aber überwiegend eine restriktivere Haltung ein und fordert mit der Orientierung an den Kriterien einer freien Einwilligung in eine Körperverletzung bzw. dem Kriterium der natürlichen Einsichts- und Urteilsfähigkeit häufig die Relevanz jeglichen Irrtums. Die spanische Rechtsprechung, die sich bislang noch nicht explizit zu der Problematik geäußert hat, scheint demgegenüber allerdings einen großzügigeren Standpunkt zu vertreten und Freiverantwortlichkeit nur bei einem der Schuldunfähigkeit entsprechenden Zustand des Selbstmörders auszuschließen. In Deutschland mehren sich hingegen die Stimmen in der Literatur, die eine Ausrichtung an der strengeren Einwilligungslehre gegenüber der traditionellen Exkulpationslehre fordern, was auch mit der andernfalls in Grenzfällen eintretenden Straflosigkeit bestimmter als strafwürdig empfundener Verhaltensweisen (z.B. im Fall bestimmter Motivirrtümer) verbunden sein dürfte. Unter Zugrundelegung der Einwilligungslehre gleichen sich die Lösungen der beiden Rechtsordnungen (Strafbarkeit wegen Mord oder Totschlag bei einem derart als unfreien Selbstmord eingeordneten Verhalten des Dritten) aber wieder an.
Das Gleiche gilt zum Anderen auch unter Zugrundelegung der Rechtsprechung des BGH zur Strafbarkeit der Unterlassung der Selbstmordverhinderung. Nimmt man mit dem BGH die Strafbarkeit der Nichthinderung eines Suizids als Totschlag bzw. Mord durch Unterlassen (des Garanten) oder als unterlassene Hilfeleistung (des Nichtgaranten) an, ergibt sich im Zweifelsfall sogar eine strengere Strafbarkeit der Suizidbeihilfe durch Unterlassen im deutschen als im spanischen Recht (in dem die spanische Rechtsprechung von einer Strafbarkeit der Unterlassung im Rahmen des Art. 143 Abs.2 CP (des Garanten) bzw. ebenfalls der unterlassenen Hilfeleistung (des Nichtgaranten) ausgehen dürfte). Zwar ist die Rechtsprechung des BGH weitgehend teils sehr heftiger Kritik der Lehre ausgesetzt, und ist die Strafbarkeit der Suizidbeihilfe durch Unterlassen auch in der spanischen Rechtslehre alles andere als unumstritten, doch ist eine Änderung der jeweiligen Rechtsprechung in näherer Zukunft äußerst fraglich.
Somit lässt sich – wie *Muñoz Conde* ausführt – durchaus die Meinung vertreten, dass eine offensichtlich konservativere Lösung, wie sie die spanische Regelung der Strafbarkeit der Teilnahme am Suizid in Art. 143 Abs. 1 bis 3 CP bietet, dennoch zu weniger repressiven und angemesseneren Lösungen führt als die progressivere deutsche Regelung, in der die Teilnahme am Suizid grundsätzlich straflos ist. Denn die spanische Regelung bietet gegenüber der deutschen hier den Vorteil, dass sie keine „Alles oder Nichts-Regelung" beinhaltet und demgemäß nicht vor die Wahl einer Verurteilung wegen Mordes bzw. Totschlages oder der Straflosigkeit stellt.[1228]

[1228] Vgl. Muñoz Conde, ADPCP 40 (1987), 301, 303 ff.

F: Abschließende Stellungnahme und rechtspolitischer Regelungsvorschlag

Auf den vorstehenden Seiten wurde nicht nur eine Darstellung der deutschen und der spanischen Rechtslage im Hinblick auf die Sterbehilfe, sondern auch ein Vergleich dieser Regelungen in ihren Übereinstimmungen, ihren Vorteilen und Nachteilen vorgenommen, der zudem in eine Übersicht über Regelungen und Tendenzen im europäischen Raum eingebettet wurde. Aus diesen Ausführungen ist nunmehr ein Fazit ziehen.

Die Regelung der Sterbehilfe ist ein Thema, das die Gemüter erregt. Und das unabhängig davon, ob eine liberale Regelung die Praktizierung von Sterbehilfe weitgehend ermöglicht wie etwa in den Niederlanden oder eine grundsätzlich restriktive Position gegenüber der Sterbehilfe eingenommen wird wie in Spanien. Beweis ist die anhaltende rechtliche und rechtspolitische Debatte in allen Ländern, die in dieser Arbeit angesprochen wurden. So treffen beim Thema Sterbehilfe auch ethisch derart unterschiedliche Konzepte und Einstellungen aufeinander, dass Kompromisse, so sie denn geschlossen würden, bei keiner der gegenüber stehenden Seiten auf Akzeptanz stoßen. Dies zeigt die spanische Regelung des Art. 143 Abs. 4 CP, die mit ihrer deutlichen Strafmilderung bei gleichzeitiger grundsätzlicher Aufrechterhaltung eines strengen Lebensrechtsschutzes offensichtlich als Mittelweg und Kompromiss konzipiert war und nun teilweise als zu eng, teilweise als zu weit kritisiert, und jedenfalls sehr selten als gelungener Interessenausgleich angesehen wird.
Egal, welche ethischen Grundüberzeugungen man einnimmt, das Problemfeld der Sterbehilfe wird doch immer wieder Grenzfälle aufweisen, in denen die vertretene Lösung nicht voll überzeugen kann. Dennoch möchte ich im Folgenden wagen, abschließend Stellung zu nehmen und einen rechtspolitischen Vorschlag für die deutsche Rechtsordnung, der aber auch auf das spanische Recht entsprechend übertragen werden könnte, zu entwerfen, der – im Bewusstsein der Tatsache, dass es eine stets befriedigende Lösung nicht geben kann – doch versucht, den im Raum stehenden Bedürfnissen weitestgehend möglich gerecht zu werden.

I. Regelungsbedarf

Das erste Problem stellt sich schon bei der Frage, ob eine gesetzliche Regelung der Sterbehilfe überhaupt sinnvoll ist.
Zwar ist gerade bei der Ärzteschaft eine gewisse Unsicherheit unverkennbar und wäre eine gesetzliche Regelung daher um der Rechtsklarheit willen wünschenswert. Zutreffend ist insofern die Feststellung, dass die allgemeine Unsicherheit im Umgang mit Sterbehilfe den Arzt in den Vordergrund schiebt; es scheint um ihn zu gehen, seine Strafbarkeit und Haftung. Der betroffene Patient hat demnach erst dann die Chance, zur Hauptperson der Sterbebegleitung zu werden und sein verfassungsrechtliches Selbstbestimmungsrecht zu verwirklichen, wenn Rechtssicherheit herrscht.[1229] Doch ist in diesem Zusammenhang auch das öfters vorgebrachte Argument, schon durch eine gesetzliche Regelung – bestimmter anerkannter Aus-

[1229] Schimmelpfeng-Schütte, MedR 2002, 146, wenn auch im spezifischen Zusammenhang mit passiver Sterbehilfe. Diese Überlegung ist aber ebenso in anderen Bereichen der Sterbehilfe gültig.

nahmen der Straflosigkeit – werde der erste Schritt zur Ausweitung dieser Regelung getan, zu berücksichtigen.[1230]
Weiterhin darf die Rechtswirklichkeit nicht außer Acht gelassen werden. So kann es als gesichert angesehen werden, dass auch in Deutschland (wie in Spanien) nicht nur indirekte und passive Sterbehilfe, sondern auch aktive direkte Sterbehilfe in nicht unerheblichem Maße – wenn auch eben im Verborgenen – stattfindet.[1231]
Zwar kann die bloße Tatsache, dass eine Verbotsregelung nicht durchgängig beachtet wird, nicht ohne weiteres die Aufhebung der Regelung legitimieren. Dies würde im Grunde die in einem Rechtsstaat nicht akzeptable normsetzende Wirkung des systematischen Rechtsbruchs bedeuten. Als Alternative könnte vielmehr auch an ein „hartes Durchgreifen" im Sinne einer Verstärkung der Strafverfolgungsbemühungen gedacht werden. Ein solches steht allerdings im Bereich der Sterbehilfe von vornherein unter dem Vorbehalt besonderer Beweisschwierigkeiten, denn der Täter, der Arzt, kann oftmals mit Ausstellung des Totenscheines gleichzeitig den Verdacht eines rechtswidrigen Vorgehens gar nicht erst aufkommen lassen. Ebenso ist fraglich, ob der damit angerichtete Schaden nicht größer wäre: damit sich der Arzt, der ohnehin legal handeln will, rechtlich absichert, verzichtet er womöglich auch auf (zulässige und sinnvolle) indirekte und passive Sterbehilfe (sog. „Defensivmedizin"[1232]). Indes kann, wenn eine Norm in der Bevölkerung keine Akzeptanz mehr erfährt, dies auch zu der Einsicht führen, dass ihr die Basis und Legitimation fehlt, denn der Rechtsgüterschutz kann prinzipiell nur soweit gehen, als diese Rechtsgüter auch von der Gesellschaft als schützenswert angesehen werden. Doch ist davon auszugehen, dass die grundsätzliche Strafbarkeit der Tötung auf Verlangen in Deutschland (und erst recht in Spanien) durchaus akzeptiert ist. Entsprechende Umfragen, die teilweise sehr hohe Zustimmungsraten für aktive Sterbehilfe ergeben (etwa Forsa-Umfrage aus dem Jahr 2002: 82 % der deutschen Bevölkerung für gesetzliche Regelung der Sterbehilfe, 74 % Befürwortung aktiver Sterbehilfe über indirekte Sterbehilfe hinaus[1233]; Umfrage aus dem Jahr 2002: 86 % der spanischen Bevölkerung für eine Entkriminalisierung im Fall Sampedro[1234]), sind zudem mit Vorsicht zu behandeln, hängen sie doch häufig schon von der Art der Fragestellung ab.[1235]

[1230] Vgl. insbesondere Hirsch, FS für Lackner, S. 597, 617, Schreiber, FS für Rudolphi, S. 543, 550, Tröndle, ZStW 99 (1987), 25, 41 f.

[1231] Vgl. etwa die sog. „Wehkamp-Studie": im Jahr 1996 wurde im Auftrag der Wochenzeitschrift „Stern" eine Studie durchgeführt, die die Haltung deutscher Ärzte gegenüber der Sterbehilfe zum Inhalt hatte. Zwar lehnten 51 bis 79 % der befragten Ärzte das niederländische Regelungsmodell (damals noch bloße faktische Straffreiheit bei Wahrung bestimmter Voraussetzungen und Meldeverfahren) ab oder würden es sogar bekämpfen. Doch wurde entgegen der offiziellen Verlautbarungen auch aktive Sterbehilfe tatsächlich geleistet, wenn auch in relativ geringem Umfang. So gaben 6 % der in einer Klinik angestellten Ärzte und 11 % der niedergelassenen Ärzte an, schon einmal aktive Sterbehilfe geleistet zu haben. Jeder zweite befragte Arzt kannte Fälle, in denen er von Patienten um aktive Sterbehilfe gebeten wurde. Nahezu alle Ärzte hatten Verständnis für solche Wünsche, insbesondere jene, die viel mit Tumorpatienten zu tun hatten. Auch wurde festgestellt, dass indirekte und passive Sterbehilfe weitgehend akzeptiert sind, im Einzelfall aber auch Schwierigkeiten bestanden, zwischen den Sterbehilfeformen zu unterscheiden. Die Ergebnisse der Wehkamp-Studie sowie der „Würzburger Studie" von Csef (deren Ergebnisse aufgrund des beschränkten Einzugsgebiets weniger repräsentativ sind) sind zusammengefasst in Wernstedt, Sterbehilfe in Europa, S. 149 ff. Vgl. auch bei Wolfslast, FS für Schreiber, S. 913, 914 f. sowie Antoine, Aktive Sterbehilfe in der Grundrechtsordnung, S. 78 ff.

[1232] Vgl. die Benutzung dieses Ausdrucks etwa bei Burchardi, FS für Deutsch, S. 477, 483.

[1233] Ergebnisse der Forsa-Umfrage abrufbar im Internet unter www.dghs.de/hintergr/umfrage.htm

[1234] S. http://www.eutanasia.ws/textos/Not05abrilencuesta.doc.

[1235] Vgl. widersprüchliche Ergebnisse und Kritik an der Aussagekraft von Umfragen etwa bei Hoppe, Statement zur Pressekonferenz der BÄK am 12.12.2000 in Berlin, im Internet unter http://www.bundesaerztekammer.de/cgi-bin/printVersion.cgi oder bei Schröder et al., Psychther Psych Med 53 (2003), 334 ff.

Schließlich sind verfassungsrechtliche Wertungen zu berücksichtigen. Das Recht auf Leben gemäß Art. 2 Abs. 2 GG verdient als verfassungsrechtlicher Höchstwert den bestmöglichen Schutz durch den Gesetzgeber; und diese verfassungsrechtliche Vorgabe kann auch nicht mit dem Hinweis auf Umfragewerte in der Bevölkerung einfach umgangen werden. Doch ist das Recht auf Leben nicht das einzige Grundrecht, das im Bereich der Sterbehilfe relevant wird, vielmehr sind auch das Grundrecht des Kranken auf körperliche Unversehrtheit gemäß Art. 2 Abs. 2 GG, auf Selbstbestimmung gemäß Art. 2 Abs. 1 GG (i.V.m. Art. 1 Abs. 1 GG) bzw. Art. 2 Abs. 2 GG und gerade auch der Schutz der Menschenwürde gemäß Art. 1 Abs. 1 GG zu beachten.
In den folgenden Zeilen soll nun ein Regelungsvorschlag erarbeitet werden, der die verfassungsrechtlichen Vorgaben und rechtspolitischen Ansprüche in einen weitest möglichen Ausgleich bringt.

II. Regelung der indirekten und passiven Sterbehilfe

1. Regelung der indirekten Sterbehilfe

Wie oben ausgeführt, ist die Straflosigkeit der indirekten Sterbehilfe weithin anerkannt, wenn auch über die Begründung Streit besteht. Dennoch ist ein gewisses Regelungsbedürfnis nicht zu verkennen: zum Einen deutet der weiterhin zurückhaltende Einsatz von Palliativmedizin (Deutschland nimmt, gemessen am durchschnittlichen Verbrauch von Morphin, dem Bestand an Palliativbetten und den prozentualen Aufwendungen der Krankenkassen für Palliativmedizin, im europäischen Vergleich – auch zu Spanien – immer noch einen hinteren Rang ein[1236]) auf immer noch bestehende Unsicherheit der Ärzte bezüglich der Strafbarkeitsgrenzen beim Einsatz von Analgetika hin. Zum Anderen besteht auch rechtlicher Klärungsbedarf hinsichtlich der zeitlichen Grenzen zulässiger indirekter Sterbehilfe und der möglichen Vorsatzformen des Täters. Entsprechend der hier vertretenen Auffassung sollte dabei die Straflosigkeit indirekter Sterbehilfe weder auf den Sterbevorgang noch auf Handeln mit bloßem Eventualvorsatz beschränkt werden.[1237]

Vorgeschlagen wird daher ein neuer *§ 216a StGB (Indirekte Sterbehilfe)*:
„Die ärztliche oder ärztlich veranlasste Verabreichung von Schmerzmitteln an einen unheilbar Kranken und schwer Leidenden, die als unvermeidbare, aber unbeabsichtigte Nebenfolge zur Beschleunigung des Todes des Patienten führt, ist nicht rechtswidrig, wenn dies dem erklärten oder mutmaßlichen Patientenwillen entspricht.“

Die Regelung der Zulässigkeit indirekter Sterbehilfe hat dabei außerhalb des § 216 StGB zu erfolgen, denn sie erstreckt sich nicht nur auf Handeln auf Verlangen des Patienten, sondern

---

[1236] Vgl. etwa DIE WELT vom 12.08.2002.

[1237] Auch der AE-Sterbehilfe aus dem Jahr 1986 schlug in einem neu zu schaffenden § 214a StGB eine Regelung der Zulässigkeit leidensmindernder Maßnahmen vor. Des weiteren sieht angesichts der weiter bestehenden Unsicherheit hinsichtlich der Grenzen zulässiger Sterbehilfe auch der geplante Alternativ-Entwurf Sterbebegleitung, der voraussichtlich im Sommer 2005 veröffentlicht werden wird (s.o. Fn. 241), zumindest in seiner derzeitigen Fassung eine Regelung leidensmindernder Maßnahmen in einem § 214a StGB sowie zur Vermeidung von Missbrauch umfassende Dokumentationspflichten in einem neu zu schaffenden Sterbebegleitungsgesetz vor.

auch auf Handeln mit bloßer, ggf. sogar nur mutmaßlicher Einwilligung, und stellt daher einen besonderen Strafausschließungsgrund nicht nur für § 216 StGB, sondern auch die §§ 211, 212 StGB dar.
Die Beschränkung auf das ärztliche oder ärztlich veranlasste Handeln beruht auf der Überlegung, dass so am wirksamsten möglichem Missbrauch durch (außenstehende) Dritte vorgebeugt werden kann. Auch wenn der Arzt die lebensverkürzende palliativmedizinische Maßnahme nicht selbst vornimmt, soll sie doch stets von einem Arzt verantwortet werden.
Mit der Formulierung „unvermeidbare, aber unbeabsichtigte Nebenfolge" wird indirekte Sterbehilfe auch in Fällen, in denen die Beschleunigung des Todeseintritts nicht nur billigend in Kauf genommen, sondern als sicher vorausgesehen wird, also dolus directus 2. Grades vorliegt, ermöglicht.
Schließlich fehlt jeder Hinweis darauf, dass der Tod des Patienten bereits kurz bevorstehen muss: dadurch wird eine Beschränkung zulässiger indirekter Sterbehilfe auf den Sterbevorgang vermieden.

2. Regelung passiver Sterbehilfe

a) Gesetzgeberische Klarstellungen?

Zunächst stellt sich dabei die Frage, ob in diesem Bereich gesetzgeberische Klarstellungen wünschenswert sind. Zu denken ist etwa an die Erklärung der Zulässigkeit des Behandlungsverzichts auf ausdrücklichen Wunsch des Patienten (auch des – freiverantwortlichen – Suizidpatienten!) oder die hier – entgegen der Rechtsprechung des BGH – angenommene Straflosigkeit der Nichthinderung eines freiverantwortlichen Suizids, wie sie etwa der AE-Sterbehilfe in seinen §§ 214 Abs. 2, 215 StGB vorsah. Als ausreichend wird aber insoweit ein *Hinweis* des Gesetzgebers im Gesetzgebungsverfahren angesehen, dass solche Verhaltensweisen als nach geltendem Recht straflos erachtet werden. Es ist nicht zu erwarten, dass der BGH seine Rechtsprechung nicht nur entgegen der weiten Kritik der Rechtslehre, sondern auch nach einer derartigen Willensäußerung des Gesetzgebers aufrecht erhält. (Zur möglichen Einbettung eines Hinweises auf die Straflosigkeit der Nichthinderung eines freiverantwortlichen Suizids s.u. IV.2)

b) Regelung des Behandlungsverzichts bzw. -abbruchs auf der Grundlage einer Patientenverfügung oder des mutmaßlichen Willens

Regelungsbedarf gibt es jedoch beim Behandlungsabbruch, wenn der Patient aktuell nicht mehr entscheidungsfähig ist. Denn insoweit ist die Rechtslage keineswegs geklärt; Unsicherheiten ergeben sich nicht nur aus der bislang noch lückenhaften Rechtsprechung, sondern insbesondere auch aus der Frage nach dem Zusammenspiel von Straf- und Zivilrecht.[1238] Zu-

[1238] Vgl. insoweit auch die Ergebnisse einer Umfrage unter deutschen Vormundschaftsrichtern bei Simon/Lipp/Tietze/Nickel/van Oorschot, MedR 2004, 303, 307. Danach besteht erhebliche Unsicherheit nicht nur bei der Frage der Unterscheidung von aktiver, passiver und indirekter Sterbehilfe im Einzelfall, sondern auch hinsichtlich der Frage der Genehmigung der stellvertretenden Einwilligung eines Betreuers oder Bevollmächtigten in den Abbruch lebenserhaltender Maßnahmen. So hielt etwa die Hälfte der Befragten eine solche Genehmigung für erforderlich, wenn eine die konkrete Maßnahme erfassende Patientenverfügung vorliegt, die andere Hälfte dagegen nicht. Reformbedarf konstatiert auch Nagel, Passive Euthanasie, S. 110 ff., dessen Reformvorschlag im Wesentlichen eine Ergänzung des § 214 AE-Entwurf für Sterbehilfe darstellt. Danach soll zum Einen

dem ist angesichts der bereits geäußerten Bedenken in Bezug auf das gewohnheitsrechtliche Institut der mutmaßlichen Einwilligung und der Notwendigkeit eines förmlichen Gesetzes nach Art. 2 Abs. 2 Satz 3 GG eine gesetzliche Regelung angezeigt.
Nach dem oben Erörterten muss ein Behandlungsabbruch aus strafrechtlicher Sicht in zwei Fällen möglich sein: wenn der Patient zuvor in entscheidungsfähigem Zustand in einer Patientenverfügung erklärt hat, in dem nun eingetretenen Fall seiner Krankheit und Entscheidungsunfähigkeit die in Frage stehende Behandlungsmaßnahme abzulehnen, oder wenn der mutmaßliche Wille des Patienten einer Aufnahme oder Fortführung der lebensverlängernden oder lebenserhaltenden Maßnahme entgegensteht. Richtigerweise kommt es dabei nicht darauf an, ob der Patient bereits im Sterben liegt oder nicht, und grundsätzlich auch nicht, ob er an einer unheilbaren Krankheit leidet oder aus anderen Gründen eine bestimmte Behandlungsmaßnahme ablehnt (z.B. der Zeuge Jehovas eine Bluttransfusion). Das erfordert das Selbstbestimmungsrecht des Einzelnen aus Art. 2 Abs.1 i.V.m. Art. 1 Abs. 1 GG, das auch für den entscheidungsunfähig Gewordenen fortwirken muss, um effektiv sein zu können, und sein Recht auf körperliche Unversehrtheit aus Art. 2 Abs. 2 GG.

Zur Klärung der Rechtslage wird daher die Einführung eines *§ 217 Abs. 1 StGB (passive Sterbehilfe)* vorgeschlagen:

„Ist ein Patient entscheidungsunfähig geworden, ist auf die Aufnahme oder Fortführung einer lebensverlängernden oder lebenserhaltenden Maßnahme zu verzichten, wenn
Nr. 1: der Patient dies zuvor im Zustand der Entscheidungsfähigkeit in einer Patientenverfügung schriftlich festgelegt hat oder
Nr. 2: wenn er an einer unheilbaren Krankheit leidet und aufgrund seines mutmaßlichen Willens davon auszugehen ist, dass er die Aufnahme oder Fortführung einer solchen Maßnahme abgelehnt hätte.
Der mutmaßliche Wille ist insbesondere anhand früherer Äußerungen des Patienten, seiner Lebenseinstellung, seiner religiösen Überzeugung und der Aussichtslosigkeit der medizinischen Prognose zu ermitteln; fehlen jegliche Anhaltspunkte für die Ermittlung des mutmaßlichen Willens des Patienten, ist die lebensverlängernde oder lebenserhaltende Maßnahme weiter durchzuführen."

Damit wird die Verbindlichkeit von (schriftlichen) Patientenverfügungen festgelegt; mündliche Äußerungen finden dagegen im Rahmen des mutmaßlichen Willens Berücksichtigung.

Die genannten Kriterien zur Ermittlung des mutmaßlichen Willens sind nicht abschließend („insbesondere") und lassen Raum für die Umstände des Einzelfalles. Der Grundsatz des BGH „in dubio pro vita", der von manchem Autor für das apallische Syndrom abgelehnt wurde, findet sich in der Formulierung wieder, dass, wenn jegliche Anhaltspunkte für die Ermittlung des mutmaßlichen Willens fehlen, die medizinische Maßnahme durchzuführen ist. Dies beruht auf der hohen Bedeutung des Rechts auf Leben gemäß Art. 2 Abs. 2 GG, das ein „Sterben auf Verdacht" ausschließen muss. Das Selbstbestimmungsrecht des Einzelnen

klargestellt werden, dass bei irreversibler Bewusstlosigkeit des Betroffenen die Genehmigung eines Behandlungsabbruchs durch das Vormundschaftsgericht herbeizuführen ist, zum Anderen, dass das Unterlassen (natürlicher und) künstlicher Ernährung grundsätzlich unzulässig ist, wenn nicht eine eindeutige Patientenverfügung in diesem Sinne vorliegt. Diesen Reformvorschlägen ist aber meines Erachtens nicht zu folgen, da zum Einen eine Regelung betreuungsrechtlicher Aspekte gesetzessystematisch im Zivilrecht vorzugswürdig wäre, zum Anderen nach den obigen Ausführungen (s.o. C.II.2c,bb (3)) den grundsätzlichen Bedenken gegen ein Unterlassen künstlicher Ernährung nicht gefolgt werden kann.

kann insoweit zu nichts anderem führen, denn Anhaltspunkte für die Ausübung dieses Selbstbestimmungsrechts liegen ja gerade nicht vor.
Zu erläutern ist auch noch die Einschränkung des Behandlungsverzichts bzw. –abbruchs aufgrund des mutmaßlichen Willens, wenn der Patient nicht an einer unheilbaren Krankheit leidet. Zu denken ist dabei etwa an den Fall eines Zeugen Jehovas, bei dem nach einem Unfall eine Bluttransfusion nötig wird, und bei dem man im Grunde nichts weiß außer seiner Zugehörigkeit zur Religionsgemeinschaft der Zeugen Jehovas. Bei konsequenter Durchführung des Prinzips der Selbstbestimmung und der mutmaßlichen Einwilligung als Teil davon ließe sich ein Verzicht auf die lebensnotwendige Bluttransfusion durchaus begründen. Doch gibt es auch ein anderes Indiz, das für einen auf die Behandlung gerichteten Willen spricht: die Möglichkeit einer vollen Lebensrettung. Angesichts des hohen Stellenwertes des Grundrechts auf Leben ist es daher richtig, den Behandlungs-verzicht oder –abbruch auf der Grundlage des mutmaßlichen Willens einzuschränken. Die damit evtl. verbundene Einschränkung des Selbstbestimmungsrechts und des Rechts auf körperliche Unversehrtheit ist insofern gerechtfertigt, als es jedem Menschen freisteht, eine Patientenverfügung zu verfassen und damit seinen Willen verbindlich festzulegen.
Hinsichtlich einer gebotenen Abstimmung mit dem Zivilrecht ist schließlich die Einführung eines (zivilrechtlichen) Instituts der Patientenverfügung wünschenswert.[1239] Betreuer oder Gesundheitsbevollmächtigter sind im Konfliktfall mit dem Arzt verpflichtet, die Durchsetzung der Patientenverfügung vor dem Vormundschaftsgericht zu erstreiten. Dafür ist auch die Einführung entsprechender zivilrechtlicher und zivilprozessualer Regelungen erforderlich. Liegt keine Patientenverfügung vor, hat der Betreuer oder Gesundheitsbevollmächtigte anhand der Wünsche des Patienten bzw. seines Wohls zu entscheiden – letztendlich also anhand des mutmaßlichen Willens. Diese Entscheidung der Verweigerung der Einwilligung in die lebensverlängernde oder -erhaltende Behandlungsaufnahme oder -fortführung sollte – unabhängig von dem Vorliegen eines Konfliktes mit dem Arzt – vormundschaftsgerichtlicher Genehmigung unterliegen, wobei auch insoweit aus Rechtssicherheitsgründen eine gesetzliche Regelung dieses Verfahrens angezeigt erscheint.[1240]

[1239] Im Übrigen sollten auch tatsächliche Maßnahmen zur faktischen Förderung von Patientenverfügungen erfolgen. Obwohl die meisten Menschen Patientenverfügungen für sinnvoll halten und sich vorstellen können, eine solche zu verfassen, haben doch nur die wenigsten Patienten ihren Willen in dieser Form schriftlich niedergelegt. Ob der Vorschlag, Patienten sollten bereits bei Eintritt in eine Klinik auf diese Möglichkeit hingewiesen und informiert werden, tatsächlich umsetzbar ist, erscheint fraglich. Zwar haben sich bei einer (nicht repräsentativen) Umfrage 79 % der Patienten hierfür ausgesprochen (vgl. Burchardi, FS für Schreiber, S. 615, 620 ff.). Doch ist fraglich, ob die Krankenhäuser eine solche Information überhaupt leisten könnten. Denn der Patient sollte die Möglichkeit haben, sich über mögliche Formen und Inhalte, auch verschiedene Vorformulierungen umfassend zu informieren, was bei einem stationären Krankenhausaufenthalt schwierig erscheint. Und auch wenn die Gefahr, dass die Patienten eine solche Aufklärung während des Krankenhausaufenthaltes als bedrohlich empfänden, gering erscheint (vgl. o.g. Umfrage), darf sie doch nicht völlig vernachlässigt werden.

[1240] Bedenkenswert erscheint aber auch die Zwischenschaltung von Ethikkommissionen in den Krankenhäusern, wie sie in den USA üblich geworden sind (vgl. dazu Deutsch, NJW 2003, 1567 f.). Nur, wenn sich ein Konfliktfall dadurch nicht beilegen lässt oder Missbrauchszweifel bestehen, sollten die Gerichte angerufen werden müssen. Es ist nämlich fraglich, ob die Vormundschaftsgerichte im Falle eines durchgängigen Genehmigungserfordernisses angesichts der damit verbundenen Arbeitsbelastung dieser Aufgabe überhaupt gerecht werden könnten (vgl. dazu Strätling/Fieber/Sedemund-Adib/Schmucker, MedR 2004, 433, 435). Ein solches Verfahren vor klinischen Ethikkommissionen sollte dann jedoch schon aus Rechtssicherheitsgründen gleichfalls auf eine gesetzliche Grundlage gestellt werden. Kritisch zur Einrichtung entsprechender Ethik-Konsile unter dem Aspekt ihrer Legitimation sowie der Überprüfbarkeit und Transparenz der Entscheidungen dagegen Strätling/Fieber/Sedemund-Adib/Schmucker, MedR 2004, 433, 438 f.

Strafrechtlich sind diese Formalia richtigerweise aber nicht relevant. Kann sich der Arzt beim Unterlassen der Behandlung auf den mutmaßlichen Willen des Patienten stützen, liegt kein strafrechtliches Unrecht vor, gleich, ob dieser Wille zuvor gerichtlich überprüft worden ist. Ein vormundschaftsgerichtliches Genehmigungsverfahren ist den Beteiligten aber insofern zu empfehlen, als ihnen dadurch Hilfe bei der Entscheidungsfindung und Rechtssicherheit gegeben wird. Denn hat das Vormundschaftsgericht den Behandlungsabbruch genehmigt, können sich Arzt und Betreuer zumindest auf einen strafausschließenden, da unvermeidbaren Irrtum über die Zulässigkeit ihres Handelns berufen.

c) Regelung des einseitigen Behandlungsabbruchs bzw. -verzichts

Regelungsbedarf besteht des weiteren beim einseitigen Behandlungsabbruch. Dabei sind zwei Situationen denkbar: zum Einen der Behandlungsabbruch entgegen dem zuvor im Zustand der Entscheidungsfähigkeit ausdrücklich erklärten Willen, zum Anderen ein Behandlungsabbruch bei Personen, die noch nie entscheidungsfähig waren und bei denen ein Rückgriff auf den mutmaßlichen Willen daher ausscheidet.
Dabei kann der einseitige Behandlungsabbruch *entgegen* dem Willen des Patienten nur beim Sterbenden in Betracht kommen. Der Behandlungsabbruch *ohne* den Willen des Patienten, da dieser nie entscheidungsfähig war (z.B. aufgrund einer schweren geistigen Behinderung von Geburt an, bei Neugeborenen oder Kleinkindern), kann ausnahmsweise zulässig sein, auch wenn der Sterbevorgang noch nicht eingesetzt hat. In Betracht zu ziehen sind dabei grundsätzlich zwei Kriterien: das Erleiden schwerer Schmerzen und der unwiderrufliche Verlust jeglicher Wahrnehmungs- und Kommunikationsfähigkeit.

Vorgeschlagen wird demnach folgender *§ 217 Abs. 2 StGB*:

„Auf die Aufnahme oder Fortführung einer lebensverlängernden oder lebenserhaltenden Maßnahme darf auch verzichtet werden
Nr. 1: entgegen dem zuvor erklärten Willen des Patienten, wenn der Tod in kurzer Zeit bevorsteht und der Patient unter schwersten, anders nicht vermeidbaren Schmerzen leidet oder jegliche Fähigkeit zur Wahrnehmung und Kommunikation irreversibel verloren hat
Nr. 2: bei einem Patienten, der niemals die Fähigkeit zur Entscheidung erlangt hat, insbesondere bei einem Neugeborenen oder Kleinkind, wenn er
a) an einer unheilbaren Krankheit leidet und unter schwersten, anders nicht vermeidbaren Schmerzen leidet oder
b) jegliche Fähigkeit zur Wahrnehmung und Kommunikation irreversibel verloren hat oder
c) keinerlei Aussicht besteht, dass er die Fähigkeit zu Wahrnehmung und irgendeiner Form kommunikativen Lebens jemals erhalten wird."

Auf eine Umschreibung der Krankheitsbilder im Einzelnen wird dabei verzichtet; es ist vielmehr davon auszugehen, dass der medizinische Zustand durch die Anforderungen an die Prognose („unheilbare Krankheit", „schwerste, anders nicht vermeidbare Schmerzen", „irreversibler Verlust der Wahrnehmungs- und Kommunikationsfähigkeit" etc.) hinreichend bestimmt ist. Der Begriff der „Krankheit" ist dabei weit zu verstehen und umfasst etwa auch schwerste angeborene Hirnschädigungen wie Anenzephalie etc.

d) Pflicht zur Basisbetreuung

Schließlich sollte noch klargestellt werden, dass die Pflicht zur Basisbetreuung, wie von den Grundsätzen der Bundesärztekammer zur Sterbebegleitung formuliert, auch bei einem zulässigen Behandlungsabbruch stets erhalten bleibt.

Insofern ist ein *§ 217 Abs. 3 StGB* angebracht:

„Auch wenn auf Aufnahme oder Fortführung einer lebensverlängernden oder lebenserhaltenden Maßnahme nach Abs. 1 oder 2 verzichtet werden kann, besteht in jedem Fall eine Pflicht zur Basisbetreuung des Patienten, insbesondere durch angemessene Unterbringung, Zuwendung, Körperpflege, Linderung von Schmerz, Atemnot und Übelkeit, soweit möglich, sowie Stillen von Hunger und Durst."

III. Aktive direkte Sterbehilfe

Hinsichtlich der aktiven Sterbehilfe, dem rechtspolitischen Streitthema par excellence, wird nochmals auf die eingangs beschriebenen Probleme einer Regelung hingewiesen, die hier besondere Relevanz erlangen. Wird mit einer gesetzlichen Regelung bereits der erste Schritt auf der schiefen Ebene getan? Welche Konsequenzen zeitigt eine Zulassung ärztlicher Sterbehilfe etwa nach dem Modell der Niederlanden und ist es gerechtfertigt, diese Konsequenzen in Kauf zu nehmen?
Die bisherigen Erfahrungen mit der liberalen Regelung der Niederlanden lassen zweifeln, ob durch eine beschränkte Zulassung aktiver Sterbehilfe die Transparenz des Geschehens in der Rechtswirklichkeit tatsächlich gefördert wird und unerwünschte Formen aktiver Sterbehilfe (etwa ohne Verlangen, bei psychisch Kranken) vermieden werden können. Auch der steigende Kostendruck im Gesundheitswesen, der sich aufgrund der hohen Kosten gerade für die medizinische und pflegerische Versorgung in den letzten Lebenswochen besonders auf Schwerkranke und Sterbende auszuwirken droht[1241], darf keinesfalls außer Acht gelassen werden. Aber wenn man eine Regelung aktiver Sterbehilfe im Sinne einer (begrenzten) Zulassung völlig ablehnt, wird das Recht dann noch seiner Aufgabe, auch den Einzelfall angemessen zu lösen, wirklich gerecht? Selbst bei idealem Einsatz von indirekter und passiver Sterbehilfe (und ohne die absolute Notwendigkeit einer Verbesserung gerade des Einsatzes von Palliativmedizin in Deutschland wie auch – obgleich in geringerem Maße – in Spanien leugnen zu wollen) kann es Ausnahmesituationen geben, in denen man dem Einzelnen mit einem Verweis auf diese Formen der Sterbehilfe nicht gerecht werden kann.[1242] Inwiefern hat die Bevölkerung einen Anspruch auf Rechtssicherheit?
Im Rahmen der vorliegenden Arbeit wurde die Zulässigkeit aktiver Sterbehilfe in extremen Ausnahmefällen bereits nach geltendem Recht vertreten. Unter Abwägung aller genannten

---

[1241] Vgl. Holzhauer, ZRP 2004, 41: nach Zahlen des statistischen Bundesamtes entfallen mehr als die Hälfte der Aufwendungen für eine Person auf die letzten Lebensjahre und mehr als 40 % der Aufwendungen im letzten Lebensjahr auf den letzten Lebensmonat. S. dazu auch die Zahlen bei Schreiber, FS für Rudolphi, S. 543, 550.

[1242] Wolfslast, FS für Schreiber, S. 913, 918 f.; zu unkontrollierbaren Schmerz- und Leidenssituationen in Extremfällen s. etwa auch Antoine, Aktive Sterbehilfe in der Grundrechtsordnung, S. 67 f. m.w.N. Interessant ist in diesem Zusammenhang übrigens auch, dass trotz der anerkannt guten palliativmedizinischen Versorgung in England dort offenbar (illegale) aktive Sterbehilfe sehr viel häufiger praktiziert wird als etwa in Deutschland, vgl. Wolfslast, FS für Schreiber, S. 913, 915.

Gesichtspunkte erscheint die Festschreibung eines nur fakultativen Strafausschließungsgrunds wie im AE-Sterbehilfe als angemessenster Ausgleich aller Interessen.

In *§ 216 StGB (Tötung auf Verlangen)* wäre demnach ein *Abs. 3* mit folgendem Inhalt anzufügen:

„Das Gericht kann in besonderen Ausnahmefällen von Strafe absehen, wenn die Tötung unter den Voraussetzungen des Abs. 1 erfolgt, um einen unheilbar Kranken und schwer Leidenden von seinen Qualen zu erlösen."

Zwar besteht dann für den Arzt die Unsicherheit, wie der Richter seinen Einzelfall beurteilen wird, und damit auch für den Patienten die Unsicherheit, ob er einen Arzt finden wird, der bereit ist, ihm unter diesem Risiko Sterbehilfe zu leisten. Doch bleibt dem Patienten im Normalfall der straflose Suizid mit fremder Hilfe. In den genannten seltenen Ausnahmefällen, in denen der Patient einen solchen Suizid nicht mehr vornehmen kann, verengt sich aber das Ermessen des Strafrichters bei der Beurteilung der Frage, ob ein Strafausschluss anzunehmen ist, derart, dass er nur bei besonderen Umständen wie etwa der gleichzeitigen habgierigen Motivation des Sterbehelfers, der sich das Erbe des Patienten sichern will, eine Strafe verhängen kann. Insofern bleibt das Risiko des Arztes, der in Extremsituationen Sterbehilfe leistet, aber überschaubar. Gleichzeitig wird – auch durch die gesetzliche Beschränkung auf besondere Ausnahmefälle – das Recht auf Leben gemäß Art. 2 Abs. 2 GG ausreichend geschützt. Ein Ausgleich zwischen den widerstreitenden Grundrechten des Art. 2 Abs. 2 GG (Recht auf Leben) auf der einen Seite, des Art. 2 Abs. 1 i.V.m. Art. 1 Abs. 1 GG bzw. Art. 2 Abs. 2 GG (Selbstbestimmungsrecht) und Art. 1 Abs. 1 GG (Menschenwürde) auf der anderen Seite ist damit soweit als möglich erfolgt.

IV. Suizidbeteiligung

Schließlich ist noch auf die Möglichkeit einer Suizidbeteiligung im Bereich der Sterbehilfe einzugehen.
Die Teilnahme am freiverantwortlichen Selbstmord durch Beihilfe oder Anstiftung ist nach deutschem Recht im Gegensatz zur spanischen Rechtsordnung grundsätzlich straflos. Diese Straflosigkeit ist an sich auch aus verfassungsrechtlicher Sicht (insoweit, als ein Recht auf Selbstmord als Ausfluss des Rechtes auf Selbstbestimmung anerkannt werden kann) und als kriminalpolitische Option zu begrüßen.
Indes haben sich besondere Probleme bei der Bestimmung der Freiverantwortlichkeit des Suizidenten (in Deutschland wie in Spanien) aufgetan, die sich nur unter Inkaufnahme einer erheblichen Rechtsunsicherheit (bei Annahme der Einwilligungslehre, verbunden mit der Relevanz etwa auch von bloßen Motivirrtümern) oder erheblicher Strafbarkeitslücken (bei Annahme der Exkulpationslehre) lösen lassen. De lege lata wurde hier die Beibehaltung der Exkulpationslehre verfochten, obgleich die Straffreiheit des Außenstehenden in bestimmten Situationen, etwa bei Vorspiegelung einer besonders schmerzhaften, unheilbaren Krankheit in der Absicht, den anderen zum Selbstmord zu bringen, als äußerst unbefriedigend empfunden wurde. Zu berücksichtigen ist zudem, dass sich auch der nach diesen Regeln Freiverantwortliche fast immer in einer psychisch labilen Situation befinden wird und daher für äußere Einflüsse besonders anfällig ist.

De lege ferenda wird daher die Strafbarkeit einer Verleitung zum Selbstmord bei eigensüchtiger Motivation des Außenstehenden nach dem Vorbild des Art. 115 schwStGB bei gleichzeitiger weiter Bestimmung der Freiverantwortlichkeit nach der Exkulpationslehre für richtig erachtet.

Demgemäß ist ein neuer *§ 215 StGB (Verleitung zum Selbstmord)* in die Regelung der Delikte gegen das Leben aufzunehmen:

„Wer einen anderen aus selbstsüchtigen Motiven zum Selbstmord verleitet, wird mit Freiheitsstrafe von sechs Monaten bis zu fünf Jahren bestraft, wenn der Selbstmord ausgeführt wurde oder zumindest versucht wurde und zu einer schweren Gesundheitsschädigung des Suizidenten geführt hat."

Dieser Vorschlag soll nun noch etwas genauer erläutert werden:

1. Grundsätzliche Erwägungen zu einem neuen § 215 StGB

Zwar erscheint die Strafbarkeit einer Teilnahme am freiverantwortlichen Selbstmord bei gleichzeitiger Annahme eines Rechtes des Einzelnen auf Suizid zunächst widersprüchlich, doch ist hier mit der überwiegenden spanischen Rechtslehre darauf hinzuweisen, dass das Recht des Einzelnen auf Verfügung über sein eigenes Leben die Beurteilung des Verhaltens Außenstehender nicht notwendig präjudiziert. Insoweit ist der vorgeschlagene § 215 StGB als „abstraktes Gefährdungsdelikt" zu verstehen, der eine Einflussnahme auf Personen, die aufgrund ihrer besonderen Situation oder einfach einer psychischen Prädisposition anfällig sind für fremde Einflüsse, verhindern soll.[1243]
Strafwürdig erscheint eine solche Beeinflussung aber nur, wenn der Selbstmord tatsächlich ausgeführt oder zumindest versucht wurde. Bleibt der (freiverantwortliche!) Selbstmordversuch folgenlos, würde eine Strafbarkeit des Dritten wohl gegen den Grundsatz der Funktion des Strafrechts als Rechtsgüterschutz und ultima ratio verstoßen. Doch besteht ein Strafbedürfnis auch dort, wo ein Selbstmordversuch zu einer schweren Gesundheitsschädigung des Suizidenten (z.B. infolge der Medikamentenüberdosis) geführt hat. Denn dabei scheidet ein Rekurrieren auf den Tatbestand der Körperverletzung aus, da diese als eigenverantwortliche Selbstverletzung objektiv nicht zurechenbar wäre. Eine abweichende Beurteilung der Eigenverantwortlichkeit bei Selbsttötung und Selbstverletzung als Alternative ist hingegen aus Gründen der Stringenz abzulehnen.
Weiterhin besteht ein Strafbedürfnis nur bei maliziösem Handeln des Dritten („aus selbstsüchtigen Motiven").
Der Begriff des „Verleitens" ist dabei grundsätzlich eher weit auszulegen und liegt nicht – wie im schweizerischen Recht angenommen wird – bloß bei einem „Bestimmen" des anderen im Sinne der Anstiftung gemäß § 26 StGB vor. Vielmehr fallen darunter auch Handlungen, die in einem anderen indirekt den Wunsch zum Suizid wecken sollen, z.B. durch das Hervorrufen von Motivirrtümern, durch indirekten Druck auf pflegebedürftige Angehörige, nicht zur Last zu fallen etc. Dabei ist nunmehr eine Differenzierung nach der Art des Motivirrtums

[1243] Vgl. insoweit auch die Warnung vor einer Regelung (ärztlicher) Suizidbeihilfe, wonach der Alterssuizid „mittelbar als Freigabe der Alten als Einsparreservoir in den Ressourcen der Krankenversorgung" verstanden werden könnte, Schreiber, FS für Rudolphi, S. 543, 550 f.

(z.B. ob es sich um einen objektiv nachvollziehbaren, „vernünftigen" Anlass zum Suizid handelt) jedenfalls ausgeschlossen. Die notwendige Strafbarkeitseinschränkung wird nämlich durch das Erfordernis der selbstsüchtigen Motivation vorgenommen.
Der Strafrahmen von sechs Monaten bis zu fünf Jahren ergibt sich aus der Überlegung, dass zwar gegenüber der Tötung auf Verlangen, die den gleichen Strafrahmen aufweist, insoweit ein geringeres Unrecht vorliegt, als es sich dort um täterschaftliche Tötung handelt. Jedoch kann im Einzelfall die Grenze zwischen täterschaftlicher Fremdtötung und Teilnahme an der Selbsttötung so fein sein, dass sich kaum ein wertungsmäßiger Unterschied ergibt. Zudem besteht mit der Selbstsüchtigkeit der Motivation ein eigener Unrechtswert im Rahmen des neu zu schaffenden § 215 StGB, der bei der Tötung auf Verlangen nicht vorzuliegen braucht und bei aktiver Sterbehilfe typischerweise auch nicht vorliegt.
Schließlich erscheint eine Bestrafung der Beihilfe zum Selbstmord nicht erforderlich, auch wenn diese aus selbstsüchtiger Motivation heraus erfolgen sollte. Denn solange keine Einflussnahme auf die Willensbildung des Suizidenten vorliegt, handelt es sich bei der Beihilfe zu einem freien Akt, der Ausübung des Rechts auf Verfügbarkeit über das eigene Leben, um kein strafwürdiges Verhalten. Die Motivation des Täters allein genügt hierfür nicht, wenn man nicht ein „Gesinnungsstrafrecht" propagieren will. Ein Schutz des psychisch oder aufgrund sonstiger Umstände Schwachen ist nicht nötig, wo eine Einflussnahme auf seinen Willen nicht vorliegt.[1244]

2. Bedeutung der vorgeschlagenen Neuregelung für den Bereich der Sterbehilfe

Im Zusammenhang mit dem Bereich der Sterbehilfe ist zunächst festzuhalten, dass ein Ausgleich insoweit geschaffen werden soll, als die Suizidbeihilfe durch die vorgeschlagene neue Regelung, dass aktive Sterbehilfe auf Verlangen ausnahmsweise zulässig sein kann, wenn dem Kranken ein Suizid physisch unmöglich ist, im Grunde „gefördert" wird. Durch die gleichzeitige Festschreibung, dass die Verleitung zum Suizid aus selbstsüchtiger Motivation – natürlich auch im Bereich der Sterbehilfe – strafbar ist, können also Tendenzen entgegengewirkt werden, die Schwachen und Kranken zum Selbstmord mehr oder minder offen zu drängen.[1245]
Meines Erachtens ist die Zulässigkeit der Suizidbeihilfe weiterhin die zutreffende kriminalpolitische Option. Es sollten aber Rahmenbedingungen geschaffen werden, die das Sterben

[1244] Demgegenüber sieht der geplante AE-StB (vgl. Fn. 241) eine Strafbarkeit der Suizidbeihilfe bei Gewinnsucht des Gehilfen (bei gleichzeitiger Straflosigkeit und standesrechtlicher Tolerierung des ärztlich assistierten und dokumentierten Suizids bei tödlich Kranken) vor. Geschütztes Rechtsgut wäre dabei nicht das Leben, sondern die Ausnutzung der Notlage eines tödlich kranken Menschen, die bei Gewinnsucht sozialethisch verwerflich sei.

[1245] Darauf, dass unter Umständen ein „faktischer Zwang" zum (frühen) Suizid besteht, weist Arzt, FS für Schreiber, S. 583, 587, hin. So ergibt sich für potenziell an Sterbehilfe interessierte Personen relativ häufig ein unerfreuliches „window of opportunity", indem bei einer sich abzeichnenden Verschlechterung des Krankheitszustandes einer noch urteilsfähigen Person ein Druck entsteht, mit dem Suizid nicht länger zu warten. Denn sobald Urteilsunfähigkeit eintritt, ist eine straffreie Suizidunterstützung nicht mehr möglich. Die Beschreibung dieses Dilemmas ist zutreffend, muss aber wohl als solches hingenommen werden. Abmilderung kann allenfalls insoweit getroffen werden, als die Verbindlichkeit von Patientenverfügungen, die für den Fall der Entscheidungsunfähigkeit und für bestimmte Situationen die Ablehnung der Behandlung von Interkurrenzkrankheiten vorsehen, voll anerkannt wird (auch, wenn etwa kein „irreversibel tödliches Grundleiden" im Sinne des BGH vorliegt, sondern beispielsweise eine „bloße" Demenzerkrankung).

durch Suizid menschenwürdig machen. Dazu gehört die Abkehr von der Rechtsprechung, dass die Nichthinderung eines Suizides als Tötungstäterschaft durch Unterlassen strafbar ist. Denn dadurch muss, wer straflos Suizidbeihilfe leisten möchte, entweder auf ein besonders schnellwirkendes Mittel zurückgreifen oder aber den Sterbewilligen bei der Ausführung seiner Tat alleine lassen. Dies führt aber zu einem nicht wünschenswerten einsamen Sterben, das im Grunde als Gegenteil einer menschenwürdigen Sterbebegleitung anzusehen ist. Eine Klarstellung durch den Gesetzgeber in diesem Sinne wäre im Rahmen der Schaffung des vorgeschlagenen § 215 StGB möglich. In den Gesetzesmotiven könnte auf die (weitere) Zulässigkeit der Suizidbeihilfe und deren Umfang hingewiesen werden sowie darauf, dass auf eine förmliche gesetzgeberische Klarstellung verzichtet wird in der Überzeugung, dass ein solcher negativer Hinweis angesichts des bereits geltenden Rechts nicht erforderlich scheint.
Fraglich bleibt, ob eine ärztliche Suizidbeihilfe zu begrüßen wäre. Meines Erachtens ist es durchaus zweifelhaft, ob die (deutsche wie spanische) Ärzteschaft ihre bisherige ablehnende Haltung aufgeben sollte bzw. die Suizidbeihilfe gar in den ärztlichen Aufgabenkatalog explizit aufnehmen sollte. Negative Auswirkungen auf das Vertrauensverhältnis von Arzt und Patient etwa sind nicht auszuschließen. Dabei handelt es sich allerdings ohnehin um eine Frage, die außerhalb der Regelungsmacht des (Straf-)Gesetzgebers steht, denn ob der Berufsstand der Ärzte die ärztliche Selbstmordbeihilfe als unethisch einordnet oder nicht, ent-zieht sich (straf-)gesetzlicher Regelung.
Zu beachten ist allerdings, dass insoweit, um eine menschenwürdige Suizidbeihilfe zu ermöglichen, wiederum entsprechende Rahmenbedingungen geschaffen werden müssten. Die Tätigkeit einer Laienorganisation bei der Suizidbeihilfe (wie z.B. EXIT in der Schweiz) würde nämlich nur durch eine entsprechende Änderung des Betäubungsmittelgesetzes ermöglicht. Die Gefahr, dass der einzelne Patient andernfalls auf inhumane Suizidformen (wie anscheinend derzeit in Deutschland bereits durch den Versand von „Erstickungsplastiktüten" samt Gebrauchsanleitung praktiziert[1246]) verwiesen ist, ist keinesfalls akzeptabel. Im Zuge einer solchen Regelung im Betäubungsmittelgesetz ergäbe sich im Übrigen auch die Möglichkeit einer gesetzlichen Festschreibung von Anforderungen an solche Sterbehelfer, z.B. bestimmter Qualifikationen oder fehlende Gewinnerzielungsabsicht durch die Tätigkeit.[1247]

V. Fazit

Mit diesen Vorschlägen möchte ich nun schließen. Auch wenn es angesichts der rechtspolitischen Umstrittenheit der Thematik der Sterbehilfe in fast allen Einzelheiten nicht wahrscheinlich erscheint, dass der deutsche oder spanische Gesetzgeber derzeit einer solchen weitreichenden Änderung geltenden Rechts folgen würde, hoffe ich doch, mit ihnen zur rechtlichen Diskussion beitragen zu können. Auch wenn es einfache und eindeutige Antworten in diesem Bereich nicht geben kann, sollen diese Vorschläge doch Denkanstoß für eine weitergehende Anerkennung selbstbestimmten Sterbens sein, als dies derzeit in Deutschland oder Spanien der Fall ist. Denn ein so weit als möglich selbstbestimmtes Sterben ist auch un-

[1246] Vgl. Meldung der Deutsche Hospiz Stiftung im Februar 2001, im Internet unter http://www.hospize.de/texte/historie.htm, sowieSchreiber, FS für Rudolphi, S. 543, 545.
[1247] Zu den Möglichkeiten, aber auch Gefahren einer „Bürokratisierung" der Suizidbeihilfe s. im Übrigen Arzt, FS für Schreiber, S. 583, 588 ff.

lösbarer Bestandteil eines menschenwürdigen Sterbens. Gefordert ist aber nicht nur der Gesetzgeber. Gefordert ist die gesamte Gesellschaft, der einzelne mündige Bürger, in der Auseinandersetzung mit diesem wahrhaft existenziellen und in irgendeiner Weise jeden betreffenden Themas.

LITERATURVERZEICHNIS

Achenbach, Hans: „Beteiligung am Suizid und Sterbehilfe – Strukturen eines unübersichtlichen Problemfeldes", JURA 2002, 542 ff.

Alberts, Hermann: „Sterbehilfe, Vormundschaftsgericht und Verfassung", NJW 1999, 835 ff.

ders.: „Sterben mit Genehmigungsvorbehalt?", BtPrax 2003, 139 ff.

Alastuey Dobón, María del Carmen: „Delitos de comisión por omisión en la jurisprudencia del Tribunal Supremo", ADPCP 45 (1992), 969 ff.

Alonso Herreros, Diego: „Una aproximación al documento de voluntades anticipadas. Análisis de la ley holandesa sobre la eutanasia", LL 5685 (2002), 1 ff.

Ankermann, Ernst: „Verlängerung sinnlos gewordenen Lebens? – Zur rechtlichen Situation von Koma-Patienten", MedR 1999, 387 ff.

Antoine, Jörg: Aktive Sterbehilfe in der Grundrechtsordnung, Diss. 2002, Verlag Duncker & Humblot, 2004

Arzt, Gunther: „Bürokratisierung der Hilfe beim Sterben und beim Suizid – Zürich als Modell", in: Strafrecht Biorecht Rechtsphilosophie, Festschrift für Hans-Ludwig Schreiber zum 70. Geburtstag am 10. Mai 2003, S. 583 ff., hrsg. von Amelung, Knut / Beulke, Werner / Lilie, Hans / Rosenau, Henning / Rüping, Hinrich / Wolfslast, Gabriele, C.F. Müller Verlag, 2003; zitiert: Arzt, Festschrift für Schreiber

Arzt, Gunther / Weber, Ulrich: Strafrecht Besonderer Teil, Lehrbuch, Gieseking Verlag, 2000; zitiert: Arzt/Weber, StR BT

Asúa, Adela / de la Mata, Norberto J.: „El delito de coacciones y el tratamiento médico realizado sin consentimiento o con consentimiento viciado", LL 1990 – III, 865 ff.

Atienza, Manuel: Tras la justicia. Una introducción al Derecho y al razonamiento jurídico, Verlag Ariel, 1993

Bacigalupo, Enrique: „El consentimiento en los delitos contra la vida y la integridad física", PJ no. especial XII (1990), 147 ff.

Bajo Fernández, Miguel: „La intervención médica contra la voluntad del paciente (a propósito del Auto de la Sala Segunda del Tribunal Supremo de 14 de marzo de 1979)", ADPCP 1979, 491 ff.

ders.: „Agresión médica y consentimiento del paciente", CPC 25 (1985), 127 ff.

ders.: Manual de Derecho Penal (Parte Especial), Delitos contra las personas, 2. Auflage 1991, Editorial Centro de Estudios Ramón Areces; zitiert: Bajo Fernández, Manual de Derecho Penal – PE

ders.: „Prolongación artificial de la vida y trato inhumano o degradante", CPC 51 (1993), 709 ff.

Barquín Sanz, Jesús: „La eutanasia como forma de intervención en la muerte de otro", in: Roxin, Claus / Mantovani, Ferrando / Olmedo Cardenete, Miguel / Barquín Sanz, Jesús, Eutanasia y suicidio

– Cuestiones dogmáticas y de política criminal, Verlag COMARES, 2001; zitiert: Barquín Sanz, in: Roxin/Mantovani/Olmedo Cardenete/Barquín Sanz, Eutanasia y suicidio

Baumann, Jürgen: „Richtigstellung zum Euthanasieproblem", JZ 1975, 202 f.

Baumann, Jürgen / Bochnik, Hans Joachim / Brauneck, Anne-Eva / Calliess, Rolf-Peter / Carstensen, Gert / Eser, Albin / Jensen, Hans-Peter / Kaufmann, Arthur / Klug, Ulrich / Koch, Hans-Georg / v. Luterotti, Markus / Perels, Michael / Rolinski, Klaus / Roxin, Claus / Schöch, Heinz / Schöne, Wolfgang / Schreiber, Hans-Ludwig / Schüler-Springorum, Horst / Teyssen, Johannes / Wawersik, Jürgen / Wolfslast, Gabriele / Zülch, Klaus-Joachim: Alternativentwurf eines Gesetzes über Sterbehilfe – Entwurf eines Arbeitskreises von Professoren des Strafrechts und der Medizin sowie ihrer Mitarbeiter, Georg Thieme Verlag, 1986; zitiert: Baumann u.a., Alternativentwurf eines Gesetzes über Sterbehilfe

Beckert, Frauke: Strafrechtliche Probleme um Suizidbeteiligung und Sterbehilfe unter besonderer Berücksichtigung historischer und ethischer Aspekte, Diss. 1994, Shaker Verlag, 1996; zitiert: Beckert, Probleme um Suizidbeteiligung und Sterbehilfe

Bentabol Manzanares, Fernando: "Responsabilidad médica. Una aproximación a su problemática", EJMF II-2002, 445 ff.

Benzenhöfer, Udo: Der gute Tod? – Euthanasie und Sterbehilfe in Geschichte und Gegenwart, Verlag C.H. Beck, 1999; zitiert: Benzenhöfer, Der gute Tod?

Berdugo Gómez de la Torre, Ignacio / Arroyo Zapatero, Luis: Manual de Derecho Penal – Parte General, Tomo I, Instrumentos y principios básicos del derecho penal, 1. Auflage 1994, Verlag Wolter Kluwer; zitiert: Berdugo Gómez de la Torre/Arroyo Zapatero, Manual de Derecho Penal – PG

Berger, Christian: „Privatrechtliche Gestaltungsmöglichkeiten zur Sicherung der Patientenautonomie am Ende des Lebens", JZ 2000, 797 ff.

Bernat, Erwin: „Behandeln oder sterben lassen? – Rechtsdogmatische und rechtsvergleichende Überlegungen zum Abbruch lebenserhaltender medizinischer Behandlung", in: Festschrift für Erwin Deutsch zum 70. Geburtstag, S. 443 ff., hrsg. von Hans-Jürgen Ahrens, Christian von Bar, Gerfried Fischer, Andreas Spickhoff, Jochen Taupitz, Carl Heymanns Verlag KG, 1999; zitiert: Bernat, FS für Deutsch

Betancor, Juana Teresa: „El testamento vital", Eguzkilore 9 (1995), 97 ff.

Bienwald, W.: Anmerkung zum Beschluss des BGH vom 17.03.2003, MDR 2003, 694 f.

Bockelmann, Paul: „Strafrecht – Besonderer Teil II", ZStW 66 (1954), 111 ff.

ders.: Strafrecht des Arztes, Georg Thieme Verlag, 1968

Bonner Kommentar zum Grundgesetz, 115. Aktualisierung Dezember 2004, hrsg. von Dolzer, Rudolf / Vogel, Klaus / Graßhof, Karin, Verlag C.F.Müller; zitiert: BK-Bearbeiter

Borja Jiménez, Emiliano: Curso de Política Criminal, Verlag tirant lo blanch, 2003

Borttscheller, Georgia: Die Bedeutung des Patientenwillens im Bereich der Sterbehilfe, Diss., 2002

Bottke, Wilfried: Suizid und Strafrecht, Habil., Verlag Duncker & Humblot, 1982

ders.: „Das Recht auf Suizid und Suizidverhütung“, GA 1982, 346 ff.

ders.: „Probleme der Suizidbeteiligung“, GA 1983, 22 ff.

ders.: „Strafrechtliche Probleme am Lebensbeginn und am Lebensende. Bestimmungsrecht versus Lebenserhaltung“, in: Bottke, Wilfried / Fritsche, Paul / Huber, Wolfgang / Schreiber, Hans-Ludwig, Lebensverlängerung aus medizi-nischer, ethischer und rechtlicher Sicht, S. 35 ff., C.F. Müller Verlag, 1995; zitiert: Bottke, in: Bottke/Fritsche/Huber/Schreiber, Lebensverlängerung

Brage Camazano, Joaquín: „La posible inconstitucionalidad de las penas del delito de eutanasia en el proyecto de Código Penal“, RGD 1993, 4429 ff.

Brändel, Oliver C.: „Über das Recht, den Zeitpunkt des eigenen Todes selbst zu bestimmen“, ZRP 1985, 85 ff.

Brandts, Ricarda / Schlehofer, Horst: „Die täuschungsbedingte Selbsttötung im Lichte der Einwilligungslehre“, JZ 1987, 442 ff.

Bringewat, Peter: „Die Strafbarkeit der Beteiligung an fremder Selbsttötung als Grenzproblem der Strafrechtsdogmatik“, ZStW 87 (1975), 623 ff.

Bueno Arús, Francisco: „Límites del consentimiento en la disposición del propio cuerpo desde la perspectiva del Derecho Penal”, PJ 15 (1985), 11 ff.

ders.: „El rechazo del tratamiento en el ámbito hospitalario“, AP 1991 – 2, 395 ff.

Bühler, Ernst / Stolz, Konrad: „Wann hat ein ‚Grundleiden’ einen ‚irreversiblen tödlichen Verlauf‘ angenommen? – Zur Entscheidung des BGH vom 17.3.2003“, FamRZ 2003, 1622 f.

Burchardi, Hilmar: „Begrenzung oder Beendigung der Behandlung aus der Sicht eines Intensivmediziners – Ein internationaler Vergleich der Richtlinien”, in: FS für Erwin Deutsch zum 70. Geburtstag, S. 477 ff., (s.o.); zitiert: Burchardi, FS für Deutsch

Burleigh, Michael: Tod und Erlösung – Euthanasie in Deutschland 1900 – 1945, Pendo Verlag GmbH, 2002

Cabello Mohedano, Francisco A. / García Gil, José Manuel / Viqueira Turnez, Agustín: Entre los límites personales y penales de la eutanasia, Servicio de Publicaciones Universidad de Cádiz, 1990

Calderón Cerezo, Ángel / Choclán Montalvo, José Antonio: Derecho Penal, Tomo II, Parte Especial, Verlag Bosch, 1999; zitiert: Calderón Cerezo/Choclán Montalvo, Derecho Penal – PE

Cancio Meliá, Manuel: Conducta de la víctima e imputación objetiva en Derecho penal. Estudio sobre los ámbitos de responsabilidad de víctima y autor en actividades arriesgadas, Verlag Bosch, 1988; zitiert: Cancio Meliá, Conducta de la víctima a imputación objetiva

Carbonell Mateu, Juan Carlos: „Libre desarrollo de la personalidad y delitos contra la vida. Dos cuestiones: suicidio y aborto“, CPC 45 (1991), 661 ff.

ders.: “Constitución, suicidio y eutanasia”, CJ 10 (1993), 26 ff.

Casado González, María: La Eutanasia. Aspectos Éticos y Jurídicos, Editorial Reus, 1994; zitiert: Casado González, La Eutanasia

Cerezo Mir, José: „La eximente de obrar en cumplimiento de un deber o en el ejercicio legítimo de un derecho, oficio o cargo", ADPCP 40 (1987), 273 ff.

Charalambakis, Aristotelis: „Selbsttötung aufgrund Irrtums und mittelbare Täterschaft", GA 1986, 485 ff.

Chatzikostas, Konstantinos: Die Disponibilität des Rechtsgutes Leben in ihrer Bedeutung für die Probleme von Suizid und Euthanasie, Diss. 2000, Peter Lang Europäischer Verlag der Wissenschaften, 2001; zitiert: Chatzikostas, Die Disponibilität des Rechtsgutes Leben

Cobo del Rosal, Manuel: Comentarios al Código Penal, Tomo III, V, Editoriales de Derecho Reunidas, 1999; zitiert: Bearbeiter, in: Cobo del Rosal, Comentarios al CP

ders.: Curso de derecho penal español, Parte Especial, Tomo I, Verlag Marcial Pons, 1996; zitiert: Bearbeiter, in: Cobo del Rosal, Curso de derecho penal – PE

ders.: Compendio de derecho penal español, Parte Especial, Verlag Marcial Pons, 2000; zitiert: Bearbeiter, in: Cobo del Rosal, Compendio de derecho penal

Coeppicus, Rolf: „Behandlungsabbruch, mutmaßlicher Wille und Betreuungsrecht", NJW 1998, 3381 ff.

Corcoy Bidasolo, Mirentxu: "Consentimiento y disponibilidad sobre bienes jurídicos personales. En particular: eficacia del consentimiento del paciente en el tratamiento médico-quirúrgico", in: El nuevo Código Penal: presupuestos y fundamentos, Libro homenaje al Prof. Dr. Don Ángel Torío López, S. 261 ff., hrsg. von Cerezo Mir, José / Suárez Montes, Rodrigo F. / Beristain Ipiña, Antonio / Romeo Casabona, Carlos M., Verlag COMARES, 1999; zitiert: Corcoy Bidasolo, Libro homenaje al Prof. Ángel Torío López

Cuttini, M. / Nadai, M. / Kaminski, M. / Hansen, G. / de Leeuw, R. / Lenoir, S. / Persson, J. / Rebagliato, M. / Reid, M. / de Vonderweid, U. / Lenard, H. G. / Orzalesi, M. / Saracci, R.: „End-of-life decisions in neonatal intensive care: physicians' self-reported practices in seven European countries", The Lancet 355 (2000), 2112 ff.

Czerner, Frank: „Aktive Sterbehilfe auch gegenüber Kindern? Zur Übertragbarkeit der aktuellen Diskussion in den Niederlanden auf die Bundesrepublik Deutschland unter verfassungsrechtlichen Gesichtspunkten", MedR 2001, 354 ff.

Degener, Wilhelm: ‚Die Lehre vom Schutzzweck der Norm' und die strafgesetzlichen Erfolgsdelikte, Habil., 1. Auflage 2001, Nomos Verlagsgesellschaft

von Dellingshausen, Ulrike Baronin: Sterbehilfe und Grenzen der Lebenserhaltungspflicht des Arztes, Verlag Dr. Peter Mannhold, 1981

Detering, Jutta: „Forum: § 216 StGB und die aktuelle Diskussion um die Sterbehilfe", JuS 1983, 418 ff.

Deutsch, Erwin: „Verfassungszivilrecht bei der Sterbehilfe", NJW 2003, 1567 ff.

Díaz Aranda, Enrique: Dogmática del suicidio y homicidio consentido, Servicio de Publicaciones de la Facultad de Derecho de la Universidad Complutense de Madrid/Centro de Estudios Judiciales del Ministerio de Justicia, 1995

Diederichsen, Uwe: „Bemerkungen zu Tod und rechtlicher Betreuung", in: Festschrift für Hans-Ludwig Schreiber zum 70. Geburtstag, S. 635 ff., (s.o.); zitiert: Diederichsen, FS für Schreiber

Díaz y García Conlledo, Miguel: La autoría en Derecho Penal, Verlag PPU, 1991.

Díez Ripollés, José Luis: „Suicidio y homicidio consentido", in: Díez Ripollés, José Luis/Gracia Martín, Luis: Delitos contra bienes jurídicos fundamentales – Vida humana independiente y libertad, Verlag tirant lo blanch, 1993; zitiert: Díez Ripollés, in: Díez Ripollés/Gracia Martín, Delitos contra bienes jurídicos fundamentales

ders.: „Eutanasia y derecho", Eguzkilore 9 (1995), 113 ff.

Díez Ripollés, José Luis / Gracia Martín, Luis / Laurenzo Copello, Patricia: Comentarios al Código Penal – Parte Especial, Tomo I: Títulos I a VI y faltas correspondientes, Verlag tirant lo blanch, 1997; zitiert: Bearbeiter, in: Díez Ripollés/Gracia Martín/Laurenzo Copello, Comentarios al CP – PE

Díez Ripollés, José Luis / Muñoz Sánchez, Juan (coord.): El tratamiento jurídico de la eutanasia. Una perspectiva comparada, Verlag tirant lo blanch, 1996

Dodegge, Georg: „Die Entwicklung des Betreuungsrechts bis Anfang Juni 1999", NJW 1999, 2709 ff.

Dölling, Dieter: „Fahrlässige Tötung bei Selbstgefährdung des Opfers", GA 1984, 71 ff.

ders.: „Suizid und unterlassene Hilfeleistung", NJW 1986, 1011 ff.

ders.: „Zulässigkeit und Grenzen der Sterbehilfe", MedR 1987, 6 ff.

ders.: Anmerkung zum Urteil des BGH vom 15.11.1996 (BGH St 42, 301), JR 1998, 160 ff.

Dreier, Horst (Hrsg.): Grundgesetz Kommentar, Band I – Präambel, Artikel 1-19, 2. Auflage 2004, Mohr Siebeck Verlag; zitiert: Dreier-Bearbeiter

Ebert, Udo: Der Überzeugungstäter in der neueren Rechtsentwicklung – zugleich ein Versuch zu seiner Beurteilung de lege lata, Verlag Duncker & Humblot, 1975; zitiert: Ebert, Der Überzeugungstäter

Eibach, Ulrich: „Künstliche Ernährung um jeden Preis? – Ethische Überlegungen zur Ernährung durch ‚percutane enterale Gastrostomie' (PEG-Sonden)", MedR 2002, 123 ff.

Eisenbart, Bettina: Patienten-Testament und Stellvertretung in Gesundheitsangelegenheiten – Alternativen zur Verwirklichung der Selbstbestimmung im Vorfeld des Todes, Diss. 1997, Nomos Verlagsgesellschaft, 1998

Engisch, Karl: Die Kausalität als Merkmal der strafrechtlichen Tatbestände, Verlag J.C.B. Mohr (Paul Siebeck), 1931

ders.: „Konflikte, Aporien und Paradoxien bei der rechtlichen Beurteilung der ärztlichen Sterbehilfe“, in: Festschrift für Eduard Dreher zum 70. Geburtstag am 29. April 1977, S. 309 ff., hrsg. von Jescheck, Hans-Heinrich / Lüttger, Hans, Walter de Gruyter Verlag, 1977; zitiert: Engisch, FS für Dreher

ders.: „Aufklärung und Sterbehilfe bei Krebs in rechtlicher Sicht“, in: Festschrift für Paul Bockelmann zum 70. Geburtstag am 7. Dezember 1978, S. 519 ff., hrsg. von Kaufmann, Arthur / Bemmann, Günter / Krauss, Detlef / Volk, Klaus, Verlag C.H. Beck, 1979; zitiert: Engisch, FS für Bockelmann

ders.: „Die Strafwürdigkeit der Unfruchtbarmachung mit Einwilligung“, in: Beiträge zur gesamten Strafrechtswissenschaft, Festschrift für Hellmuth Mayer zum 70. Geburtstag am 1. Mai 1965, S. 399 ff., hrsg. von Geerds, Friedrich / Naucke, Wolfgang, Verlag Duncker & Humblot, 1966; zitiert: Engisch, FS für H. Mayer

ders.: „Tun und Unterlassen“, in: Festschrift für Wilhelm Gallas zum 70. Geburtstag am 22. Juli 1973, S. 163 ff., hrsg. von Karl Lackner, Heinz Leferenz, Eberhard Schmidt, Jürgen Welp und Ernst Amadeus Wolff, Walter de Gruyter Verlag, 1973; zitiert: Engisch, FS für Gallas

Eser, Albin: Strafrecht II, Schwerpunkte: Fahrlässigkeit Unterlassung Versuch Teilnahme, 2. Auflage 1976, Verlag C.H. Beck; zitiert: Eser, StR/II

ders.: „Lebenserhaltungspflicht und Behandlungsabbruch aus rechtlicher Sicht“, in: Auer, Alfons / Menzel, Hartmut / Eser, Albin, Zwischen Heilauftrag und Sterbehilfe – Zum Behandlungsabbruch aus ethischer, medizinischer und rechtlicher Sicht, S. 75 ff., Heymanns Verlag, 1977; zitiert: Eser, in: Auer/Menzel/Eser, Zwischen Heilauftrag und Sterbehilfe

ders.: „Ziel und Grenzen der Intensivpädiatrie aus rechtlicher Sicht“, in: Arzt- und Kassenarztrecht im Wandel, Festschrift für Helmut Narr zum 60. Geburtstag, S. 47 ff., hrsg. von Kamps, Hans / Laufs, Adolf, Springer-Verlag, 1988; zitiert: Eser, FS für Narr

ders.: „Die Tötungsdelikte in der Rechtsprechung seit BGH – GSSt 1/81 bis Ende Juni 1983“, NStZ 1984, 49 ff.

ders.: „Sterbewille und ärztliche Verantwortung – Zugleich Stellungnahme zum Urteil des BGH im Fall Dr. Wittig“, MedR 1985, 6 ff.

ders.: Möglichkeiten und Grenzen der Sterbehilfe aus der Sicht eines Juristen, in: Jens, Walter / Küng, Hans, Menschenwürdig sterben, S. 149 ff.; zitiert: Eser, in: Jens/Küng, Menschenwürdig sterben

Espinosa Labella, Manuel: „Las transfusiones de sangre a los testigos de Jehová: un conflicto entre el médico y el enfermo“, AP 1996 - 2, 943 ff.

Everschor, Monika: Probleme der Neugeboreneneuthanasie und der Behandlungsgrenzen bei schwerstgeschädigten Kindern und extrem unreifen Frühgeborenen aus rechtlicher und ethischer Sicht, Diss. 2000, Peter Lang Europäischer Verlag der Wissenschaften, 2001; zitiert: Everschor, Probleme der Neugeboreneneuthanasie

Faraldo Cabana, Patricia: „La omisión del profesional sanitario: Los delitos de omisión del deber de socorro y denegación de asistencia o abandono de los servicios sanitarios“, in: Brandariz García, José Ángel / Faraldo Cabana, Patricia (coord.), Responsabilidad penal del Personal Sanitario, S. 117 ff., Verlag Netbiblo, 2002; zitiert: Faraldo Cabana, in: Brandariz García/Faraldo Cabana, Responsabilidad penal del Personal Sanitario

Faßbender, Kurt: „Lebensschutz am Lebensende und Europäische Menschenrechtskonvention", JURA 2004, 115 ff.

Fernández-Espinar, Gonzalo: „Consideraciones en torno a una noción criminalista de la eutanasia", CPC 51 (1993), 755 ff.

Finger, Catrin: „Evaluation der Praxis der aktiven Sterbehilfe und der Hilfe bei der Selbsttötung in den Niederlanden für das Jahr 2001", MedR 2004, 379 ff.

Fink, Udo: Selbstbestimmung und Selbsttötung – verfassungsrechtliche Fragestellungen im Zusammenhang mit Selbsttötungen, Diss. 1991, Heymann Verlag, 1992; zitiert: Fink, Selbstbestimmung und Selbsttötung

Frellesen, Peter: Die Zumutbarkeit der Hilfeleistung, Diss. 1979, Alfred Metzner Verlag, 1980

Frister, Helmut: Anmerkung zum Beschluss des OLG Frankfurt/M. vom 15.07.1998, JR 1999, 73 f.

Fritsche, Paul: „Der Arzt und seine Verpflichtung zur Sterbehilfe", MedR 1993, 126 ff.

Fröschle, Tobias: „Maximen des Betreuerhandelns und die Beendigung lebenserhaltender Eingriffe", JZ 2000, 72 ff.

Füllmich, Reiner: „Zur Ablehnung künstlich lebensverlängernder medizinischer Maßnahmen durch nicht entscheidungsfähige Patienten", NJW 1990, 2301 ff.

Gallas, Wilhelm: „Zum gegenwärtigen Stand der Lehre vom Verbrechen", ZStW 67 (1955), 1 ff.

ders.: „Strafbares Unterlassen im Fall einer Selbsttötung", JZ 1960, 649 ff., 686 ff.

García Arán, Mercedes: „Eutanasia y disponibilidad de la propia vida", in: Díez Ripollés, José Luis, Delitos contra la vida e integridad física, Verlag Consejo General del Poder Judicial, Cuadernos de derecho judicial, 1995; zitiert: García Arán, in: Díez Ripollés, Delitos contra la vida e integridad física

García Rivas, Nicolás: „Hacia una justificación más objetiva de la eutanasia", in: Homenaje al Dr. Marino Barbero Santos in memoriam, vol. II, S. 149 ff., Nieto Martín, Adán (coord.), Ediciones Universidad de Salamanca, 2001; zitiert: García Rivas, Homenaje al Dr. Marino Barbero Santos

ders.: „Despenalización de la eutanasia en la Unión Europea: autonomía e interés del paciente", RP 11 (2003), 15 ff.

Geilen, Gerd: „Neue juristisch-medizinische Grenzprobleme – Betrachtungen zu Göppinger, Arzt und Recht", JZ 1968, 145 ff.

ders.: „Das Leben des Menschen in den Grenzen des Rechts – Zu den Wandlungen des Todesbegriffs und zu neuen Schutzproblemen des werdenden Lebens", FamRZ 1968, 121 ff.

ders.: „Suizid und Mitverantwortung", JZ 1974, 145 ff.

ders.: Euthanasie und Selbstbestimmung – juristische Betrachtungen zum „Recht auf den eigenen Tod", Mohr Verlag, 1975; zitiert: Geilen, Euthanasie und Selbstbestimmung

Gimbernat Ordeig, Enrique: Estudios de Derecho Penal, 3. Auflage 1990, Verlag Tecnos

Gómez Benítez, Jose Manuel: Teoría jurídica del delito. Derecho Penal. Parte General, Civitas Verlag, 1984; zitiert: Gómez Benítez, Derecho Penal – PG

Gómez Pavón, Pilar: Tratamientos médicos: su responsabilidad penal y civil, Verlag Bosch, 1997; zitiert: Gómez Pavón: Tratamientos médicos

Gómez Rivero, María del Carmen: „La intervención omisiva en el suicidio de un tercero", AP 1998.2, 889 ff.

dies.: La Responsabilidad Penal del Médico – Doctrina y Jurisprudencia, Verlag tirant lo blanch, 2003; zitiert: Gómez Rivero, La responsabilidad penal del médico

Gössel, Karl Heinz: Besprechung von Joachim Wagner, Selbstmord und Selbstmordverhinderung, JA 1976, 395 f.

ders.: Strafrecht Besonderer Teil Band 1, Delikte gegen immaterielle Rechtsgüter des Individuums, C.F. Müller Verlag, 1987; zitiert: Gössel, StR BT

Grabenwarter, Christoph: Europäische Menschenrechtskonvention, Verlag C.H. Beck, 2003; zitiert: Grabenwarter, EMRK

Gropp, Walter: „Suizidbeteiligung und Sterbehilfe in der Rechtsprechung", NStZ 1985,97 ff.

Gründel, Mirko: „Einwilligung des Betreuers in den Abbruch lebenserhaltender Maßnahmen", NJW 1999, 3391 ff.

Guckes, Barbara: Das Argument der schiefen Ebene – Schwangerschaftsabbruch, die Tötung Neugeborener und Sterbehilfe in der medizinethischen Diskussion, Diss. 1995, Verlag G. Fischer, 1997; zitiert: Guckes, Das Argument der schiefen Ebene

Haffke, Bernhard: „Drogenstrafrecht", ZStW 107 (1995), 761 ff.

Haft, Fritjof: Strafrecht besonderer Teil – die wichtigsten Tatbestände des Besonderen Teils des Strafgesetzbuches, 5. Auflage 1995, Verlag C.H. Beck; zitiert: Haft, StR BT

ders.: Strafrecht Allgemeiner Teil, 7. Auflage 1996, Verlag C.H. Beck; zitiert: Haft, StR AT

Hahne, Meo-Michaela: „Zwischen Fürsorge und Selbstbestimmung – Über die Grenzen von Patientenautonomie und Patientenverfügung", FamRZ 2003, 1619 ff.

Hamann, Andreas / Lenz, Helmut: Das Grundgesetz für die Bundesrepublik Deutschland vom 23. Mai 1949, Kommentar, 3. Auflage 1970, Luchterhand Verlag GmbH

Hanack, Ernst-Walter: „Euthanasie in strafrechtlicher Sicht", in: Hiersche, Hans-Dieter, Euthanasie, Probleme der Sterbehilfe – Eine interdisziplinäre Stellungnahme, S. 121 ff., Piper Verlag, 1975; zitiert: Hanack, in: Hiersche, Euthanasie

ders.: „Grenzen ärztlicher Behandlungspflicht bei schwerstgeschädigten Neugeborenen aus juristischer Sicht", MedR 1985, 33 ff.

Hanika, Heinrich: „Patientencharta – Stärkung der Rechte der Patienten bei der Reform der Gesundheitssysteme in Europa – Herausforderungen für Deutschland?!", MedR 1999, 149 ff.

Hartmann, Tanja: „Patientenverfügung und Psychiatrische Verfügung – Verbindlichkeit für den Arzt?“, NStZ 2000, 113 ff.

van der Heide, Agnes / Deliens, Luc / Faisst, Karin / Nilstun, Tore / Norup, Michael / Paci, Eugenio / van der Wal, Gerrit / van der Maas, Paul J.: „End-of-life decision-making in six European countries: descriptive study“, The Lancet, 361 (2003), 345 ff.

Heine, Günter: „Sterbehilfe als rechtliches Problem: Die Situation in der Schweiz“, JR 1986, 314 ff.

Helgerth, Roland: „Strafrechtliche Beurteilung der Sterbehilfe durch den Arzt“, JR 1976, 45 ff.

ders.: Anmerkung zum Urteil des BGH vom 13.09.1994, JR 1995, 338 ff.

Hernando García, Pedro J.: „Problemática jurídico-constitucional sobre la libre disposición de la vida humana: la eutanasia“, in: Escritos jurídicos en Memoria de Luis Mateo Rodríguez, Tomo I, Derecho Público, S. 251 ff., Universidad de Cantabria – Facultad de Derecho, 1993; zitiert: Hernando García, in: Escritos jurídicos en Memoria de Luis Mateo Rodríguez

Herzberg, Rolf Dietrich: „Grundfälle zur Lehre von Täterschaft und Teilnahme“, JuS 1974, 237 ff., 374 ff., 574 ff., 719 ff., JuS 1975, 171 ff.

ders.: „Beteiligung an einer Selbsttötung oder tödlichen Selbstgefährdung als Tötungsdelikt“, JA 1985, 131 ff., 177 ff., 265 ff., 336 ff.

ders.: „Der Fall Hackethal: Strafbare Tötung auf Verlangen?“, NJW 1986, 1635 ff.

ders.: „Die Quasi-Mittäterschaft bei § 216 StGB: Straftat oder straffreie Suizidbeteiligung? – BGH, NJW 1987, 1092“, JuS 1988, 771 ff.

ders.: „Straffreie Beteiligung am Suizid und gerechtfertigte Tötung auf Verlangen – Zugleich eine Besprechung der Entscheidungen des *OLG München* vom 31.7.1987 – 1 Ws 23/87 –, des *LG Ravensburg* vom 3.12.1986 – 3 Kls 31/86 – und des *VG Karlsruhe* vom 11.12.1987 – 8 K 205/87“, JZ 1988, 182 ff.

ders.: „Straffreies Töten bei Eigenverantwortlichkeit des Opfers?“, NStZ 1989, 559 ff.

ders.: „Sterbehilfe als gerechtfertige Tötung im Notstand?“, NJW 1996, 3043 ff.

ders.: „Straffreies Töten bei Eigenverantwortlichkeit des Opfers?“, NStZ 1989, 559 ff.

ders.: „Vorsätzliche und fahrlässige Tötung bei ernstlichem Sterbebegehren des Opfers“, NStZ 2004, 1 ff.

Heyers, Johannes: Passive Sterbehilfe bei entscheidungsunfähigen Patienten und das Betreuungsrecht, Diss. 2000, Verlag Duncker & Humblot, 2001; zitiert: Heyers, Passive Sterbehilfe und das Betreuungsrecht

Heymann, Monika: „Die Europäische Menschenrechtskonvention und das Recht auf aktive Sterbehilfe – EGMR, NJW 2002, 2851“, JuS 2002, 957 ff.

Hiersche, Hans-Dieter: „Das Recht des Menschen auf seinen würdigen Tod“, MedR 1987, 83 ff.

Hirsch, Hans Joachim: „Einwilligung und Selbstbestimmung“, in: Festschrift für Hans Welzel zum 70. Geburtstag am 25. März 1974, S. 775 ff., hrsg. von Stratenwerth, Günter / Kaufmann, Armin / Geilen, Gerd / Hirsch, Hans Joachim / Schreiber, Hans-Ludwig / Jakobs, Günther / Loos, Fritz, Walter de Gruyter Verlag, 1974; zitiert: Hirsch, FS für Welzel

ders.: Anmerkung zu BGH v. 18.7.1978 – 1 StR 209/78 (JR 1979, 429), JR 1979, 429 ff.

ders.: „Behandlungsabbruch und Sterbehilfe“, in: Festschrift für Karl Lackner zum 70. Geburtstag am 18. Februar 1987, S. 597 ff., hrsg. von Küper, Wilfried in Verbindung mit Puppe, Ingeborg und Tenckhoff, Jörg, Walter de Gruyter Verlag, 1987; zitiert: Hirsch, FS für Lackner

ders.: „Zum Spannungsverhältnis von Theorie und Praxis im Strafrecht“, in: Festschrift für Herbert Tröndle zum 70. Geburtstag am 24. August 1989, S. 19 ff., hrsg. von Jescheck, Hans-Heinrich / Vogler, Theo, Walter de Gruyter Verlag, 1989; zitiert: Hirsch, FS für Tröndle

Höfling, Wolfram: „Forum: ‚Sterbehilfe' zwischen Selbstbestimmung und Integritätsschutz“, JuS 2000, 111 ff.

Hohmann, Ralf / König, Pia: „Zur Begründung der strafrechtlichen Verantwortlichkeit in den Fällen der aktiven Suizidteilnahme“, NStZ 1989, 304 ff.

Hoerster, Norbert: Sterbehilfe im säkularen Staat, 1. Auflage 1998, Suhrkamp Verlag

ders.: „Rechtsethische Überlegungen zur Freigabe der Sterbehilfe“, NJW 1986, 1786 ff.

Holzhauer, Heinz: „Von Verfassungs wegen: Straffreiheit für passive Sterbehilfe“, ZRP 2004, 41 ff.

Hufen, Friedhelm: „In dubio pro dignitate – Selbstbestimmung und Grundrechtsschutz am Ende des Lebens“, NJW 2001, 849 ff.

ders.: „Verfassungsrechtliche Grenzen des Richterrechts – Zum neuen Sterbehilfe-Beschluss des BGH“, ZRP 2003, 248 ff.

Isemer, Friedrich-Eckart / Lilie, Hans: „Rechtsprobleme bei Anencephalen“, MedR 1988, 66 ff.

Jakobs, Günther: Tötung auf Verlangen, Euthanasie und Strafrechtssystem – öffentlicher Vortrag vom 2. Februar 1998, vorgelegt am 8. Mai 1998, Verlag der Bayerischen Akademie der Wissenschaften, 1998; zitiert: Jakobs, Tötung auf Verlangen

ders.: Strafrecht Allgemeiner Teil, Die Grundlagen und die Zurechnungslehre, 2. Auflage 1991, Walter de Gruyter Verlag; zitiert: Jakobs, StR AT

ders.: „Zum Unrecht der Selbsttötung und der Tötung auf Verlangen – Zugleich zum Verhältnis von Rechtlichkeit und Sittlichkeit“, in: Strafgerechtigkeit – Festschrift für Arthur Kaufmann zum 70. Geburtstag, S. 459 ff., hrsg. von Haft, Fritjof / Hassemer, Winfried / Neumann, Ulfrid / Schild, Wolfgang / Schroth, Ulrich, Verlag C.F. Müller, 1993; zitiert: Jakobs, FS für Kaufmann

Janssen, André: „Die Regelung der aktiven Sterbehilfe in den Niederlanden – Ein Novum“, ZRP 2001, 179 ff.

ders.: „'Sterbe-Tourismus' in die Niederlande – Euthanasie im ‚Land der unbegrenzten Möglichkeiten'?“, ZfL 2002, 107 ff.

Jarass, Hans D./Pieroth, Bodo: Grundgesetz für die Bundesrepublik Deutschland, Kommentar, 6. Auflage 2002, Verlag C.H. Beck; zitiert: Jarass/Pieroth

Jescheck, Hans-Heinrich / Weigend, Thomas: Lehrbuch des Strafrechts – Allgemeiner Teil, 5. Auflage 1996, Verlag Duncker & Humblot; zitiert: Jescheck/Weigend, StR AT

Joecks, Wolfgang: Strafgesetzbuch - Studienkommentar, 3. Auflage 2001, Verlag C.H. Beck; zitiert: Joecks

Juanatey Dorado, Carmen: Derecho, suicidio y eutanasia, Verlag Ministerio de Justicia e Interior, 1994

dies.: „El homicidio y sus formas en el código penal de 1995. Especial referencia a la eutanasia“, in: Estudios Jurídicos. En memoriam del profesor Dr. D. José Ramón Casabó Ruiz, 2° vol., S. 127 ff., Verlag Universitat de Valencia – Institut de Criminología, 1997; zitiert: Juanatey Dorado, in: Estudios Jurídicos. En memoriam del profesor Casabó Ruiz

Kaufmann, Arthur: „Rechtsfreier Raum und eigenverantwortliche Entscheidung – Dargestellt am Problem des Schwangerschaftsabbruchs“, in: Festschrift für Reinhart Maurach zum 70. Geburtstag, S. 327 ff., hrsg. von Schroeder, Friedrich-Christian / Zipf, Heinz, Verlag C.F. Müller, 1972; zitiert: Kaufmann, FS für Maurach

ders.: „Die eigenmächtige Heilbehandlung“, ZStW 73 (1961), 341 ff.

ders.: „Zur ethischen und strafrechtlichen Beurteilung der sogenannten Früheuthanasie“, JZ 1982, 481 ff.

ders.: „Euthanasie – Selbsttötung – Tötung auf Verlangen“, MedR 1983, 121 ff.

Kintzi, Heinrich: „Ärztliche Indikation zum Töten?“, DRiZ 2002, 256 ff.

Klinger, Alfred N.: Die Strafbarkeit der Beteiligung an einer durch Täuschung herbeigeführten Selbsttötung, Diss. 1992, Shaker Verlag, 1995

Klinkenberg, Henning: „Die Rechtspflicht zum Weiterleben und ihre Grenzen – Zur Strafbarkeit der Teilnahme am Suizid“, JR 1978, 441 ff.

Kloth, Karsten: „Anenzephale als Organspender – Eine rechtsvergleichende Betrachtung“, MedR 1994, 180 ff.

Knieper, Judith: „Vormundschaftsgerichtliche Genehmigung des Abbruchs lebenserhaltender Maßnahmen“, NJW 1998, 2720 ff.

Koch, Hans-Georg / Heinemann, Nicola: „Materialien internationaler Institutionen“, in: Eser, Albin / Koch, Hans-Georg, Materialien zur Sterbehilfe – Eine internationale Dokumentation, S. 779 ff., Verlag Max-Planck-Institut für ausländisches und internationales Strafrecht, 1991; zitiert: Koch/Heinemann, in: Eser/Koch, Materialien zur Sterbehilfe

Krey, Volker: Strafrecht Besonderer Teil Band 1 – Besonderer Teil ohne Vermögensdelikte, 12. Auflage 2002, Verlag W. Kohlhammer GmbH; zitiert: Krey, StR BT/1

ders.: „Grundfälle zu den Straftaten gegen das Leben“, JuS 1971, 248 ff.

Kühl, Kristian: Anmerkung zum Beschluss des BGH vom 25.11.1986, JR 1988, 338 ff.

Kunig, Philip: „Grundrechtlicher Schutz des Lebens", JURA 1991, 415 ff.

Küpper, Georg: Grenzen der normativierenden Strafrechtsdogmatik, Verlag Duncker & Humblot, 1990

ders.: „Der Täter als ‚Werkzeug' des Opfers? BGH, NJW 2003, 2326, und OLG Nürnberg, NJW 2003, 454", JuS 2004, 757 ff.

Kutzer, Klaus: „Strafrechtliche Überlegungen zum Selbstbestimmungsrecht des Patienten und zur Zulässigkeit der Sterbehilfe", MDR 1985, 710 ff.

ders.: „Strafrechtliche Grenzen der Sterbehilfe", NStZ 1994, 110 ff.

ders.: „Rechtliche und rechtspolitische Aspekte einer verbesserten Schmerzbekämpfung in Deutschland", in: Straf- und Strafverfahrensrecht, Recht und Verkehr, Recht und Medizin, Festschrift für Hannskarl Salger zum Abschied aus dem Amt als Vizepräsident des Bundesgerichtshofes, S. 663 ff., hrsg. von Eser, Albin / Kullmann, Hans Josef / Meyer-Goßner, Lutz / Odersky, Walter / Voss, Rainer, Carl Heymanns Verlag, 1995; zitiert: Kutzer, FS für Salger

ders.: „Sterbehilfeproblematik in Deutschland: Rechtsprechung und Folgen für die klinische Praxis", MedR 2001, 77 ff.

ders.: „Die Auseinandersetzung mit der aktiven Sterbehilfe – Ein spezifisches Problem der Deutschen?", ZRP 2003, 209 ff.

ders.: „Der Vormundschaftsrichter als ‚Schicksalsbeamter'? – Der BGH schränkt das Selbstbestimmungsrecht des Patienten ein", ZRP-Rechtsgespräch, ZRP 2003, 213 ff.

Laber, Jörg: „Die rechtlichen Probleme der Früheuthanasie", MedR 1990, 182 ff.

ders.: Der Schutz des Lebens im Strafrecht, Diss. 1996, Peter Lang Europäischer Verlag der Wissenschaften, 1997

Lackner, Karl / Kühl, Kristian: Strafgesetzbuch mit Erläuterungen, Kommentar, 24. Auflage 2001, Verlag C.H. Beck; zitiert: Lackner/Kühl-Bearbeiter

Lampe, Ernst-Joachim: „Täterschaft bei fahrlässiger Straftat", ZStW 71 (1959), 579 ff.

Landau, Herbert: „'Heiligkeit des Lebens und Selbstbestimmung im Sterben'", ZRP 2005, 50 ff.

Langer, Winrich: „Rechtliche Aspekte der Sterbehilfe", in: Kruse, Torsten / Wagner, Harald, Sterbende brauchen Solidarität, S. 101 ff., Verlag C.H. Beck, 1986; zitiert: Lange, in: Kruse/Wagner, Sterbende brauchen Solidarität

Laufs, Adolf: „Zivilrichter über Leben und Tod?", NJW 1998, 3399 ff.

Laufs, Adolf / Uhlenbruck, Wilhelm: Handbuch des Arztrechts, 3. Auflage 2002, Verlag C.H. Beck; zitiert: Bearbeiter, in: Laufs/Uhlenbruck, Handbuch des Arztrechts

Lauter, H./Meyer, J.-E.: „Entkriminalisierung der Sterbehilfe? – Zum Alternativentwurf eines Gesetzes über Sterbehilfe“, MSchrKrim 1988, 370 ff.

Leipziger Kommentar zum Strafgesetzbuch, Großkommentar, Bd.1: Einleitung §§ 1 – 31, Bd. 2: §§ 32 – 60, Bd. 5: §§ 185 – 262, Bd. 7: §§ 303 – 358, hrsg. von Jähnke, Burkhard / Laufhütte, Heinrich Wilhelm / Odersky, Walter, 11. Auflage 2003, Verlag De Gruyter Recht; zitiert: LK-Bearbeiter

Lema Añón, Carlos / Brandariz García, José Ángel: „Disponibilidad de la propia vida, eutanasia y responsabilidad penal: Notas iusfilosóficas y jurídico penales“, in: Brandariz García, José Ángel / Faraldo Cabana, Patricia (coord.): Responsabilidad penal del Personal sanitario, S. 15 ff., Verlag Netbiblo, 2002; zitiert: Lema Añón / Brandariz García, in: Brandariz García/Faraldo Cabana, Responsabilidad penal del Personal sanitario

Leonardy, Helmut: „Sterbehilfe“, DRiZ 1986, 281 ff.

Lilie, Hans: Anmerkung zum Urteil des BGH vom 26.10.1982, NStZ 1983, 314 f.

ders.: „Hilfe zum Sterben“, in: Festschrift für Erich Steffen zum 65. Geburtstag am 28. Mai 1995 – Der Schadensersatz und seine Deckung, S. 273 ff., hrsg. von Deutsch, Erwin / Klingmüller, Ernst / Kullmann, Hans Josef, Walter de Gruyter Verlag, 1995; zitiert: Lilie, FS für Steffen

Lindemann, Michael: „Zur Rechtswirklichkeit von Euthanasie und ärztlich assistiertem Suizid in den Niederlanden“, ZStW 117 (2005), 208 ff.

Lipp, Volker: Anmerkung zum Beschluss des BGH vom 17.03.2003, FamRZ 2003, 756

von Liszt, Franz / Schmidt, Eberhard: Lehrbuch des Deutschen Strafrechts, 23. Auflage 1921, Verlag Walter de Gruyter & Co.

von Loewenich, Volker: „Grenzen der ärztlichen Behandlungspflicht bei schwerstgeschädigten Neugeborenen aus ärztlicher Sicht“, MedR 1985, 30 ff.

López Guerra, Luis / Espín, Eduardo / García Morillo, Joaquín / Pérez Tremps, Pablo / Satrústegui, Miguel: Derecho Constitucional, Volumen I, El ordenamiento constitucional. Derechos y deberes de los ciudadanos, 3. Auflage 1997, Verlag tirant lo blanch; zitiert: Bearbeiter, in: López Guerra/Espín, Derecho Constitucional

López Peregrin, María Carmen: La complicidad en el delito, Verlag tirant lo blanch, 1997

López Sánchez, Christina: Testamento vital y voluntad del paciente (conforme a la ley 41/2002, de 14 de noviembre), Verlag Dykinson, 2003; zitiert: López Sánchez, Testamento vital y voluntad del paciente

Luzón Cuesta, José María: Compendio de Derecho Penal – Parte especial, 8. Auflage 2000, Verlag Dykinson; zitiert: Luzón Cuesta, Compendio de Derecho Penal – PE

Luzón Peña, Diego-Manuel: “Estado de necesidad e intervención médica (o funcionarial, o de terceros) en casos de huelga de hambre, intentos de suicidio y de autolesión: algunas tesis”, LL 1988 – I, 992 ff.

von Mangoldt, Hermann / Klein, Friedrich / Starck, Christian: Das Bonner Grundgesetz, Kommentar, Band 1: Präambel, Artikel 1 bis 19, 4. Auflage 1999, Verlag Franz Vahlen; zitiert: v. Mangoldt/Klein/Starck-Bearbeiter

Manzanares Samaniego, José Luis / Albácar López, José Luis: Código Penal (Comentarios y Jurisprudencia), 2. Auflage 1990, Verlag COMARES

Marín Gámez, José Ángel: „Eutanasia: aproximación al tratamiento jurídico de la disponibilidad vital", RJC 3 (1995), 275 ff.

ders.: „Reflexiones sobre la eutanasia: una cuestión pendiente del derecho constitucional a la vida", REDC 54 (1998), 85 ff.

Martín Gómez, Miguel / Alonso Tejuca, José L.: „Aproximación jurídica al problema de la eutanasia", LL 1992 – III, 861 ff.

Mata de Antonio, José María: „Los testamentos vitales frente al Código Penal. Una nueva visión de la eutanasia", AIS 17 (2003), 9 ff.

Maunz, Theodor / Dürig, Günter / Herzog, Roman / Scholz, Rupert: Grundgesetz Kommentar, Bd. 1 Art. 1 - 5, Stand Februar 2004; zitiert: Maunz/Dürig/Herzog/Scholz-Bearbeiter

Maurach, Reinhart: Anmerkung zum Urteil des BGH vom 08.05.1956 – 5 StR 29/56, JR 1956, 348 ff.

Maurach, Reinhart / Gössel, Karl Heinz / Zipf, Heinz: Strafrecht Allgemeiner Teilband 2, Erscheinungsformen des Verbrechens und Rechtsfolgen der Tat – Ein Lehrbuch, 7. Auflage 1989, Verlag C.F. Müller; zitiert: Maurach/Gössel/Zipf, StR AT/2

Maurach, Reinhart / Schroeder, Friedrich-Christian / Maiwald, Manfred: Strafrecht Besonderer Teilband 1, Straftaten gegen Persönlichkeits- und Vermögenswerte – Ein Lehrbuch, 7. Auflage 1988, Verlag C.F. Müller; zitiert: Maurach/Schroeder/Maiwald, StR BT/1

Meier, Sybille M.: „Grenzen der ärztlichen Behandlungspflicht – Probleme der aktiven und passiven Sterbehilfe", BtPrax 1996, 161 ff.

Merkel, Reinhard: „Tödlicher Behandlungsabbruch und mutmaßliche Einwilligung bei Patienten im apallischen Syndrom – Zugleich eine Besprechung von BGH NJW 1995, 204", ZStW 107 (1995), 545 ff.

ders.: „Teilnahme am Suizid – Tötung auf Verlangen – Euthanasie. Fragen an die Strafrechtsdogmatik", in: Hegselmann, Rainer / Merkel, Reinhard, Zur Debatte über Euthanasie – Beiträge und Stellungnahmen, S. 71 ff., Suhrkamp Verlag, 1991; zitiert: Merkel, in: Hegselmann/Merkel, Zur Debatte über Euthanasie

ders.: „Ärztliche Entscheidungen über Leben und Tod in der Neonatalmedizin – Ethische und strafrechtliche Probleme", JZ 1996, 1145 ff.

ders.: „Personale Identität und die Grenzen strafrechtlicher Zurechnung – Annäherung an ein unentdecktes Grundlagenproblem der Strafrechtsdogmatik", JZ 1999, 502 ff.

ders.: Früheuthanasie – rechtsethische und strafrechtliche Grundlagen ärztlicher Entscheidungen über Leben und Tod in der Neonatalmedizin, Habil. 2000, 1. Auflage 2001, Nomos Verlag; zitiert: Merkel, Früheuthanasie

Meyer, Maria-Katharina: Ausschluss der Autonomie durch Irrtum – ein Beitrag zu mittelbarer Täterschaft und Einwilligung, Habil. 1982, Heymann Verlag, 1984; zitiert: Meyer, Ausschluss der Autonomie durch Irrtum

Meyer, René: „Die Garantenstellung beim unechten Unterlassungsdelikt", Diss., Schulthess Polygraphischer Verlag, 1972

Meyer, Jürgen: Tagungsbericht – Die Diskussionsbeiträge der Strafrechtslehrertagung 1970 in Regensburg, ZStW 83 (1971), 243 ff.

Meyer-Ladewig, Jens / Petzold, Herbert: „Die Bindung deutscher Gerichte an Urteile des EGMR – Neues aus Straßburg und Karlsruhe", NJW 2005, 15 ff.

Mezger, Edmund: Deutsches Strafrecht – Ein Grundriss, 3. Auflage 1943, Junker und Dünnhaupt Verlag; zitiert: Mezger, Dt StR

Mitsch, Wolfgang: „Grundfälle zu den Tötungsdelikten", JuS 1995, 888 ff.

Möllering, Jürgen: Schutz des Lebens – Recht auf Sterben – Zur rechtlichen Problematik der Euthanasie, Enke Verlag, 1977; zitiert: Möllering, Schutz des Lebens

Müller-Freienfels, Wolfram: Anmerkung zum Beschluss des OLG Frankfurt/M. vom 15.07.1998, JZ 1998, 1123 ff.

Muñagorri Laguía, Ignacio: Eutanasia y derecho penal, Verlag Centro de Estudios Judiciales, Colección Cursos, Ministerio de Justicia, 1994

ders.: „La regulación de la eutanasia en el nuevo Código Penal de 1995", JpD 25 (1996), 67 ff.

v. Münch, Ingo / Kunig, Philip: Grundgesetz-Kommentar, Bd. 1 (Präambel bis Art. 19), 5. Auflage 2000, Verlag C.H. Beck; zitiert: v. Münch/Kunig-Bearbeiter

Münchener Kommentar Strafgesetzbuch, Bd. 1: §§ 1 – 51, Bd. 3: §§ 185 – 262, hrsg. von Miebach, Klaus / Joecks, Wolfgang, Verlag C.H. Beck, 2003; zitiert: MüKo-Bearbeiter

Muñoz Conde, Francisco: „Die Verleitung zum Suizid durch Täuschung – Ein Grenzfall zwischen Mord in mittelbarer Täterschaft und Anstiftung oder Beihilfe zum Selbstmord", ZStW 106 (1994), 547 ff.

ders.: „Provocación al suicidio mediante engaño: un caso límite entre autoría mediata en asesinato e inducción y ayuda al suicidio", ADPCP 40 (1987), 301 ff.

ders.: Derecho Penal, Parte Especial, 13. Auflage 2001, Verlag tirant lo blanch; zitiert: Muñoz Conde, Derecho Penal – PE

Muschke, Astrid: Gesetzliche Regelung der Sterbehilfe?, Diss. 1988

Nacimiento, Wilhelm: „Das apallische Syndrom – Diagnose, Prognose und ethische Probleme", DÄBl 94 (1997), A-661 ff.

Nagel, Matthias: Passive Euthanasie – Probleme beim Behandlungsabbruch bei Patienten mit apallischem Syndrom, Diss. 2001, Peter Lang Europäischer Verlag der Wissenschaften, 2002

Neumann, Ulfrid: „Abgrenzung von Teilnahme am Selbstmord und Tötung in mittelbarer Täterschaft – BGHSt 32, 38", JuS 1985, 677 ff.

ders.: „Die Strafbarkeit der Suizidbeteiligung als Problem der Eigenverantwortlichkeit des ‚Opfers'", JA 1987, 244 ff.

Nickel, Lars Christoph: Anmerkung zum Beschluss des OLG Frankfurt/M. vom 15.07.1998, MedR 1998, 520 ff.

Nomos Kommentar zum Strafgesetzbuch, Bd. 4 (Stand: November 2003), Gesamtredaktion: Neumann, Ulfried / Puppe, Ingeborg / Schild, Wolfgang, Nomos Verlag; zitiert: NK-Bearbeiter

Nuñez Paz, Miguel Ángel: „El problema de la disponibilidad de la propia vida. El derecho a la vida y el derecho a morir en el derecho penal y en la constitución española", in: Diego Díaz-Santos, María del Rosario / Sánchez López, Virginia: Nuevas cuestiones penales, S. 135 ff., Edición COLEX, 1998; zitiert: Nuñez Paz, in: Diego Díaz-Santos/Sánchez López, Nuevas cuestiones penales

ders.: Homicidio consentido, Eutanasia y Derecho a morir con dignidad: problemática jurídica a la luz del Código Penal de 1995, Verlag Tecnos, 1999; zitiert: Nuñez Paz, Homicidio consentido

ders.: „Reflexiones en torno a la relevancia del consentimiento del sujeto pasivo en el artículo 143 del Código Penal", in: Homenaje al Dr. Marino Barbero Santos in memoriam, vol. II, S. 433 ff., (s.o.); zitiert: Nuñez Paz, in: Homenaje al Dr. Marino Barbero Santos

Oduncu, Fuat S. / Eisenmenger, Wolfgang: „Euthanasie – Sterbehilfe – Sterbebegleitung – Eine kritische Bestandsaufnahme im internationalen Vergleich", MedR 2002, 327 ff.

Ohler, Christoph / Weiß, Wolfgang: „Glaubensfreiheit versus Schutz von Ehe und Familie", NJW 2002, 194 f.

Olmedo Cardenete, Miguel: „Responsabilidad penal por la intervención en el suicidio ajeno y en el homicidio consentido", in: Roxin, Claus / Mantovani, Ferrando / Barquín Sanz, Jesús / Olmedo Cardenete, Miguel: Eutanasia y suicidio – Cuestiones dogmáticas y de política criminal, Verlag COMARES, 2001; zitiert: Olmedo Cardenete, in: Roxin/Mantovani/Barquín Sanz/Olmedo Cardenete, Eutanasia y suicidio

Onwuteaka-Philipsen, Bregje D. / van der Heide, Agnes / Koper, Dirk / Keij-Deerenberg, Ingeborg / Rietjens, Judith A. C. / Rurup, Mette L. / Vrakking, Astrid M. / Georges, Jean Jacques / Muller, Martien T. / van der Wal, Gerrit / van der Maas, Paul J.: „Euthanasia and other end-of-life decisions in the Netherlands in 1990, 1995, and 2001", The Lancet 362 (2003), 395 ff.

Opderbecke, Wolfgang / Weißauer, Walther: „Ein Vorschlag für Leitlinien – Grenzen der intensivmedizinischen Behandlungspflicht", MedR 1998, 395 ff.

Otto, Harro: „Die strafrechtliche Problematik der Sterbehilfe", JURA 1999, 434 ff.

ders.: „Eigenverantwortliche Selbstschädigung und -gefährdung sowie einverständliche Fremdschädigung und -gefährdung", in: Festschrift für Herbert Tröndle zum 70. Geburtstag am 24. August 1989, S. 157 ff., (s.o.); zitiert: Otto, Festschrift für Tröndle

ders.: Grundkurs Strafrecht – Die einzelnen Delikte, 6. Auflage 2002, Verlag Walter de Gruyter; zitiert: Otto, Grundkurs StR

ders.: Recht auf den eigenen Tod? Strafrecht im Spannungsverhältnis zwischen Lebenserhaltungspflicht und Selbstbestimmung, Gutachten D zum 56. Deutschen Juristentag Berlin 1986, in: Verhandlungen des sechsundfünfzigsten Deutschen Juristentages Berlin 1986, hrsg. von der Ständigen Diputation des Deutschen Juristentages, Verlag C.H. Beck, 1986; zitiert: Otto, Gutachten D zum 56. DJT

Otto, Harro / Brammsen, Joerg: „Die Grundlagen der strafrechtlichen Haftung des Garanten wegen Unterlassens (I)", JURA 1985, 530 ff.

Palandt Bürgerliches Gesetzbuch, Kommentar, 63. Auflage 2004, Verlag C.H. Beck, zitiert: Palandt-Bearbeiter

Pérez Alonso, Esteban Juan: La coautoría y la complicidad (necesaria) en derecho penal, Verlag COMARES, 1998; zitiert: Pérez Alonso, La coautoría y la complicidad (necesaria)

Peters, Anne: Einführung in die Europäische Menschenrechtskonvention, Verlag C.H.Beck, 2003, zitiert: Peters, Einführung in die EMRK

Pieroth, Bodo / Schlink, Bernhard: Grundrechte Staatsrecht II, 19. Auflage 2003, C.F. Müller Verlag; zitiert: Pieroth/Schlink, Grundrechte

Queloz, Nicholas: „Cuestiones éticas y legales en relación con la eutanasia en Suiza", in: Díez Ripollés, José Luis / Muñoz Sánchez, Juan, El tratamiento jurídico de la eutanasia. Una perspectiva comparada, (s.o.); zitiert: Queloz, in: Díez Ripollés/Muñoz Sánchez, El tratamiento jurídico de la eutanasia. Una perspectiva comparada

Queralt Jiménez, Joan J.: Derecho penal español, Parte especial, 4. Auflage 2002, Verlag Atelier; zitiert: Queralt Jiménez, Derecho penal – PE

Quintero Olivares, Gonzalo / Morales Prats, Fermín: Comentarios a la Parte Especial del Derecho Penal, 3. Auflage 2002, Verlag Aranzadi; zitiert: Bearbeiter, in: Quintero Olivares/Morales Prats, Comentarios a la Parte Especial del Derecho Penal

Radbruch, Gustav: Der Handlungsbegriff in seiner Bedeutung für das Strafrechtssystem – Zugleich ein Beitrag zur Lehre von der rechtswissenschaftlichen Systematik (1904), eingeleitet und herausgegeben von Arthur Kaufmann, Wissenschaftliche Buchgesellschaft, 1967

Ranft, Otfried: „Rechtsprechungsbericht zu den Unterlassungsdelikten – Teil 2", JZ 1987, 908 ff.

Rehberg, Jörg: StGB – Schweizerisches Strafgesetzbuch, Kommentar, 14. Auflage 1997, Orell Füssli Verlag; zitiert: Rehberg

ders.: Strafrecht III – Delikte gegen den Einzelnen, Grundriss, 5. Auflage 1990, Schulthess Polygraphischer Verlag; zitiert: Rehberg, Strafrecht III

Rengier, Rudolf: Strafrecht Besonderer Teil II, Delikte gegen die Person und die Allgemeinheit, 6. Auflage 2005, Verlag C.H. Beck; zitiert: StR BT II

Renzikowski, Joachim: Restriktiver Täterbegriff und fahrlässige Beteiligung, Habil. 1996/1997, Mohr Siebeck Verlag, 1997; zitiert: Renzikowski, Restriktiver Täterbegriff

Requero Ibañez, José Luis: „El testamento vital y las voluntades anticipadas: aproximación al ordenamiento español, LL 5570 (2002), 1 ff.

Reuter, Birgit: Die gesetzliche Regelung der aktiven ärztlichen Sterbehilfe des Königreichs der Niederlande – ein Modell für die Bundesrepublik Deutschland?, Diss. 2000, Peter Lang Europäischer Verlag der Wissenschaften, 2. Auflage 2002; zitiert: Reuter, Die gesetzliche Regelung der aktiven ärztlichen Sterbehilfe des Königreichs der Niederlande

Rieger, Gregor: Die mutmaßliche Einwilligung in den Behandlungsabbruch, Diss. 1997, Peter Lang Europäischer Verlag der Wissenschaften, 1998

Rixen, Stephan: Besprechung von Reinhard Merkel, Früheuthanasie, GA 2002, 293 ff.

Rodríguez Mourullo, Gonzalo / Jorge Barreiro, Agustín: Comentarios al Código Penal, Edición Civitas, 1997; zitiert: Bearbeiter, in: Rodríguez Mourullo/Jorge Barreiro, Comentarios al CP

Rodríguez Ramos, Luis / Cobos Gómez de Linares, Miguel Ángel / Sánchez Tomás, José Miguel: Derecho Penal – Parte Especial, Tomo I: Delitos contra las personas, Delitos contra la libertad, Delitos contra la libertad sexual, Servicio publicaciones facultad de derecho Universidad Complutense Madrid, 1996; zitiert: Bearbeiter, in: Rodríguez Ramos/Cobos Gómez de Linares/Sánchez Tomás, Derecho Penal – PE

Roellecke, Gerd: „Gibt es ein ‚Recht auf den eigenen Tod'?“, in: Eser, Albin, Suizid und Euthanasie als human- und sozialwissenschaftliches Problem, S. 336 ff., Ferdinand Enke Verlag, 1976; zitiert: Roellecke, in: Eser, Suizid und Euthanasie

Romeo Casabona, Carlos María: El Derecho y la Bioética ante los límites de la vida humana, Verlag CERA, 1994; zitiert: Romeo Casabona, El derecho y la bioética

ders.: „¿Límites de la posición de garante de los padres respecto al hijo menor? (La negativa de los padres, por motivos religiosos, a una transfusión de sangre vital para el hijo menor)“, RDPC 2 (1998), 327 ff.

del Rosal Blasco, Bernardo: „La participación y el auxilio ejecutivo en el suicidio: un intento de reinterpretación constitucional del artículo 409 del Código penal“, ADPCP 40 (1987), 73 ff.

ders.: „El homicidio y sus formas en el Código penal de 1995“, in: El nuevo Código Penal: presupuestos y fundamentos – Libro homenaje al Prof. Dr. Don Ángel Torío López, S. 675 ff., hrsg. von Cerezo Mir, José / Suárez Montes, Rodrigo F. / Beristain Ipiña, Antonio / Romeo Casabona, Carlos M., Verlag COMARES, 1999; zitiert: del Rosal Blasco, in: Libro homenaje al Prof. Torío López

Roxin, Claus: Täterschaft und Tatherrschaft, 7. Auflage 2000, Walter de Gruyter Verlag

ders.: „An der Grenze von Begehung und Unterlassung", in: Festschrift für Karl Engisch zum 70. Geburtstag, S. 380 ff., hrsg. von Bockelmann, Paul / Kaufmann, Arthur / Klug, Ulrich, Verlag Vittorio Klostermann, 1969; zitiert: Roxin, FS für Engisch

ders.: „Zum Schutzzweck der Norm bei fahrlässigen Delikten", in: Festschrift für Wilhelm Gallas zum 70. Geburtstag am 22. Juli 1973, S. 41 ff., (s.o.); zitiert: Roxin, FS für Gallas

ders.: „Die Mitwirkung beim Suizid – ein Tötungsdelikt?", in: Festschrift für Eduard Dreher zum 70. Geburtstag am 29. April 1977, S. 331 ff., (s.o.); zitiert: Roxin, FS für Dreher

ders.: Anmerkung zu BGH v. 5.7.1983 – 1 StR 168/83, NStZ 1984, 71 ff.

ders.: „Die Sterbehilfe im Spannungsfeld von Suizidteilnahme, erlaubtem Behandlungsabbruch und Tötung auf Verlangen – Zugleich eine Besprechung von BGH, NStZ 1987, 365 und LG Ravensburg, NStZ 1987, 229", NStZ 1987, 345 ff.

ders.: „Die Gewissenstat als Strafbefreiungsgrund", in: Rechtsstaat und Menschenwürde, Festschrift für Werner Maihofer zum 70. Geburtstag, S. 389 ff., hrsg. von Kaufmann, Arthur / Mestmäcker, Ernst-Joachim / Zacher, Hans F., Verlag Vittorio Klostermann, 1988; zitiert: Roxin, FS für Maihofer

ders.: „Die Abgrenzung von strafloser Suizidteilnahme, strafbarem Tötungsdelikt und gerechtfertigter Euthanasie – Zu Reinhard Merkels ‚Fragen an die Strafrechtsdogmatik'", in: 140 Jahre Goltdammer's Archiv für Strafrecht, Eine Würdigung zum 70. Geburtstag von Paul-Günter Pötz, S. 177 ff., hrsg. von Jürgen Wolter, R. v. Decker's Verlag, G. Schenck, 1993; zitiert: Roxin, 140 Jahre GA

ders.: Strafrecht Allgemeiner Teil, Band I, Grundlagen Aufbau der Verbrechenslehre, 3. Auflage 1997, Verlag C.H. Beck; zitiert: Roxin, StR AT/I

ders.: Strafrecht Allgemeiner Teil, Band II, Besondere Erscheinungsformen der Straftat, Verlag C.H. Beck, 2003; zitiert: Roxin, StR AT/II

ders.: „Fahrlässige Tötung durch Nichthinderung einer Tötung auf Verlangen?", in: Strafrecht Biorecht Rechtsphilosophie, Festschrift für Hans-Ludwig Schreiber zum 70. Geburtstag am 10. Mai 2003, S. 399 ff., (s.o.); zitiert: Roxin, FS für Schreiber

Roxin, Claus / Schroth, Ulrich: Medizinstrafrecht – Im Spannungsfeld von Medizin, Ethik und Strafrecht, 2. Auflage 2001, Boorberg Verlag; zitiert: Roxin, Medizinstrafrecht

Rudolphi, Hans-Joachim: „Die Bedeutung eines Gewissenentscheides für das Strafrecht", in: Festschrift für Hans Welzel zum 70. Geburtstag am 25. März 1974, S. 605 ff., (s.o.); zitiert: Rudolphi, FS für Welzel

ders.: Examensklausur Strafrecht, JURA 1979, 39 ff.

Sagel-Grande, Irene: „Rechtliche Regelung der Euthanasie in den Niederlanden", ZStW 111 (1999), 742 ff.

Saliger, Frank: „Sterbehilfe mit staatlicher Genehmigung – OLG Frankfurt a.M., NJW 1998, 2747", JuS 1999, 16 ff.

ders.: „Sterbehilfe und Betreuungsrecht", MedR 2004, 237 ff.

Samson, Erich: „Begehung und Unterlassung", in: Festschrift für Hans Welzel zum 70. Geburtstag am 25. März 1974, S. 579 ff., (s.o.); zitiert: Samson, FS für Welzel

ders.: „Sterbehilfe und Betreuungsrecht", MedR 2004, 237 ff.

Satzger, Helmut: Die Europäisierung des Strafrechts – eine Untersuchung zum Einfluss des Europäischen Gemeinschaftsrechts auf das deutsche Strafrecht, Heymann Verlag, 2001; zitiert: Satzger, Die Europäisierung des Strafrechts

Sax, Walter: „Zur rechtlichen Problematik der Sterbehilfe durch vorzeitigen Abbruch einer Intensivbehandlung – Überlegungen zum ‚Unterlassen durch Tun', zum ‚Schutzzweck der Norm' und zur ‚scheinbaren Rechtsgutsverletzung'", JZ 1975, 137 ff.

ders.: „'Tatbestand' und Rechtsgutsverletzung (I) – Überlegungen zur Neubestimmung von Gehalt und Funktion des ‚gesetzlichen Tatbestandes' und des ‚Unrechtstatbestandes'", JZ 1976, 80 ff.

Schilling, Georg: „Abschied vom Teilnahmeargument bei der Mitwirkung zur Selbsttötung", JZ 1979, 159 ff.

Schimmelpfeng-Schütte, Ruth: „Entgegnung zu Klaus Kutzer: ‚Sterbehilfeproblematik in Deutschland: Rechtsprechung und Folgen für die klinische Praxis' (MedR 2001, 77 ff.)", MedR 2002, 146 f.

Schmidhäuser, Eberhard: „Selbstmord und Beteiligung am Selbstmord in strafrechtlicher Sicht", in: Festschrift für Hans Welzel zum 70. Geburtstag am 25. März 1974, S. 801 ff., (s.o.); zitiert: Schmidhäuser, FS für Welzel

ders.: Strafrecht Besonderer Teil, 2. Auflage 1983, Verlag J.C.B. Mohr (Paul Siebeck); zitiert: Schmidhäuser, StR BT

ders.: Anmerkung zum Urteil des BGH vom 05.07.1983, JZ 1984, 195 f.

Schmidt-Bleibtreu, Bruno / Klein, Franz: Kommentar zum Grundgesetz, 9. Auflage 1999, Verlag Luchterhand; zitiert: Schmidt-Bleibtreu/Klein

Schmitt, Rudolf: „Strafrechtlicher Schutz des Opfers vor sich selbst? – Gleichzeitig ein Beitrag zur Reform des Opiumgesetzes", in: Festschrift für Reinhart Maurach zum 70. Geburtstag, S. 113 ff., (s.o.); zitiert: Schmitt, FS für Maurach

ders.: „Euthanasie aus der Sicht des Juristen", JZ 1979, 462 ff.

ders.: „Der Arzt und sein lebensmüder Patient – Zugleich eine Besprechung des Urteils des BGH vom 4.7.1984 – 3 StR 96/84", JZ 1984, 866 ff.

ders.: „Ärztliche Entscheidungen zwischen Leben und Tod in strafrechtlicher Sicht", JZ 1985, 365 ff.

Schneider, Christian: Tun und Unterlassen beim Abbruch lebenserhaltender medizinischer Behandlung, Diss. 1996/1997, Verlag Duncker & Humblot, 1997

Schöch, Heinz: „Menschenwürdiges Sterben und Strafrecht – Alternativentwurf eines Gesetzes über Sterbehilfe (AE-Sterbehilfe)", ZRP 1986, 236 ff.

ders.: „Beendigung lebenserhaltender Maßnahmen – Zugleich eine Besprechung der Sterbehilfeentscheidung des BGH vom 13.9.1994", NStZ 1995, 153 ff.

ders.: „Die erste Entscheidung des BGH zur sog. indirekten Sterbehilfe – Zum Urteil des BGH vom 15.11.1996 – 3 StR 79/96", NStZ 1997, 409 ff.

ders.: „Offene Fragen zur Begrenzung lebensverlängernder Maßnahmen", in: Festschrift für Hans Joachim Hirsch zum 70. Geburtstag am 11. April 1999, S. 693 ff., hrsg. von Weigend, Thomas / Küpper, Georg, Walter de Gruyter Verlag, 1999; zitiert: Schöch, FS für Hirsch

Schöllhammer, Lutz: Die Rechtsverbindlichkeit des Patiententestaments – eine Untersuchung aus zivilrechtlicher Sicht, Diss. 1992, Verlag Duncker & Humblot, 1993; zitiert: Schöllhammer, Die Rechtsverbindlichkeit des Patiententestaments

Schönke, Adolf / Schröder, Horst: Strafgesetzbuch, Kommentar, 26. Auflage 2001, Verlag C.H. Beck; zitiert: Sch/Sch-Bearbeiter

Schreiber, Hans-Ludwig: „Behandlungsabbruch und Sterbehilfe", in: Bottke, Wilfried / Fritsche, Paul / Huber, Wolfgang / Schreiber, Hans-Ludwig, Lebensverlängerung aus medizinischer, ethischer und rechtlicher Sicht, S. 129 ff., (s.o.); zitiert: Schreiber, in: Bottke/Fritsche/Huber/Schreiber, Lebensverlängerung

ders.: „Das Recht auf den eigenen Tod – zur gesetzlichen Neuregelung der Sterbehilfe", NStZ 1986, 337 ff.

ders.: „Ein neuer Entwurf für eine Richtlinie der Bundesärztekammer zur Sterbehilfe", in: Festschrift für Erwin Deutsch zum 70. Geburtstag, S. 773 ff., (s.o.); zitiert: Schreiber, FS für Deutsch

ders.: „Sterbehilfe und Therapieabbruch", in: Festschrift für Ernst-Walter Hanack zum 70. Geburtstag am 30. August 1999, S. 735 ff., hrsg. von Ebert, Udo / Roxin, Claus / Rieß, Peter / Wahle, Eberhard, Walter de Gruyter Verlag, 1999; zitiert: Schreiber, FS für Hanack

ders.: „Soll die Sterbehilfe nach dem Vorbild der Niederlande und Belgiens neu geregelt werden?", in: Festschrift für Hans-Joachim Rudolphi zum 70. Geburtstag, S. 543 ff., hrsg. von Rogall, Klaus / Puppe, Ingeborg / Stein, Ulrich / Wolter, Jürgen, Verlag Luchterhand Wolters Kluwer, 2004; zitiert: Schreiber, FS für Rudolphi

Schröder, Christina / Schmutzer, Gabriele / Klaiberg, Antje / Brähler, Elmar: „Ärztliche Sterbehilfe im Spannungsfeld zwischen Zustimmung zur Freigabe und persönlicher Inanspruchnahme – Ergebnisse einer repräsentativen Befragung der deutschen Bevölkerung", Psychther Psych Med 53 (2003), 334 ff.

Schroeder, Friedrich-Christian: „Beihilfe zum Selbstmord und Tötung auf Verlangen", ZStW 106 (1994), 565 ff.

ders.: Besondere Strafvorschriften gegen Eigenmächtige und Fehlerhafte Heilbehandlung?, hrsg. von Buchmüller, Hans-Rainer, 1. Auflage 1998, Wissenschaftsverlag Richard Rothe

Schubarth, Martin: Kommentar zum schweizerischen Strafrecht – Schweizerisches Strafgesetzbuch Besonderer Teil, 1. Band: Delikte gegen Leib und Leben, Art. 111 – 136 StGB, Verlag Stämpfli&Cie, 1982; zitiert: Schubarth

Schultz, Michael: „Aufhebung von Garantenstellungen und Beteiligung durch Unterlassen – BGH, NJW 1984, 2639“, JuS 1985, 270 ff.

Schünemann, Bernd: Grund und Grenzen der unechten Unterlassungsdelikte – Zugleich ein Beitrag zur strafrechtlichen Methodenlehre, Verlag Otto Schwartz & Co, 1971

ders.: „Fahrlässige Tötung durch Abgabe von Rauschmitteln? – Besprechung des Urteils BGH, NStZ 1981, 350“, NStZ 1982, 60 ff.

ders.: „Die deutschsprachige Strafrechtswissenschaft nach der Strafrechtsreform im Spiegel des Leipziger Kommentars und des Wiener Kommentars“, GA 1985, 341 ff.

Serrano Gómez, Alonso: Derecho Penal, Parte Especial, 7. Auflage 2002, Verlag Dykinson; zitiert: Serrano Gómez, Derecho Penal – PE

Sieber, Ulrich: „Die Abgrenzung von Tun und Unterlassen bei der ‚passiven' Gesprächsteilnahme – Zugleich eine Besprechung der Entscheidung BGH 3 StR 398/81 vom 10.2.1982“, JZ 1983, 431 ff.

Silva Sánchez, Jesús María: „La responsabilidad del médico por omisión", LL 1987 – I, 955 ff.

ders.: „Causación de la propia muerte y responsabilidad penal de terceros (A propósito de la STS 8 julio 1985, ponente Cotta y Márquez de Prado), ADP 40 (1987), 451 ff.

Simon, Alfred / Lipp, Volker / Tietze, Andrea / Nickel, Nicole / van Oorschot, Birgitt: „Einstellungen deutscher Vormundschaftsrichterinnen und –richter zu medizinischen Entscheidungen und Maßnahmen am Lebensende: erste Ergebnisse einer bundesweiten Befragung“, MedR 2004, 303 ff.

Simson, Gerhard: „Ein Ja zur Sterbehilfe aus Barmherzigkeit“, in: Persönlichkeit in der Demokratie – Festschrift für Erich Schwinge zum 70. Geburtstag, S. 89 ff., hrsg. von Evers, Friauf / Hanack, Reinhardt, Peter Hanstein Verlag, 1973; zitiert: Simson, FS für Schwinge

ders.: Die Suizidtat – eine vergleichende Betrachtung, Verlag C.H. Beck, 1976; zitiert: Simson, Die Suizidtat

Sonneck, Gernot / Ringel, Erwin: „Zur Psychopathologie des Sterbewillens“, in: Eser, Albin, Suizid und Euthanasie als human- und sozialwissenschaftliches Problem, S. 77 ff., (s.o.); zitiert: Sonneck/Ringel, in: Eser, Suizid und Euthanasie

Sowada, Christoph: „Strafbares Unterlassen des behandelnden Arztes, der seinen Patienten nach einem Selbstmordversuch bewusstlos auffindet? – BGH, Urt. v. 4.7.84 – 3 StR 96/84 = BGHSt. 32, 367“, JURA 1985, 75 ff.

Spann, Wolfgang: „Das ‚Patiententestament' – Zur Verbindlichkeit einer bei Gesundheit abgegebenen allgemein gehaltenen Willenserklärung des Patienten an den Arzt, mögliche ärztliche Maßnahmen nach Schwinden der Willensfreiheit zu unterlassen“, MedR 1983, 13 ff.

Spendel, Günter: „Fahrlässige Teilnahme an Selbst- und Fremdtötung“, JuS 1974, 749 ff.

Spickhoff, Andreas: „Die Patientenautonomie am Lebensende: Ende der Patientenautonomie? – Zur Feststellbarkeit und Durchsetzbarkeit des realen oder hypothetischen Willens des Patienten“, NJW 2000, 2297 ff.

ders.: Anmerkung zum Beschluss des BGH vom 17.03.2003, JZ 2003, 739 ff.

Spielberg, Petra: „Sterbehilfe: Heikle Forderungen", DÄBl 102 (2005), A-28, B-20, C-19

Stackmann, Nikolaus: „Keine richterliche Anordnung von Sterbehilfe", NJW 2003, 1568 ff.

Sternberg-Lieben, Detlev: „Strafbarkeit des Arztes bei Verstoß gegen ein Patienten-Testament", NJW 1985, 2734 ff.

ders.: „Selbstbestimmtes Sterben: Patientenverfügung und gewillkürte Stellvertretung", in: Festschrift für Theodor Lenckner zum 70. Geburtstag, S. 349 ff., hrsg. von Eser, Albin / Schittenhelm, Ulrike / Schumann, Heribert, Verlag C.H. Beck, 1998; zitiert: Sternberg-Lieben, FS für Lenckner

Stoffers, Kristian: Die Formel „Schwerpunkt der Vorwerfbarkeit" bei der Abgrenzung von Tun und Unterlassen?, Diss. 1991, Verlag Duncker & Humblot, 1992; zitiert: Stoffers, Die Formel „Schwerpunkt der Vorwerfbarkeit"

ders.: „Sterbehilfe: Rechtsentwicklungen bei der Reanimator-Problematik", MDR 1992, 621 ff.

Storr, Stefan: „Der rechtliche Rahmen für die Entscheidung zum Therapieabbruch", MedR 2002, 436 ff.

Stratenwerth, Günter: Schweizerisches Strafrecht – Allgemeiner Teil I: Die Straftat, 2. Auflage 1996, Verlag Stämpfli + Cie; zitiert: Stratenwerth, Strafrecht AT I

ders.: Schweizerisches Strafrecht – Besonderer Teil I: Straftaten gegen Individualinteressen, 4. Auflage 1993, Verlag Stämpfli+Cie; zitiert: Stratenwerth, Strafrecht BT I

ders.: „Zum Behandlungsabbruch bei zerebral schwerst geschädigten Langzeitpatienten", in: Strafrecht Biorecht Rechtsphilosophie, Festschrift für Hans-Ludwig Schreiber zum 70. Geburtstag am 10. Mai 2003, S. 893 ff., (s.o.); zitiert: Stratenwerth, FS für Schreiber

Strätling, Meinolfus / Fieber, Ulrich / Sedemund-Adib, Beate / Schmucker, Peter: „Mittelbare Folgen der BGH-Sterbehilfeentscheidung zum ‚Lübecker Fall' für das Deutsche Medizin- und Betreuungsrecht – Eine interdisziplinäre Analyse des weiteren Diskussions- und Regelungsbedarfs", MedR 2004, 433 ff.

Stree, Walter: „Beteiligung an vorsätzlicher Selbstgefährdung – BGH St 32, 262 und BGH, NStZ 1984, 452", JuS 1985, 179 ff.

Struensee, Eberhard: „Handeln und Unterlassen, Begehungs- und Unterlassungsdelikt", in: Beiträge zur Rechtswissenschaft, FS für Walter Stree und Johannes Wessels zum 70. Geburtstag, S. 133 ff., hrsg. von Wilfried Küper und Jürgen Welp, Verlag C.F. Müller, 1993; zitiert: Struensee, FS für Stree/Wessels

Systematischer Kommentar zum Strafgesetzbuch, Bd. II, Besonderer Teil §§ 201 – 266b, hrsg. von Rudolphi, Hans-Joachim / Horn, Eckhard / Günther, Hans-Ludwig / Samson, Erich, Stand: 60. Auflage 2004, Luchterhand Verlag; zitiert: SK-Bearbeiter

Tak, Peter J.P.: „Das niederländische Gesetz zur Kontrolle der Tötung auf Verlangen und Beihilfe zum Selbstmord", ZStW 113 (2001), 905 ff.

ders.: „La nueva Ley sobre Eutanasia en Holanda, y sus precedentes“, RP 12 (2003), 109 ff.

Tamarit Sumalla, Josep María: La libertad ideológica en el Derecho Penal, Publicaciones del Instituto de Criminología de Barcelona, 1989; zitiert: Tamarit Sumalla, La libertad ideológica

Taupitz, Jochen: „Empfehlen sich zivilrechtliche Regelungen zur Absicherung der Patientenautonomie am Ende des Lebens?“, Gutachten A für den 63. Deutschen Juristentag, in: Verhandlungen des dreiundsechzigsten Deutschen Juristentages, Leipzig 2000, Bd. 1, hrsg. von der Ständigen Deputation des Deutschen Juristentages, Verlag C.H. Beck, 2000, zitiert: Taupitz, Gutachten A zum 63. DJT

Thias, Axel: Möglichkeiten und Grenzen eines selbstbestimmten Sterbens durch Einschränkung und Abbruch medizinischer Behandlung – eine Untersuchung aus straf- und betreuungsrechtlicher Perspektive unter besonderer Berücksichtigung der Problematik des apallischen Syndroms, Diss. 2003, Peter Lang Europäischer Verlag der Wissenschaften, 2004; zitiert: Thias, Möglichkeiten und Grenzen eines selbstbestimmten Sterbens

Tomás-Valiente Lanuza, Carmen: La disponibilidad de la propia vida en el Derecho Penal, Editorial BOE, 1999; zitiert: Tomás-Valiente Lanuza, La disponibilidad de la propia vida

dies.: La cooperación al suicidio y la eutanasia en el nuevo C.P. (Art. 143), Verlag tirant lo blanch, 2000; zitiert: Tomás-Valiente Lanuza, La cooperación al suicidio y la eutanasia

Torío López, Ángel: „La noción jurídica de suicidio“, in: Estudios de Derecho público y privado. Homenaje a D. Ignacio Serrano y Serrano, Bd. II, S. 653 ff., Publicaciones de los seminarios de la Facultad de Derecho con la colaboración del Colegio Mayor Universitario „Menendez Pelayo“ de Valladolid, Universidad de Valladolid, 1965; zitiert: Torío López, Homenaje a D. Ignacio Serrano y Serrano

ders.: „Reflexión crítica sobre el problema de la eutanasia“, EPC XIV (1991), 217 ff.

Trockel, Horst: „Zur Frage der Rezeption ärztlicher Standesethik“, NJW 1971, 1057 ff.

Tröndle, Herbert: “Warum ist Sterbehilfe ein rechtliches Problem?”, ZStW 99 (1987), 25 ff.

ders.: „Nochmals: Sterbehilfe, lex artis und mutmaßlicher Patientenwille – Erwiderung auf M. v. Lutterotti: Ärztliche Überlegungen zu juristischen Vorschlägen“, MedR 1988, 163 ff.

ders.: „Strafrechtlicher Lebensschutz und Selbstbestimmungsrecht des Patienten – Betrachtungen zum ‚Ravensburger Fall'“, in: Kriminalität – Persönlichkeit, Lebensgeschichte und Verhalten, Festschrift für Hans Göppinger zum 70. Geburtstag, S. 595 ff., hrsg. von Kerner, Hans-Jürgen / Kaiser, Günther, Springer-Verlag 1990; zitiert: Tröndle, FS für Göppinger

Tröndle, Herbert / Fischer, Thomas: Strafgesetzbuch und Nebengesetze, Kommentar, 52. Auflage 2004, Verlag C.H. Beck; zitiert: Tröndle/Fischer

Trück, Thomas: Mutmaßliche Einwilligung und passive Sterbehilfe durch den Arzt, Diss. 2000, Köhler-Druck

Uhlenbruck, Wilhelm: „Recht auf den eigenen Tod? – Strafrecht im Spannungsverhältnis zwischen Lebenserhaltungspflicht und Selbstbestimmung“, ZRP 1986, 209 ff.

ders.: „Vorab-Einwilligung und Stellvertretung bei der Einwilligung in einen Heileingriff", MedR 1992, 134 ff.

ders.: „Bedenkliche Aushöhlung der Patientenrechte durch die Gerichte", NJW 2003, 1710 ff.

ders.: „Die Stellvertretung in Gesundheitsangelegenheiten – Zu einem wichtigen, aber verkannten Rechtsinstitut in Deutschland", in: FS für Erwin Deutsch zum 70. Geburtstag, S. 849 ff., (s.o.); zitiert: Uhlenbruck, FS für Deutsch

Ulsenheimer, Klaus: „Therapieabbruch beim schwerstgeschädigten Neugeborenen", MedR 1994, 425 ff.

Valle Muñiz, José Manuel: „La ausencia de responsabilidad penal en determinados supuestos de eutanasia", CJ 25 (1994), 12 ff.

Verrel, Torsten: „Selbstbestimmungsrecht contra Lebensschutz – Bringt der BGH Bewegung in die Sterbehilfediskussion?", JZ 1996, 224 ff.

ders.: „Der BGH legt nach: Zulässigkeit der indirekten Sterbehilfe – Anmerkung zur Sterbehilfeentscheidung des BGH vom 15.11.1996", MedR 1997, 248 ff.

ders.: „Zivilrechtliche Vorsorge ist besser als strafrechtliche Kontrolle – Zum Stellenwert von Patientenverfügung, Betreuungsverfügung, Vorsorgevollmacht und vormundschaftsgerichtlicher Genehmigung", MedR 1999, 547 ff.

ders.: „Richter über Leben und Tod? – Zur Sterbehilfeentscheidung des OLG Frankfurt vom 15.7.1998 – 20 W 224/98", JR 1999, 5 ff.

ders.: „Mehr Fragen als Antworten – Besprechung der Entscheidung des XII. Zivilsenats des BGH vom 17.3.2003 über die Einstellung lebenserhaltender Maßnahmen bei einwilligungsunfähigen Patienten", NStZ 2003, 449 ff.

Vives Antón (coord.): Comentarios al Código Penal de 1995, Volumen I (Arts. 1 a 233), Verlag tirant lo blanch, 1996; zitiert: Bearbeiter, in: Vives Antón et al., Comentarios al CP de 1995

Vogel, Joachim: „Die versuchte ‚passive Sterbehilfe' nach BGH MDR 1995, 80", MDR 1995, 337 ff.

Wagner, Joachim: Selbstmord und Selbstmordverhinderung – zugleich ein Beitrag zur Verfassungsmäßigkeit der Zwangsernährung, Verlag C.F. Müller, 1975; zitiert: Wagner, Selbstmord und Selbstmordverhinderung

Wassermann, Rudolf: „Das Recht auf den eigenen Tod", DRiZ 1986, 291 ff.

Weißauer, Walther / Opderbecke, Hans Wolfgang: „Behandlungsabbruch bei unheilbarer Krankheit aus medikolegaler Sicht – Anmerkungen zum Urteil des 1. Strafsenats des BGH vom 13. September 1994 – 1 StR 357/194", MedR 1995, 72", MedR 1995, 456 ff.

Wellmann, Karl-Georg: „Die Rechtspflicht zum Weiterleben und ihre Grenzen – Stellungnahme zu dem Beitrag JR 1978, 441", JR 1979, 182 f.

Welp, J.: Anmerkung zum Urteil des BGH vom 16.5.1972 (BGH JR 1972, 426), JR 1972, 427 ff.

Wernstedt, Thela: Sterbehilfe in Europa, Diss. 2002, Peter Lang Europäischer Verlag der Wissenschaften, 2004

Wessels, Johannes / Beulke, Werner: Strafrecht Allgemeiner Teil – Die Straftat und ihr Aufbau, 33. Auflage 2003, Verlag C.F. Müller; zitiert: Wessels/Beulke, StR AT

Wessels, Johannes / Hettinger, Michael: Strafrecht Besonderer Teil/1, Straftaten gegen Persönlichkeits- und Gemeinschaftswerte, 27. Auflage 2003, C.F. Müller Verlag; zitiert: Wessels/Hettinger, StR BT I

Wimmer, August: „Kein Recht auf den eigenen Tod?“, FamRZ 1975, 438 ff.

Wolfslast, Gabriele: „Rechtliche Neuordnung der Tötung auf Verlangen?“, in: FS für Hans-Ludwig Schreiber zum 70. Geburtstag, S. 913 ff., (s.o.); zitiert: Wolfslast, FS für Schreiber

Wolfslast, Gabriele / Conrads, Christoph: Textsammlung Sterbehilfe, Springer Verlag, 2001

Wolter, Jürgen: „Verfassungsrecht im Strafprozess- und Strafrechtssystem – Zugleich ein Beitrag zur Verfassungsmäßigkeit der Norm und zum rechtsfreien Raum ‚vor dem Tatbestand'“, NStZ 1993, 1 ff.

Zimmermann, Reinhard: „Der Sterbende und sein Arzt – Gedanken zur Euthanasieproblematik“, NJW 1977, 2101 ff.

ABKÜRZUNGSVERZEICHNIS

a.A.	Anderer Ansicht
a.E.	am Ende
a.F.	alte Fassung
aaO	am angegebenen Ort
Abs.	Absatz
ADP	Anuario de Derecho Penal
ADPCP	Anuario de Derecho Penal y Ciencias Penales
AE	Alternativentwurf
AE-StB	Alternativ-Entwurf Sterbebegleitung
AG	Amtsgericht
AIS	Acciones e investigaciones sociales
AP	Actualidad Penal
Art.	Artikel
AT	Allgemeiner Teil
ATS	Auto del Tribunal Supremo
BÄK	Bundesärztekammer
BayObLG	Bayerisches Oberstes Landesgericht
BGB	Bürgerliches Gesetzbuch
BGH	Bundesgerichtshof
BGH St	Entscheidungen des Bundesgerichtshofs in Strafsachen
BGHZ	Entscheidungen des Bundesgerichtshofs in Zivilsachen
BK	Kommentar zum Bonner Grundgesetz (Bonner Kommentar)
BT	Besonderer Teil
BtÄndG	Betreuungsrechtsänderungsgesetz
BtMG	Gesetz über den Verkehr mit Betäubungsmitteln
BtPrax	Betreuungsrechtliche Praxis
BVerfG	Bundesverfassungsgericht
BVerfGE	Entscheidungen des Bundesverfassungsgerichts
bzgl.	bezüglich
bzw.	beziehungsweise
ca.	circa
CE	Constitución Española
CIS	Centro de Investigaciones Sociológicas
CJ	Cuadernos Jurídicos
coord.	coordinador/coordinadores
CP	Código Penal
CPC	Cuadernos de Política Criminal
D.	Don
d.h.	das heißt
DÄBl	Deutsches Ärzteblatt
ders.	derselbe
dies.	dieselbe(n)
DJT	Deutscher Juristentag

DNR order	Do Not Resucitate Order
Dr.	Doctor
DRiZ	Deutsche Richterzeitung
e.A.	eine Ansicht
EG	Europäische Gemeinschaft / Vertrag zur Gründung der Europäischen Gemeinschaft
EJMF	Estudios jurídicos Ministerio Fiscal
EMRK	Europäische Menschenrechtskonvention
EPC	Estudios Penales y Criminológicos
et al.	et alii
etc.	etcetera
EU	Europäische Union / Vertrag über die Europäische Union
EuGMR	Europäischer Gerichtshof für Menschenrechte
evtl.	eventuell
f./ff.	folgende
F.J.	Fundamento Jurídico
FamRZ	Zeitschrift für das gesamte Familienrecht
Fn.	Fußnote
FS	Festschrift
GA	Goltdammer's Archiv für Strafrecht
GG	Grundgesetz
ggf.	gegebenenfalls
h.A.	herrschende Ansicht
h.L.	herrschende Lehre
h.M.	herrschende Meinung
Hrsg.	Herausgeber
i.d.R.	in der Regel
i.e.S.	im engeren Sinne
i.S.d.	im Sinne des/der
i.S.v.	im Sinne von
i.V.m.	in Verbindung mit
i.w.S.	im weiteren Sinne
JA	Juristische Arbeitsblätter
JGG	Jugendgerichtsgesetz
JpD	Jueces para la Democracia
JR	Juristische Rundschau
JURA	Juristische Ausbildung
JuS	Juristische Schulung
JZ	Juristenzeitung

Kap.	Kapitel
LG	Landgericht
LGS	Ley General de Sanidad
lit.	litera
LK	Leipziger Kommentar
LL	La Ley
m.E.	meines Erachtens
m.w.N.	mit weiteren Nachweisen
MDR	Monatsschrift für Deutsches Recht
MedR	Medizinrecht
MSchrKrim	Monatsschrift für Kriminologie und Strafrechtsreform
MüKo	Münchener Kommentar Strafgesetzbuch
n.F.	neue Fassung
NJW	Neue Juristische Wochenschrift
NK	Nomos Kommentar zum Strafgesetzbuch
nlStGB	Strafgesetzbuch der Niederlande
no.	número
Nr.	Nummer
NStZ	Neue Zeitschrift Strafrecht
o.g.	oben genannt
OLG	Oberlandesgericht
PE	Parte Especial
PG	Parte General
PJ	Poder Judicial
Prof.	Profesor
Psychother Psych Med	Psychotherapie Psychosomatik Medizinische Psychologie
RD	Real Decreto
Rdnr.	Randnummer
RDPC	Revista de Derecho Penal y Criminología
REDC	Revista Española de Derecho Constitucional
RG	Reichsgericht
RGD	Revista General de Derecho
RJC	Revista Jurídica de Cataluña
RP	Revista Penal
S.	Seite/Siehe
s.o.	siehe oben
s.u.	siehe unten
SAMW	Schweizerische Akademie für Medizinische Wissenschaften

Sch/Sch	Schönke/Schröder
schwStGB	Strafgesetzbuch der Schweiz
SK	Systematischer Kommentar zum Strafgesetzbuch
sog.	so genannt
STC	Sentencia del Tribunal Constitucional
StGB	Strafgesetzbuch
STS	Sentencia del Tribunal Supremo
StVollzG	Strafvollzugsgesetz
SZ	Süddeutsche Zeitung
TC	Tribunal Constitucional
TS	Tribunal Supremo
u.	und
usw.	und so weiter
v.	von / versus
vgl.	vergleiche
vol.	volumen
WStG	Wehrstrafgesetz
z.B.	zum Beispiel
ZfL	Zeitschrift für Lebensrecht
ZRP	Zeitschrift für Rechtspolitik
ZStW	Zeitschrift für die gesamte Strafrechtswissenschaft

Die Reihe RECHT UND MEDIZIN wird von den Professoren Deutsch (Göttingen), Laufs (Heidelberg) und Schreiber (Göttingen) herausgegeben. Ihre Aufgabe ist es, Monographien und Dissertationen auf dem Gebiet des medizinischen Rechts zu veröffentlichen. Dieses Gebiet, das an Bedeutung noch zunehmen wird, umfaßt auf der juristischen Seite sowohl zivilrechtliche als auch straf- und öffentlich-rechtliche Fragestellungen. Die Fragen können von der juristischen oder von der medizinischen Seite aus untersucht werden. Übergreifendes Ziel ist es, den medizin-rechtlichen Fragen nicht etwa ein gängiges juristisches Denkschema überzuwerfen, sondern die besonderen Probleme der Regelung medizinischer Sachverhalte eigenständig aufzufassen und darzustellen.

Die Adressen der drei Herausgeber sind:

Prof. Dr. Dr. h.c. Erwin Deutsch (Zivilrecht und Rechtsvergleichung)
Höltystraße 8
37085 Göttingen

Prof. Dr. Dr. h.c. Adolf Laufs (Zivilrecht und Rechtsgeschichte)
Kohlackerweg 12
69151 Neckargemünd

Prof. Dr. Dr. h.c. Hans-Ludwig Schreiber (Strafrecht und Rechtstheorie)
Grazer Str. 14
30519 Hannover

RECHT UND MEDIZIN

Band 1 Erwin Deutsch: Das Recht der klinischen Forschung am Menschen. Zulässigkeit und Folgen der Versuche am Menschen, dargestellt im Vergleich zu dem amerikanischen Beispiel und den internationalen Regelungen. 1979.

Band 2 Thomas Carstens: Das Recht der Organtransplantation. Stand und Tendenzen des deutschen Rechts im Vergleich zu ausländischen Gesetzen. 1979.

Band 3 Moritz Linzbach: Informed Consent. Die Aufklärungspflicht des Arztes im amerikanischen und im deutschen Recht. 1980.

Band 4 Volker Henschel: Aufgabe und Tätigkeit der Schlichtungs- und Gutachterstellen für Arzthaftpflichtstreitigkeiten. 1980.

Band 5 Hans Lilie: Ärztliche Dokumentation und Informationsrechte des Patienten. Eine arztrechtliche Studie zum deutschen und amerikanischen Recht. 1980.

Band 6 Peter Mengert: Rechtsmedizinische Probleme in der Psychotherapie. 1981.

Band 7 Hazel G.S. Marinero: Arzneimittelhaftung in den USA und Deutschland. 1982.

Band 8 Wolfram Eberbach. Die zivilrechtliche Beurteilung der *Humanforschung*. 1982.

Band 9 Wolfgang Deuchler: Die Haftung des Arztes für die unerwünschte Geburt eines Kindes ("wrongful birth"). Eine rechtsvergleichende Darstellung des amerikanischen und deutschen Rechts. 1984.

Band 10 Hermann Schünemann: Die Rechte am menschlichen Körper. 1985.

Band 11 Joachim Sick: Beweisrecht im Arzthaftpflichtprozeß. 1986.

Band 12 Michael Pap: Extrakorporale Befruchtung und Embryotransfer aus arztrechtlicher Sicht; insbesondere: Der Schutz des werdenden Lebens in vitro. 1987.

Band 13 Sabine Rickmann: Zur Wirksamkeit von Patiententestamenten im Bereich des Strafrechts. 1987.

Band 14 Joachim Czwalinna: Ethik-Kommissionen - Forschungslegitimation durch Verfahren. 1987.

Band 15 Günter Schirmer: Status und Schutz des frühen Embryos bei der *In-vitro*-Fertilisation. Rechtslage und Diskussionsstand in Deutschland im Vergleich zu den Ländern des angloamerikanischen Rechtskreises. 1987.

Band 16 Sabine Dönicke: Strafrechtliche Aspekte der Katastrophenmedizin. 1987.

Band 17 Erwin Bernat: Rechtsfragen medizinisch assistierter Zeugung. 1989.

Band 18 Hartmut Schulz: Haftung für Infektionen. 1988.

Band 19 Herbert Harrer: Zivilrechtliche Haftung bei durchkreuzter Familienplanung. 1989.

Band 20 Reiner Füllmich: Der Tod im Krankenhaus und das Selbstbestimmungsrecht des Patienten. Über das Recht des nicht entscheidungsfähigen Patienten, künstlich lebensverlängernde Maßnahmen abzulehnen. 1990.

Band 21 Franziska Knothe: Staatshaftung bei der Zulassung von Arzneimitteln. 1990.

Band 22 Bettina Merz: Die medizinische, ethische und juristische Problematik artifizieller menschlicher Fortpflanzung. Artifizielle Insemination, In-vitro-Fertilisation mit Embryotransfer und die Forschung an frühen menschlichen Embryonen. 1991.

Band 23 Ferdinand van Oosten: The Doctrine of Informed Consent in Medical Law. 1991.

Band 24 Stephan Cramer: Genom- und Genanalyse. Rechtliche Implikationen einer "Prädiktiven Medizin". 1991.

Band 25 Knut Schulte: Das standesrechtliche Werbeverbot für Ärzte unter Berücksichtigung wettbewerbs- und kartellrechtlicher Bestimmungen. 1992.

Band 26 Young-Kyu Park: Das System des Arzthaftungsrechts. Zur dogmatischen Klarstellung und sachgerechten Verteilung des Haftungsrisikos. 1992.

Band 27 Angela Könning-Feil: Das Internationale Arzthaftungsrecht. Eine kollisionsrechtliche Darstellung auf sachrechtsvergleichender Grundlage. 1992.

Band 28 Jutta Krüger: Der Hamburger Barmbek/Bernbeck-Fall. Rechtstatsächliche Abwicklung und haftungsrechtliche Aspekte eines medizinischen Serienschadens. 1993.

Band 29 Alexandra Goeldel: Leihmutterschaft – eine rechtsvergleichende Studie. 1994.

Band 30 Thomas Brandes: Die Haftung für Organisationspflichtverletzung. 1994.

Band 31 Winfried Grabsch: Die Strafbarkeit der Offenbarung höchstpersönlicher Daten des ungeborenen Menschen. 1994.

Band 32 Jochen Markus: Die Einwilligungsfähigkeit im amerikanischen Recht. Mit einem einleitenden Überblick über den deutschen Diskussionsstand. 1995.

Band 33 Meltem Göben: Arzneimittelhaftung und Gentechnikhaftung als Beispiele modernen Risikoausgleichs mit rechtsvergleichenden Ausblicken zum türkischen und schweizerischen Recht. 1995.

Band 34 Regine Kiesecker: Die Schwangerschaft einer Toten. Strafrecht an der Grenze von Leben und Tod – Der Erlanger und der Stuttgarter Baby-Fall. 1996.

Band 35 Doris Voll: Die Einwilligung im Arztrecht. Eine Untersuchung zu den straf-, zivil- und verfassungsrechtlichen Grundlagen, insbesondere bei Sterilisation und Transplantation unter Berücksichtigung des Betreuungsgesetzes. 1996.

Band 36 Jens-M. Kuhlmann: Einwilligung in die Heilbehandlung alter Menschen. 1996.

Band 37 Hans-Jürgen Grambow: Die Haftung bei Gesundheitsschäden infolge medizinischer Betreuung in der DDR. 1997.

Band 38 Julia Röver: Einflußmöglichkeiten des Patienten im Vorfeld einer medizinischen Behandlung. Antezipierte Erklärung und Stellvertretung in Gesundheitsangelegenheiten. 1997.

Band 39 Jens Göben: Das Mitverschulden des Patienten im Arzthaftungsrecht. 1998.

Band 40 Hans-Jürgen Roßner: Begrenzung der Aufklärungspflicht des Arztes bei Kollision mit anderen ärztlichen Pflichten. Eine medizinrechtliche Studie mit vergleichenden Betrachtungen des nordamerikanischen Rechts. 1998.

Band 41 Meike Stock: Der Probandenschutz bei der medizinischen Forschung am Menschen. Unter besonderer Berücksichtigung der gesetzlich nicht geregelten Bereiche. 1998.

Band 42 Susanne Marian: Die Rechtsstellung des Samenspenders bei der Insemination / IVF. 1998.

Band 43 Maria Kasche: Verlust von Heilungschancen. Eine rechtsvergleichende Untersuchung. 1999.

Band 44 Almut Wilkening: Der Hamburger Sonderweg im System der öffentlich-rechtlichen Ethik-Kommissionen Deutschlands. 2000.

Band 45 Jonela Hoxhaj: Quo vadis Medizintechnikhaftung? Arzt-, Krankenhaus- und Herstellerhaftung für den Einsatz von Medizinprodukten. 2000.

Band 46 Birgit Reuter: Die gesetzliche Regelung der aktiven ärztlichen Sterbehilfe des Königreichs der Niederlande – ein Modell für die Bundesrepublik Deutschland? 2001.
2. durchgesehene Auflage 2002.

Band 47 Klaus Vosteen: Rationierung im Gesundheitswesen und Patientenschutz. Zu den rechtlichen Grenzen von Rationierungsmaßnahmen und den rechtlichen Anforderungen an staatliche Vorhaltung und Steuerung im Gesundheitswesen. 2001.

Band 48 Bong-Seok Kang: Haftungsprobleme in der Gentechnologie. Zum sachgerechten Schadensausgleich. 2001.

Band 49 Heike Wachenhausen: Medizinische Versuche und klinische Prüfung an Einwilligungsunfähigen. 2001.

Band 50 Thomas Hasenbein: Einziehung privatärztlicher Honorarforderungen durch Inkassounternehmen. 2002.

Band 51 Oliver Nowak: Leitlinien in der Medizin. Eine haftungsrechtliche Betrachtung. 2002.

Band 52 Christina Herrig: Die Gewebetransplantation nach dem Transplantationsgesetz. Entnahme – Lagerung – Verwendung unter besonderer Berücksichtigung der Hornhauttransplantation. 2002.

Band 53 Matthias Nagel: Passive Euthanasie. Probleme beim Behandlungsabbruch bei Patienten mit apallischem Syndrom. 2002.

Band 54 Miriam Ina Saati: Früheuthanasie. 2002.

Band 55 Susanne Schneider: Rechtliche Aspekte der Präimplantations- und Präfertilisationsdiagnostik. 2002.

Band 56 Uta Oelert: Allokation von Organen in der Transplantationsmedizin. 2002.

Band 57 Jens Muschner: Die haftungsrechtliche Stellung ausländischer Patienten und Medizinalpersonen in Fällen sprachbedingter Mißverständnisse. 2002.

Band 58 Rüdiger Wolfrum / Peter-Tobias Stoll / Stephanie Franck: Die Gewährleistung freier Forschung an und mit Genen und das Interesse an der wirtschaftlichen Nutzung ihrer Ergebnisse. 2002.

Band 59 Frank Hiersche: Die rechtliche Position der Hebamme bei der Geburt. Vertikale oder horizontale Arbeitsteilung. 2003.

Band 60 Hartmut Schädlich: Grenzüberschreitende Telemedizin-Anwendungen: Ärztliche Berufserlaubnis und Internationales Arzthaftungsrecht. Eine vergleichende Darstellung des deutschen und US-amerikanischen Rechts. 2003.

Band 61 Stefanie Diettrich: Organentnahme und Rechtfertigung durch Notstand? Zugleich eine Untersuchung zum Konkurrenzverhältnis von speziellen Rechtfertigungsgründen und rechtfertigendem Notstand gem. § 34 StGB. 2003.

Band 62 Anne Elisabeth Stange: Gibt es psychiatrische Diagnostikansätze, um den Begriff der schweren anderen seelischen Abartigkeit in §§ 20, 21 StGB auszufüllen? 2003.

Band 63 Christiane Schief: Die Zulässigkeit postnataler prädiktiver Gentests. Die Biomedizin-Konvention des Europarats und die deutsche Rechtslage. 2003.

Band 64 Maike C. Erbsen: Praxisnetze und das Berufsrecht der Ärzte. Der Praxisverbund als neue Kooperationsform in der ärztlichen Berufsordnung. 2003.

Band 65 Markus Schreiber: Die gesetzliche Regelung der Lebendspende von Organen in der Bundesrepublik Deutschland. 2004.

Band 66 Thela Wernstedt: Sterbehilfe in Europa. 2002.

Band 67 Axel Thias: Möglichkeiten und Grenzen eines selbstbestimmten Sterbens durch Einschränkung und Abbruch medizinischer Behandlung. Eine Untersuchung aus straf- und betreuungsrechtlicher Perspektive unter besonderer Berücksichtigung der Problematik des apallischen Syndroms. 2004.

Band 68 Jutta Müller: Ärzte und Pflegende, die keine Organe spenden wollen. Transplantatmangel muss nicht sein. 2004.

Band 69 Ihna Link: Schwangerschaftsabbruch bei Minderjährigen. Eine vergleichende Untersuchung des deutschen und englischen Rechts. 2004.

Band 70 Susann Tiebe: Strafrechtlicher Patientenschutz. Die Bedeutung des Strafrechts für die individuellen Patientenrechte. 2005.

Band 71 Jörg Gstöttner: Der Schutz von Patientenrechten durch verfahrensmäßige und institutionelle Vorkehrungen sowie den Erlass einer Charta der Patientenrechte. 2005.

Band 72 Oliver Jürgens: Die Beschränkung der strafrechtlichen Haftung für ärztliche Behandlungsfehler. 2005.

Band 73 Stephanie Gropp: Schutzkonzepte des werdenden Lebens. 2005.

Band 74 Clemens Winter: Robotik in der Medizin. Eine strafrechtliche Untersuchung. 2005.

Band 75 Barbara Eck: Die Zulässigkeit medizinischer Forschung mit einwilligungsunfähigen Personen und ihre verfassungsrechtlichen Grenzen. Eine Untersuchung der Rechtslage in Deutschland und rechtsvergleichenden Elementen. 2005.

Band 76 Anastassios Kantianis: Palliativmedizin als Sterbebegleitung nach deutschem und griechischem Recht. 2005.

Band 77 Ulrike Morr: Zulässigkeit von Biobanken aus verfassungsrechtlicher Sicht. 2005.

Band 78 Nora Markus: Die Zulässigkeit der Sectio auf Wunsch. Eine medizinische, ethische und rechtliche Betrachtung. 2006.

Band 79 Michael Benedikt Nagel: Die ärztliche Behandlung Neugeborener – Früheuthanasie. 2006.

Band 80 Regina Leitner: Sterbehilfe im deutsch-spanischen Rechtsvergleich. 2006.

FSC
www.fsc.org
MIX
Papier | Fördert
gute Waldnutzung
FSC® C083411

Kolibri 360 GmbH
Ferdinand-Jühlke-Straße 7
99095 Erfurt, Deutschland
produktsicherheit@kolibri360.de

Druck:
CPI Druckdienstleistungen GmbH
im Auftrag der
Kolibri 360 GmbH
Ferdinand-Jühlke-Str. 7
99095 Erfurt